인하대
고조선연구소
연구총서 3

# 압록(鴨淥)과
# 고려의 북계

**책임 저자 윤한택 · 복기대**

**공동 저자** 남의현 · 이인철 · 윤은숙

남주성 · 박시현

고
대
압
록

鴨
淥
江

대릉하

혼하 ○심양

태자하

○고구려 평양

현
재

압
록

鴨
綠
江

두
만

강

○북경

산해관 ○

○봉황성

[인하대 고조선연구소 연구총서 3]

압록(鴨淥)과 고려의 북계

책임 저자 | 윤한택·복기대

공동 저자 | 남의현, 이인철, 윤은숙, 남주성, 박시현

펴낸이 | 최병식

발행일 | 2017년 11월 30일 (2쇄)

펴낸곳 | 주류성출판사 www.juluesung.co.kr

　　　　서울특별시 서초구 강남대로 435 주류성빌딩 15층

　　　　TEL | 02-3481-1024(대표전화)·FAX | 02-3482-0656

　　　　e-mail | juluesung@daum.net

값 20,000원

잘못된 책은 교환해 드립니다.

ISBN　978-89-6246-325-5　94910
　　　　978-89-6246-317-0　94910(세트)

이 연구는 2017년 한국학중앙연구원 한국학진흥사업단의 지원을 받아 수행된 연구임
(AKS-2014-KFR-1230006) 및
이 논문은 2014년 대한민국 교육부와 한국연구재단의 한국학 토대기초연구지원사업의
지원을 받아 수행된 연구임(NRF-2014S1A5B4072398)

인하대
고조선연구소
연구총서 3

# 압록 (鴨淥) 과
# 고려의 북계

**책임 저자 윤한택 · 복기대**

**공동 저자** 남의현 · 이인철 · 윤은숙
남주성 · 박시현

고대압록

鴨淥

江

강

선춘령

두

만

강

대릉하

혼하   ○심양

현

재

鴨

綠

압

록

江

강

태자하

○고구려 평양

○북경

산해관

○봉황성

주류성

목차

# 우리는 거짓말쟁이의 후손들인가?

윤한택 (인하대학교 고조선연구소 연구교수)

## 천년만에 돌아보는 강동 6주

일제강점기에 조선총독부는 어용학자들을 동원하여 『조선사』를 편찬하였다. 그들은 과연 우리의 역사를 제대로 기술한 것일까? 그들이 조선의 역사를 자의적으로 해석하거나 왜곡한 부분은 없을까? 이런 의문을 품은 필자는 3년전부터 조선총독부가 『조선사』 편찬 당시 활용한 것으로 알려져 있는 원사서들을 직접 참조하면서 해제작업을 정밀하게 진행해 왔다. 그리고 그 과정에서 불거진 의구심을 풀 생각으로 원사서들을 챙겨서 역사의 현장으로 달려 간 것도 여러 번이었다. 그 과정에서 과거에는 미처 생각지도 못했던 많은 사실을 새로 알게 되었다. 그 사실들 중 대표적인 것이 서희와 "강동 6주" 문제이다. 서희의 담판은 역사적으로나 외교적으로 그리고 국가전략에서 가장 모범이 되는 사례로 꼽힌다. 그래서 그런지 그 문제와 관련하여 이번에 새로 알게 된 사실은 참으로 큰 충격이었다.

지금으로부터 1100여 년 전인 993년, 당시 고려군을 이끌던 서희는 어느 날 혈혈단신으로 거란군의 장막을 찾았다. 그가 적장인 소손녕과 마주 앉은 것은 고려와 거란 두 나라가 치르고 있는 전쟁의 의미를 따지기 위함이었다. 그 날의 담판 결과, 고려는 거란으로부터 "강동" 즉 강의 동쪽에 위치한 6개 주를 할양받아 고려의 행정구역으로 편입시키게 된다. 당시 할양의 기준점이 된 "강"은 압록강(鴨淥江)이었다. 이때부터 고려의 서북계는 압록강으로 인식되기 시작하였다. 고려와 거란은 그 후 이 압록강을 사이에 두고 전쟁과 협상을 거듭한다. 이런 관계는 상대가 금나라로 바뀐 후에도 계속 유지되었다. 그러다 보니 압록강을 국경으로 삼는 영토 인식은 고려시대를 지나 조선시대까지 희미하게나마 계승된다. 영, 정조시대에 조선 학자들이 현재의 두만강 너머에 선춘령이 있다는 영토관을 공유하고 있었던 같은 맥락일 것이다. 그러면서 지금의 압록강과 구분되는 또 하나의 압록강이 존재할지도 모른다는 문제의식은 당시 우리 역사에 천착하는 학자들에게는 보편적인 현상으로 받아들여졌다. 물론, 개중에는 이 같은 시대적 조류에 반발하는 학자도 없지는 않았다. 그 대표적인 인물이 정약용이었다. 그는 자신의 연구에 입각하여 고려의 국경선이 지금의 압록강 하구에서 함경도로 이어지는 선임을 주장하였다. 물론, 그의 주장은 유배지에서 그 나름대로 다년간의 연구와 실증을 거쳐 도출된 결론이었다. 그럼에도 불구하고 그의 결론은 그다지 객관적이라고 할 수 없는 것이었다. 고증과정에서 그는 자신에게 유리하다고 판단되면 아무리 문제가 많은 자료라도 끌어 쓰기를 주저하지 않았다. 반면에 자신에게 불리한 자료들에 대해서는 애써 그 가치를 폄하하면서 아예 참고조차 하려 들지 않았다. 역사를 연구하는 과정에서 정약용이 드러낸 이같은 자료에 대한 극단적인 편견은 결과적으로 그의 주장이 설득력을 상실하게 만들었다. 그의 고증은 고대사의 모든 사건과 장소를 한반도에서 찾으려는 틀을 벗어나지 못한 탓에 큰 영향력은 발휘하지 못하였다.


## 미필적고의로 인정된 현재 고려국경

서희가 "강동 6주"를 획득한 이래 1100여년이 흐른 1900년대, 일본의 학자 쓰다 소우키치는 『만선지리사』에서 서희의 담판에 관하여 이렇게 평하였다.

'우리는 고려 사람이 그 영토권을 요구할 때 항상 그 역사적 연유를 사실보다 과장되게 말하는 버릇이 있었다는 것을 알고 있다.

그 대표적인 사람이 서희라고 하였다.

이 같은 쓰다의 고려사 인식은 그보다 200년 전의 정약용과 다를 것이 없었고 나을 것이 없는 것이었다. 그는 당시의 압록강이 지금의 압록강 너머라는 고려인들의 인식은 그들의 거짓말 하는 버릇에서 비롯된 환상이라고 폄하하였다. 그러면서 그런 대표적인 거짓말쟁이로 담판의 당사자인 서희를 들면서 바로 그가 고려 국경선 비정에 혼란을 초래한 원흉이라고 성토하기까지 하였다. 서희를 비판한 쓰다가 그린 고려의 북방 국경선은 100년이 흐른 지금까지 학계의 정설로 받들어지고 있는 실정이다.

이런 현실에 대하여 어느 교수는 일제 강점기에 이루어진 고려시대 연구는 한국사 분야에서 식민사학의 세례를 가장 덜 받은 분야라는 발언을 한 바 있다.[1] 고려사에 대한 일본인들의 왜곡이 그다지 심하지 않았다는 논리인 것이다. 그러나 조선총독부가 편찬한 『조선사』의 고려 관련 기사를 원사서와 면밀히 비교 검토한 결과 한국사에서 일본의 왜곡의 정도가 가장 극심한 것이 고려시대, 그것도 지리 고증 부문이라는 것을 알 수 있었다. 앞서 말한 바와 같이, 일본인들은 고려인들에게는 거짓말이 일상화 되어 있었다는 자신들의 편견을 기정사실화 한 상태에서 고려사에 대한 지리 고증을 진행하였다. 일본인들의 그 같은 잘못된 고려인식과 왜곡된 민족편견이 응집된 결정판이 바로 바로 일제 강점기의 고려시대 연구였던 것이다. 그런 왜곡과 조작의 산물이 일본도 아닌 우리 학계에서 100년이 지난 지금도 그대로 활용되고 있는 것이다.

『고려사』「지리지」에는 고려의 영역을 다음과 같이 소개하고 있다.

'서로는 고구려를 넘어서지 못하고, 북으로는 고구려의 영역을 넘어서서 공험진 선춘령에 이르렀다'

『고려사』는 한국사에서 역사의 영역을 줄이는 데에 큰 역할을 한 정인지의 주도로 편찬된 사서이다. 그런데도 불구하고 「지리지」에서 위와 같이 고려의 영역을 소개한 것이다. 이것은 과연 무엇을 의미하는가?

---

1) 김대식: 〈일제 강점기 식민사학자의 고려 영토와 영해 인식〉, 『수선사학회 2017년 추계학술회대회』, 2017년 10월 21일, 30쪽.

1945년 광복 이후로 국내의 역사학계는 고려사 관련 연구에 적잖은 공을 기울여 왔다. 그간의 연구 성과를 되돌아보면 제도사, 사상사, 정치사, 외교사, 문화사 등 다양한 분야가 모두 망라되어 있다. 한 가지 아쉬움이 있다면, 국경사 관련 연구가 상대적으로 미진하다는 것이다. 이 국경사 연구가 미진했다는 것은 두 가지 방면에서 이유가 가장 컸을 것이다.

국경사는 일제 강점기에 이미 연구가 잘 되었었다고 생각했을 수 있었다. 즉 완성되었다고 생각했을 것이다. 이런 생각은 앞서 말한 어느 연구자의 말에서 알 수 있는 현실이다.

그러나 그보다 더 결정적인 이유는 바로 '미필적 고의'에 의한 전승이라고 볼 수 있는 것이다. 즉, 일제 강점기에 쓰다가 주도한 고려사 집필진이 편견에 사로잡혀 엉터리 지리 고증을 한 것을 현대의 수한 정치적 이유로 말미암아 제때에 확인하기 어려워 묵시적으로 인정을 했을 수 있다는 것이다. 즉 국내적으로는 남북이 분단되는 바람에 천리장성을 직접 답사할 수 없게 된 것이나, 1990년대에 한,중간의 교류가 본격화 되기 전에는 고려 국경 추정지에 대한 접근조차 불가능했다는 것도 결정적인 요인으로 작용했을 것이다.

이런 현실 때문에 우리는 어쩔 수 없이 일본인들이 마음대로 그어 놓은 고려의 북방국경선을 미필적 고의로 인정할 수 밖에 없었던 것은 아닐까?

한때는 학자들이 우리 역사를 연구한 관련 서적들을 마음대로 보기 어려웠던 적도 있었다. '냉전기'라는 특수한 시대적 상황 때문에 북한이나 중국에서 출판된 책이라면 적성국가의 출판물이라는 이유로 참고는커녕 아예 접근조차 불가능했던 시절도 있었다. 그러다 보니 그 실체를 확인하는 작업이 지체되었고, 역사적 진실을 규명하는 일 역시 그로부터 점점 멀어지게 되었던 것이다. 그러나 이제는 시대가 바뀌었다. 반드시 현장을 가봐야 알 수 있었던 시대도 아니다. 중국책을 세심한 통찰력만 있다면 누구라도 언제든지 첨단 과학 기술의 산물인 위성사진 등을 활용하여 현지 지리를 어느 정도 파악할 수 있게 되었기 때문이다.

# 고려 사관조차 거짓말쟁이 취급 한 일본인들

조선 후기 유득공은 『발해고』를 쓰는 내내 뭔가 찜찜해 하고 있었다. 자신이 생존해 있던 조선 후기의 압록강(鴨綠江)을 고려시대의 국경선으로 대입한 상태에서 발해사를 연구하자니 지리고증에서 아귀가 제대로 맞지 않는 것이었다. 그러자 그는 혹시 봉황성 서쪽에 또 다른 압록강이 존재하고 있는 것은 아닌가 하는 의심을 했던 것이다. 그의 고민은 옳았다. 그가 간과한 『삼국유사』의 기록에 따르면, 안민강(安民江) 혹은 요하(遼河)로 불리던 압록강(鴨淥江)이 또 하나 존재하고 있었기 때문이다.

고려 사람들은 당시 요하로 불리던 압록강(鴨淥江)을 자국의 서북계로 생각하면서 살았고, 그것을 기록해 인식하고, 또 그 인식의 흔적을 『삼국유사』에 남겨 놓았던 것이다. 그런데 쓰다는 그것을 일방적으로 고려인들의 거짓말로 호도하였다. 거짓말을 잘하는 고려인들이 원래 산골짜기를 굽이굽이 돌아 흐르는 지금의 압록강(鴨綠江)을 요하로 불리는 압록강(鴨淥江)이라고 거짓말을 했다고 일방적으로 단정지은 것이다. 그들에게는 우리 조상들은 한결 같이 거짓말쟁이들일 뿐이었다. 그로부터 100여년이 흐른 지금, 우리는 고려인들을 거짓말쟁이로 왜곡하고, 고려사를 조작된 역사라고 빈정거린 쓰다의 편견에 학문적 가치를 부여하고 있으니 정말 서글픈 일이 아닐 수 없다.


# 이제 바로잡아야 할 고려국경선

앞서 말한 대로 우리가 현재 알고 있는 고려의 국경선은 '미필적 고의'로 인정된 것이었다. 그렇게 만들어진 국경선을 시대상황으로 바로 잡을 기회가 없었다. 그러나 이제는 상황이 달라졌다. 이제 우리는 다양한 자료들에 대한 접근과 사용이 가능해졌다. 이제는 우리가 어떤 자료를 사용하더라도 가타부타 압력을 행사할 세력은 없다. 『요사』에 대한 접근이나 사용도 그렇게 되어야 한다고 본다. 『요사』는 조선시대에 『고려사』를 편찬할 때에도 중요한 참고자료로 활용되었다. 지금도 마찬가지이다. 세상 사람들 모두 요나라의 역사를 연구할 때에는 『요사』를 참고하는 것을 당연하게 여긴다. 그런데 우리 학계는 어째서 『요사』를 참고하지 못하게 하고, 그렇다고 후학들은 참고하지도 않는가? 차분한 마음으로 모든 자료를 일일이 비교해 가면서 읽어 보자. 천리장성을 쌓았다는 곳으로 직접 달려갈 여건이 되지 않는다면 인터넷으로 위성지도라도 확인해 보자. 그같은 시도와 검증이 반복되고 그 과정에서 역사를 통찰하는 혜안이 생기면 쓰다의 고증이야말로 터무니 없는 거짓말이고, 한국사 분야에서 일본인의 왜곡이 가장 심각한 부분이 바로 고려사라는 사실을 통감하게 될 것이다.

혹자는 말한다. 일제 강점기에 일본인들이 고려사 연구를 너무 잘 해 놓아서 우리가 더 이상 손을 댈 필요가 없다고 말이다. 그러나 그것은 명백한 거짓이다. 오히려 일본인들이 하도 엉터리로 연구를 해 놓아서 그들의 왜곡을 어디서부터 어떻게 바로잡아야 할지 엄두가 나지 않는다고 하는 것이 더 정확한 표현일지도 모르겠다. 분명 바로 잡을 길은 있다. 그들의 왜곡을 바로잡는 작업이 힘들고 더딜지언정 어쩌면 그래도 길이 없는 것은 아닐 것이다. 이제부터라도 철저한 원사서 분석과 정확한 문헌 고증을 통하여 그들이 왜곡한 고려의 국경선을 바로잡고, 그 틀 속에 그동안 '고려'를 주제로 이루어진 각 분야의 연구 성과들을 넣어맞추어 보자. 그렇게 하면 바른 고려사를 찾아낼 수가 있을 것이다.

이 책을 내는데 많은 분들의 도움이 있었다.

틈틈이 일본 자료를 정리해주신 박지영 교수님, 원선 비교를 할 때 서로 의견을 주고받았던 심규하 교수님, 문성재 교수님께 심심한 감사를 드린다. 그리고 책이 나오는 과정에서 힘들고 귀찮은 일들이 많았을 텐데 쓰다달단 말없이 웃으면서 자료정리, 교정 그리고 토론에 응해 준 인하대 박사과정의 김영섭 선생, 김기백 군에게 깊은 고마움을 전한다.

책임저자 윤한택 씀.

# 고려 서북 국경에 대하여

## -요·금 시기의 압록(鴨渌)과 압록(鴨綠)을 중심으로-

윤한택 (인하대학교 고조선연구소 연구교수)

국문초록

　고려의 서북 국경에는 두 개의 압록강이 있었다. 국경선으로서의 압록강(鴨渌江)과 후방방어선으로서의 압록강(鴨綠江)이 그것이다. 또 국경선 압록강(鴨渌江)의 거점 도시는 보주(保州)였고, 후방방어선 압록강(鴨綠江)의 그것은 의주(義州)였으며, 보주는 의주방어사가 관할하고 있었다.

　고려의 서북 국경선은 고려 전체시기를 통하여 변함없이 압록강(鴨渌江)이었지만, 이러한 서북 국방 방어체계가 성립한 것은 요와 금의 교대시기인 보주가 고려에 재귀속된 12세기 초반이었다.

1084년 시점 압록강(鴨淥江) 연안 요 수비병의 규모는 1부, 1주, 2성, 70보, 8영에 합계 정병 2만 2천 명이었다.

종래 고려의 서북 국경을 후방방어선인 압록강(鴨綠江)으로 이해해 왔다. 그 일차적인 전거는 조선 초기 성리학자들이 편찬한 『고려사』이었고, 근대에 들어서는 조선사편수회의 『조선사』가 이를 기정사실화하였다.

이렇게 국경선 압록강(鴨淥江)과 보주, 후방방어선 압록강(鴨綠江)과 의주가 혼동되게 된 것은, 일차적으로는 그 음사에서 비롯된 것으로 보이지만, 당시 국내외 정치 세력의 이해관계가 반영된 것으로도 보인다.

『고려사』, 『요사』, 『금사』를 비교하여 논증한 이런 결론에 따르면, 기존에 후방방어선인 압록강(鴨綠江) 아래쪽으로 비정되어 왔던 강동 6주, 북경장성(천리장성), 서경 등이 모두 국경선 압록강(鴨淥江) 쪽으로 이동하게 된다.

이 국경선 압록강(鴨淥江)은 현 요하의 철령 부근 지류로 비정된다.

# I. 머리말

고려의 서북 국경이 압록(鴨綠)이라는 것은 『고려사』 지리지 서문의 서술에서 비롯되었다.

1-1  그 사방 경계는 서북으로는 당 이래로 압록(鴨綠)을 한계로 삼았고, 동북의 경우 선춘령을 경계로 삼았다. 대개 서북의 도달점은 고구려에 미치지 못하였고, 동북은 그것을 초과하였다.[1]

그리고 이 압록(鴨綠)을 지칭함에 틀림없는 압록강(鴨綠江)을 『고려사』 지리지 북계 안북도호부 의주(義州)조에서는 다음과 같이 기록하고 있다.

1-2  의주는 본래 고구려 용만현이다. 또 화의라고 부른다. 처음에 거란이 성곽을 압록강(鴨綠江) 동쪽 언덕에 설치하고, 보주(保州)라고 호칭하였다. 문종 조에 거란이 또 궁구문을 설치하고 포주(抱州)라고 호칭하였다(달리 파주(把州)라고 한다). 예종 12년에 요 자사 상효온이 도통 야율령 등과 더불어 금 병사를 피하여 바다에 떠서 도망가면서 우리 영덕성에 공문을 발송하여 내원성(來遠城) 및 포주를 우리에게 귀속시켰다. 우리 병사가 그 성곽에 들어가 무기·화폐·곡물을 수습하였다. 왕이 기뻐하여, 고쳐서 의주방어사로 삼고, 남쪽 경계의 호구를 추쇄하여 채웠다. 이에 다시 압록강(鴨綠江)으로써 경계로 삼고, 관방(關防)을 설치하였다. 인종 4년에 금이 역시 주(州)로써 그것에 귀속시켰다. 고종 8년에 반역하였으므로 강등하여 함신이라고 호칭하였다가 곧 예전대로 복구하였다. 공민왕 15년에 승격하여 목으로 삼고, 18년에 만호부를 설치하였다. 별호는 용만이다. 압록강(鴨綠江)이 있다(달리 마자수(馬訾水)라고 하고, 또 청하(青河)라고 한다).[2]

---

1) 其四履 西北自唐以來以鴨綠爲限 而東北則以先春嶺爲界 盖西北所至不及高勾麗 而東北過之

2) 義州 本高麗龍灣縣 又名和義 初契丹置城于鴨綠江東岸 稱保州 文宗朝契丹又設弓口門 稱抱州[一云把州] 睿宗十二年 遼刺史常孝孫與都統耶律寧等避金兵 泛海而遁 移文于我寧德城 以來遠城及抱州歸我 我兵入其城 收拾兵仗錢穀 王悅 改爲義州防禦使 推刷南界人戶以實之 於是 復以鴨綠江爲界 置關防 仁宗四年 金亦以州歸之 高宗八年 以叛逆 降稱咸新 尋復古 恭愍王十五年 陞爲牧 十八年 置萬戶府 別號龍灣 有鴨綠江[一云馬訾水 一云青河]

이 기록에서 예종 12(1117) 의주방어사로 되기 이전 보주의 연혁에 주목해 보자. 처음에 거란이 압록강(鴨綠江) 동쪽 언덕에 성곽을 설치하였다. 또 거란이 여기에 궁구문을 설치하였는데, 이것은 문종 8년(1054) 7월의 일이다.[3]

그러다가 요가 압록강(鴨綠江)에 각장(権場)을 설치하려고 하자, 고려에서는 상서우승 한형(韓瑩)을 파견하여 이를 혁파할 것을 요청한 것이 선종 3년(1086) 5월 20일의 일이다.[4] 이것이 여의치 않자 고려는 다시 선종 5년(1088) 9월에 태복소경 김선석(金先錫)을 파견하여 각장을 혁파할 것을 간청하였다.

1-3　9월에 태복소경 김선석을 파견하여 각장을 혁파할 것을 간청하였다. 표문에서 말하기를, (중략) 통화 12 갑오년(994) (중략) 보좌하는 신하 서희가 경계를 관장하고 왕림하였으며, 유수 손녕이 조서를 받들고 상의하여, 각자가 양쪽의 경계에 당도해서 여러 성곽을 분배하여 축조하였습니다. 이 때문에 하공진을 안문에 파견하여 압록(鴨綠)에 구당사로 삼았습니다. (중략) 갑인년(1014)에 하천에 배를 축조하여 수로를 교통하였고, 을묘세(1015)에는 주의 성곽이 경계에 편입되어 군대를 설치하였으며, 을미(1055)에는 궁구를 설치하고 정자를 창건하였는데, 병신(1056)에 요구를 허락하고 옥사를 훼철하였습니다. (중략) 또 임인년(1062)에 의선군(義宣軍) 남쪽에 매매원을 설치하려고 하므로, 항의하였더니 수리 시설을 혁파하였습니다. 갑인세(1074)에 정융성의 북쪽에서 탐색·수비 암자를 처음으로 배치하였습니다. (중략) 하물며 오늘에 미쳐 새로운 시장을 경영하려고 하니, (하략)[5]

---

3) 是月 契丹始設弓口門欄于抱州城東野(『고려사』7 세가 7 문종 1 8년 7월)

4) 丙子 遣尙書禮部侍郞崔洪嗣如遼 謝落起復 禮賓卿李資智賀正 知中樞院事李子威尙書左丞黃宗慤謝冊命 又遣告奏使尙書右丞韓瑩 時遼欲於鴨綠江將起権場 故請罷之(『고려사』10 세가 10 선종 3년 2월 20일)

5) 九月 遣太僕少卿金先錫如遼 乞罷権場 表曰 三瀆靡從 雖懼冒煩之非禮 一方所願 豈當緘默以不言 況昔者 投匭上書 萬姓悉通於窮告 *叫闔樞鼓 四聰勿閡於登聞 幸遭宸鑑之至公 盍寫民情而更達 臣伏審 承天皇太后 臨朝稱制 賜履劃封 舞干俾格於舜文 執玉甫柔於禹會 獎憐臣節 需被睿恩 自天皇鶴柱之城 西收彼岸 限日子鼇橋之水 東割我疆 統和十二甲午年 入朝正位高良 齎到天輔皇帝詔書 勑高麗國王王治 省東京留守遜寧奏 卿欲取九月初發丁夫修築城砦 至十月上旬已畢 卿才惟天縱 智達時機 樂輸事大之誠 遠奉來庭之禮 適因農隙 遠集丁夫 用防曠野之寇攘 先築要津之城壘 雅符朝旨 深叶時情 況彼女眞 早識皇化 服我威信 不敢非違 但速務於完修 固永期於通泰 其眷注 豈捨寐興 于時 陪臣徐熙掌界而管窩 留守遜寧奉宣而商議 各當兩境 分築諸城 是故 遣司拱辰於鴈門 爲勾當使於鴨綠 晝則出監於東浜 夜則入宿於內城 遂仗天威 漸祛草竊 後來無備 邊候益閑 聖宗之勑墨未乾 太后之慈訓如昨 甲寅年 河梁造舟而通路 乙卯歲 州城入境以置軍 乙未 設弓口而創亭 丙申 允需頭而毀舍 詔曰 自餘瑣事 俾守恒規 又壬寅年 欲設買賣院於義宣軍南 論申則葺修設罷 甲寅歲 始排探守庵於定戎城北 回報曰 起

16　　　　　　　압록과 고려의 북계

이 표문에 의하면, 성종 13년(994) 서희의 축성, 현종 5년(1014) 수로 교통, 이듬해 (1015) 주에 거란군 진입, 문종 9년(1055) 궁구 설치, 문종 16년(1062) 의선군 남쪽의 매매 원 설치, 문종 28년(1074) 정융성 북쪽의 탐색·수비 암자 설치, 선종 3년(1086) 각장 설치 등 사안이 모두 압록강(鴨綠江)을 둘러싸고 벌어진 국경 분쟁임을 확인할 수 있다.

그런데, 상기 선종 5년(1088)에 올린 표문은 박인량(朴寅亮)이 작성한 것으로, 『동문선』 에 〈입요걸파각장장(入遼乞罷榷場狀)〉으로 수록되어 있는데, 『고려사』의 해당 기록과 적지 않은 차이가 발견된다.

1-3-1 (전략) 또 통화 13년(995) (중략) 보좌하는 신하 서희가 경계를 관장하고 왕림하였 으며, 유수 손녕이 조서를 받들고 와서 논의하여, 각자가 양쪽의 경계에 당도해서 여러 성 곽을 분배하여 축조하였습니다. 이 때문에 하공진을 선발·파견하고, 압록수(鴨淥水)를 담 당하게 하였습니다. (중략) 갑인년에 뜬다리를 축조하여 수로를 교통하였고, 을묘년에는 경계를 넘어 축성해서 군대를 설치하였으며, 을미년에는 궁구를 설치하고 정자를 창건하였 는데, 갑신년에 미천한 자를 허락하여 옥사를 훼철하였습니다. (중략) 또 임인년에 선의군 (宣義軍) 남쪽에 매매원을 설치하려고 하므로, 항의하였더니 경영 공사가 혁파되었습니다. 갑인년에 정융성의 북쪽에서 탐색·수비 암자를 처음으로 배치하였습니다. (중략) 하물며 오늘에 미쳐 새로운 시장을 경영하려고 하니, (하략)[6]

---

蓋年深 當國代代忠勤 年年貢觀 幾遣乎軺車章觀 未蠲乎庵守城橋 矧及玆辰 欲營新市 似負先朝之遺旨 弗矜小國 之竭誠 數千里之輪蹄 往來忘倦 九十年之苞篚 輸獻無功 百舌咨嗟 群心怨望 今臣肇承丕闞 恪守外蕃 纔寸惊更 切於激昂 何片利將興於締構 界連大楚 懼和誓效於灌瓜 地狹長沙 忉舞尙難於回袖 屢飛嫌奏 莫奉綸命 上圖蓋高 下覘有冥 伏望皇帝陛下 排闡臣之橫議 念邊府之殷憂 任耕鑿於田原 復安舊業 禁榷酤之場屋 無使新成 儻免驚騷 永圖報效(『고려사』10 세가 10 선종 5년 9월)

6) 右臣伏以三黷靡從 雖懼冒煩之非禮 一方所願 豈當含默以不言 況昔者 投匭上書 萬姓悉通於窮告 叫閽樾鼓 四聰 不闕於登聞 幸遭宸鑒之至公 盍寫民情而更達 臣伏審 承天皇太后 臨朝稱制 賜履鞮封 舞干俾格於舜文 執玉甫參 於禹會 獎憐臣節 需被睿恩 自天皇鶴柱之城 西收彼岸 限日子鼇橋之水 東割我疆 又統和十三年 伏奉天輔皇帝詔 書云 省東京留守蕭遜寧奏 卿欲取九月初 發遣丁夫修築城砦 至十月上旬已畢 卿才惟天縱 智達時幾 樂輸事大之 誠 遠奉來庭之禮 適在農隙 遠集丁夫 用防曠野之寇勳 先築要津之城壘 雅符朝旨 深協物情 況彼女貞 早歸王化 服我威信 不敢非違 但速務於完修 固永期於通泰 其於眷詊 豈捨寐興 于時 陪臣徐熙掌界而管臨 留守遜寧奉宣而 來議 各當兩境 分築諸城 是故 差遣河拱辰 勾當鴨淥水 晝則出監於東湶 夜則入宿於內城 遂伏天威 漸祛草竊 後 來無備邊候 若聖宗之勑墨未乾 太后之慈言如昨 甲寅年 造浮梁而通路 乙卯年 城越境以置軍 乙未年 設弓口而刱 亭 甲申年 允窩頭以毁舍 詔曰 自餘瑣事 俾守恒規 又壬寅年 設買賣院於宣義軍南 論申則葺營役罷 甲寅年 排探 戍菴於定戍城北 回報曰 起蓋年深 當國代代忠勤 年年貢觀 幾遣乎軺車章觀 未觸乎菴戍城橋 矧及玆辰 欲營新市 似負先朝之遺旨 弗矜小國之竭誠 數千里之輪蹄 往來忘倦 九十年之苞篚 輸獻無功 百舌咨嗟 群心獻望 今臣肇承 先闞 恪守外藩 寸惊方切於激昂 片利何思於締構 界連大楚 懼和誓效於灌瓜 地狹長沙 扻舞猶難於回袖 屢飛嫌奏

이 선종 5년 시점에서 고려 초기 이래의 고려와 거란(요) 간의 국경 분쟁의 역사를 열거한 『고려사』와 『동문선』의 기록을 비교할 때, 의선군(義宣軍)과 선의군(宣義軍)의 차이를 잠시 제쳐 두더라도 현재의 주제와 관련하여 그 국경 자연 지리의 거점인 압록(鴨綠)과 압록수(鴨淥水)의 차이가 눈에 두드러진다.

이 둘이 같은 실체를 표현하는 다른 표현인가, 아니면 서로 다른 실체인데 착오를 일으킨 것인가? 착오라면 어느 편이 옳은가? 이 점을 조금 더 자세히 살펴보기로 하자.

우선 압록(鴨綠)이 당 이래 고려의 서북 국경이었다는 『고려사』 지리지의 기록을 근거로 당대의 전거를 찾아보면 『신당서』에서 다음의 언급을 발견할 수 있다.

1-4　(전략) 마자수는 말갈 백산에서 나오며 모양이 오리머리와 같다고 하여 압록수(鴨淥水)라고 부르는데, 국내성을 지나 서쪽에서 염난수와 합수하고, 또 서남쪽으로 안시에 이르러 바다로 들어간다. 그리고 평양은 압록(鴨淥) 동남쪽에 있는데, 큰 배로써 사람들을 건네주니, 기인해서 믿고 요새로 여긴다.[7]

이 기록과 그 압록강(鴨綠江)이 소재하고 있다는 의주조의 기록인 1-2를 비교해 보면, 압록강(鴨綠江)의 이칭으로서 마자수(馬訾水)가 눈에 띄어 이것이 동일한 실체를 언급하고 있음을 알 수 있다. 그런데, 『고려사』에서 압록강(鴨綠江)의 이칭인 마자수가 『신당서』에서는 압록수(鴨淥水)로 기록되어 우리의 주목을 끈다.

이 점을 지렛대로 해서 『고려사』 지리지 의주조의 예종 12년(1117) 요가 금에 쫓겨 가면서 고려에 인계한 보주, 의주방어사 기사를 좀 더 자세히 검토해 보자. 동일 사실을 『고려사절요』에서는 다음과 같이 기록하고 있다.

1-2-1　김연이 긴급 상주하였다. "금 병사가 요의 개주(開州)를 공격·탈취하고, 내원성을

---

莫奉綸兪 上�盖高 下慚有衆 伏望 排闥臣之橫議 念邊府之股憂 任耕鑿於田原 復安舊業 禁榷沽之場屋 無使新成 倘免驚騷 永圖報效(『동문선』 48 狀(朴寅亮) 入遼乞罷榷場狀)

7) 高麗, 本扶餘別種也.地東跨海距新羅, 南亦跨海距百濟, 西北度遼水與營州接, 北靺鞨.其君居平壤城, 亦謂長安城, 漢樂浪郡也, 去京師五千里而贏, 隨山屈繚爲郛, 南涯浿水, 王築宮其左. 又有國內城, 漢城, 號別都.水有大遼, 少遼: 大遼出靺鞨西南山, 南歷安市城; 少遼出遼山西, 亦南流, 有梁水出塞外, 西行與之合.有馬訾水出靺鞨之白山, 色若鴨頭, 號鴨淥水, 歷國內城, 西與鹽難水合, 又西南至安市, 入于海.而平壤在鴨淥東南, 以巨艫濟人, 因恃以爲塹.(『新唐書』220 열전145 동이 고려)

습격하였으며, 대부(大夫)·걸타(乞打)·유백(柳白)의 3군영을 정복하고 전함을 전소시켰습니다. 통군 야율령이 내원성자사 상효온 등과 더불어 그 대중을 인솔하고 선박 140척에 적재하여 강어귀에 나와 정박하였으며, 우리 영덕성에 통첩을 발송하여, 내원·포주 두 성곽을 우리에게 귀속시키고, 마침내 바다에 떠서 도망갔습니다. 우리 병사가 그 성곽에 들어가 무기 및 화폐·곡물을 수습한 것이 매우 많았습니다." 왕이 크게 기뻐하고, 포주를 고쳐 의주방어사로 삼았으며, 압강(鴨江)을 경계로 삼아 관방을 설치하였다. 백관이 표문을 올려 경하하고, 두 성곽을 회복하였다.[8]

현 주제와 관련하여 『고려사』에서의 압록강(鴨綠江)이 『고려사절요』에서 압강(鴨江)으로 기록된 점이 먼저 눈에 띈다. 그러나 무엇보다 이때 회복된 포주(보주)와 이를 개칭하였다는 의주와의 관련이 문제가 된다. 의주에는 바로 이 해에 대대적인 축성 기록이 보이는데, 이 시점의 방어사 설치와 관련된 것으로 보아도 좋을 듯하다.

1-2-2  12년에 의주(義州)에 축성하였다. 865칸이고, 문이 다섯이며, 성 머리가 열일곱이고, 차단성곽이 일곱이었다.[9]

그런데, 여기서 보주가 의주로 개칭되었다면, 들어가 무기·화폐·곡물을 수습한 기존의 보주성과 새로 축조한 의주성의 관계는 어떻게 되는 것인가? 보주와 의주가 같은 지역이 아니라는 말일까? 실제 보주라는 지명은 요에서 고려로 인계되어 의주방어사로 개칭되었다는 1117년부터 금이 이것을 최종적으로 인정한 1126년, 그 이후 분쟁 과정에서 그 지명이 등장할 뿐 아니라, 그 이후에도 역사 기록에서 근 백 년 후까지 아래와 같이 확인되고 있다.[10]

---

8) 金緣馳奏 金兵攻取遼開州 襲來遠城 下大夫乞打柳白三營 盡燒戰艦 統軍耶律寧 與來遠城刺史常孝孫等 率其衆 載船一百四十艘 出泊江頭 移牒我寧德城 以來遠抱州二城歸于我 遂泛海而遁 我兵入其城 收兵仗及錢穀甚多 王大悅 改抱州爲義州防禦使 以鴨江爲界 置關防 百官上表賀復二城(『고려사절요』2 예종2 예종 12년 3월 3일)

9) 十二年 城義州 八百六十五*間 門五 城頭十七 遮城七(『고려사』82 지36 병2 성보 예종 12년)

10) 보주에 대해서는, 윤한택, 2016, 「고려 보주 위치에 대하여」, 제112회 한국중세사학회 정기 발표회 발표문 참조

1-2-3  용만(龍灣)이 감아 도는 곳 보주성을, 말 위에서 멀리 바라보아 눈이 다시 밝아지니. 진귀한 통군봉 한 송이를, 강을 사이에 두고 달려가 웃으며 서로 맞이하네.[11]

1-2-4  병자에 걸노(乞奴)·금산(金山)·청구(靑狗)·통고여(統古與) 등이 야사불(耶廝不)을 추대하여 징주(澄州)에서 황제 호칭을 참칭하여 국호를 요(遼)라고 하고 연호를 천위(天威)라고 고쳤다. 유가(留哥)의 형 독랄(獨剌)을 평장으로 삼고, 백관을 설치하였다. 바야흐로 한 달이 지나 그 원수 청구가 반란하여 금에 귀속하고, 야사불이 그 부하에게 살해되었다. 그 승상 걸로를 추대하여 국가를 감리하고, 그 행원수 아아(鴉兒)와 더불어 병사·인민을 나누어 좌우익으로 삼아, 개(開)·보주(保州) 관문에 주둔하였다. (하략)[12]

이렇게 과연 보주가 의주와 같은 지역이 아니라면 왜 이런 착오가 발생한 것일까? 아마도 이 혼란은 1117년 당시 축성한 의주(義州)와 압록(鴨綠), 이 시점에서 요에서 고려로 인계된 보주(保州)와 압록(鴨淥)이란 음사에서 비롯되었을 개연성이 크다.

당시 고려와 요(거란)의 국경이 압록(鴨淥)이었다는 것은 다음의 기록이 명백하게 말하고 있다.

1-5  변경의 파수병. 또 고려의 〈대요사적(大遼事跡)〉을 수집하였는데, 동쪽 경계의 파수병으로써 고려·여직 등 국가를 대비함을 수록하였다. 그 국가 수비 규모를 보아, 분포·설치가 간명·긴요하다. 하나를 들어 세 변방을 알 수 있다. 동경에서 압록(鴨淥) 서북봉까지를 경계로 삼았다. 황룡부(黃龍府)의 정병(正兵)이 5천이고, 함주(咸州)의 정병이 1천이다. 동경에서 여직의 경계를 따라 압록강(鴨淥江)까지 군사초소가 무릇 70개인데, 각각 수비 군사가 20인으로, 합계 정병이 1천 4백인이다. 내원성(來遠城) 선의군영(宣義軍營)이 여덟 개인데, 태자영(太子營)에 정병이 3백이고, 대영(大營)에 정병이 6백이며, 포주영(蒲州營)에 정병이 2백이고, 신영(新營)에 정병이 5백이며, 가타영(加陀營)에 정병이 3백이고, 왕해성(王海城)에 정병이 3백이며, 유백영(柳白營)에 정병이 4백이고, 옥야영(沃野營)에 정병이 1천이다. 신호군성(神虎軍城)의 정병이 1만이다. 대강(大康) 10년(1084)에 설치하

---

11) 龍灣轉處保州城 馬上遙瞻眼更明 珍重統軍峯一朶 隔江奔走笑相迎(『동문선』 19 七言絶句 鴨江西岸 望統軍峯 (김극기) 명종 23(1193) 경)

12) 『元史』149 列傳36 耶律留哥 고려 고종 6년(1219) 봄

였다. 이상 1부, 1주, 2성, 70보, 8영에 합계 정병 2만 2천이다.[13]

| 동쪽 변경의 파수병 | | | | |
|---|---|---|---|---|
| 1부(府) | 황룡부(黃龍府) | | 5천명 | |
| 1주(州) | 함주(咸州) | | 1천명 | |
| 동경(東京)에서 압록강(鴨淥江) 서북봉(西北峰)까지 | | | | |
| 2성(城) | 내원성 선의군 8영<br>(乃遠城 宣義軍 8營) | 태자영(太子營) | 3백명 | |
| | | 대영(大營) | 6백명 | |
| | | 포주영(蒲州營) | 2백명 | |
| | | 신영(新營) | 5백명 | |
| | | 가타영(加陀營) | 3백명 | |
| | | 왕해성(王海城) | 3백명 | |
| | | 유백영(柳白營) | 4백명 | |
| | | 옥야영(沃野營) | 1천명 | 3천6백명 |
| | 신호군성(神虎軍城) | | 1만명 | |
| 70보(堡) | 각 보 20명씩 | | 1천4백명 | |
| 동경(東京)에서 여직(女直)의 경계를 따라 압록강(鴨淥江)까지 | | | | |
| 동쪽 변경 총 수병 | | | 2만2천명(2만1천명) | |

[표 1] 1084년 요 변경 파수병 현황

여기서 내원성 선의군, 태자(대부?)·가타(결타?)·포주(보주?)·유백영 등 지명은 모두 압록강(鴨淥江)에 연해 있음이 확인된다. 이 지역은 황룡부, 함주가 소재하고 있는 현재 요녕성 요하 연안이다.[14]

---

13) 邊境戍兵 又得高麗大遼事跡 載東境戍兵 以備高麗 女直等國 見其守國規模 布置簡要 擧一可知三邊矣 東京至鴨淥西北峰爲界 黃龍府正兵五千 咸州正兵一千 東京沿女直界至鴨淥江 軍堡凡七十 各守軍二十人 計正兵一千四百 來遠城宣義軍營八 太子營正兵三百 大營正兵六百 蒲州營正兵二百 新營正兵五百 加陀營正兵三百 王海城正兵三百 柳白營正兵四百 沃野營正兵一千 神虎軍城正兵一萬 大康十年置 右一府 一州 二城 七十堡 八營 計正兵二萬二千(遼史36 志6 兵衛志下)

그리고 이 보주는 『요사』 지리지에 선의군절도로 기록되고 있다.

1-6 보주 선의군절도. 고려가 주를 설치하였다. 예전 현이 하나인데, 내원이라고 한다. 성종(聖宗)이 고려왕 순(詢)이 멋대로 즉위하였으므로 죄를 물었으나, 항복하지 않았다.[15]

또한 내원성 선의군, 보주 선의군 절도의 기록을 아울러 살피면, 앞의 1062년 매매원 설치 지점을 의선군 남쪽이라고 한 『고려사』의 기록은 오류이고, 선의군 남쪽이라고 한 『동문선』의 기록에 따라 정정하는 것이 옳다.

또 이 『요사』 지리지에서 보주를 고려가 설치하였다고 기록하고 있어, 앞의 1-2 『고려사』 지리지에서 거란이 보주를 설치하였다는 기록과 상치된다. 요와 고려가 첨예하게 대립하던 국경지역에 관한 기록이고, 『요사』가 『고려사』보다 편찬시기가 앞서므로, 『요사』를 따르는 것이 합리적일 것으로 생각된다.

이상을 종합하면, 압록강(鴨淥江)변 보주는 고려가 설치하여 거란(요)과 국경으로 삼았고, 현종 6년(1015)경 요에서 침범하여 선의군절도에 소속시키고 있다가, 예종 12년(1117) 다시 고려에 귀속되면서, 후방 방어거점인 압록강(鴨綠江)변 의주에 축성하여 의주 방어사 소속으로 개편한 것으로 재해석할 수 있다.

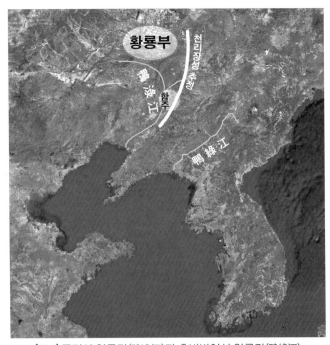

[도 1] 국경선 압록강(鴨淥江)과 후방방어선 압록강(鴨綠江)

압록과 고려의 북계

이런 논증을 바탕으로 해서 다음으로 편년 기사를 대요 시기, 대금 시기로 나누어 비판적으로 검토해보기로 하자.


# II. 대요(對遼) 시기

태조 왕건이 즉위하던 해의 기록 중 압록(鴨綠)에 대한 기록이 최초로 보인다.

2-1 (전략) 정명4년 3월 당 상인 왕창근이 홀연히 시장에서 한 사람을 보았는데, 모양이 장대하고 수염이 희었으며 머리에 옛 모자를 쓰고 거사 옷을 입고 있었다. 왼손에는 세 쌍의 도마를 쥐고, 오른손에는 한쪽 면의 옛 거울을 들었는데 사방 한 자 남짓이었다. (중략) 창근이 그 거울을 시장 벽에 걸어두었는데, 햇빛이 비껴 비추고 은은하게 작은 글자가 있어 읽을 수 있었다. 그 문장에서 말하기를, (중략) 먼저 계림(雞林)을 획득하고 뒤에 압록(鴨綠)을 회복한다는 뜻이다. (하략)[16]

---

14) 압록과 요하의 관련에 대해서는 남의현, 2016, 「장수왕의 평양성, 그리고 압록의 위치에 대한 시론적 접근〉, 『고구려의 평양과 그 여운』 참조

15) 保州宣義軍節度 高麗置州 故縣一 曰來遠 聖宗以高麗王詢擅立 問罪 不服(『遼史』38 志8 地理志 2 東京道 현종 1년(1010) 5월 28일)

16) 初太祖年三十 夢見九層金塔立海中 自登其上 貞明四年三月 唐商客王昌瑾 忽於市中見一人 狀貌瓌偉鬚髮皓白 頭戴古冠被居士服 左手持三隻梡 右手擎一面古鏡方一尺許 謂昌瑾曰 能買我鏡乎 昌瑾以二斗米買之 鏡主將米 沿路散與乞兒 而去疾如旋風 昌瑾懸其鏡於市壁 日光斜映隱隱有細字可讀 其文曰 三水中四維下 上帝降子於辰 馬先操雞後搏鴨 此謂運滿一三甲 暗登天明理地 遇子年中興大事 混蹤跡沌名姓 混沌誰知眞與聖 振法雷揮神電 於巳年中二龍見 一則藏身青木中 一則現形黑金東 智者見愚者盲 興雲注雨 與人征或見盛或視衰 盛衰爲滅惡塵 滓 此一龍子三四 遞代相承六甲子 此四維în滅丑 越海來降 須待酉 此文若見於明王 國泰人安帝永昌 吾之記凡 一百四十七字 昌瑾初不知有文 及見之謂非常獻于裔 裔令昌瑾物色求其人 彌月竟不得 唯東州勃颯寺熾盛光 如來像前有塡星古像如其狀 左右亦持梡鏡 昌瑾喜具以狀白裔歎異之 令文人宋含弘白卓許原等解之 含弘等曰 三水中四維下 上帝降子於辰馬者 辰韓馬韓也 巳年中二龍見 一則藏身青木中 一則現形黑金東者 青木松也 謂 松嶽郡人以龍爲名者之子孫可以爲君主也 王侍中有王侯之相 豈謂是歟 黑金鐵也 今所都鐵圓之謂也 今主初盛 於此殆終滅於此乎 先操雞後搏鴨者 王侍中御國之後 先得雞林後收鴨綠之意也 三人相謂曰 王猜忌嗜殺 若告以 實 王侍中必遇害 吾輩亦且不免矣 乃詭辭告之(『고려사』1 세가 1 태조 1 태초 즉위)

여기서 태조가 경략할 영토로서 계림과 함께 압록(鴨綠)이 거론되고 있다.[17] 이 압록은 어디를 지칭하는 것일까? 이렇게 고려 영토의 상징적 거점으로서 계림과 압록을 동시에 거론한 기록을 참고해 보기로 하자.

2-1-1 무인에 요가 숭록경 양거직을 파견해 와, 왕에게 상복을 벗을 것을 명령하였다. 조서에서 말하기를 (중략) 압록(鴨綠)을 넘어 아름다운 소문이 크게 떨쳤고, 계림을 보존하여 선량한 덕성이 흘러들어 왔다. (하략)[18]

2-1-2 신묘 (중략) 김연이 문서를 구비하여 긴급 상주하였다. 왕이 크게 기뻐하고 포주를 고쳐 의주방어사로 삼고, 압강(鴨江)을 경계로 삼아 관방을 설치하였다. 갑오에 백관이 표문으로 경하하였다. 대략 말하기를, 압록(鴨綠)의 옛 터와 계림의 옛 토지는 조종의 시대로부터 본래 옷깃과 띠의 방비로 되었는데, 중세의 혼란에 미쳐 자못 대요(大遼)의 침식을 당하였으니, 사람들이 분노할 뿐 아니라 진실로 신령의 수치가 되었습니다. (하략)[19]

---

17) 동일한 내용은『고려사절요』1 태조신성대왕 태조 1(918) 6월 15일조.『고금도서집성』방여휘편 변예전 조선부 예문2에도 실려 있다. 단『고금도서집성』에서는 연차가 정명 3년(917)으로 되어 있다.

18) 戊寅 遼遣崇祿卿楊擧直來 命王起復 詔曰 嗣豐祖構恭守王封 頃哀被於茹荼 卽毀過於扶杖 爰降釋衰之命 勿辱專閫之權 當體眷懷 所宜*袛荷 告身曰 鏊綏疏封繼先業者 是謂殊私 墨衰從政奪哀情者 斯爲變禮 擧玆故典 懋乃邦英 其有毓象緯之靈 *閒玄黃之氣 踰鴨綠而休聲振厲 保雞林而令德流聞 道善庇民謀能經國 方恪修於世範 何遽宅於家難 庸卜吉辰與伸起復 前推誠奉國功臣開府儀同三司檢校太師守太尉兼中書令上柱國高麗國王食邑三千戶食實一千五百戶 王俣 榮分寵鐇慶席山河 桓鎭琅琅 素全於重器 梗柟肅肅 生備於長材 仍敦獎於義方 復言該於名理 而自嗣興厥域 優纂乃勞 賓王著事大之誠 侯律謹守方之制 治辰韓之善理 慕齊晉之純忠 歲重貢儀 率勤北面之力 時堅戎翰 實寬東顧之憂 頃者 靜纏悲白華違養 尙固上夫之節 擬成孝子之規 主土分茅 闕一日而不可 毀容衡衄 豈三載以爲期 是用從金革之宜 飾鐘珠之命 駢車載駕駝紐重輝 於戲 日域全疆天命重地 位冠於五侯九伯 秩崇於四輔三公 別先臣之縟儀彝器咸在 今汝躬之異數備物具彰 必靜鎭於一方 當表章於群嶽 勉服丕訓永保多祥(『고려사』13 세가13 예종 2 예종 8년(1113) 1월 25일

19) 辛卯 遼來遠城牒曰 昨爲生女眞及東京渤海背亂 致不廣收得田禾 官司雖有見在穀粟 所有正軍外 平閑民戶 闕少粮儲 權時掇借米貨五萬石 瞻濟民戶 比候來秋 却具元借米貨碩斗還充 必不闕少 王命兩府臺省侍臣知制誥文武三品都兵判官以上會議中書省 令判兵馬事金緣等傳諭統軍 若歸我兩城人物 則不*湏掇借米貨 再三往復 統軍不肯從 及金兵攻取遼開州 遂襲來遠城及 大大乞打柳白三營 盡燒戰艦 擄守船人 統軍尙書左僕射開國伯耶律寧 與來遠城刺史檢校尙書右僕射常孝孫等 率其官民 載船一百四十艘 出泊江頭 移牒寧德城曰 女眞背亂 幷東京渤海續有背叛 道路不通 統軍部內田禾未收 米穀踊貴 致有貧寒人等 爲高麗國隣近住坐 已曾借糧推進 不行掇借 爲此 部內人民赴裏面州城 越逐米粟去 此至回來爲相和事在此州 幷地分交付去訖 仰行交受已後 准宣命施行 以來遠抱州二城歸于我 遂泛海而遁 我兵入其城 收兵仗及錢貨實物甚多 金緣具狀馳奏 王大悅 改抱州爲義州防禦使 以鴨江爲界 置關防 甲午 百官表賀 略曰 鴨綠舊墟雞林故壤 越自祖宗之世 本爲襟帶之防 逮乎中世之陵夷 頗遭大遼之侵蝕 非惟人怒 實作神羞 又曰 比因兩敵之有爭 頗慮二城之所屬 靺鞨之請獻 殆從天啓 鮮卑之潛遁 固匪人爲 我泉我池 復爲內地 實藉實畝 拓大中區 又曰 慚乏壯猷之助 初聞吉語之傳 刪石紀功 未奏形容之頌 奉觴稱壽 願伸率舞之懷(『고려사』14 세가 14 예종 3 예종 12년(1117) 3월 3일)

2-1-3 (전략) 내가 압록(鴨淥)을 경과한 것이 3천리요, 공이 계림에 은둔한 지 20년이네 (하략)[20]

2-1-4 (전략) 압록(鴨綠)은 멀리 북쪽으로 이어졌고, 계림은 다시 동쪽에 있는데, (하략)[21]

국경선 압록(鴨淥), 후방방어선 압록(鴨綠)이란 우리의 논증에 따르면, 영토의 상징으로 거론되는 압록-계림은 압록(鴨淥)으로 표기되는 것이 합리적이다. 이 점을 충실하게 기록한 것은 가정 이곡의 개인 문집인 『가정집』에서 그 친우 안강 이선생을 그리며 읊은 시에서 보인다. 기타 선초에 편찬된 정사인 『고려사』, 송 측 기록에서는 그 차이에 주목하지 않았는데, 이것은 착오가 분명하므로 정정하는 것이 옳을 듯하다. 이 점에 대해 좀 더 천착해 보기로 하자.

2-2 이제현이 찬문에서 말하기를 (중략) 압록(鴨綠) 이남은 대체로 모두 산이고 비옥하여 교대로 갈지 않는 전토는 거의 없고 겨우 있을 따름이다. 경영하는 경계의 바름이 문란해지면 바로 그 이해관계가 중국에 비교해서 아주 크다. (하략)[22]

2-2-1 신(제현)이 말하기를 (중략) 압록(鴨綠) 이남은 대체로 모두 산이고 비옥하여 교대로 갈지 않는 전토는 거의 없고 겨우 있을 따름이다. 경영하는 경계의 바름이 문란해지면 그 이해관계가 중국에 비교해서 아주 크다. (하략)[23]

---

20) 有命那禁老 無求自得高 山林百歲樂 軒冕一生勞 我經鴨淥三千里 公臥雞林二十年 出處閑忙俱白髮 一尊相對恨無緣(『가정집』17 율시 寄安康李先生 충목왕 즉위(1344) 5월 4일

21) 萬國山河混 三韓道路通 都因聖德遠 兼使佛書同 持缽遊天上 乘杯自海中 烟沈孤嶼白 日湧大波紅 入夜唯瞻斗 經時只信風 本從箕子國 來覓梵王宮 到日過春草 歸程及早鴻 將詩猶恨少 問法久知空 鴨綠遙連北 雞林更在東 他年許詢輩 何處訪支公(『傅與礪詩文集』傅與礪詩集7 五言長律 送無外式上人還高麗)

22) 李齊賢贊曰 滕文公問井地於孟子 孟子曰 仁政必自經界始 經界不正 井地不均 穀祿不平 是故暴君汚吏 必慢其經界 經界既正 分田制祿 可坐而定也 三韓之地非四方舟車之會 無物産之饒 貨殖之利 民生所仰 只在地力 而鴨綠以南大抵皆山 肥膏不易之田 絶無而僅有也 經界之正若慢 則其利害 比之中國相萬也 太祖繼新羅衰亂泰封奢暴之後 萬事草創 日不暇給 止爲口分之法 歷四世景宗作田柴之科 雖有疎略 亦古者世祿之意 至於九一而助什一而賦 與夫所以優君子小人者 則不暇論也 後世屢欲理之 終於苟而已矣 蓋其初不以經界爲急 撓其源而求流之淸 何可得也 惜乎當時群臣 未有以孟子之言 講求法制 啓迪而力行之也(『고려사』2 세가2 경종 6년(981)7월 9일, 『고려사절요』2 경종헌화대왕 경종 6년(981) 7월 9일)

23) 臣[齊賢]曰 滕文公問井地於孟子 孟子曰 仁政必自經界始 經界不正 井地不均 穀祿不平 是故 暴君汚吏 必慢其經界 經界既正 分田制祿 可坐而定也 三韓之地 非四方舟車之會 無物産之饒 貨殖之利 民生所仰 只在地力 而鴨綠以南 大抵皆山 肥膏不易之田 絶無而僅有也 經界之正若慢 其利害 比之中國相萬也 太祖繼新羅衰亂 泰封奢暴之後 萬事草創 而爲口分之法 歷四世景王 作田柴之科 雖有疏略 亦古者世祿之意也 至於九一而助 什一而賦

이것은 경종에 대한 익재 이제현의 찬문인데, 정사인 『고려사』, 『고려사절요』와 개인 문집인 『익재집』에서, 접속사 '(즉)則' 하나만 다를 뿐, 현재의 주제인 '압록'에 대해서는 모두 같이 기록하고 있다. 이 기사는 직접 국경을 언급한 것이 아니므로 일단 후방 방어선을 지칭한 것으로 이해해 두기로 한다.

2-3  성종 원년 6월 정광 최승로가 상서하여 말하기를, (중략) 서북쪽은 오랑캐에 인접하므로 방어·수비하는 곳이 많습니다. 마헐탄을 경계로 삼은 것은 태조의 의지였고, 압강(鴨江) 주변 석성(石城)을 경계로 삼은 것은 대국 조정이 책정한 것입니다. (하략)[24]

2-3-1  (전략) 서북쪽은 오랑캐에 인접하므로 방어·수비하는 곳이 많습니다. 성상께서는 이것을 유념하소서. 대개 마헐탄을 경계로 삼은 것은 태조의 의지였고, 압강(鴨江) 주변 석성(石城)을 경계로 삼은 것은 대국 조정이 책정한 것입니다. (하략)[25]

최승로 시무 28조 중의 첫 번째로 서북쪽 수비에 대한 언급이다. 정사와 민간 문집인 『동문선』에서, 동일하게 압강(鴨江) 주변 석성이라고 표현하고 있다.

이 석성은 북송의 지리지인 『무경총요』에서 다음과 같이 기록하고 있다.

2-3-1-1  길주(吉州)는 삼한의 옛 성곽이다. 거란이 군대를 설치하고 신라 여러 국가를 방어·공격하였다. 동쪽으로 석성이고, 서남쪽으로 압록강(鴨綠江)이며, 동쪽으로 대염주(大鹽州)까지 백 리이고, 서쪽으로 바다에 이른다.[26]

2-3-1-2  압록수(鴨綠水)는 고려국의 서쪽이다. 수원이 말갈국에서 나오고, 물색깔이 오리 머리와 비슷하다. 요동에서 거리가 5백 리이다. 고려 안에서 이 강이 가장 큰데, 물결이 일

---

및所以優君子小人者 則不暇論也 後世屢欲理之 終於苟而已矣 蓋其初不以經界爲急 撓其源而求流之淸 何可得也 惜乎當時群臣 未有以孟子之言 講求法制 啓迪而力行之也(『익재집』익재난고 9하 사천 경왕)

24) 成宗元年六月 正匡崔承老上書曰 我國家經三以來 土卒未得安枕 糧餉未免糜費者 以西北隣於戎狄 而防戍之所多也 以馬歇灘爲界 太祖之志也 鴨江邊石城爲界 大朝之所定也 乞擇要害 以定疆域 選士人能射御者 充其防戍 又選偏將 以統領之 則京軍免更戍之勞 蒭粟省飛輓之費(『고려사』82 지36 병2 진수 성종 1년(982) 6월 24일, 93 열전6 최승로, 『고려사절요』2 성종문의대왕)

25) 『동문선』52 주의 최승로 상시무책

26) 吉州 三韓古城也 契丹置兵防控新羅諸國 東石城西南鴨綠江 東至大鹽州百里 西至海(『무경총요』전집16하 변방)

렁이고 끝없이 맑아, 이를 믿고 천혜의 참호로 여긴다. 강 너비가 3백 보이다. 평양성의 서북쪽 4백 50리에 있다. 강의 동남쪽 20리가 국경으로 신라국 흥화진에 이른다. 황토암에서 20리이고, 서북쪽으로 동경까지 8백 50리이며, 남쪽으로 바다까지 60리이다.[27]

이렇게 『고려사』, 『동문선』에서 석성, 압강으로 기록한 것을, 북송의 지리지인 『무경총요』에서는 석성, 압록강(鴨綠江), 압록수(鴨綠水)로 기록하고 있다. 그런데, 이 송대의 지리지인 『무경총요』의 기록은 당대의 기록인 『신당서』의 기록을 바탕으로 한 것으로 보이는데, 거기서는 압록수(鴨淥水)로 기록하고 있음은 이미 본 바와 같다. 결국 최승로가 언급한 역대로부터 당시 성종대까지의 서북 국경이라고 언급한 압강(鴨江)은 압록(鴨淥)을 지칭하는 것으로 보는 것이 옳을 것 같다.

최승로의 건의가 있은 지 3년 후인 성종 3년(984)에 압록강(鴨綠江) 언덕에 축성하는 기록이 보인다.

2-4 형관어사 이겸의에게 명령해서 압록강(鴨綠江) 언덕에 축성하여 관방 성곽으로 삼았다. 여진이 군사로써 이것을 방해하고 겸의를 사로잡아 갔다. 군사가 궤멸되고 축성을 완성하지 못하였다. 생환자가 3분의 1이었다.[28]

여기서의 압록강(鴨綠江)도 국경 관방을 의미하므로 압록(鴨淥)으로 정정하는 것이 옳을 것으로 보인다.

이 사건이 있은 지 7년 후인 성종 10년(991)에 여진을 다시 백두산 바깥으로 축출하고 있다.

2-5 압록강(鴨綠江) 바깥의 여진을 백두산 바깥으로 축출하여 거주하게 하였다.[29]

---

27) 鴨綠水 高麗國西源出靺鞨國 水色似鴨頭 去遼東五百里 高麗之中也 此水最大 波瀾淸徹 恃之以爲天塹 水闊三百步 在平壤城西北四百五十里 水東南二十里分界 至新羅國興化鎭 自黃土巖二十里 西北至東京八百五十里 南至海六十里(『동상』)

28) 命刑官御事李謙宜城鴨綠江岸 以爲關城 女眞以兵遏之 虜謙宜而去 軍潰不克城 還者三之一(『고려사』3 세가 3 성종 3년(994). 『고려사절요』2 성종문의대왕 성종 3년)

29) 逐鴨綠江外女眞於白頭山外 居之(『고려사』3 세가 3 성종 10년(993) 10월 3일, 『고려사절요』2 정종문의대왕 동년)

이 압록강(鴨綠江)도 국경 관방의 의미인 압록(鴨淥)으로 보는 것이 순리로 보인다.

이들 기록의 혼선을 단적으로 보여주는 사료는 요 1차 침입이 있은 성종 12년(993)의 사건을 통해 명백하게 확인할 수 있다.

2-6 동10월 시중 박양유를 상군사로 삼고, 내사시랑 서희를 중군사로 삼았으며, 문하시랑 최량을 하군사로 삼아, 북계에 주둔하여 거란을 방어하였다. 윤월 서경에 행차하였는데, 전진하여 안북부에 머물렀다. 거란 소손녕이 군사를 거느리고 봉산군을 공격하여 우리 선봉군 사신 급사중 윤서안 등을 포획하였음을 듣고 왕이 전진하지 못하고 귀환하였다. (중략) 희가 말하였다. "아니다. 우리나라가 바로 고구려가 고국이다. 그러므로 고려라고 호칭하고 평양에 도읍하였다. 만약 토지 경계를 논한다면 위쪽 나라의 동경이 모두 우리 국경에 있는데, 어찌 침탈했다고 할 수 있겠는가. 또 압록강(鴨綠江) 내외 역시 우리 국경 안이다. 지금 여진이 그 중간을 훔쳐 근거하며 완악하고 교활하니, 도로가 막힘이 바다를 건너는 것보다 심하다. 외교가 통하지 않는 것은 여진 때문이다. 만약 여진을 축출하게 해서 우리 옛 땅을 환속시키고 성곽을 축조하여 도로를 통하면 감히 수호하지 않겠는가. (하략)[30]

---

30) 冬十月 以侍中朴良柔爲上軍使 內史侍郞徐熙爲中軍使 門下侍郞崔亮爲下軍使 軍于北界 以禦契丹 閏月 幸西京 進次安北府 聞契丹蕭遜寧 將兵攻蓬山郡 獲我先鋒軍使 給事中尹庶顔等 王不得進乃還 徐熙引兵 欲救蓬山 遜寧聲言 大朝旣已奄有高句麗舊地 今爾國侵奪疆界 是用征討 又移書云 大朝統一四方 其未降附 期於掃蕩 速致降款 毋涉淹留 熙見書還奏 有可和之狀 王遺監察司憲 借禮賓少卿李蒙戩 如契丹營請和 遜寧又移書云 八十萬兵 至矣 若不出江而降 當須殄滅 宜君臣 速降軍前 蒙戩至營 問所以來侵之意 遜寧曰 汝國 不恤民事 是用恭行天罰 若欲求和 宜速來降 蒙戩還 王會*羣臣議之 或言車駕 還京闕 令重臣 率軍士乞降 或言割西京以北之地 與之 自黃州至岊嶺 畫爲封疆可也 王將從割地之議 開西京倉米 任百姓所取 餘者尙多 王恐爲敵所資 令投之大同江 熙奏曰 食足則城可守 戰可勝也 兵之勝負 不在强弱 但能觀釁而動耳 何可遽命棄之乎 *況食者 民之命也 寧爲敵所資 虛棄江中 又恐不合天意 王然而止之 熙又奏曰 自契丹東京 至我安北府 數百里之地 皆爲生女眞所據 光宗取之 築嘉州 松城等城 今丹兵之來 其志不過取此二城 其聲言取高句麗舊地者 實恐我也 今見其兵勢大盛 遽割西京以北與之 非計也 且三角山以北 亦高句麗舊地 彼以谿壑之欲 責之無厭 可盡與乎 *況今割地 則誠萬世之恥也 願駕還都城 使臣等 一與之戰 然後議之 未晚也 前民官御事李知白奏曰 聖祖創業垂統 洎于今日 無一忠臣 遽欲以土地 輕與敵國 可不痛哉 古人有詩云 千里山河輕孺子 兩朝冠劍恨焦周 *盖謂焦周爲蜀大臣 勸後主納土於魏爲千古所笑也 與其輕割土地 棄之敵國 曷若復行先王燃燈八關仙郎等事 不爲他方異法 以保國家 致大平乎 若以爲然 則當先告神明 然後議之與否 惟上裁之 時王樂慕華風 國民不喜 故知白 及之 遜寧以蒙戩回還 久無回報 遂安戎鎭 中郞將大道秀 郞將庾方 與戰克之 遜寧 不敢復進 遣人 促使來降 王遺和通使閤門舍人張瑩 *徃丹營 遜寧曰 宜更以大臣 送軍前面對 瑩還 王會*羣臣問之 誰能*徃丹營 以口舌却兵 立萬世之功乎 *羣臣無有應者 熙獨奏曰 臣雖不敏 敢不唯命 王出餞江頭 執手慰藉而送之 熙奉國書 如丹營 與遜寧抗禮 不小屈 遜寧心異之 語熙曰 汝國興新羅地 高句麗之地 我所有也 而汝侵蝕之 又與我連壤 而越海事宋 大國是以來討 今割地以獻 而修朝聘 可無事矣 熙曰 非也 我國卽高勾麗之舊也 故號高麗 都平壤 若論地界 上國之東京 皆在我境 何得謂之侵蝕乎 且鴨綠江內外 亦我境內 今女眞盜據其間 頑黠變詐 道途梗澁 甚於涉海 朝聘之不通 女眞之故也 若令逐女眞 還我舊地 築城堡 通道路 則敢不修聘 將軍如以臣言 達之天*聰 豈不哀納 辭氣慷慨 遜寧 知不可强

이 『고려사절요』 기록에서, 서희가 협상을 통하여 압록강(鴨綠江) 내외 여진(女眞) 거주지를 반환받도록 약속받았다고 표현하고 있다.

이에 따라 고려에서는 박양유를 사신으로 보내 이를 요청하고 해당 지역을 반환받고 있는데, 이 지역에 대한 각 역사서 기록의 차이는 많은 것을 시사한다.

2-6-1 고려왕 치(治)가 박양유를 파견하고 표문을 받들어서 사죄하였다. 여직(女直) 압록강(鴨淥江) 동쪽 수 백 리 땅을 취득하여 하사하게 하였다.[31]

2-6-2 11년 왕 치가 박양유를 파견하고 표문을 받들어서 사죄하였다. 조서로 여직국(女直國) 압록강(鴨淥江) 동쪽 수 백 리 땅을 취득하여 하사하게 하였다.[32]

2-6-3 11년 춘3월 고려왕 치가 박양유를 파견하여 사죄하였다. 여진(女眞) 압록강(鴨淥江) 동쪽 수 백 리 땅을 취득하여 하사하게 하였다. (하략)[33]

2-6-4 3월 병오 고려왕 치가 예폐사 시중 박양유를 파견하고 표문을 받들어서 사죄하였다. 조서로 여진(女眞) 압록강(鴨綠江) 동쪽 수 백 리 땅을 취득하여 하사하였다. (하략)[34]

2-6-5 (성종 통화) 11년 춘3월 고려왕 치가 박양유를 파견하고 표문을 받들어 사죄하였다. 조서로 압록강(鴨綠江) 동쪽 수 백 리 땅을 취득하여 하사하게 하였다. (이본 상고. 『통감집람』에 이르기를, 강은 길림 오라 남쪽에 있는데, 수원이 장백산에서 나와 서남으로 흘러 조선과 분계선이 되고, 봉황성 동남에서 바다로 들어간다. 통전에서 이르는 바로 예전의 마채수(馬砦水)이다. 고려가 이것을 믿고 천혜의 요새로 삼는다. (하략)[35]

遂具以聞 丹帝曰 高麗旣請和 宜罷兵 熙留丹營 七日而還 王大喜 出迎江頭 卽遣侍中朴良柔爲禮幣使 入覲 熙復奏曰 臣與遜寧約 盪平女眞 收復舊地 然後朝覲可通 今纔收江內 請俟得江外 修聘未晚 王曰 久不修聘 恐有後患 遂遣之(『고려사절요』2 성종문의대왕 12년(993) 10월, 『고려사』94 열전7 서희 동년)

31) 高麗王治遣朴良柔奉表請罪 詔取女直鴨淥江東數百里地賜之(『遼史』13 本紀13 聖宗4 統和十一年正月)

32) 十一年 王治遣朴良柔奉表請罪 詔取女直國鴨淥江東數百里地賜之(『遼史』115 列傳45 二國外記 高麗(統和))

33) 十一年春三月 高麗王治遣朴良柔奉表請罪 取女眞鴨淥江東數百里地賜之(『遼史拾遺』7 本紀13 聖宗4(統和))

34) 三月丙午 高麗王治遣禮幣使侍中朴良柔奉表請罪 詔取女眞鴨綠江東數百里地賜之(『遼史彙編』4 補遼史交聘表2 統和十一年癸丑[淳化四年])

35) (聖宗統和) 十一年春三月 高麗王治遣朴良柔奉表請罪 詔取鴨綠江東數百里地賜之 [考異 通鑑輯覽云 江在吉林烏喇南 源出長白山 西南流與朝鮮分界 鳳凰城東南入海 通典謂卽古馬砦水也 高麗恃此爲天險 畢沅 續通鑑云 恒德移檄高麗 令具降款 王治數遣使 不得要領 徐熙請往 恒德欲令拜於庭 不可 許升堂行禮 恒德責其侵蝕邊壤 越海事宋 熙謂能逐女直 還鴨綠江故地 築城堡 通道路 則敢不修貢 恒德奏聞 許罷兵 餘同 又徐乾學通鑑後編 並書於前年 今從史及東國通鑑 附書](『遼史彙編』7 遼史紀事本末7 征撫高麗)

먼저 1344년에 편찬된 『요사』에서는 여직(女直) 압록강(鴨淥江), 여직국(女直國) 압록강(鴨淥江)으로 표현하고 있다. 이 사건과 가장 가까운 시기의 기록을 반영하듯, 흥종 야율종진(耶律宗眞)을 피휘하여 여진을 여직으로 기록하였듯이, 병기된 압록강(鴨淥江)도 당시 지명에 가장 충실했음에 틀림없다. 청대에 편찬된 『요사습유』에서는 여진(女眞), 압록강(鴨淥江)으로 표현하여, 피휘는 지키지 않으면서 지명은 정확하게 기록하고 있다. 그런데, 근대에 편찬된 『요사휘편』에서는 여직(女眞), 압록강(鴨綠江)으로 완전히 변개되어 있을 뿐 아니라, 그 위치까지도 이본인 명대의 『역대통감찬요』를 증보한 청대 편찬 『통감집람』을 인용하여 길림, 봉황성으로 이어지는 현재의 압록강으로 비정하면서, 엉뚱하게 『통전』의 마자수를 잘못 인용하여 마채수(馬砦水)로 기록하고 있다. 요컨대 고려의 국경선인 압록강(鴨淥江)이 고려 당시의 기록을 제외하고 조선 초 『고려사』 기록을 비롯하여 이후 점차 압록강(鴨綠江)으로 변개되어 가고 있음을 확인할 수 있는 것이다.

요가 고려에 여직 압록강(鴨淥江) 동쪽 수 백리 땅을 넘겨 준 이듬해 성종 13년(994) 2월에 서희와 담판했던 소손녕이 외교문서를 보내와, 3월 초부터 자기들이 압강(鴨江) 서쪽 마을에 성곽 다섯 개를 축조하기 시작할 터이니, 고려에서도 동시에 안북부로부터 압강 동쪽에 이르기까지 합계 2백 80리에 축성을 시작하고, 그 합당한 축성 숫자를 조속히 회신하도록 요구하고 있다.

> 2-7  13년 춘2월 소손녕이 문서를 보내 말하였다. "(전략) 압강(鴨江) 서쪽 마을에 계획하여 다섯 성곽을 창건·축조하려 하고, 3월 초를 선택하여 축성 지역에 도착해서 수축을 시작하려고 하오. 엎드려 요청하건대, 대왕께서 미리 먼저 지휘하여 안북부에서 압강(鴨江) 동쪽까지 합계 2백 80리에 적당한 전지를 답사하고 지리 원근을 참작해서 아울러 축성하게 하고 작업 인부를 파견해서 동시에 착공하며, 그 합당한 축성 숫자는 조속히 회신하시오. (하략)[36]

---

36) 十三年春二月 蕭遜寧致書曰 近奉宣命 但以彼國信好早通 境土相接 雖以小事大 固有規儀 而原始要終 *湏存悠久 若不設於預備 慮中阻於使人 遂與彼國相議 便於要衝路陌 創築城池者 尋准宣命 自便樹酌 擬於鴨江西里 創築五城 取三月初 擬到築城處 下手修築 伏請 大王預先指揮 從安北府 至鴨江東 計二百八十里 踏行穩便田地 酌量地里遠近 幷令築城 發遣役夫 同時下手 其合築城數 早與回報 所貴 交通車馬 長開貢覲之途 永奉朝廷 自恊安康之計(『고려사』3 세가 3 성종 13년(994) 2월, 『고려사절요』2 성종문의대왕 동년 동월, 『遼史拾遺』7 본기13 성종 4(통화12년 춘3월))

여기서의 압강은 앞에서 살핀 『동문선』에서의 1088년 박인량 표문의 압록수(鴨淥水)임은 말할 필요도 없다.[37) 또한 이 축성 사업과 동시에 이승건을 압강도구당사(鴨江渡勾當使)로 삼았다가, 곧 하공진으로 대치하여 파견한 것도 같은 사정이다.

2-8 이승건(李承健)을 압강도구당사(鴨江渡勾當使)로 삼았다. 곧 하공진(河拱辰)을 파견하여 대신하였다.[38)

이 국경 외교의 귀결은 성종 14년(995) 고려왕의 청혼을 허락하고 15년(996) 고려국왕을 책봉하는 것으로 마감되고 있다.

2-9 15년 춘3월 거란이 한림학사 장간충 정군절도사 소숙갈을 파견해 와 왕을 책봉하여 말하였다. "(전략) 압강(鴨江) 서쪽 한계에서 일찍이 요새를 믿는 마음이 없었고, (중략) 그대를 책봉하여 개부의동삼사 상서령 고려국왕으로 삼는다. (하략)"[39)

요컨대 이 993~996년 거란 1차 침입의 시말에서 국경 협상, 축성과 관련하여 등장하는 압록강(鴨淥江)은 물론이고 압록강(鴨綠江), 압강(鴨江)도 당시의 국경선 표준 지명인 압록강(鴨淥江)을 지칭하는 것임을 확인하였다. 재차 고려 당대의 기록인 『동문선』, 『요사』의 정확성을 입증하고 있다.

이후 국경선으로서의 압강(鴨江)이 등장하는 것은 송 진종 함평 6년(1003) 7월 16일의 일이다.

---

37) 다만 축성 시점과 종점이 9월초, 10월 상순으로 차이가 있다.

38) 以李承乾爲鴨江渡勾當使 尋遣河拱辰代之(『고려사』3 세가3 성종 13년(994), 『고려사』77 지31 백관2 외직 구당, 『고려사』94 열전7 하공진, 『고려사절요』2 성종문의대왕 동년)

39) 遣左承宣趙之遴如契丹 請婚 以東京留守駙馬蕭恒德女 許嫁(『고려사』3 세가3 성종 14년(995), 『고려사절요』2 성종문의대왕 동년) 十五年春三月 契丹遣翰林學士張幹忠正軍節度使蕭熟葛來 冊王曰 漢重呼韓 位列侯王之上 周尊熊繹 世開土宇之封 朕法古爲君 推恩及遠 惟東溟之外域 順北極以來王 歲月屢遷 梯航靡倦 宜擧眞封之禮 用旌內附之誠 爰採彝章 敬敷龍數 咨爾高麗國王王治 地臨鯷壑 勢壓蕃隅 繼先人之茂勳 理君子之舊國 文而有禮 智以識機 能全事大之儀 盡協酌中之体 鴨江西限 曾無恃險之心 鳳辰北瞻 克備以時之貢 言念忠敬 宜示封崇 升一品之貴階 正獨坐之榮秩 仍疏王爵 益表國恩 冊爾爲開府儀同三司尙書令高麗國王 於戲 海岱之表 汝惟獨尊 辰卞之區 汝惟全有 守玆富貴 戒彼滿盈 無庸小人之謀 勿替大君之命 敬修乃事 用合朝經 俾爾國人 同躋壽域 永揚休命 可不美哉 幹等至西郊 築壇傳冊 王備禮受冊 大赦(『고려사』3 세가3 성종 15년(996)3월, 『遼史拾遺』7 본기13 성종 4(통화))

2-10 기유에 거란 공봉관 이신이 왔다가 돌아갔다. (중략) 그 국경은 유주에서 동쪽으로 5백 50리 가서 평주에 이르고, 또 5백 50리로 요양성에 도착하는데, 바로 동경이라고 호칭하는 것이다. 또 동북 6백 리로 오야국에 이르는데, 그 나라는 한(漢)의 문서 법식을 사용하여 사신의 인장이 8각이고 둥글다. 또 동남은 고려에 연접하고, 또 북쪽으로는 여진에 이르며, 동쪽으로 압강(鴨江)을 넘어 바로 신라이다. (하략)[40]

남송 때 편찬된 북송 사서에서 이 시기 거란 국경을 언급하며, 동남쪽으로 고려가 연접하고 동쪽으로 압강(鴨江)을 넘어 신라라고 인식하고 있어, 송대의 동북 국경 정보 수준을 가늠하게 해 준다. 부정확한 표현이 다수 있지만, 그 방위, 배치 등을 고려하면서 지금까지의 국경선 이해를 바탕으로 하면, 여기서의 압강이 압록강(鴨淥江)을 지칭할 개연성이 크다. 그런데, 북송 대의 사서로 추정되는 『융평집(隆平集)』[41]에서 동일 사안이 압록강(鴨綠江)으로 표현되고 있다.

2-10-1 (전략) 거란 국경은 유주에서 동쪽으로 5백 50리 가서 평주에 이르고, 또 50리로 옛 요성에 이르는데, 이것을 동경이라고 한다. 북쪽으로 6백리로 오사국에 이른다. 동남으로 고려와 연접하고, 북쪽으로 여진에 이르며, 동쪽으로 압록강(鴨綠江)을 넘어 바로 신라이다.[42]

---

40) 己酉 契丹供奉官李信來歸 信言其國中事云 戎主之父明記 號景宗 后蕭氏 挾力宰相之女 凡四子 長名隆緒 卽戎主 次名贊 僞封梁王 今年三十一 次名高七 僞封吳王 年二十五 次名鄭哥 八月而夭 女三人 長曰燕哥 年三十四 適蕭氏弟北宰相留住哥 僞署駙馬都尉 次曰長壽奴 年二十九 適蕭氏姪東京留守悖野 次曰延壽奴 年二十七 適悖野母弟肯頭 延壽奴出獵 爲鹿所觸死 蕭氏卽縊殺肯頭以殉葬 蕭氏有姊二人 長適齊王 王死 自稱齊妃 領兵三萬屯西鄙驢駒兒河 嘗閱馬 見蕃奴達覽阿鉢姿貌甚美 因召侍帳中 蕭氏聞之 縶達覽阿鉢 抶以沙囊四百而離之 蹴年 齊妃請于蕭氏 願以爲夫 蕭氏許之 使西捍達靼 盡降之 因謀帥其衆奔骨歷扎國 結兵以簒蕭氏 蕭氏知之 遂奪其兵 命領幽州 次適趙王 王死 趙妃因會飮眞毒蕭氏 爲婢所發 蕭氏酖殺之 蕭氏今年五十 自景宗死 領國事 自稱太后 國中所管幽州漢兵 謂之神武控鶴羽林驍武等 約萬八千餘人 其僞署將帥 契丹九女奚南北皮室當直舍利 及八部落舍利山後四鎭諸軍約十萬八千餘騎 內五千六百常衛戎主 餘九萬三千九百五十 卽時入寇之兵也 其國境自幽州東行五百五十里至平州 又五百五十里至遼陽城 卽號東京者也 又東北六百里至烏惹國 其國用漢文法 使刑八角而圓 又東南接高麗 又北至女眞 東踰鴨江 卽新羅也 以信爲供奉官 賜器幣冠帶 [實錄契丹附傳 以隆緒爲梁王而不載其弟所封國名 正傳則以隆緒爲常王 未知孰是 當考 或常字誤](『續資治通鑑長編』55 진종 함편6년 7월)

41) 曾鞏(1019~1083)(당송팔대가 중의 1인)의 사서로, 송 태조에서 영종에 이르는 5조의 일을 기록한 것인데, 아직 확실하지는 않다.

42) 興宗在位凡二十五年 常與敎坊使王稅輕十數人 結爲兄弟 出入其家 或拜其父母 常夜宴與劉四端兄弟及王剛等數十人 入樂隊 命后妃易衣爲女冠 后父蕭穆濟言 漢官皆在此 后妃入戲非所宜也 宗眞擊碎后父首曰 我尙爲之

　　　　　압록과 고려의 북계

이 지명을 어떻게 이해해야 할까? 거란 사신이 송에 다녀간 같은 해에 고려에서도 사신을 송에 파견하여 거란을 견제할 것을 간청하고 있다.

2-10-2 (함평) 6년 송(誦)이 호부낭중 이선고를 파견해 와 사은하고, 또 말하였다. "진(晉)이 연(燕)·계(薊)를 분할하여 거란에 소속시키고, 마침내 도로로 현토(玄菟)에 달려가 누차 와서 공격·정벌하여 요구·탈취함에 그침이 없습니다. 간청컨대 왕의 군사가 경계 상에 주둔하여 그를 견제하소서." 조서로 넉넉하게 회답하였다.[43]

고려와 거란의 분쟁 지역을 현토(玄菟)라고 명시하고 있다. 또 동년에 고려에서는 덕주(德州)·가주(嘉州)·위화(威化)·광화(光化) 등 4성곽을 수축하고 있다.

2-10-3 6년에 덕주(德州)·가주(嘉州)·위화(威化)·광화(光化) 등 4성곽 수축하였다.[44]

여기서 가주(嘉州)는 993년 윤10월 서희의 상주문 가운데서 거란 동경에서 우리 안북부까지 수 백리 땅에 생여진이 근거하던 것을 광종이 탈취하여 송성(松城)과 함께 축성했다고 했던 곳이다.

이렇게 이 해에 거란과 다투고, 축성하던 지역은 요동일 가능성이 크므로 이 지명도 역시 국경선 압록강(鴨淥江)으로 보는 것이 합리적이다.

거란 1차 침입 이후 항상 불안하던 요동 정세는 또 1010년에 2차 침입으로 터지게 되었다. 고려, 거란, 송은 이 사실을 다투어 기록하고 있다. 먼저 고려의 기록을 보면 다음과 같다.

2-11 신묘에 거란군주가 보병·기병 40만을 스스로 거느리고, 압록강(鴨綠江)을 건너 홍

---

若女何人也 間常變服入酒肆寺觀 如王剛姚景熙輩常遇於微行中 皆顯官 宗眞敬佛教僧正拜三公三師兼政事令者二十人 左右所親信多擢爲將相 契丹國境自幽州東行五百五十里至平州 又五十里至古遼城謂之東京 北六百里至烏舍國 東南接高麗 北至女眞 東踰鴨綠江 即新羅也(『隆平集』20 이적)

43) (咸平) 六年 誦遺使戶部郎中李宣古來朝謝恩 且言 晉割燕薊以屬契丹 遂有路趣玄菟 屢來攻伐 求取不已 乞王師屯境上爲之牽制 詔書優答之(『宋史』487 열전246 외국3 고려)
동열 사안은 『續資治通鑑長編』55 진종 함평6년 8월 조, 『皇宋十朝綱要』3 동년 동월 조에도 있다.

44) 六年 修德州嘉州威化光化四城(『고려사』82 제36 병2 성보), 『고려사절요』2 목종선양대왕)

화진(興化鎭)을 포위하였다. 양규(楊規)·이수화(李守和) 등이 고수하여 항복하지 않았다.[45]

2-11-1 11월 거란군주가 보병·기병 40만을 스스로 거느리고, 의군천병(義軍天兵)이라고 호칭하며, 압록강(鴨綠江)을 건너 흥화진(興化鎭)을 포위하였다.[46]

2-11-2 신묘에 거란군주가 보병·기병 40만을 스스로 거느리고 의군천병義軍天兵)이라고 호칭하며, 압록강(鴨綠江)을 건너 흥화진(興化鎭)을 포위하였다. 순검사 형부낭중 양규(楊規)가 진사 호부낭중 정성(鄭成), 부사 장작주부 이수화(李守和), 판관 늠희령 장호(張顥)와 성곽을 굳게 닫고 고수하였다.[47]

다음으로 거란 측 기록은 다음과 같다.

2-11-3 11월 을유에 대군사가 압록강(鴨淥江)을 건넜다. 강조(康兆)가 항거하여 싸웠으나 패배하였고, 후퇴하여 동주(銅州)를 보위하였다.[48]

2-11-4 대군사가 압록강(鴨淥江)을 건넜다. 강조(康兆)가 동주(銅州)에서 항거하여 싸웠으나 패배하였다.[49]

2-11-5 11월 을유에 대군사가 압록강(鴨綠江)을 건넜다. 강조(康兆)가 항거하여 싸웠으나 패배하였고, 후퇴하여 동주(銅州)를 보위하였다.[50]

2-11-6 병술에 강조가 다시 나왔다. 우피실 상곤 야율도로(耶律圖魯)가 조 및 부장 이립(李立)을 사로잡고, 추격·살해한 것이 수 십 리였으며, 유기한 양곡과 무기를 노획하였다. 『동국통감』에서 말하였다. "11월 신묘에 거란군주가 보병·기병 40만을 스스로 거느리고 의군천병(義軍天兵)이라고 호칭하며, 압록강(鴨綠江)을 건너 흥화진(興化鎭)을 포위하였다.

---

45) 辛卯 契丹主自將步騎四十萬 渡鴨綠江 圍興化鎭 楊規李守和等固守不降(『고려사』4 세가4 현종1 현종 1년(1010) 11월 16일)

46) 十一月 契丹主自將步騎四十萬 號義軍天兵 渡鴨綠江 圍興化鎭(『고려사』127 열전40 반익1 강조 현종 1년(1010) 11월)

47) 辛卯 契丹主自將步騎四十萬 號義軍天兵 渡鴨綠江 圍興化鎭 巡檢使刑部郎中楊*規 與鎭使戶部郎中鄭成 副使將作注簿李守和 判官廩犠令張顥 嬰城固守(『고려사절요』3 현종원문대왕 현종 1년(1010) 11월 16일)

48) 十一月乙酉 大軍渡鴨淥江 康肇拒戰 敗之 退保銅州(『遼史』15 본기15 성종 6 통화28년)

49) 十一月 大軍渡鴨淥江 康肇拒戰于銅州 敗之(『遼史』115 열전45 이국외기 고려 통화28년)

50) 十一月乙酉 大軍渡鴨綠江 康兆拒戰 敗之 退保銅州(『遼史拾遺』8 본기15 성종 6 통화28년)

순검사 양규(楊規), 진사 정성(鄭成), 부사 장작주부 이수화(李守和)가 성곽을 굳게 닫고 고수하였다. (하략)"[51]

2-11-7 (성종 통화28년) 동11월 군대가 압록강(鴨綠江)을 건넜고, 강조가 항거하여 싸웠으나 패배하였다. 이때 우피실 상곤(원문에는 상온으로 썼다) 야율달로(耶律達魯)(원문에서는 적로(敵魯)로 썼다. 자는 이섭(伊聶)이고 중수방(仲叟房)의 아버지다)가 공격하여 조를 동주에서 사로잡고, 부장 이립에게 미쳤다. (하략)[52]

---

51) 丙戌 兆復出 右皮室詳袞耶律圖魯擒兆 及副將李立 追殺數十里 獲所棄糧餉鎧仗
東國通鑑曰 十一月辛卯 契丹主自將步騎四十萬 號義軍天兵 渡鴨綠江 圍興化鎭 巡檢使楊規 鎭使鄭成副使李守和 嬰城固守 壬辰 康兆等分軍 出龜州北恧●湯井曙星三道 與契丹戰 敗績 契丹主獲通州城外收禾男女 各賜錦衣 授紙封一箭 以兵三百餘人 送興化鎭 諭其將 箭封書曰 朕以前王誦 服事朝廷 其來久矣 今逆臣康兆 弑君立幼 故親率精兵 已臨國境 汝等擒康兆送駕前 卽便回去 不然直入開京 殺汝妻孥 癸巳 又勑曰朕以前王誦 紹其祖服爲我藩臣 捍禦封疆 忽被姦凶所害 朕將精銳 來討罪人 其餘脅從 皆與原免 況汝受前王撫綏之惠 知賊代順逆之由 當體朕懷 無貽後悔 是日 李守和等上表陳謝 甲午 契丹主 以錦衣銀器等物 賜諸將有差 仍勑曰 省所上表奏具悉 朕纂承五聖 臨御萬邦 忠良則必示旌褒 凶逆則須行誅伐 以康兆弑其故主 挾彼幼君 轉恣姦豪 大示威福 故親行誅伐 以臨近境 比頒綸旨 式示招懷 邇覽封章 未聞歸款 汝等 必知逆順 豈可助謀于逆黨 不思雪憤于前王 宜顧安危 預分禍福 乙未 守和又囘奏云 臣昨奉詔泥 輒陳心石 望屬泣辜之惠 切祈解網之仁 契丹主見表 知其不降 丁酉 解圍 以二十萬兵 屯于麟州 納喇向更以二十萬兵 進至通州 移軍銅山下 康兆引兵 出通州城南 分軍爲三 隔水而陣 一營于州西 據三水之會 兆居其中 一營于近州之山 一附城而營 兆以劒車排陣 契丹兵至 合攻之 無不摧靡 契丹兵屢退 兆遂有輕敵之心 與人彈棋 契丹先鋒耶律文努 率詳袞耶律圖魯 擊破三水砦 鎭主告契丹兵至 兆不信曰 如口中之食 少則不可 宜使多入 再告急曰 契丹兵已多入 兆驚起曰 信乎 恍惚 若見穆宗立於其後 叱之曰 汝奴休矣 天伐詎可逃耶 兆卽脫兜鍪長跪曰 死罪死罪 言未訖 契丹兵已 縛兆裹 以氊載之以去 李鉉雲盧戩盧頲楊景李成佐等皆被執 盧頲徐松盧積皆死 我軍大亂契丹兵乘勝追奔數十里斬首三萬餘級 所棄糧餉鎧仗不可勝計 于是 契丹兵斬兆長驅而進 左右奇軍將軍金訓金繼夫李元申實漢 伏兵于緩項嶺 皆執短兵 突出敗之 契丹兵小却(『遼史拾遺』8 본기15 성종 6 통화28년 11월)

52) (聖宗統和二十八年) 冬十一月 軍渡鴨綠江 康肇拒戰 敗之 時右皮室詳袞[原作詳穩]耶律達魯[原作敵魯 字伊聶 仲叟房之父] 擊擒肇於銅州 及副將李立 [考異達魯傳李立作李元蘊 鴻觀傳 時官東京留守 爲副先鋒 與博諾擒肇於銅州 博諾傳 率鴻觀等擊破三水砦擒肇李元蘊等軍見風潰 會大軍至 斬三萬餘級 據此 則擒肇非達魯一人之力 而元蘊竝未言被擒 所載互異 今從聖宗及高麗外紀 鴻觀 字巴爾諾延 約尼森濟汗之後 又方興紀要銅州鈕作綱州 未知孰是]追殺數十里 獲所棄糧餉鎧仗枝無算 銅霍貴寧等州皆降 王詢乞歸附 群臣請納之 耶律揚珤[考異 畢沅續通鑑作瑤珠 云舊作瑤質 字布林錦 積慶宮人 宮四番部詳袞]曰 一戰而敗 遽求納款 此詐耳 納之恐墮其奸計 已而詢果遣 淸野無所獲 阻險而壘攻之不下 揚珤以計降之 都統蕭巴雅爾[原作押排]進至努克特[原作奴古達]北嶺遇敵 率其從子惠力戰破之 詢請朝 許之 禁軍士俘掠 以馬保佑爲開京留守 旺巴[原作王八 考異 畢沅續通鑑作昂克巴]爲副留守 遣太子太師伊林[原作乙凜 考異 畢沅續通鑑作伊蘭]將騎兵送赴京 爲守將卓思所逐 竝殺使者韓吉遜[原作喜孫 考異 東國通鑑作韓杞]等十人 [考異 畢沅續通鑑云 先是 詢遣中郞將智蔡文援西京 而遣令盧頭經與巡檢使卓思正合兵城 保佑等敗走 思正殺韓杞等 又圍高正使館正走 餘卒多死 所載較詳 高正第進士 宮樞密直學士 見本傳 伊林進兵圍其城 思正先遁 遂駐銅城西 高麗禮部郞中 渤海托實[原作陀失]來降 遣巴雅爾等攻開京遇高麗兵 擊敗之 博諾[原作益奴 考異 畢沅續通鑑作敏諾]復破之於西嶺 詢棄城遁去[考異 方興紀要云 開京卽開州 城在王京西南二百里 時契丹攻開京 詢走平州 遂焚開京宮室 民廬俱盡 兵還 詢復歸開京 號曰開德府 畢沅續通鑑云 時蔡文與伊蘭戰屢敗 思正遁 蔡文奔還 高麗諸臣欲降 薑豔寶曰 當避其鋒 徐圖興復 詢乃攜後宮及侍郞蔡忠順等遁去 通鑑輯覽云 契丹擒康肇 誅之 王詢奔平安 今韓鮮國平安道有平安州 所載較詳 遂入開京 焚其王宮 至滿江還 [考異 畢沅續通鑑云 是年九月 遼遣樞密直學士高正 引進使韓杞宣問王詢 高麗史作十月 又

송 측 기록은 다음과 같다.

2-11-8 대중상부 3년 대규모로 와서 정벌하였다. 순(詢)이 여진과 더불어 계략을 세우고 맞이해서 공격하여, 거란을 거의 전멸시켰다. 순이 또 압록강(鴨綠江) 동쪽에 성곽을 축조하고 내원성(來遠城)과 서로 바라보며 강을 걸쳐 다리로 삼았으며, 복병으로써 새 성곽을 고수하였다.[53]

2-11-9 처음에 고려왕 송이 죽고, 그 동생 순이 국가사무를 임시로 통령하였다. 일찍이 여섯 성곽을 경계 상에 축조하였는데, 홍주, 철주, 통주, 용주, 귀주, 곽주라고 하였다. 거란이 자기에게 배반하였다고 여기고, 사신을 파견하여 여섯 성곽을 요구하였으나, 순이 허락하지 않았다. 거란이 마침내 거병하여 성곽 아래에 갑자기 도착해서 궁실을 분탕하고 거주민을 표략하였다. 순이 승·나주로 옮겨 피하였다. 군대가 후퇴하자 사신을 파견하여 화평을 요청하였다. 거란이 견결하게 여섯 성곽을 언급하였다. 순이 즉시 군사를 발동하여 여섯 성곽을 수비하였다. 이에 미쳐 거란이 또 대규모로 와서 정벌하였다. 순이 여진과 연합하여 항거하니, 거란이 대패하였다. (중략) 고려가 또 압록강(鴨綠江) 동쪽에 성곽을 축조하고 내원성(來遠城)과 서로 바라보며 강을 걸쳐 다리로 삼았으며, 복병으로써 새 성곽을 고수하였다. (하략)[54]

2-11-10 (대중상부3년) 11월 거란군이 압록강(鴨綠江)을 건넜다. 조(肇)가 싸웠으나 패배하고, 후퇴하여 동주(銅州)를 보위하였다. 거란이 진군하여 사로잡았다. (후략)[55]

---

以學士爲給事中 東國通鑑云 七月 契丹遣給事中梁炳大將軍耶律允問前王故 高麗史云 八月 遣內史侍郎平章事陳頔直中台尙書右丞尹餘如契丹 九月 遣左司員外郎金延保秋季問候 左司郎中王左遷 將作丞白日昇如東京修好 十月 參知政事李禮均右僕射王同穎如契丹請和 十一月起居郎姜周載如契丹賀冬至 契丹遣將軍蕭凝如宋告親征高麗 續通鑑作耶律寧 史均未載](『遼史彙編』7 요사기사본밀7 정무고려)

53) 大中祥符三年 大擧來伐 詢與女眞設奇邀擊 殺契丹殆盡 詢于于鴨綠江東築城 與來遠城相望 跨江爲橋 潛兵以固新城(『宋史』487 열전246 외국3 고려)

54) 初 高麗王誦卒 其弟詢權領國事 嘗築六城於境上 曰興州 曰鐵州 曰通州 曰龍州 曰龜州 曰郭州 契丹以爲貳於己 遣使求六城 詢不許 契丹遂擧兵奄至城下 焚蕩宮室 剽劫居人 詢徙居昇羅州以避之 兵退 乃遣使請和 契丹堅以六城爲辭 詢卽調兵守六城 及是 契丹又大擧來伐 詢與女眞合兵拒之 契丹大敗 帳族卒乘罕有還者 官屬戰歿大半 乃令幽薊選嘗干仕進及稍知書者以補其乏 歸取介冑萬副 隆慶以疑間不給 拔寨遁歸 高麗又於鴨綠江東築城 與來遠城相望 跨江爲橋 潛兵以固六城 [據會要 高麗王詢大中祥符七年十二月所上表 稱庚戌年 蓄兵奄至城下 詢徙居昇羅州 調兵守六城 又云大中祥符三年 契丹大擧來伐 按大中祥符三年 卽庚戌年也 不知詢表何以如此差誤 今從國史高麗傳 或契丹是歲兩伐高麗 初勝後敗邪 當考](『續資治通鑑長編』74 진종 대중상부3년 11월)

55) (大中祥符三年) 冬十月 契丹使耶律寧來告伐高麗 先是 高麗康肇弑其主誦 立誦兄詢而相之 契丹主隆緒謂群臣曰 康肇弑君誦而立詢 因而相之 大逆也 宜發兵問其罪 蕭敵烈以年荒未可 隆緒不聽 十一月 契丹軍渡鴨綠江 肇

이렇게 거란 2차 침입 개전 상황을 고려에서는 11월 16일 압록강(鴨綠江) 도강, 흥화진(興化鎭) 전선으로 기록하고 있다. 한편 거란의 경우 『요사』는 11월 10일 압록강(鴨淥江), 이후 사서는 압록강(鴨綠江) 도강, 동주(銅州) 전선으로, 송에서는 날짜를 명기하지 않고 압록강(鴨綠江) 도강, 내원성(來遠城) 전선, 동주(銅州) 전선으로 기록하고 있다.

여기서 1차 침입 종전 후 국경선이 압록강(鴨淥江)이었던 상황을 고려하면, 『요사』 이후의 거란 사서, 송 측 기록의 압록강(鴨綠江)은 압록강(鴨淥江)으로 정정하는 것이 옳다. 다만 고려의 개전 초기 압록강(鴨綠江) 기록은 날짜나 전선으로 보아 곧 바로 압록강(鴨淥江)으로 정정하는 것은 유보해야 할 듯하다. 후방방어선을 의미할 개연성도 있기 때문이다. 후고로 미룬다.

이후 다시 압록강(鴨淥江)이 등장하는 것은 통화29년(1011) 춘정월 기축(15일)이다.

2-12 기축일에 압록강(鴨淥江)에 머물렀다.[56]

이 기록은 거란병의 회군 과정의 기록과 이어서 이해할 수 있다.

2-12-1 29년 춘정월 을해삭 군사를 되돌렸다. 항복했던 여러 성곽이 다시 배반하였다. 귀주(貴州) 남쪽 준령곡(峻嶺谷)에 이르러 장마가 여러 날 이어졌다. 말과 낙타가 모두 피로하였고, 갑옷과 무기를 다수 유기하였다. 개고 나서 건널 수 있었다.[57]

2-12-2 (성종 통화)29년 춘정월 군사를 되돌렸다(이본 고증. 서건학 후편에서 28년에 연계된 것은 오류이다). 항복했던 여러 성곽이 모두 배반하였다. 귀덕주(貴德州)의 남쪽 영곡(嶺谷)(이본 고증. 성종 본기에서 귀주 남쪽 준령곡이라고 했는데, 「지리지」를 상고할 때, 귀덕주는 있고 귀주는 없으며, 이르기를 본래 한(漢)의 평양현(平壤縣)으로 공손탁(公孫度) 근거지가 되었다. 성종이 승격하여 군(軍)으로 삼고, 뒤에 명칭을 고쳤다. 지금 「고려외기」에 근거하여 개정한다.) 에 이르러 장마가 여러 날 이어졌다. 말과 낙타가 모두 피로

---

戰敗 退保銅州 契丹進兵擒之 遂攻開京 詢棄城 走平州 契丹焚開京宮室 府庫而還 自是用兵連歲始罷(『宋史紀事本末』21 거란맹호)

56) 己丑 次鴨淥江(『遼史』15 본기 15 성종 6 통화29년 춘정월), 『遼史』115 열전45 이국외기 고려(봉화29년))

57) 二十九年春正月乙亥朔 班師 所降諸城復叛 至貴州南峻嶺谷 大雨連日 馬駝皆疲 甲仗多遺棄 霽乃得渡(『遼史』15 본기15 성종 6 통화)

하였고, 갑옷과 무기를 다수 유기하였다. 개고 나서 건널 수 있었다. (하략)[58]

2-12-3 계묘에 거란군주가 압록강(鴨綠江)을 건너서 인도해 갔다.[59]

2-12-4 (거란군주가) 압록강(鴨綠江)을 건너서 인도해 갔다. 정성(鄭成)이 이것을 추격하였고, 그들이 절반 건넘에 미쳐 후미를 공격하였다. 거란병 익사자가 매우 많았다. 여러 항복한 성곽을 다시 회복하였다. (하략)[60]

2-12-5 계묘에 마침내 압록강(鴨綠江)을 건너서 인도해 갈 수 있었다. 진사(鎭使) 정성이 이것을 추격하였고, 그들이 절반 건넘에 미쳐 후미를 공격하였다. 거란병 익사자가 매우 많았다. 여러 항복한 성곽을 다시 회복하였다.[61]


이렇게 이 거란 2차 침입의 일시적 퇴각 경로인 국경선이, 각각 그 날짜에는 차이가 있지만, 『요사』에서는 압록강(鴨淥江), 『요사휘편』에서는 압록강(鴨綠江), 『고려사』, 『고려사절요』에서도 압록강(鴨綠江)으로 되어 있다. 따라서 이 국경선 지명 표현은 『요사』에 따라 모두 압록강(鴨淥江)으로 정정하는 것이 마땅하다.

1011년 1월에 이루어진 거란의 이 일시적 퇴각으로 고려는 여러 항복한 성곽을 회복하였다. 이른바 강동의 6성을 말하는 것임은 말할 필요도 없다. 고려 측의 회복을 거란 측에서는 배반으로 표현하고 있다.

이 6성은 또 다시 빌미가 되어 1012~1013년 내내 외교 문제가 된다.


2-13 개태 원년 고려왕 순이 질병을 핑계로 조회하지 않았다. 조서로 다시 6주(州)의 토

---

58) (聖宗統和) 二十九年春正月 班師 [考異 徐乾學後編 系於二十八年 誤] 所降諸城復叛 至貴德州南嶺谷[考異 聖宗紀作貴州南峻嶺谷 按地理志 有貴德州而無貴州云本漢平壤縣 爲公孫度所據 聖宗升爲軍 後更名 今據高麗外紀改正] 大雨連日 馬駝皆疲 甲仗多所遺棄 天贊始渡鴨綠江 詔罷諸軍 以所獲頒臣工 [考異 李燾長編云 契丹大擧伐高麗 大敗 旗帳罕有還者 官屬戰沒者太多 東都事略 東都事略 동도사략 奎가 4096-v.1-8 王偁(宋) 撰 木版本 130卷 8冊 왕칭(송) 찬 [乾隆60年(1795) 序] 序:乾隆乙卯(1795)…南沙席世 北宋의 太祖(927-976)부터 欽宗(1100-1161)까지 9朝의 사적을 기록한 紀傳體 史書 序文(沙席世)云 隆緒自遼陽伐高麗 爲其所敗 將士沒者過半 史未言兵敗 按東國通鑒云 正月乙亥 契丹主陷京城 焚燒宮闕 民房殆盡 乙酉丹退 此高麗人所自言 雖系日小異 而遺兵實以勝歸 特歸遇雨 多所遺棄耳 今從聖宗紀(『遼史彙編』7 요사기사본말7 정무고려)

59) 癸卯 契丹主渡鴨綠江引去(『고려사』4 세가4 현종 1 현종 2년(1011) 1월 29일)

60) (契丹主) 渡鴨綠江引去 鄭成追之 及其半渡 尾擊之 契丹兵溺死者衆 諸降城皆復之 規以孤軍 旬月*間 凡七戰斬級甚衆 奪被虜人三萬餘口 獲駝馬器械 不可勝數(『고려사』94 열전7 양규)

61) 癸卯 乃得渡鴨綠江引去 鎭使鄭成追之 及其半渡 尾擊之 丹兵溺死者甚衆 諸降城皆復之(『고려사절요』3 현종원문대왕 현종2(1011) 1월 29일)

지를 탈취하였다. 통감을 상고하니, 처음에 압록강(鴨綠江) 북쪽을 고려에 주어 일찍이 6성을 축조하였는데, 이에 이르러 분노하고 이것을 다시 탈취하였다.[62]

2-13-1 기미에 고려왕 순이 전공지를 파견하고, 표문을 받들어 질병을 핑계로 조회할 수 없다고 하니, 조서로 다시 6주 지역을 탈취하였다.[63]

2-13-2 개태 원년 임자(대중상부 5년) 8월 기미 고려왕 순이 형부시랑 전공지를 파견해 와 안부를 물었다. 또 표문을 받들고 질병을 핑계로 조회할 수 없다고 하였다. 조서로 다시 흥화·통·용·철·곽·귀 등 6주 지역을 탈취하였다.[64]

2-13-3 무신에 거란 사신 좌감문위 대장군 야율행평이 와, 흥화 등 6성을 탈취한 것을 문책하였다.[65]


여기서 6주, 6성[66]과 관련하여 등장하는 압록강(鴨綠江)은 국경선으로서의 압록강(鴨淥江)을 의미하는 것이 틀림없으므로, 이 지명으로 정정해야 함은 물론이다.

그러다가 거란은 1013년 5월 12일 여진의 인도를 받아 압록강(鴨綠江)을 건넜다가 고려에 의해 저지당한다.


2-14 임인에 여진이 거란병을 인도해 와, 장차 압록강(鴨綠江)을 건너려고 하였다. 대장군 김승위(金承渭) 등이 격파·퇴각시켰다.[67]


이 사건은 시간의 선후에 다소 차이가 있지만, 『요사』에서 고려에 포로로 잡혀갔다가 돌

---

62) 開泰元年 高麗王詢稱病不朝 詔復取六州地 案通鑑初以鴨綠江北予高麗 嘗築六城 至是 怒而復取之(『遼史彙編』 3 遼史殿本局本考證彙編15 현종 3년(1012))

63) 己未 高麗王詢遣田拱之 奉表稱病不能朝 詔復取六州地(『遼史』15 본기 15 성종6 개태 원년 8월 24일, 『遼史』 115 열전45 이국외기 고려(개태 원년 8월), 『遼史拾遺』8 본기 15 성종6(개태 원년)), 『遼史彙編』7 요사기사본 말7 정무고려 개태 원년 추8월)

64) 開泰元年壬子[大中祥符五年] 八月己未 高麗王詢遣刑部侍郎田拱之來問候 且奉表稱病不能朝 詔復取興化通龍 鐵郭龜等六州地(『遼史彙編』4 보요사교빙표2)

65) 戊申 契丹使左監門衛大將軍耶律行平來 責取興化等六城(『고려사』4 세가4 현종 1 현종 4년(1013) 3월 17일, 『고려사절요』3 현종원문대왕 동월, 『遼史彙編』4 보요사교빙표2 개태2년 계축(대중상부6년))

66) 홍화진, 귀주, 통주의 위치에 대해서는 남주성, 2017, 「고려와 거란 간 전쟁지역에 대한 재고찰 - 주요 전투장 소 지명을 중심으로 -」, 『고구려의 평양과 그 여운』, 주류성출판사 참조.

67) 壬寅 女眞引契丹兵 將渡鴨綠江 大將軍金承渭等擊却之(『고려사』4 세가4 현종 1 현종 4년(1013) 5월 12일, 『고려사절요』3 현종원문대왕 동년 동월)

아와 고려 사정을 전해 준 여진인 기록과 관련이 있을 듯하므로, 이 기록에 따라 압록강(鴨淥江)으로 정정하는 것이 타당할 것으로 생각된다.

2-14-1 병인에 상온 장마류가 여진인으로서 고려 사정을 아는 자를 바쳤다. (중략) 만약 대군이 전방 도로를 경유하여 행군하고 갈소관 여직의 북쪽을 선택해서 바로 압록강(鴨淥江)을 건너, 큰 하천을 아울러 올라가 곽주에 이르러 대로와 만나게 되니, 고려는 탈취할 수 있습니다. (하략)[68]

드디어 거란은 1014년 5월 압록강(鴨淥江)에 뜬다리를 축조하고, 보주(保州)·선의주(宣義州)·정원주(定遠州) 등에 성곽을 축조한다.

2-15 이해 여름 조서로 국구 상온 소적렬, 동경유수 야율단석 등에게 고려를 토벌하게 하여, 압록강(鴨淥江)에 뜬다리를 축조하고, 보·선의·정원 등 주에 축성하였다.[69]

2-15-1 (개태 3년) 여름 6월 조서로 상온 소적리 (중략) 등에게 군사를 인솔하여 토벌하게 하였다. 압록강(鴨綠江)에 뜬다리를 축조하고, 선의·정원 등 주에 축성하였다(이본 고증. 『방여기요』에서 이르기를, 개태3년 거란이 보주·정주 2주를 탈취해, 이어 보주를 설치하고, 내원현을 다스렸다고 하였다. 역시 말하기를, 선의군은 바로 지금의 安州이다. 사서에는 등제되어 있지 않다). (하략)[70]

---

68) 丙寅 詳穩張馬留獻女直人知高麗事者 上問之 曰 臣三年前爲高麗所虜爲郞官 故知之 自開京東馬行七日 有大岩 廣如開京 旁州所貢珍異 皆積于此 勝羅等州之南 亦有二大岩 所積如之 若大軍行由前路 取曷蘇館女直北 直渡鴨淥江 並大河而上 至郭州與大路會 高麗可取而有也 上納之(『遼史』15 본기 15 성종6 개태2년 10월), 동일한 기사가 『遼史彙編』7 요사기사본말7 정무고려의 개태 2년 동10월 조에 있는데, 여기서도 『遼史』의 鴨淥江이 鴨綠江으로 되어 있으므로, 정정이 필요하다((開泰二年) 冬十月 張馬留獻女直人知高麗事者 帝召見與語 復有東征意 [考異 畢沅續通鑑馬留作瑪疁 云 自開京車馬行七日 有大岩廣積珍異 勝羅等州南亦有二大岩 所積如之 若大軍行 由前路取哈斯罕女直 北宜渡鴨綠江 並大河而上 至郭州與大路合 高麗可取也 主頗采其言 徐乾學後編系此事於 元年四月 方輿紀要云 郭州 在平壤西北 初 契丹以鴨綠江地與高麗 築興鐵通龍龜郭等州凡六城 至是復取之 郭州 今日郭州府 所載較詳]).

69) 是夏 詔國舅詳穩蕭敵烈東京留守耶律團石等討高麗 造浮梁于鴨淥江 城保·宣義·定遠等州(『遼史』15 본기 15 성종6 개태3년, 『遼史』115, 열전45 이국외기 고려(개태3년) 5월)

70) (開泰三年) 夏六月 詔詳袞蕭迪里[原作敵烈]及東京留守耶律托實[原作實]考異 畢沅通鑑作達實 云舊作團實 又繼東征兵者尙有東京留守善寧 平章哈裏袞 云舊作湼裏袞 史均未載]等率兵討之 造浮梁於鴨綠江 城宣義定遠等州 [考異 方輿紀要云 開泰三年 契丹取保定二州 仍置保州 治來遠縣 亦曰 宣義軍 卽今安州也 史未載 畢沅續通鑑云 是年十二月 王詢遣奏告使尹證古及女眞將軍大千機以下 凡七十八人 以方物入貢於宋 言契丹阻其道路

이번에는 이 국경 압록강(鴨淥江)에 뜬다리를 축조하고,[71] 보·선의·정원 등 주에 축성하였다. 이 『요사』에서의 압록강(鴨淥江)이 동일 사실을 기록한 후대의 『요사휘편(遼史彙編)』에서는 예의 압록강(鴨綠江)으로 표현되고 있다. 이것도 원문에 따라 압록강(鴨淥江)으로 정정한다.

그리고 이듬해(1015) 1월 20일에 거란이 압록강(鴨綠江)에 다리를 제작하여, 다리를 끼고서 동·서 성곽을 축조하였다.

2-16  6년 춘정월 거란이 다리를 압록강(鴨綠江)에 제작하여, 다리를 끼고서 동·서 성곽을 축조하였다. 장수를 파견하여 공격하였으나 이기지 못하였다.[72]

이 기록도 국경선에 관한 것이므로 압록강(鴨淥江)으로 정정한다.

이 해 거란은 사신을 파견하여 6주, 6성을 탐색하면서, 흥화진, 통주, 용주, 영주를 침략하고, 정원진·흥화진 두 개를 탈취하여 축성하였다.[73]

이듬해(1016년) 1월 9일 거란이 사신 10인을 파견하여 압록강(鴨綠江)에 도착하였지만, 고려가 이를 받아들이지 않아 저지되었다.

2-17  갑인에 거란 사신 10인이 압록강(鴨綠江)에 도착하였으나, 받아들이지 않았다.[74]

이리하여 거란과는 일시적 휴전 상태에 돌입하게 되는데, 여기서 거란 사신이 도착했다가 저지당한 압록강(鴨綠江)은 고려의 후방방어선으로서의 압록강(鴨綠江)으로 이해하는 것이 좋을 듯하다.

---

久不得通 請降尊號 正朔 許之 帝待證古甚厚 通鑒輯覽云 證古時官工部侍郎 詔登州置館於海 次以待之 按 此時 高麗乞和 遼不許其通宋也 固宜(『遼史彙編』7 요사기사본말7 정무고려)

71) 선종5년(1088) 9월 박인량의 〈입요결파각장장〉 중의 갑인년 기사.

72) 六年春正月 契丹作橋於鴨綠江 夾橋築東西城 遣將攻破 不克(『고려사』4 세가4 현종1 현종 6년(1015) 1월, 『고려사절요』3 현종원문대왕 동년 동월 을묘(20)일, 『遼史拾遺』8 본기 15 성종6(개태) 4년 춘정월 임인 東征 이하, 『遼史彙編』7 요사기사본말7 정무고려 개태4년 하4월, 『續資治通鑑長編』85 진종 대중상부8년 11월 계유)

73) 현종 4년 1월 22일, 3월 19일, 4월 11일, 9월 7일, 9월 12일, 9월 20일, 이 해(『고려사』4 세가4 현종1, 『고려사절요』3 현종원문대왕)

74) 甲寅 契丹使十人到鴨綠江 不納(『고려사』4 세가4 현종1 현종 7년(1016) 1월 9일, 『고려사절요』3 현종원문대왕 동년 동월 동일, 『遼史彙編』4 보요사교빙표2 개태5년 병지(대중상부9년) 춘정월 갑인)

이후 역사서에서 압강(鴨江)이 등장하는 것은 현종20년(1029) 9월 3일의 일이다.

2-18 거란 동경장군 대연림(大延琳)이 반란하여 자칭 흥요국이라고 하였다. 형부상서 곽원(郭元)이 기회를 타 압강(鴨江) 동쪽 언덕을 탈취하기를 청원하였다. 사위(士威)와 서눌(徐訥) 등이 상서해서 부당하다고 하였다. 원이 고집하여 공격하였으나, 마침내 이기지 못하였다.[75]

여기서의 압강(鴨江)은 국경선 압록강(鴨淥江)이 틀림없다.
이로부터 2년 뒤인 덕종 즉위년(1031) 10월 7일에 거란 성종이 죽자 압록(鴨綠)의 성곽과 교량을 훼철할 것을 요청하였다.

2-19 공부낭중 유교(柳喬)를 파견하여 거란에 가서 장례에 참석하고, 김행공(金行恭)이 즉위를 축하하였다. 표문으로 압록(鴨綠) 성곽·교량을 훼철하고, 억류된 우리 사신을 귀환시킬 것을 요청하였다.[76]

여기서의 압록(鴨綠)은 누대로 언급되어 온 국경선 압록강(鴨淥江)임에 틀림없다.

[도 2] 사서에 기록된 강동6주 추정지

[도 3] 현 역사학계의 강동6주 위치

이로부터 2년 후 덕종 2년(1033) 8월 25일 마침내 북경관방(北境關防)을 설치하였다.

2-20 2년 소(詔)가 북경관방을 비로소 설치하였다. 서해(西海) 바닷가 예전 국내성(國內城) 경계 압강(鴨江)이 바다로 들어가는 곳에서 시작하여, 동쪽으로 위원·흥화·정주·영해·영덕·영삭·운주·안수·청새·평로·영원·정융·맹주·삭주 등 13 성곽을 넘어 요덕·정변·화주 등 3 성곽에 이르렀다. (하략)[77]

여기서 흥화는 국경 분쟁 때마다 거론되던 곳이고, 정융은 박인량 표문에서 1074년 암자를 철거한 지역이다. 이 압강(鴨江)이 국경선 압록강(鴨淥江)인 다툴 수 없는 근거이다. 당연히 『고려사』 성보조, 『고려사절요』에서의 압록강(鴨綠江)은 압록강(鴨淥江)으로 정정하는 것이 합당하다.

거란 동쪽 국경 파수처가 압록강(鴨淥江)임은 고려 국경관방 설치 2년 후인 중희 4년(1035) 거란 흥종의 통치방도를 묻는 제서에 대한 소한가노(蕭韓家奴)의 답변 가운데서 등장한다.

2-21 중희 초에 동지삼사사였고, 4년 (중략) 근년 이래 고려가 사신을 보내지 않으며 단절됨이 강고하고 전쟁의 수비가 진실로 용납하지 아니합니다. (중략) 그 압록강(鴨淥江)의 동쪽 파수 사업이 대체로 이와 같습니다. (하략)[78]

---

75) 契丹東京將軍大延琳叛 自稱興遼國 刑部尙書郭元 請乘機取鴨江東岸 士威與徐訥等上書 以爲不可 元固執攻之 竟不克(『고려사』94 열전7 최사위, 『고려사』94 열전7 곽원 현종20년, 『고려사절요』3 현종원문대왕 현종20년(1029) 11월

76) 遣工部郞中柳喬如契丹會葬 郞中金行恭賀卽位 表請毁鴨綠城橋 歸我被留行人(『고려사』5 세가5 덕종1, 『고려사』94 열전7 왕가도, 『고려사절요』3 현종원문대왕)

77) (柳韶) 二年 詔始置北境關防 起自西海濱古國內城界鴨江入海處 東跨威遠興化靜州寧海寧德寧朔雲州安水淸塞平虜寧遠定戎孟州朔州等十三城 抵耀德靜邊和州等三城 是役 契丹來爭 校尉邊柔 奮身先登 擊却之 以功 授中郎將(『고려사』94 열전7 류소, 『고려사』82 지36 병2 성보, 『고려사절요』4 덕종경강대왕)

78) 重熙初 同知三司使事 四年 遷天成軍節度使 徙彰愍宮使 帝與語才之 命爲詩友 嘗從容問曰 卿居外有異聞乎 韓家奴對曰 臣惟知炒栗 小者熟 則大者必生 大者熟 則小者必焦 使大小均熟 始爲盡美 不知其他 蓋嘗掌栗園 故託栗以諷諫 帝大笑 詔作四時逸樂賦 帝稱善 時詔天下言治道之要 制問 徭役不加於舊 征伐亦不常有 年穀旣登 帑廩旣實 而民重困 豈爲吏者慢 爲民者惰歟 今之徭役何者最重 何者尤苦 何所蠲省則爲便益 補役之法何可以復 盜賊之害何可以止 韓家奴對曰 臣伏見 比年以來 高麗未賓 阻卜猶强 戰守之備 誠不容已 乃者 選富民防邊 自備糧糗 道路脩阻 動淹歲月 比至屯所 費已過半 隻牛單轂 鮮有還者 其無丁之家 倍直僱人 人憚其勞 半途亡竄 故戍卒之食多不能給 求假於人 則十倍其息 至有鬻子割田 不能償者 或逋役不歸 在軍物故 則復補以少壯 其鴨淥

고려 서북 국경에 대하여          43

이 기록과 관련하여 『역대명신주의(歷代名臣奏議)』[79]의 압록강(鴨淥江) 지명은 특별히 주목할 가치가 있다. 고려 당대를 기록한 송 측 사료에서 드물게 원 지명을 보존하고 있기 때문이다.

다시 2년 후인 정종 3년(1037) 10월 8일에 거란이 수군으로 압록강(鴨綠江)을 침범한 기록이 보인다.

2-22　병자에 서북로병마사가 상주하기를, 거란이 수군으로 압록강(鴨綠江)을 침범하였다고 하였다.[80]

이 기록은 국경선, 후방방어선 두 가지 경우가 모두 가능하므로, 일단 후자로 이해해 두기로 한다.

다시 2년 후인 정종 5년(1039) 2월 6일에 압강 동쪽에서 성곽 보루를 추가하려는 것을 혁파할 것을 요청하지만, 4월 1일 회신 조서에서 이를 거절하고 있다.

2-23　2월 정묘에 호부낭중 유선(庾先)을 파견하여 안무한 것을 감사하고, 이어 압강(鴨江) 동쪽에서 성곽 보루를 추가하는 것을 혁파할 것을 요청하였다.[81]

2-24　여름4월 신유삭 유선이 거란에서 돌아왔다. 조서에서 말하였다. "통고한 압강 동쪽 성곽보루가 농경에 방해가 될 듯하다는 사안을 살펴 잘 알았소. (중략) 지금 변경하기 어렵소. (하략)"[82]

---

江之東戌 役大率如此 況渤海女直高麗合從連衡 不時征討 富者從軍 貧者偵候 加之水旱 菽粟不登 民以日困 蓋勢使之然也(『遼史』103 열전33 소한가노,『歷代名臣奏議』65 치도)

79) 1416년(明 永樂 14)에 成祖의 명을 받아 黃淮·楊士奇 등이 殷·周에서 元末에 이르기까지 歷代名臣들의 奏疏를 모아 편찬한 책을 1635년(明 崇禎 8)에 張溥가 다시 刪正하여 目錄 2책, 本文 78책(319권)으로 만든 것을 朝鮮에서 印刊한 것이다.

80) 丙子 西北路兵馬使奏 契丹以船兵侵鴨綠江(『고려사』6 세가6 정조1 정종 3년(1037) 10월 8일,『고려사절요』4 정종용혜대왕 정종 3년 10월)

81) 二月丁卯 遣戶部郞中庾先謝安撫 仍請罷鴨江東 加築城堡(『고려사』6 세가6 정종1 정종 5년,『고려사』94 열전7 서희 서눌,『고려사절요』4 정종용혜대왕 동년)

82) 夏四月辛酉朔 庾先還自契丹 詔曰 省所告鴨江東城壁 似妨耕鑿事具悉 乃睦聯城置從先廟 蓋邊隅之常備 在疆土以何傷 朕務守成規 時難改作 先臣欽 曾煩告奏 致阻傾輸 卿襲爵云初 貢章纔至 所欲當遵於曩舊 乃誠更勵於恭勤 卽是永圖 兼符至意 厥惟墾殖 勿慮驚騷(『고려사』6 세가6 정종 1 정종 5년,『고려사절요』4 정종용혜대왕 동년)

여기서의 압강도 국경선 압록강(鴨淥江)임은 말할 필요가 없다.

이해 6월 29일에는 압강이 범람한 기록이 보인다.

2-25  정종 5년 6월 무자 서북로에 홍수가 나 압강의 물이 범람해서 표류한 병선이 70여 척이었다.[83]

여기서의 압강도 국경선 압록강(鴨淥江)으로 보는 것이 타당할 듯하다.

이듬해 정종 6년(1040) 6월 22일에는 1033년 북경관방 설치 때의 공로자에 대한 포상이 이루어지고 있다.

2-26  교위 변유(邊柔)에게 중랑장을 초월해서 제수하였다. 처음에 유소(柳韶)가 압록(鴨綠)에 관방·요새를 축성하자 거란병이 와서 다투었는데, 유가 분투하고 선봉에서 사기를 진작하였다. 그러므로 이 명령이 있었다.[84]

여기서의 압록(鴨綠)은 국경선 압록(鴨淥)으로 정정해야 함은 말할 필요도 없다.

그 2년 후인 정종 8년(1042) 1월 25일에는 북경관방 관할 번방의 호구수를 파악하고 있다.

2-27  경신 서북로병마사가 압록(鴨綠) 이동 청새진(淸塞鎭) 관할 하 압석촌(立石村)까지의 번방 호구수를 작성하여 보고하였다.[85]

이 압록도 마찬가지로 북경관방 소재지인 국경선 압록강(鴨淥江)으로 정정하는 것이 옳다.

---

83) 靖宗五年六月戊子 西北路大雨 鴨江水漲 漂失兵船七十餘艘(『고려사』53 지7 오행1 1왈수, 『고려사절요』4 정종용혜대왕 동년 동월)

84) 校尉邊柔超授中郎將 初柳韶之城鴨綠關塞也 契丹兵來爭 柔奮身先登 以振士氣 故有是命(『고려사절요』4 정종용혜대왕 정종 6년)

85) 庚申 西北路兵馬使 籍鴨綠以東至淸塞鎭轄下立石村蕃戶 以聞(『고려사』6 세가6 정종1 정종 8년 1월 15일, 『고려사절요』4 정종용혜대왕 동년 동월)

이후 문종 8년(1054) 7월에 궁구문을 설치한 곳도 국경선 압록강(鴨淥江) 소재 포주성 동쪽 들이다.[86]

또 이듬해 문종 9년(1055) 7월 1일에는 압강에 역참[우정(郵亭)]을 설치하자 성곽·교량·궁구란자·역참을 훼철·혁파할 것을 요청하였다.

2-28  추7월 정사삭 도병마사가 상주하였다. 거란 이전 태후 황제가 조서로 압강(鴨江) 이동을 하사하여 우리나라 봉경(封境)으로 삼았습니다. 그렇지만 혹은 성곽·교량을 설치하고 혹은 궁구란자를 설치하며 점차 예전 한계를 넘으니, 이를 싫어함이 없다고 이르는 것입니다. 지금 또 역참을 건립하여 우리 강토를 잠식합니다. (하략) "(중략) 이에 동경유수에게 문서를 보내어 말하였다." 우리나라는 기자(箕子)의 나라를 계승하여 압강(鴨江)을 강역으로 삼고 있소. (중략) 또 근래 내원성(來遠城) 군사가 우리 성곽에 너무 가까워 궁구문을 이설하고 또 역참을 건립하려고 하여 (하략)"[87]

여기서의 압강이 국경선 압록강(鴨淥江)임은 설명을 필요로 하지 않는다.

이 해 9월 8일에 거란의 고애사가 압록강(鴨綠江)을 건넜다는 소문을 듣고 음식을 줄이는 등의 조치를 취하고 있는데, 이 경우도 국경선을 넘어 우리 영역에 들어 온 시점을 상징하므로 압록강(鴨淥江)으로 정정하는 것이 옳을 듯하다.

2-29  9월 계해 거란 흥종 고애사 홍로소경 장사복이 왔다. 왕은 사복이 압록강(鴨綠江)을 건넜다는 소문을 듣고 음식을 감축하고 (하략)[88]

---

86) 『고려사』7 세가7 문종1. 박인량의 〈입요결표각장장〉에서는 을미년(1055)으로 되어 있다.

87) 秋七月丁巳朔 都兵馬使奏 契丹前太后皇帝詔 賜鴨江以東爲我國封境 然或置城橋 或置弓口欄子 漸踰舊限 是謂不厭 今又創立郵亭 蠶食我疆 魯史所謂 無使滋蔓 蔓難圖也 宜送國書於東京留守 陳其不可 若其不聽 遣使告奏 於是 致書東京留守曰 當國襲箕子之國 以鴨江爲疆 矧前太后皇帝玉冊頒恩 賜茅裂壤 亦限其江 頃者 上國入我封界 排置橋壘 梯航納款 益勤於朝天 霄闥抗章 乞復其舊土 至今未沐兪允 方切禱祈 又被近日來遠城軍夫 逼邇我城 移設弓口門 又欲創亭舍 材石旣峙 邊民驅駭 未知何意 伏冀大王親隣軫念 懷遠宣慈 善奏難聰 還前賜地 其城橋弓欄亭舍 悉令毀罷(『고려사』7 세가7 문종 1 문종 9년, 『고려사절요』4 문종인효대왕1)

88) 九月癸亥 契丹興宗告哀使鴻臚少卿張嗣復來 王聞嗣復過鴨綠江 減常膳 輟音樂 禁屠宰 斷弋獵(『고려사』7 세가7 문종 1 문종 9년, 『고려사』64 지18 예 6 흉례 상국상 동년 동월 동일, 『고려사절요』4 문종인효대왕 동년 동월)

이와 관련하여 문종10년(1056), 11년(1057), 13년(1059) 최유선(崔惟善)이, 14년(1060) 오학린(吳學麟)이 작성한 압강(鴨江) 관련 외교문서가 발송되고 있다.

2-30 압강(鴨江) 동쪽 언덕을 반환해서 경계로 삼기를 간청하는 서장 (하략)[89)]

2-31 압강(鴨江) 전면의 정자를 훼철한 것을 감사하는 표문 (하략)[90)]

2-32 압강(鴨江) 성곽·교량·궁구를 훼철할 것을 간청하는 표문 (하략)[91)]

2-33 압강(鴨江) 성곽·교량·궁구를 훼철할 것을 재차 간청하는 서장 (하략)[92)]

이 외교문서 상의 압강(鴨江)이 국경선 압록강(鴨淥江)임은 췌언을 필요로 하지 않는다. 문종 27년(1073) 6월 7일에는 거란인이 압록 장성을 넘어 정주(靜州)에 육박하는 사건이 발생하였다.

---

89) 乞還鴨江東岸爲界狀 崔惟善 右臣伏自象輅南馳 肇裂疆而斯錫 鴨江西限 在命冊以不刊 歷及嗣封 居爲樂境 豈知閒代 以備外虞 截流成浮鴿之梁 連壘入剪鶉之界 是祈割復 屢罄判陳 愈堅就日之誠 方企廻天之望 近又添營亭候 移以遞郵 廣展柵圍 踰干劃分 以至邊鄙 益聳列城 嗟早閑晏開 民食何依千畝 廢春耕秋穫 今者幸遭鉅聖 誕御瑤圖 方恢無外之風 均被自新之澤 願還舊壤 俾感昌辰(『동문선』47 장(최유선))

90) 謝毁罷鴨江前面亭子表 崔惟善 守土瑣臣部 僂襟而仰訴 當陽琦聖 傾聰黈以俯從 載荷寵矜 釆深感抃 [中謝] 伏念臣識非經遠寄重分條 亮功殊乏於定● 率職空勤於肆險 伏遇皇帝龍飛御極 羽舞敷文 巍化大同 休論於表裏 遠人咸格 遍至於熙寧 但緣往歲之間 守邊之將 跨臣弊境 構以候亭 遂致細民未獲樵蘇之便 謾令隘域如懷侵削之虞 是敢昨貢封章 式蘄毁坼 鳳檢特頒於兪旨 雄藩寔奉以施行 方聽吉音 畢諧私願 認乾臨於無外 生兌說以積中 報效罔由 祝勤徒切(『동문선』33 표전(최유선))

91) 乞抽毁鴨江城橋弓口狀 崔惟善 右臣叨司侯牧 旣衆感以胥同 欲叫帝閽 迺遐封而罔越 是憑露奏 妄觸霆威 竊念當國 肇自稱藩 勤斯述職 敢謂賜圻之內 致興成壘之虞 比及近來 以圖深入 展鋪形而籠野 踰界限以峙郵 疆削漸多 堵安奚暇 今所幸者 鏡河啓聖 寰宇流恩 天下爲家 方忻於廣運 日中不彗 恐失於良時 故於往年 託單个之徑馳 部數條之邊願 然垂優詔 止撤小亭 猶警候以未蠲 實農樵之爲慮 十年老將 及瓜之約難期 一境疲民 仰穀之情莫遂 爭零血泣 仰告聰聞 雖再黷之彌兢 盖群情之所迫 倘得諧願 同慮貢忠 伏乞睿慈 矜藟尒之區 示霈然之允 復舊壤無遺隙地 表昌朝不遠異方 永令丕冒之中 恪奉率賓之志(『동문선』47 장(최유선))

92) 再乞抽毁鴨江城橋弓口狀 吳學麟 右臣伏以至尊之所 顧再黷以非宜 司牧之權 亦群情之莫拒 敢披素蘊 虔聒黈聰 當國竊自前皇太后陛下 劃以鴨江 錫爲鶉分 旣丁寧於告策 爰保界於山河 祗事當陽 未渝喈雨 故海域之貢琛傳遞 與天朝之飛節往來 相接送於灘頭 無敢踰於境尾 詎圖閒代 忽過賜封 置堡守以彌嚴 展鋪形而深入 況從近歲 直抵關門 設弓口以連羅 奪被邊之闢殖 遂使耕夫釋耒 殊乖狎野之心 戍卒登埤 未免防秋之苦 是蘄割復 屢罄剡陳 然蒙溫綍之降來 止許小郵之撤去 諸餘勤請 猶阻曰兪 益使疲氓 轉嗟失望 伏審去丙申年所奉詔書節文 擅於近境 剏立小亭 然未侵漁 卽令抽毁 自餘瑣事 俾守恒規者 仰觀論旨 深合先猷 豈意玆辰 似違治命 且前太后聖帝 誕母臨於諸夏 方子育於群黎 存恤小邦 俾稱藩而有永 弛張遠筭 晝定制以不刊 絲綸耀于千霜 帶礪傳之萬葉 何此中興之盛際 徒令外閉以孤城 存之豈益於至仁 毁亦何傷於巍化 方今惟新庶政 懋闡重熙 統寰宇爲一家 混車書乎八表 亘冰天而飮化 竟用于賓 籠桂海以占風 咸勤率俾 聖運忻逢於卷甲 含生共樂於由庚 唯玆弊邑之區區 迺有斯民之鬱鬱 輿情所迫 閽叫難緘 伏乞皇帝陛下 斷自宸衷 纘其舊服 倘念剪桐之命 不是戲言 却還標柱之功 終存大信 苟諧得請 益礪盡忠(『동문선』48 장(오학린))

2-34 기묘에 서경장군 유섭(柳涉)이 압록(鴨綠)수군을 파수하고 있었다. 거란인이 와서
투항하였는데, 그 추격·체포자가 장성을 넘어 들어와 정주(靜州)에 육박하였다. 섭이 방어
하지 못하여 어명으로 파면하였다.[93]

이 사건도 북경장성 관련 국경선 사안이므로 압록(鴨淥)으로 이해하는 것이 옳을 듯
하다.

2년 후인 문종 29년(1075)에는 박인량의 표문으로 압록강(鴨綠江) 동쪽 언덕에 설치한
보주성을 혁파할 것을 요청하였고, 압강 이동 강역을 고려·거란 합동으로 심사하였지만
확정하지 못하였다.

2-36 요가 일찍이 압록강(鴨綠江)을 넘어 강계를 삼으려고 하여 선박교량을 가설하고 동
쪽 언덕을 넘어 보주성을 설치하였다. 현종 이래로 누차 혁파할 것을 요청하였으나 허락하
지 않았다. 29년에 사신을 파견하여 이것을 요청하였다. 인량이 진정표문을 작성하여 말하
였다. (하략)[94]

2-36-1 대요황제에게 올려 통고·상주하는 표문. 박인량. (전략) 압록(鴨綠)의 형세는 메기
봉우리를 구획하여 한계를 삼고, 연안의 터를 따라 부여의 옛 파수가 여전히 존재하는데,
경계를 하사하여 은혜가 되었습니다. 태후의 이전 언급이 사라지기도 전에 그 간의 조정이
경계를 손가락질하기에 이르고, 동쪽 언덕을 넘어 성곽을 설치하였으며, 다시 교두보를 가
설하고, 궁구를 확장하며, 점차 개척할 것을 도모하고 초채·경작에 심히 장애가 되었습니
다. (중략) 선의군(宣義軍)에 보고하여 연변관사에 금지시키고, 다시 여진 등이 우리 경계
를 침범하지 못하도록 하십시오. (하략)[95]

---

93) 己卯 西京將軍柳涉防守鴨綠 船兵有契丹人來投 其追捕者越入長城 逼靜州 涉不能守禦 制令免官(『고려사』9 세
가9 문종3 문종27년)

94) 遼嘗欲過鴨綠江爲界 設船橋 越東岸 置保州城 顯宗以來 屢請罷 不聽 二十九年 遣使請之 寅亮修陳情表曰 普天
之下 旣莫非王土王臣 尺地之餘 何必我疆我理 又曰 歸汶陽之舊田 撫綏弊邑 回長沙之拙袖 抃舞昌辰 遼主覽
之 寢其事(『고려사』95 열전8 박안량)

95) 上大遼皇帝告奏表 朴寅亮 百谷所朝 減增不在於涓露 二儀之大 覆載勿私於封圻 況屬四海爲家 何求一席之地
事拘難色 理合黷煩[中謝] 竊念小國 久奉皇朝 不隳藩禮 削疆有患 每將懇願以馳聞 累世輸忠 未沐帝兪之記念
益看火迫 常切冰競 且鴨綠之成形 劃鯷岑而作限 沿江列址 扶餘之古戍猶存 賜履爲恩 大后之前言不食 洎間朝
之指撝 越東岸以置城 更設橋頭 連張弓口 漸圖恢拓 深礙樵耕 是以乞復舊陲 仰須新命 偶於癸丑年 力勤東作 敢
待西成 禾苗纔長於秋初 人馬踏傷於夜半 周之行葦 毛什以勿踐歌仁 楚乃搔瓜 梁人則竊灌無怨 唯憂百姓 失食

2-37 계유에 요 동경병마도부서가 추밀원차자를 받들어 통첩하고, 압강(鴨江) 이동 강역을 다스릴 것을 요청하였다. 기미에 지중추원사 유홍(柳洪) 상서우승 이당감(李唐鑑)을 파견하여 요 사신과 함께 토지 분계를 심사·책정하게 하였다. 확정하지 못하고 귀환하였다.[96)]

계속해서 봐왔듯이, 이 국경 분쟁에서의 압록강(鴨綠江), 압록(鴨綠), 압강(鴨江)은 모두 압록강(鴨淥江)으로 정정해서 문제가 없다.

이로부터 3년 후인 문종 32년(1078) 4월 8일에 고려가 다시 사신을 파견하여 압록강(鴨淥江) 이동의 지역을 하사할 것을 간청하였으나, 허락하지 않았다.

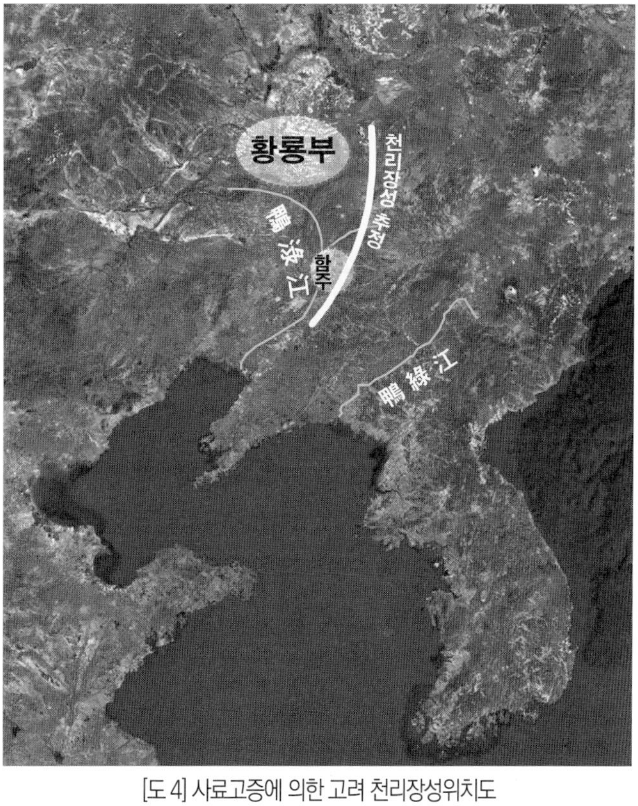

[도 4] 사료고증에 의한 고려 천리장성위치도

2-38 여름 4월 신해에 고려가 사신을 파견하여 압록강(鴨淥江)

一年 昨者命出慈宸 遣來顓使 謂曲憐於勤款 必剳示以寵宣 感望星軺 喜盈日域 及檢行而赴闕 候制旨以翹襟 今准東京兵馬都部署牒 稱奉樞密院箚子某某事者 臣愛戴聖猷 激昂臣節 庭旅雖薄 誓無闕於梯航 皇華俯來 若親瞻於咫尺 凡所傾虔尊奬 絶其造次怠荒 設無先代之恩 可望盛朝之賜 率濱旣混 莫非爲王土王臣 片地無多 何必曰我疆我理 倘優私而支撥 非異姓之管分 冒霆威而至極惶 飛露奏而仰干黈聽 伏乞皇帝陛下 鑑寸悰而稽古 矜衆慽以示寬 昔者藩固犬牙 劉氏以平臨天下 命頒鷄肋 魏祖以不惜漢中 錫舊境而更堅候屛 慰遐民而新霈皇恩 乞下勑旨 仰宣義軍 禁約沿邊官司 更不令女眞等侵越臣界 設菴子作隍 日夜抱守 尋令收入城橋 以江作限 歸汶陽之故田 撫存褊邑 迴長沙之拙袖 抃舞昌辰 叢萬口以祝齡 誠千孫而報主(『동문선』39 표전)

96) 癸酉 遼東京兵馬都部署奉樞密院剳子移牒 請治鴨江以東疆域 己卯 遣知中樞院事柳洪尙書右丞李唐鑑 同遼使審定地分 未定而還(『고려사』9 세가9 문종3 문종29년(1075) 7월 13일, 『고려사절요』5 문종2 동년 동월)

이동 지역을 하사할 것을 간청하였으나, 허락하지 않았다.[97]

『요사』의 이 압록강(鴨淥江)이 『요사휘편(遼史彙編)』에서 예의 압록강(鴨綠江)으로 개변되어 있다.[98]

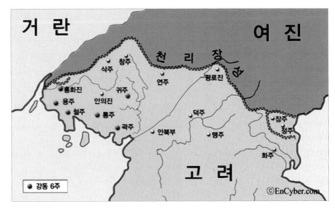

[도 5] 현재 인식되고 있는 고려 천리장성 위치도

이태 후인 문종 34년(1080) 12월 1일 거란의 문종 생신 축하사절 중 1인인 마요준(馬堯俊)이 문종에게 헌사한 시 가운데 압록(鴨綠) 기록이 보인다.

2-39  (전략) 태종(太宗)은 용주(龍州)의 도로를 취득하지 못하였고, 양제(煬帝)는 압록(鴨綠)의 선박을 탑승하기 어려웠어라. 진정 바로 부처가 오래 다스린 나라이니 어찌 8만 4천 년을 논하겠는가. (하략)[99]

수, 당 시대의 사건을 들면서 압록(鴨綠)을 거론하였는데, 『고려사』 지리지의 국경 연혁 언급에 따른 『신당서』에서 압록강(鴨淥江)으로 기록한 것은 이미 본 바와 같다. 고구려 당시의 이 지명은 『삼국유사』에서 압록(鴨淥)으로 기록하고 있어, 전후 사정을 이해하는 데 도움이 된다.

---

97) 夏四月辛亥 高麗遺使乞賜鴨淥江以東地 不許(『遼史』23 본기23 도종3 대강4년, 『遼史』115 열전45 이국외기 고려 동년)

98) 太康四年戊午 [宋元豊元年] 夏四月辛亥 高麗遺使乞賜鴨綠江以東地 不許(『遼史彙編』4 보유사교빙포4)

99) 馬堯俊 文昌雜錄曰 元豊三年 高麗國王王徽以疾表乞太醫 朝廷遺閤門通事舍人王舜封押至彼國 舜封上言 十二月一日 徽生辰 北遼遺起居郎知制誥馬堯俊充使留仙賓館 堯俊獻徽詩曰 始從鉤裂海東天 世世英雄稟自然 掌上寶符鈞造化 胸中神劍畫山川 太宗莫取龍州道 煬帝難乘鴨綠船 眞是金輪長理國 豈論八萬四千年 徽以錦紬八百匹爲謝云(『遼史拾遺』21 열전34 문학 하)
같은 내용은 『文昌雜錄』4, 『全遼文』에도 실려 있다.

압록과 고려의 북계

2-39-1  (전략) 상고하건대, 고려 때의 도읍 안시성(安市城)은 일명 안정홀(安丁忽)인데, 요수(遼水)의 북쪽에 있다. 요수는 일명 압록(鴨淥)이고, 지금 안민강(安民江)이라고 한다.[100]

문종 37년(1083) 문종이 죽자 송은 큰 관심을 베풀고 고려의 자연지리, 인문지리에 대한 비교적 자세한 기록을 남기고 있는데, 그 가운데 서북 국경으로 압록에 대한 언급이 보인다.

2-40  경술년 조서. 고려국왕 왕휘가 죽었다. (중략) 그 경계는 (중략) 압록강(鴨綠江)이 서북쪽 순행으로 된다. (하략)[101]

머리말에서 보았듯이, 고려의 『대요사적』을 근거로 『요사』에서 기록한 요 동쪽 국경 파수병 현황을 보여준 1084년 시점에서 고려-요 국경을 압록강(鴨綠江)으로 명시한 점을 고려하여, 이 기록도 정정하는 것이 옳을 것으로 생각된다. 이 시점은 문종이 죽고, 순종, 선종으로 왕위가 계승되면서 고려 내정이 어수선하던 때이다.

곧 이어 선종 3년(1086)부터는 압록강의 각장 설치 분쟁이 시작된다.

---

100) 按 麗時 都 安市城 一名安丁忽 在遼水之北 遼水 一名鴨淥 今云安民江(『三國遺事』3 흥법3「順道肇麗」)

101) 庚戌 詔 高麗國王王徽卒 令明州就本州或定海縣擇廣大僧寺 以僧三十七人作道場一月 罷散則夕 作水陸一會 徽立凡三十六年 其境東南臨海 西北接契丹女眞黑水 自王建幷新羅百濟之地 至此蓋百七十餘年 王居蜀莫郡 曰開州 號開府 新羅曰東州 號樂浪府 爲東京 王居東北二十日行 百濟曰金州 號金馬郡 南十二日行 扶餘舊地曰公州 號扶餘郡 又南二十日行 平壤曰鎬州 爲西京 鴨綠江爲西北徼 東所臨海水絶淸 下視十丈 大凡海至高麗界則淸 入登州 經千里長沙卽濁 地寒 多山 國王出 平地常乘車駕牛 或以馬 涉山險乃騎 官有中書省中樞院 平章事參知政事中樞使翰林學士知制誥 大抵倣中朝 國子監四門學學者至六千餘人 三歲一貢擧進士 試詩賦論 明經試一大經一小經 進士夜試 給燭三 爲蠟八兩 燭盡不就卽退 榜放五十人 書有東觀漢記 百官以米爲俸 或給田 授罷隨官增減 致仕乃已 貿易亦用銀米而不用錢 不禁民釀酒 兵出於民 藩衛王府 國人好佛法 開城府有寺七十餘區 與王寺僧千五百人 官給田三百結 俗以田四方 方四百步爲一結 上田結收二百苫 苫爲斗十五 正與中國一石等 天聖以前 使由登州入 熙寧以來 皆由明州 言登州路有沙磧 不可行 其自明州還 遇便風 四日兼夜抵黑山 已望其國境 自黑山入島嶼 安行便風 七日至京口 陸行兩胆至開州 [朱墨本並同 正史高麗傳所載地里 與實錄並不同 當考](『續資治通鑑長編』339 신종 원풍 6년 9월)
동일한 사정이 『續資治通鑑長編紀事本末』89에는 '압록강이 북쪽 순행으로 된다(鴨綠江爲北徼)'로 되어 있고, 『皇朝編年綱目備要』21에는 '서북은 거란에 연접하였는데, 압록강을 믿고서 요새로 삼는다., 강의 너비는 3백 보이다.(西北接契丹 恃鴨綠江以爲固 江廣三百步)'로 되어 있다.

2-41 병자에 (중략) 또 고주사 상서우승 한형(韓瑩)을 파견하였다. 이때 요가 압록강(鴨綠江)에 장차 각장(榷場)을 세우려고 하였으므로, 이것을 혁파할 것을 요청하였다.[102]

『고려사』, 『고려사절요』, 『동국통감』을 인용한 『요사습유』, 『요사휘편』이 모두 이 지역을 압록강(鴨綠江)으로 기록하고 있지만, 이 사안과 관련하여 계속 이어지는 사료로 판단할 때 이 지역은 국경선이 분명하므로, 압록강(鴨淥江)으로 정정하는 것이 타당하다.

드디어 2년 후인 1088년 2월 17일에 요는 각장 설치를 제안해 온다.

2-42 2월 갑오 요가 압강(鴨江) 언덕에 각장을 설치할 것을 논의하였으므로, 중추원부사 이안(李顔)을 파견하고 장경소향사(藏經燒香使)를 핑계로 삼아 귀주(龜州)에 가서 변방 사건을 비밀리에 대비하였다.[103]

이 시점의 각장 설치 지역이 압강(鴨江)으로 되어 있는데, 이는 당연히 압록강(鴨淥江)이다.

이어서 이해 9월 머리말에서 보았듯이 박인량이 작성한 문서를 들고 김선석이 요에 사신으로 가서 각장을 혁파할 것을 간청하였다. 그 지역이 『고려사』, 『고려사절요』에서는 압록강(鴨綠江), 『동문선』에서는 압록수(鴨淥水)로 되어 있고, 그곳이 국경선 지역임은 이미 본 바와 같다.

숙종 원년(1096) 박인량의 졸기를 기록한 『고려사절요』[104], 숙종 즉위년 사실을 기록한 『요사휘편』[105]에서는 1075년 당시 박인량의 보주성 혁파 요청, 국경선 수호 주장을 다시

---

102) 丙子 遣尙書禮部侍郎崔洪嗣如遼 謝落起復 禮賓卿李資智賀正 知中樞院事李子威尙書左丞黃宗愨謝冊命 又遣告奏使尙書右丞韓瑩 時遼欲於鴨綠江將起榷場 故請罷之(『고려사』10 세가10 선종 3년 5월, 『고려사절요』6 선종사효대왕 동년 동월, 『遼史拾遺』10 본기 24 도종 4년(대안2년 11월 무인), 『遼史彙編』4 보요사교빙표 5 대안2년 병인(송 원우원년))

103) 二月甲午 以遼議置榷場於鴨江岸 遣中樞院副使李顔 托爲藏經燒香使 往龜州 密備邊事(『고려사』10 세가10 선종 5년(1088) 2월 17일, 『고려사절요』6 선종사효대왕 동년 동월)

104) 九月 右僕射叅知政事朴寅亮卒 寅亮文詞雅麗 宋熙寧中 與金覲使宋 所著尺牘表狀及題咏 宋人稱之 至刊二公詩文 號小華集 遼嘗欲過鴨綠江爲界 寅亮修陳情表曰 普天之下旣莫非王土王臣 尺地之餘 何必曰我疆我理 又曰 歸汶陽之舊田 撫綏弊邑 回長沙之拙袖 抃舞昌辰 遼帝覽之 寢其議 卒 謚文烈(『고려사절요』6 숙종명효대왕 1 숙종 1년(1096) 9월)

105) 壽隆元年冬十一月 高麗王昱疾 命其子顯權知國事 昱於三年三月薨 封顯爲三韓國公 [考異 畢沅 續通鑑作顒云

압록과 고려의 북계

상기시키며 압록강(鴨綠江)이 언급되고 있는데, 이것도 이미 본 바와 같이 압록강(鴨淥江)으로 정정해 둔다.

또 숙종 2년(1097) 12월 13일에 요가 사신을 파견하여 책봉하면서 다시 고려 강역을 언급하고 있다.

2-43  12월 계사 요가 야율사제(耶律思齊)·이상(李湘)을 파견해 와 (중략) 책봉해서 말하기를, (중략) 바다 귀퉁이에 사직을 세워, 북쪽으로 용천(龍泉)에 도달하고 서쪽으로 압록(鴨綠)을 극한으로 하였으며, (하략)[106]

여기서 북쪽 국경 용천이란 지형을 고려할 때,[107] 서쪽 국경 압록(鴨綠)의 원문이 압록(鴨淥)이었을 것임은 다시 말할 필요가 없다.

이로부터 4년 후인 숙종 6년(1101) 8월 16일에 요가 정주(靜州) 관내의 군영을 혁파할 것을 요청해 오자, 이를 허락하였다. 이 해는 요 도종이 죽고 마지막 황제 천조제(天祚帝)가 즉위한 때이다. 위에서 본 대로 15년 전인 1086년에 요가 각장을 설치하려고 하자 고려가 이를 혁파하도록 요청하여 허락을 받은 전례에 따른다고 하였다.

2-44  도병마사가 상주하였다. "지금 요 동경병마도부서가 공문을 발송하고, 정주(靜州) 관내의 군영을 혁파할 것을 요청하였습니다. 근래 대안(大安) 연간에 요가 압강(鴨江)에 정자 및 각장을 설치하려고 하자 우리 조정이 사신을 파견하여 혁파할 것을 요청하니 요 황

---

先是 遼欲過鴨綠江爲界 高麗上表曰 普天之下 莫非王土王臣 天地之餘 何必我彊我里 又曰 張汝陽之舊田 撫緩敝邑 回長沙之拙袖 怵舞昌辰 其參政 朴寅亮之詞也](『遼史彙編』7 요사기사본말7 정무고려)

106) 十二月癸巳 遼遣耶律思齊李湘來 賜玉冊圭印冠冕車輅章服鞍馬匹*叚等物 冊曰 朕以昊蒼眷祐 祖宗貽範 統臨天下 四十有三載矣 外康百姓 內撫諸侯 咸底于道 而海隅立社 北抵龍泉 西極鴨綠 祗稟正朔 奉輪琛賚 乃者 先臣告謝 嫡嗣銜哀 旣卽苫塊 俾襲茅土 疊*抗章奏 懇稱疾恙 願歸諸父 庸荷崇搆 尋依虔請 適委權莅 而能竭節事大 瀝誠恭上 矧念一方之位 旣崇千乘之名 所宜必正 爰行典禮 特行冊命 咨爾權知高麗國王事熙 肖二儀之*閒氣 含五行之淳烈 九流藝術 通乎黙識 七雄勢數 斷乎雅論 曁持政柄 專裁時務 楨*幹立而宗室安 帷幄深而伯圖定 雖兄弟猶芝蘭 叢生于下圃 子孫如騏驥 競馳乎辰野 主其祀者 非爾而誰 爰從龜筮 講求憲物 鐵券丹書 約堅帶勵 金印紫綬 榮配車服 是用遣使臨海軍節度使檢校太傅兼御史中丞耶律思齊使副*大僕卿昭文館直學士李湘 持節備禮 冊命爾特進檢校太尉兼中書令上柱國高麗國王 食邑一千戶 食實封七百戶 於戲 肇我太祖 嗣及冲人 積功累德 剖符錫壤 于蕃于宣 家世有遺法 曰朝日會 歲時有常制 永表東夏 與遼無極 其惟敬哉 王受冊于南郊(『고려사』11 세가11 숙종 1 숙종 2년(1097) 12월 13일)

107) 발해의 용천부는 요 咸州의 북쪽에 있다.(『요사』38 지8 지리지3 동경요양부)

---

제가 이것을 허락하였습니다. 지금 역시 마땅히 그 요청을 따라야 합니다." 조서로 허락하였다.[108]

이 해에 고려가 군영을 설치한 정주 관내는 이전에 요가 각장을 설치하려고 했던 국경선 압강(鴨江) 부근인 북경관방 관할 지역이다. 여기서 다시 압록강(鴨淥江)인 압강(鴨江)이 언급되고 있다.

천조제 즉위 후 요 국내 사정 등으로 해서 국경 문제는 비교적 안정된 상태를 유지하였던 것 같다. 예종 7년(1112) 7월 숙종 비 명의(明懿)왕태후가 죽자 요는 동왕 8년(1113년) 1월에 사신을 파견하여 조문하는 한편, 왕에게 상복을 벗을 것을 명령하고 있다.

2-45 무인에 요가 숭록경 양거직(楊擧直)을 파견하여 와 왕에게 상복을 벗도록 명령하고, 조서에서 말하였다. "(전략) 압록(鴨綠)을 넘어 아름다운 소문이 떨치고, 계림을 넘어 선한 덕성이 흘러 들어왔다. (하략)"[109]

여기서 언급한 압록(鴨綠)도 앞에서 보았듯이 계림과 짝을 이루어 고려의 국경 거점을 지시하는 압록강(鴨淥江)으로 보는 것에 하등 이상할 것이 없다.

이즈음 어지럽던 요동 정세는 예종 11년(1116)부터 급변하기 시작한다. 머리말에서 언급했듯이 요가 고려에 내원성, 포주를 넘겨주고 도망가던 이듬해(1117) 3월 3일자 『고려사』는 저간의 사정을 다음과 같이 기록하고 있다.

---

108) 都兵馬使奏 今遼東京兵馬都部署移文 請罷靜州關內軍營 頃在大安中 遼欲於鴨江置亭子及榷場 我朝遣使請罷 遼帝聽之 今亦宜從其請 制可(『고려사』11 「세가」11 숙종 1 숙종 6년(1101) 8월 16일, 『고려사절요』6 숙종명효대왕1 동년 동월)

109) 戊寅 遼遣崇祿卿楊擧直來 命王起復 詔曰 嗣豐祖構恭守王封 頃哀被於茹茶 卽毀過於扶杖 爰降釋衰之命 勿辱專閫之權 當體眷懷 所宜*祗荷 告身曰 鼇綏疏封繼先業者 是謂殊私 墨衰從政奪哀情者 斯爲變禮 擧玆故典 懋乃邦英 其有毓象緯之靈 *開玄黃之氣 踰鴨綠而休聲振屬 保雞林而令德流間 道善庶民謀能經國 方格修於世範 何遽宅於家難 庸卜吉辰與伸起復 前推誠奉國功臣開府儀同三司檢校太師中書令上柱國高麗國王 食邑三千戶食實封一千五百戶 王俁 榮分弓鉞慶席山河 桓鎮琅琅 素全於重器 梗柟肅肅 生備於長材 仍敎稟於義方 復言該於名理 而自嗣興厥域 優纂乃勞 寶王著事大之誠 侯律謹守方之制 治辰韓之善理 慕齊晉之純忠 歲重貢儀 率勤北面之力 時堅戎翰 實寬東顧之憂 頃者 靜樹纏悲白華違養 尙固匹夫之節 擬成孝子之規 主土分茅 闕一日而不可 毁容銜恤 豈三載以爲期 是用從金革之宜 飾鉬珠之命 駢車載駕駝紐重輝 於戲 日域全疆天命重地 位冠於五侯九伯 秩崇於四輔三公 矧先臣之緟儀彝器咸在 今汝躬之異數備物具彰 必靜鎮於一方 當表章於群嶽 勉服丕訓永保多祥(『고려사』13 세가13 예종 2 예종 8년(1113) 1월 25일)

2-46 신묘에 요 내원성(來遠城)이 통첩하여 말하였다. "작년에 생여진 및 동경 발해가 배반·반란하여, 밭벼를 널리 수확할 수 없게 되었소. (중략) 빌렸던 미곡 5만 석을 잠시 유예해 주어 (하략)" 왕이 (중략) 판병마사 김연(金緣) 등에게 명령하여 통군(統軍)에게 전달·유시하기를, 만약 우리에게 두 성곽·인물을 귀속시키면 빌렸던 미곡을 유예할 필요조차 없다고 하였다. 재삼 왕복하였는데 통군이 따르려고 하지 않았다. 금 병사기 요 개주를 공격·탈취함에 미쳐 마침내 내원성 및 대부·걸타·유백 3군영을 습격하였다. (중략) 영덕성(寧德城)에 통첩하여 (중략) 내원·포주 두 성곽을 우리에게 귀속시켰다. (중략) 김연이 문서를 구비하여 긴급 상주하니, 왕이 크게 기뻐하고 포주를 고쳐 의주방어사로 삼고, 압강(鴨江)을 경계로 삼아 관방을 설치하였다. (하략)[110]

1116년에 요 동경에서 고영창(高永昌)이 대발해를 건국하여 식량이 결핍되자 요 내원성이 고려에 미곡 5만 석을 대출받았다고 하였다. 이듬해 상환 시기에 이를 연기할 것을 요청하자, 고려는 이를 탕감할 조건으로 내원·포주 두 성곽을 반환할 것을 요구하였으나, 요는 이를 주저하였다. 금의 습격이 급박해지자 도망가면서 이 두 성곽을 고려에 귀속시킬 것을 약속하니, 고려가 이를 접수하고 압강(鴨江)을 경계로 삼아 관방을 설치하였다고 하였다. 이 사실을 『고려사절요』에서는 똑같이 기록하였지만, 김인존(김연) 열전에서는 토지 경계를 압강(鴨江)으로 개척하였다고 표현하였고, 지리지에서는 다시 압록강(鴨綠江)을 경계로 삼아 관방을 설치하였다고 표현하였다. 모두 국경선 압록강(鴨淥江)을 지칭하는 것임은 물론이다.

---

110) 辛卯 遼來遠城牒曰 昨爲生女眞及東京渤海背亂 致不廣收得田禾 官司雖有見在穀粟 所有正軍外 平閑民戶 闕少粮儲 權時掇借米貨五萬石 贍濟民戶 比候來秋 却具元借米貨碩斗還充 必不闕矣 王命兩府臺省侍臣知制誥 文武三品都兵馬判官以上會議中書省 令判兵馬事金緣等傳諭統軍 若歸我兩城人物 則不*滇掇借米貨 再三往復 統軍不肯從 及金兵攻取遼開州 遂襲來遠城 及 大夫乞打柳白三營 盡燒戰艦 擄守船人 統軍尙書左僕射開國伯耶律寧 與來遠城刺史檢校尙書右僕射常孝孫等 率其官民 載船一百四十艘 出泊江頭 移牒寧德城曰 女眞背亂 幷東京渤海續有背叛 道路不通 統軍部內田禾未收 米穀踊貴 致有貧寒人等 爲高麗國隣近住坐 已曾借糧推進 不行掇借 爲此 部內人民赴裏面州城 越逐米粟去 此至回來爲相和事在此州 幷地分交付去訖 仰行交受已後 准宣命施行 以來遠抱州二城歸于我 遂泛海而遁 我兵入其城 收兵仗及錢貨寶物甚多 金緣具狀馳奏 王大悅 改抱州爲義州防禦使 以鴨江爲界 置關防 甲午 百官表賀 略曰 鴨綠舊墟雞林故壤 越自祖宗之世 本爲襟帶之防 逮乎中世之陵夷 頗遭大遼之侵軼 非惟人怒 實作神羞 又曰 比因兩敵之有爭 頗慮二城之所屬 輅鞬之請獻 殆從天啓 鮮卑之潛遁 固匪人爲 我泉我池 復爲內地 寶藉寶歟 拓大中區 又曰 慚乏壯猷之助 初聞吉語之傳 刪石紀功 未奏形容之頌 奉觴稱壽 願伸率舞之懷(『고려사』14 세가14 예종3 예종12년(1117) 3월 3일, 『고려사』58 지12 지리3 북계 안북대도호부 영주 의주, 『고려사』96 열전9 김인존, 『고려사절요』8 예종2 동년 동월)

또한 이 기사와 관련하여 우리는 머리말에서 기존의 이해와 다른 중요한 한 논점을 제시하였다. 즉 "포주(보주)를 고쳐 의주방어사로 삼았다"는 언급을, '보주를 의주로 개칭하였다'는 기존의 해석과 달리, '보주를 요 선의군절도사 관할에서 고려 의주군방어사 관할로 개정하였다'고 해석하였다. 그리고 보주 변 압록강(鴨淥江)을 국경선으로 삼고, 의주에 축성하여 그 연안 압록강(鴨綠江)을 후방방어선으로 삼았다고 논증하였다.

대요 시기 고려 서북 국경이 대금 시기 국경 협상 과정으로 이어지는 이 시점에서 이 점을 다시 한 번 상기해 둔다.


# III. 대금(對金) 시기

12세기 초 거란이 퇴조하고 금이 팽창하면서, 인접국가인 고려와 송과 금은 서로 활발하게 외교전을 펼친다. 그 과정에서 고려 서북 국경 압록강(鴨淥江)이 직·간접적으로 언급된다.

먼저 인종 1년(1123) 고려에 사신으로 왔던 송 서긍의 『고려도경』에서 압록(鴨綠) 기록이 보인다.

3-1 (전략) 그 서북은 거란과 연접하였다. 예전에 대요(大遼)를 경계로 삼았는데, 뒤에 침략을 당하였고, 이에 내원성(來遠城)을 축조하여 방어기지로 삼았다. 그렇지만 또한 압록(鴨淥)을 믿어 관방으로 삼았다. 압록의 수원은 말갈에서 나와 그 색깔이 오리머리와 같으므로 명명하였다. (중략) 압록의 서쪽에 또 백랑(白浪)·황암(黃嵒) 두 강이 있는데, 파리성(頗里城)에서 몇 리를 가서 합류하여 남쪽으로 가는데, 이것이 요수이다. 당 정관 중에 이적이 고려를 남소에서 대파하고 건넌 뒤에 그 강이 얕고 좁음을 이상하게 여기고 묻기를 이것이 요원(遼源)이냐고 하였다. 이로써 예전부터 이 강을 믿고 요새로 삼은 적이 없음을 알 수 있다. 이것이 고려가 압록(鴨綠)의 동쪽으로 물려서 보위한 까닭인가.[111]

---

111) 高麗南隔遼海 西距遼水 北接契丹舊地 東距大金 又與日本流求聃羅黑水毛人等國 犬牙相制 唯新羅百濟 不能
自固其圉 爲麗人所幷 今羅州廣州道是也 其國在京師之東北 自燕山道 陸走渡遼 而東之其境 凡三千七百九十
里 若海道則河北京東淮兩浙廣南福建皆可往 今所建國 正與登萊濱棣相望 自元豐以後 每朝廷遣使 皆由明

　　　　압록과 고려의 북계

3-1-1　　고려는 당 이전부터 대개 평양(平壤)에 거처하였다. 본래 한 무제가 설치한 낙랑 군이고, 당 고종이 건립한 도호부이다. 『당지(唐志)』를 상고하건대, 평양성은 압록수(鴨綠水)의 동남쪽에 있다. 당 말에 고려 군장이 누대의 전쟁 난리로 혼이 나 조금 이동하여 동쪽으로 갔다. 지금 왕성(王城)은 압록수의 동남쪽 천 여 리에 있으니, 예전의 평양이 아니다. (하략)[112]

3-1-2　　(전략) 북쪽 오랑캐와의 관계에서는, 책봉 경계의 상호 거리가 겨우 강 하나일 따름이다. 오랑캐 사람들이 아침에 말로 출발하면 저녁이 이미 압록(鴨綠)에서 물을 마신다. (하략)[113]

---

州定海 放洋絶海而北 舟行 皆乘夏至後南風 風便 不過五日 卽抵岸焉 舊封境 東西二千餘里 南北一千五百餘里 今旣幷新羅百濟 東北稍廣 其西北與契丹接連 昔以大遼爲界 後爲所侵迫 乃築來遠城 以爲阻固 然亦恃鴨綠以爲險也 鴨綠之水 原出靺鞨 其色如鴨頭 故以名之 去遼東五百里 經國內城 又西與一水合 卽鹽難水也 二水合流 西南至安平城入海 高麗之中 此水最大 波瀾淸澈 所經津濟 皆艤巨艦 其國恃此以爲天塹 水闊三百步 在平壤城西北四百五十里 遼水東南四百八十里 自遼已東 卽舊屬契丹 今虜衆已亡 大金以其地不毛 不復城守 徒爲往來之道而已 鴨綠之西 又有白浪黃嵒二水 自頗利城行數里 合流而南 是爲遼水 唐正觀間 李勣大破高麗於南蘇 旣渡 怪其水淺狹 問之 云是遼源 以此知前古未嘗恃此水以爲固 此高麗所以退保鴨綠之東歟(『고려도경』3 봉경)

112) 高麗 自唐以前 蓋居平壤 本漢武帝所置樂浪郡 而唐高宗所建都護府也 以唐志考之 平壤城乃在鴨綠水東南 唐末 高麗君長懲累世兵革之難 稍徙而東 今王城在鴨綠水之東南千餘里 非平壤之舊矣 其城周圍六十里 山形繚繞 雜以沙礫 隨其地形而築之 外無濠塹 不施女墻 列太上御名延屋 如廊廡狀 頗類敵樓 雖施兵伏 以備不虞 而因山之勢 非盡堅高 至其低處 則不能受敵 萬一有警 信知其不足守也 外門十二 各有摽名 舊誌纔知其七 今盡得之 正東曰宣仁 舊不見名 止東大門 曰崇仁 舊曰東門 曰安定 舊曰須恤 乃麗人方言也 東南曰長霸 正南曰宣華 舊不見門 曰會賓 曰泰安 舊名貞觀 今易此名 西南曰光德 舊曰正州 亦通基路耳 州郡非門名所宜 正西曰宣義 曰狻猊 正北曰北昌 舊名崧山 特登山之路 非本名也 東北曰宣祺 舊名金郊 今易此 西南隅 王府宮室居之 其東北隅 卽順天館 極加完葺 西門亦壯麗 蓋爲中朝人使設也 自京市司至興國寺橋 由廣化門以迄奉先庫 爲長廊數百間 以其民居臨陋 參差不齊 用以遮蔽 不欲使人洞見其醜 東南之門 蓋溪流至巳方 衆水所會之地 其餘諸門官府宮祠道觀僧寺別宮客館 皆因地勢 星布諸處 民居十數家 共一聚落 井邑街市 無足取者 總其建國大槩而圖之 其餘則互見於別篇(『고려도경』3 국성)

113) 唐劉仁軌 爲方州刺史 乃請所頒曆 及宗廟諱 日當削平遼海 班示本朝正朔 及戰勝 以兵經略高麗 帥其酋長 赴登封之會 卒如初言 史臣壯之 然仁軌 特服其力耳 未必本心也 何以言之 臣觀麗人之事中國 其請降尊號 班正朔 勤勤懇懇 不絶于口 及爲强虜所迫 革面從之 而乃心朝廷 葵傾蟻慕 終不解於胥次 豈用兵之與用德 固自有次第哉 雖然 近則易服 遠則難懷 若虜境之望帝封 邈在大海之外 當其來也 泛巨航 駕便風 晝夜兼行十數日 始達四明 風或稍戾 驚濤山涌 鼃釜傾蕩 涓滴之水不留 且不可攀 舟人 往往絶粒 甚則柁折檣摧 傾覆之變 生於瞬息 亦已危矣 然自建隆開寶間 願效臣節 不敢少懈 以迄于今 至與北虜 則封境之相距 纔一水耳 虜人朝發馬夕已飲水於鴨綠矣 嘗大敗衄 始臣事之 用其年號 終統和開泰 凡二十一年 至王詢 大破北虜 復通中國 乃於眞宗皇帝 大中祥符七年 遣使請班正朔 朝廷從之 虜遂用大中祥符之號 易去北虜開泰之名 至天禧中 北虜復破高麗 殺戮其民幾盡 王詢 至棄國而逃於蛤堀 虜留城中八月 會西北山萬松 皆作人聲 始駭懼引去 仍復頒正朔於詢 詢以力屈 不得已而用之 自太平二年 終十七年 至重熙終二十二年 淸寧終十年 咸雍終十年 太康終十年 大安終十年 壽昌終六年 乾統終十年 天慶至八年 凡一百年 而耶律爲大金所困 高麗遂去北虜之號 又以未請命于朝 不敢輒用正朔 故但以歲次紀年 而將有請焉耳 本朝之於高麗 如彼之遠 北虜之於高麗 如此其近 然而附北虜者常

여기서의 압록(鴨綠), 압록수(鴨綠水)는 전후 지형 상에 다소 논란이 있을 수 있지만, 국경선을 의미하므로 지금까지의 논증에 따라 압록강(鴨淥江)으로 이해하는 것이 옳겠다.

송이 고려에 사신을 파견한 이태 후인 1125년 송의 허항종이 금에 사신으로 간 기록 중에서 압록강(鴨綠江)이 언급되고 있다.

3-2 (전략) 제35일 노정. 호륵희패륵채(呼勒希貝勒寨)에 도착하였다. 성채는 혼동강(混同江)가를 베고 누웠다. 그 수원은 광막한 북쪽에서 오는데, 멀어서 살필 수 없다. 여기서 남쪽으로 5백 리 흘러 고려 압록강(鴨綠江)에 접속되고 바다로 들어간다.[114]

이 기록도 국경선을 의미하므로 압록강(鴨淥江)으로 보아 둔다.

한편 고려에서는 금과의 외교 관계를 둘러싸고 크게 이자겸 계열, 김부식 계열, 정지상

以困於兵力 伺其稍弛 則輒拒之 至于尊事聖宋 則終始如一 拳拳傾戴 雖或時有牽制 不能如願 而誠意所向 堅如金石 有以見累聖 綏之以仁 懷之以德 內有以得其心 固異乎北虜之强暴 徒以力制其外也 書曰協時月正日 今北虜已滅 佇見高麗之使 以正朔爲請 而萬邦之時月日 可協而正矣(『고려도경』40 동문 정삭)

114) 乃醫巫閭山也 成周之時 幽州以醫巫閭作鎭 其遠如此 契丹原欲葬于此山 離州七里 別建乾州 以奉陵寢 今盡爲金人毀廢 第二十四程 至梁魚務 有河名曰遼河 南北千餘里 東西二百里 地如此 遼河居其中 隋唐征高麗 路經由此 第二十五程 至摩綽貝勒寨 摩綽小名 貝勒漢語爲官人 第二十七程 至興州 自過遼河以東 卽古之遼東地 金人方戰爭之際 首得遼東五十一州之地 乃契丹按巴堅破渤海國 建爲東京路也 第二十八程 至咸州 未至州一里許 有幕屋數間 供帳晷脩 州守出迎 禮儀如制 就坐樂作 有腰鼓蘆管笛琵琶 方響箏笙●箜篌大鼓拍板 曲調與中朝一同 但腰鼓下手太濶 聲遂下 而管瑟聲高 韻多不合 每拍聲後繼一小聲 舞者六七十人 但如常服 出手袖外 回旋曲折 莫知起止 甚覺可觀也 酒五行 樂作 迎歸舘 老幼夾觀 塡溢道路 次日早 有中使 撫問 別一使賜酒果 又一使賜宴 赴州宅 就坐 樂作 酒九行 果子唯松子等類 彼中飲酒食肉不隨盞下 俟酒畢 隨粥飯 一發致前 鋪滿几案 地少羊 唯猪鹿兎鴈 饅頭炊餅白熟湯餅之類最重 油煮麵食 以蜜塗拼 名曰茶食 非厚宴不設 以極肥猪肉或脂 闊切大片 一小盤子虛裝架起 間揷青葱三數莖 名曰肉盤子 非大宴不設 人各携歸舍 金人每行行人宴 必以貴臣押伴 貴臣以酒輒大言詫 金人之强控弦百萬 無敵于天下 使長應之日 宋有天下 二百年 幅員三萬里 勁兵數百萬 豈爲弱耶 某銜命遠來 賀大金皇帝登寶位而 大金皇帝止令太尉來伴 行人酒食何嘗令大言以相罔也 辭色俱厲 金人壯之 不復措一辭 又賜宴畢 例有謝表 有曰祗造鄰邦 中使讀之日使人輕我大金 國語云蠻貊之邦 表辭不當用邦字 請重換 方肯持去 使長正色而言曰 書謂 協和萬邦 克勤于邦 詩謂 周雖舊邦 論語謂 至於他邦 問人于他邦 善人爲邦 一言興邦 此皆邦字而 中使何獨主誦此一句 以相罔也 表不可換 須到闕下當與大金皇帝理會中使無言 金人無以咨 使長許亢宗 饒之樂平人 以才被選 爲人醖藉 似不能言者 臨事敢發如此 金人頗壯之 第二十九程 至同州 地平壤 居民所在聚落 耕種殆遍 地宜稼黍 乃金人破契丹國 于所至處 遷其民于此 歲久安居 東望大山 金人云此新羅山 山內深遠 無路可行 其間出人參自附 深處與高麗接界 第三十二程 至黃龍府 契丹按巴堅初攻渤海 射黃龍于此地 卽建爲府 是日州守迎迓如儀 有使撫問 賜果酒 賜宴于威州制 第三十三程 至托蕘貝勒寨 寨爲契丹東寨 當契丹强盛之時 擄徙異國人則 遷徙於此雜處 南有渤海 北有鐵離吐渾 東南有高麗靺鞨 有金國室韋 北有烏舍 西北有契丹回紇党項 西南有奚 故此地雜諸國風俗 凡聚會處 諸國人語言不能相通曉則 各爲漢語以證 方能辨是 知彼固被粉先王之禮義而應對亦以華言爲證也 第三十五程 至呼勒希貝勒寨 寨枕混同江濱 其源來自廣漠之北 遠不可究 自此有南流五百里接高麗 鴨綠江入海(『三朝北盟會編』20 政宣上帙)

압록과 고려의 북계

계열 간의 입장 차이를 조정하여 김부식 계열이 주장한 고구려 옛 지역을 고려에 귀속시키는 조건으로 수교를 열게 된다.

인종 4년(1126) 12월 12일 고려는 금에 사신을 보내 보주(保州)를 고려에 귀속시킨 것을 감사하는 표문을 올리는데, 여기서 압록(鴨綠)에 대한 언급이 보인다.

3-3 계유에 (중략) 보주성(保州城) 지역을 고려에 귀속하도록 허락하고 다시 수복하지 않는다고 하였습니다. 그윽이 생각하건대, 구려(勾麗)의 본래 지역은 저 요산(遼山)을 위주로 하고, 평양(平壤)의 옛터는 압록(鴨綠)을 한계로 하였으며, 누차 변천을 거쳐 우리 조종에 이르렀습니다. (하략)[115)]

3-3-1 신이 말씀드립니다. (중략) 다시 보주성을 수복하지 않음은 (중략) 그윽이 생각하건대, 구려(勾麗)의 본래 지역은 저 요산(遼山)을 위주로 하고, 평양(平壤)의 옛터는 압록(鴨綠)을 한계로 하였으며, 누차 변천을 거쳐 우리 조종에 이르렀습니다. (하략)[116)]

3-3-2 (전략) 다시 보주(保州)를 수복하지 않아, 평양(平壤)을 위무·안정시킴을 표시하였습니다. 또 대개 압록(鴨綠)에 책봉 경계를 획득함은 명확히 예전부터 유래한 것이고, 거란에 침탈당한 것은 근대에 와서부터입니다. (하략)[117)]

---

115) 癸酉 遣衛尉卿金子鏐刑部郎中柳德文如金 謝宣諭表曰 高伯淑至 密傳聖旨 保州城地許屬高麗 更不收復 切以勾麗本地 主彼遼山 平壤舊墟 限於鴨綠 累經遷變 逮我祖宗 値北國之兼幷 侵三韓之分野 雖講隣好 未歸故疆 及乎天命惟新 聖王旣作 見兵師之起義 致城堡之無人 當臣父先王時 有大遼邊臣沙乙何來 傳皇帝勑旨曰 保州本高麗地 高麗收之可也 先王於是理其城池 實以民戶 當此之時 雖小邦未嘗臣屬上國 而先帝特欲寵綏隣藩 霈以訓辭 賜之舊土 及後嗣之繼序 遭聖德之承天 備認德音 恭修臣職 惟此東濱之寸土 本爲下國之邊陲 雖嘗見奪於契丹 謂已拜恩於先代 特推異渥 仍屬弊封 豈僥倖而致玆 盖遭遇之異甚 深仁大義 不可名言 緜力薄材 若爲報效 惟當備春秋之事 守藝極之常 擧邦國而樂輸 傳子孫而永誓 高明在上 悃愊無他(『고려사』15 세가15 인종 1 인종 4년(1126) 12월 12일, 『고려사절요』9 인종공효대왕 1 동년 동월)

116) 臣諱言 九月二十四日 宣論使靜江軍節度使同僉書樞密事 高伯淑等 奉傳密旨 伏蒙聖慈特加宣論 更不收復保州城者 天地覆載而無私 故動植各遂其性命 帝王寬洪以待物 故臣民獲保其始終 甞味斯言 方驗其實[中謝] 竊以勾麗本地 主彼遼山 平壤舊墟 限於鴨綠 累經遷變 逮我祖宗 値北國之兼幷 侵三韓之分野 雖講鄰好 未歸故疆 及乎天命惟新 聖王旣作 見兵師之起義 致城堡之無人 當臣父先王時 有大朝邊臣沙乙何來傳先皇帝勑旨曰 保州本高麗地分 高麗收之可也 先王於是理其城池 實以民戶 當此之時 雖小邦未甞臣屬上國 而先帝特欲寵綏鄰藩 霈以訓辭 賜之舊土 及後侗之繼序 遭聖德之承天 望日月之光華 駭風雷之號令 不待撣人之論 備認德音非因陸賈之來 恭修臣職 今者皇帝大明旁燭 神智沉機 俯矜忠信之誠 靡責細微之故 旣頒詔獎 繼遣使華 曲論宸衷 具宣恩旨 惟此東濱之寸土 本爲下國之邊陲 雖甞見奪於契丹 謂已拜恩於先代 特推異渥 仍屬弊封 又宣論自來兩界人口 有無刷會交付事 邊人流移 盖是臣父先王時事 臣年甚幼 未及與知 聞其人口 積有年所 物故略盡今承密旨 許令取便裁斷 此乃大朝恩德 古今未有 豈僥倖而致玆 盖遭逢之異甚 深仁大義 不可名言 緜力薄材若爲報效 惟當修春秋之事 守藝極之常 擧邦國而樂輸 傳子孫而永誓 高明守藝極之常 擧邦國而樂輸 傳子孫而永誓 高明在上 悃愊無他(『동문선』35 표전(김부의) 사불수복보주표)

여기서의 압록(鴨綠)도 국경선 압록강(鴨淥江)으로 이해하는 것이 좋을 듯하다. 그런데 이 동일 사안과 관련하여 금에 전달된 김부의 표문에서의 옛 평양이 전달되지 않은 최함의 표문에서는 당시의 평양으로 기록되어 있어, 국경선 이해에 미묘한 차이가 보여 주목한 바가 있다.[118] 우리의 논증에 따른 국경선 압록강(鴨淥江), 후방 방어선 압록강(鴨綠江)이란 이해에 혼선을 가져 온 이유가 단순히 음사에서만 비롯된 것이 아니고, 국내 정치 지형과 국제 외교 압박 등과 미묘하게 얽혀 있었던 것이 아닌가 하는 것이다.

이 이듬해 인종 5년(1127) 5월 10일에 송이 고려에 사신을 파견하여 금의 정세를 탐색하려는 움직임이 있었는데, 이 가운데 전년 고려의 정세와 국경에 대한 언급이 보인다.

3-4 (전략) 정화 5년 거란이 금에 패배하여 그 연해 60여 주를 탈취 당했는데, 고려가 틈을 타 금의 권력자인 수령 1인을 유인해서 취득하였다. 금이 누차 와서 요구하였지만 주지 않았다. (중략) 고려는 지난해 또한 스스로 그 외조의 찬탈 음모가 있었는데, (중략) 그렇지만 그가 획득한 거란의 바다 근처 60여 주가 모두 황폐해졌고, 그 토지는 고려와 압록강(鴨綠江)을 사이에 두고 있는데, 매년 겨울이 깊으면 압록강이 얼고 얼음이 두꺼워져 수레와 말로 건널 수 있다. (하략)[119]

---

117) 臣譁言 去九月十三日 宣諭使靜江軍節度使同僉書樞密院事高伯淑 副使鴻臚卿知太常禮儀院都尉烏至忠等至 奉傳詔書別錄各一道 伏蒙聖慈賜臣衣帶匹段銀器等物 又二十四日 高伯淑로密傳聖旨 保州城地分 許屬高麗 更不收復者 恩私渥縟 詔諭稠重 俯僂以承 感皖交切[中謝] 恭惟皇帝 蘊無能名之德 發大有爲之心 雷動風行 振威稜而無敵 天與人順 樹功業之非常 念惟僻處遐荒 夙深嚮慕 方屬大朝之擧義 屢以興師 亦因弊邑之多艱 致稽修貢 禮雖有闕 情實無他 近奉奏章 猥伸微懇 豈謂使輶繼至 寵命俯臨 激其事大之忠 需若自天之澤 加以別傳詔旨 曲諭上心 更不收復於保州 示以撫寧於平壤 且夫獲封圻於鴨綠 的自古來 被侵奪於契丹 盖從近代 雖通懽好 猶各歸還 洎彼國之覆亡 守此城者潰散 臣父先臣以謂此吾地分也 請之久矣 幸今天與之 取之當然 況有大朝遣臣沙furt何來傳先皇帝勅旨曰 保州本高麗地 高麗收之可也 於是差置官員 繕完民戶 乃更數歲 傳至眇躬 適承上國之指揮 許屬小邦之疆場 又宣諭自來兩界投入人口 有無刷會交付之事 旣積歲年之久 復由風土之殊 罔有安存 悉皆物故 何曲推而諒察 俾自取於便宜 眘荷至恩 實渝常檢 盖眷憐有如此者 其報效將如何哉 謹當遵奉訓辭 恪勤職貢 禮嚴享上 期不絶於年年 義篤尊王 永有傳於世世(『동문선』35 표전(최함) 사선유표)

118) 이상 금과의 수교 과정은 윤한택, 2017,「고려 북계 봉강에 대하여」,『고구려 평양과 그 여운』, 주류성출판사 참조.

119) 右 臣竊惟善用兵者莫先於廣耳目以明斥堠 善戰國者莫深於審形勢以察情實 盖耳目廣 則意之所不及 有愈於意之所及 形勢審 則迹之所不見 有出於迹之所見 此不可不知也 春秋之時 秦欲伐鄭 師次於滑鄭商人弦高遇之密以告鄭 穆公得聞而警 因以圍田之事謝秦客 孟明知其有備而不敢進 鄭之使秦者不知其何人 而逆爲之備 以捍其鋒 遂以保國 乃得於逆旅之商人 非意之所不及 有愈於意之所及者乎 漢高帝欲擊匈奴 使者十輩皆以爲可 惟奉春君知其匿壯士健馬 以爲欲見短 伏奇兵以爭利 高帝不之信 乃以三十萬衆困於平城 以高帝之智 而不能詳奉春君之言 以漢士廷謀以策士 而惟奉春君能測匈奴之隱 非迹之所不見 有出於迹之所見者乎 竊見金人陰懷不道 欲以肆其荼毒 涊食上國之日久矣 燕晉疆吏初不以時間 至前年冬 全師大

압록과 고려의 북계

여기서 정화 5년(1115) 거란 연해 60여 주를 금이 탈취하였지만 고려가 기지로 취득한 사실, 인종 4년(1126) 이자겸의 난을 언급하며, 그 연해 60여 주가 황폐해져 압록강(鴨綠江)을 경계로 한 고려로 넘어오는 사정 등을 말하고 있다. 전후 정황으로 볼 때 이 압록강(鴨綠江)은 후방 방어선으로 보는 것이 합리적일 듯하다. 또 이 연해 60여 주가 고려와 요의 국경선인 압록강(鴨淥江)과 고려의 후방 방어선인 압록강(鴨綠江) 사이를 지칭하는 듯하므로, 이즈음의 이 고려 변경 지역이 요·금에 의해 침범되고 있던 사정 등도 간접적으로 암시하는 것으로 보인다.

이런 사정은 북송이 저러한 외교 노력에도 불구하고 멸망당한 이듬해 인종 6년(1128) 12월 22일에 금 사신 사고덕(司古德) 일행이 고려에 와서, 이태 전인 1126년 고백숙(高伯淑)이 와 확약했던 고려 국경에 대해 시비를 논한 어록에서도 짐작할 수 있다.

3-5 (전략) 금년 8월 14일 안북도호부가 내원성에 다음과 같이 통첩하였소. 인민이 강을 건너 창주(昌州)·삭주(朔州) 지역에 도착하여 경작하므로 공문을 발송하여, "지난 번 전임

入 將欲渡河 而京師始知之 其罪固不容誅 去歲解圍之後 朝廷宜少警矣 然八九月之間 尙聞持和議以爲必成 而謂秋冬決不復再入 傍觀者爲之寒心 而廟堂以得得計 此雖坐習苟簡 更相觀望之過 然亦耳目不廣 形勢不審 有以致之 此天下所共痛憤而不能釋者也 臣所部浙西幷浙東路 幷外連海道 與高麗跨海相望 去敵境不遠 嘗聞敵有妄窺東南之意 若北自登萊 東假高麗 揚帆而来 或出於二浙 皆遠不過二十日 近五七日可至 臣自到任 常有私憂於此 本州舶船舊許與高麗爲市 間有得與其國人貿易者 往往能道其山川形勢道里遠近 因令舶主張綬招致大商柳悅黃師舜間之 二人皆泉州人 世從本州給憑買販高麗 歲一再至 留高麗者率嘗經歲 因爲臣圖海道 大畧言 敵境舊與契丹蘇州 正直登萊 高麗東北與敵接界 有關門爲限 敵會事高麗 每歲入關卽遣使進奉 崇寧三年 始與高麗稱兵 大觀元年 高麗遂取其六洞於南境 以築九城 實以甲兵糧食 後復爲敵以沈羅黑水堆洞人奪之 自是與高麗絶 政和五年 契丹爲金所敗 取其泏海六十餘州 高麗乘間誘得金用事首領一人 金屢来求 不與 及金滅契丹 宣和七年 高麗復遣使通好 爲所留不歸 去年 敵擾我畿甸之後 高麗遂兩遣人使彼 彼亦兩報之 幷欲使之稱臣而修貢 正副使共二人 其一爲契丹人 其一爲金國人 高麗去年亦自爲其外大父謀篡 焚其宮室積聚罍械甚廣 不能如前日之盛 見出避別於別都 勢恐不能與彼重抗 然彼所得契丹傍海六十餘州 皆荒陋單弊 其地與高麗隔鴨綠江 每歲冬深 鴨綠江凍 冰厚可勝車馬 此皆柳悅等親供說如此 臣旣有聞 不敢隱黙 竊以鄭弦髙之事觀之 栁悅等雖商賈冗賤 然在高麗久 所聽探皆得其國人之言 初本無意 若因使伺敵 萬一欲謀擾我 或得其道里所出期會所定 或其國中自有變亂 先事而達 有出於我耳目所不及 形勢所不見者 則不爲小補 輒肆管見 欲委此二人 許以名目 陰令如常歲之高麗買販 應得敵中動息 皆亟使来告 俟參驗得實有補於事 卽厚賞旌之 責以軍令 無得張皇漏泄 其人皆感奮願自效 欲以此月末渡海 約冬初復還 臣以申奏不及 已一面各權借以承信郎名目 給與公據令趁時前去 伏望聖慈詳酌 如有可採 乞降睿旨 密付臣施行 邊防探報 深入敵境 雖理之常 然今跨海越國 創始之初 迫於幾會 不先陳請 專輒自決 罪當萬死 更乞矜察 以臣職守 粗欲圖報 激於忠憤 別無他腸 特賜容貸 所有栁悅等畫到海外圖一本 繳連在前 謹錄奏聞 伏候勅旨 貼黃 臣伏聞朝廷見欲遣廸功郎劉豁等使高麗 臣雖不知遣豁等所謀 然今来栁悅等止是因其買販 使密自刺敵動息 以廣耳目 俟有實驗 然後賞之有利而無損 禁令無得漏泄 恐萬一或得以爲用 卽於今来使命並無相妨 伏乞睿察(『歷代名臣奏議』348 奏乞差人至高麗探報金人事宜狀)

황제 칙명을 입어 압강(鴨江)을 하사해서 경계로 삼았고, 첨원 고백숙이 선포·유시한 성지를 받듦에 미쳐 보주성곽 경내를 다시 수복하지 않겠다고 하였는데, 지금 온 귀국 인민이 경작하니 사리 상 부당하므로 징계하고 중지하기를 요청하기에 이르렀소"라고 하였소. 그 회신에 "지난 번 조정이 선발하여 보낸 고백숙이 선포·유시할 때 논의한 어록은 단지 칙명을 전달하여 보주를 하사하는 것을 허락하였을 뿐 '아울러 성곽 경내'라는 어구는 없었고, 아울러 경계를 미처 확정하지 않았소. (하략)"(중략) 전임 황제 때 변방 신하 사하(沙河)가 선포 칙명을 받들어 압강(鴨江)을 하사하여 경계로 삼고 마침내 이후로 그 경내 초목 하나라도 우리 인민이 채취하지 않도록 하겠다고 하였소. (하략)[120]

---

120) 壬申 金遣錦州管內觀察使司古德衛尉少卿韓昉等來 甲戌 王迎詔于重華殿 詔曰 朕聞夏商而來 莫非不仁失天下 漢魏以降 則有故事爲諸侯 玆載籍之具書 非一時之創見 惟宋太上皇趙佶少帝桓 所以背恩而失信 與其致討以就俘 亦已使囮 不須重斂 自玆萩歲 邈在別都 比詔詣於闕庭 因面數其過失 顏之厚矣 省伊戚之自貽 人皆知之 顧何辭而以對 殂越於下 咸服其辜 然罪不釋 愚可哀終棄絶之弗忍 惟名不正言不順 亦爵號之既加 已於今年八月二十六日 降封趙佶曰昏德公 趙桓曰重昏侯 事皆惟新 理宜誕告 言念至公之擧 諒協同慶之誠 嗚呼 命不于常 國必自伐 惟皇上帝之震怒 不爲桀亡 非予一人之能令 侯于周服 敬爾有土 其聽朕言 今差司古德韓昉等 充報論使副 仍賜卿衣帶匹*叚銀器等 具如別錄 至可領也 司古德等上語錄云 承樞密院劄子 准奉聖旨 候到國 有合計議事件 須至定疊 回日却具申覆 以憑奏聞 開立下項 保州之地 初有詔論 更不收復 意謂貴國 必能*祗率舊章 遵奉王室 故朝廷不愛其地 特行割賜 爾後數歲 貴國尚未進納誓表 故於回謝宣論詔內云 向托言於戶口 未別奏於誓封 但其事事以訖成 忠於世世而可信 所論之言 其或不定 所得之地 將何以憑 伏覩詔書 旨意坦然明白 逮今貴國 未嘗遵依 第據于上項州城 於理豈爲穩便 不識進退之*間 終欲如何 及自脅從并逃移戶口 其數頗多 皆稱物故 殆未可亮 今年八月十四日 安北都護府牒來遠城 爲人民越江到昌朔州地分耕種 勘會公案 昨蒙先皇帝勅 賜鴨江爲界 及承簽院高伯淑宣諭詔旨 更不收復保州一城境內 今來貴國人民有耕種 事理不便 到請懲戒寢罷勘會 昨來朝廷差降高伯淑 宣諭時言議語錄 但傳明旨 許賜保州 並無一城境內語句 兼未畫定界至 自是見得係內地分 宜約*束封吏 無令依前輒有更添 妄煩理會 天會五年二月九日 貴國謝息使未減斷遣外 依國朝典憲 犯者合出徵償入被死之家 此時送伴所具牛馬頭匹及銀兩數牒過 到今經久 並未依應送納 於禮似爲未安 右上數事 貴國果能推誠享上 卽納誓表 皎然自明 朝廷亦當回賜誓詔 兼幷降指揮 申畫封疆 一切務從寬大 成長久之計 今年三月五日 來遠城收到無主馬二匹 多日無人識認 相度弖口左右收得 必是界外行刦 尋已令交付訖 今年八月十四日 東京兵馬都署司准東路軍司申巡檢司申 於海岸收捉貴國金鐵衣等六人 狀稱浮海値風漂流到此 情可憐憫 亦仰移文分付訖 今年八月十四日 東京兵馬都署司 准東路統軍司申巡檢司申 因巡邊 收捉到貴國崔頗喜尋責得狀 稱係天齊城所管 因盜本國牛馬 捉敗同賊 爲此避罪 將妻幷馬一匹來到 據上項賊人 幷將到物件 亦令分付訖 右上三司 邊境細故 朝廷亦不遺忽 一一指揮有司 卽令移文送付 無少底滯 實恐邊吏壅遏 不達王所 故各具聞而 庶見朝廷待貴國之意 又上語錄云 於謝保州表內云 擧邦國以樂輸 傳子孫而永誓 高明在上 悃愊無他之言 辭意輕氾 具如近代宋人夏國 與舊盟泊朝廷所立誓書及表 皆有若渝此盟 社稷傾危 子孫不紹 或神明殛之 無克昨國之語 相度既永敦誓好 果無食言 辭意雖重 於理無可避者 至如自古盟載之辭 如此類者非一 兼貴國與遼時 誓表必自有故事 朝廷所收圖書 亦可考據 此事誠非創行要索 朝廷*祗欲永通歡好 美意灼然 伏望裁酌 早賜端的之垂論 以憑回日申覆朝廷 見行聞奏 王*否曰 昨蒙親授劄錄 今逐所有事件 一一論報謹 具如後 保州之境 本高麗地分 嘗爲舊遼所幷 頃屬大朝統一中外 先皇帝眷顧小國 使邊臣沙河賜之 又簽院高伯淑奉旨宣諭更不收復保州 小國不勝慶幸 奉表陳謝曰 擧邦國以樂輸 傳子孫而永誓 高明在上 悃愊無他 以此誓心 更無章表 意謂盟誓 多是敵國交相疑忌 故不得已而爲之 如春秋所記 衰周列國之事 今則聖人受命 廓然一統 惟是下藩中心悅服 恭修職貢 一依高伯淑來論條件 罔有愆忘 今玆論以未進納誓表 於理不爲穩便 又言卽納誓表 朝廷亦當回賜誓詔 爲長遠之計 聞命以還不勝感懼 當候回謝報論 行李入朝 兼上表以聞 其人口逃移 是臣父先王生

　　　　　　　압록과 고려의 북계

금이 이렇게 보주를 넘어 창주·삭주까지 침범해 들어오는 것을 고려가 이전 합의를 바탕으로 항의하자, 금은 단지 보주만 허락했을 뿐 그 경내까지 허락한 것이 아닐 뿐 아니라 당시 경계를 획정하지도 않았다고 생떼를 쓰고 있는 것이다. 아울러 1126년 사신으로 갔던 김자류 부하의 인명 살상 사건, 김철의(金鐵衣) 등 표류 사건, 최파의(崔頗喜) 도피 사건 등을 빌미로 삼고 있다.

이 사건이 있은 4년 후인 인종 9년(1131) 7월에 압록강(鴨綠江)과 관련된 천재지변 기사가 등장한다.

3-6 인종 9년 7월 여진 지역의 뱀 무리가 압록강(鴨綠江)을 건너 의주(義州) 경계로 들어왔다.[121]

이 상징적인 사건이 무엇을 의미하는지는 불명이지만, 여진 지역과 관련된 천재지변 사안이고 의주 경계와 맞닿아 있는 지명으로 압록강(鴨綠江)이 언급되고 있는 것으로 보아, 역시 국경선 압록강(鴨淥江)으로 이해하는 것이 좋을 듯하다.

이후 10여 년 고려와 금 국경선으로서의 압록강(鴨淥江)이 보이지 않다가 의종 즉위년(1146) 11월 28일에 압강(鴨江)에서 군인 익사 사고가 발생한 기록이 나타난다.

3-7 갑오에 어사대가 상주하기를, 압강(鴨江)도부서부사 윤수언(尹粹彦) 및 병선 11척 군졸 2백 9인이 익사하였는데, 병마사가 지휘하지 못하여 여기에 이르렀으니, 처벌하기를 청원한다고 하니, 이를 따랐다.[122]

前 不獲臣事上國時事 當時臣幼少 未嘗聞知 況高伯淑來日宣諭 許令小國取便 遂兼表上謝 今更以讓 殆未可亮 實深驚恐 莫知所圖 天會五年 金子鏐入朝 不能檢下 致令崇吉刺傷人命 回來即令奪子鏐職田遠流 兼刑崇吉 自來小國舊法 犯罪人處斷流配外 更不徵贖 是以因循 至于今日 遽沐來諭 亦多兢恐 切冀更受指揮 先皇帝時 邊臣沙河奉宣勑 賜鴨江爲界 遂言此後其境內寸草尺木 不令吾人採取 況遇今皇帝 謂小國必能祗率舊章 遵奉王室 不愛其地 特賜割賜 而只許保州一城 不許傍側小土 此豈朝廷以至仁大德 撫字小邦之意乎 是以緣邊官吏見 上國人民越江 到昌朔州地耕種 遂移文請徵戒寢罷 今沐來言 係內地分 宜約束封吏 無令依前妄煩理會 此違自來受命慶賴之心 是以惶恐不知所爲 向者來遠城收到無主馬二匹 東路巡檢司 於海岸收捉金鐵衣等六人 浮海値風 漂流到此 又因巡邊收捉崔頗喜避罪將妻幷馬入 幷令交付 當初聞之雖喜 然謂出上國邊官處分 今聞朝廷雖細事 不以遺忽 一一指揮有司 移文分付 乃知朝廷寵綏下國 至深至厚 感荷之誠 萬萬於此 亦當俟來次行李 兼附表以謝(『고려사』15 세가15 인종 1 인종 6년(1128) 12월 22일)

121) 仁宗九年七月 女眞地群蛇 涉鴨綠江 入義州境(『고려사』53 지7 오행1 오행1왈수(龍蛇孽))

122) 甲午 御史臺奏 鴨江都部署副使尹粹彦及兵船十一艘軍卒二百九人溺死 兵馬使不能指揮 以致於此 請罪之 從

이 압강(鴨江)도부서도 국경선인 압록강(鴨淥江) 방어군으로 이해해서 어색할 것이 없다. 이후 고려와 금 국경 보루 관련 기사가 『금사』에 등장하는 것은 의종 18년(1164)의 일이다.

3-8 대정 4년에 압록강(鴨綠江) 보루가 자못 침범을 당하여 분탕·훼철되었다.[123]

이 사안은 국경 분쟁과 관련된 것이 분명하므로, 국경선 압록강(鴨淥江)으로 정정해서 이해하기로 한다.

이로부터 10년 여 뒤인 명종 5년(1175) 10월 9일 조위총(趙位寵)이 절령(喦嶺) 서쪽으로부터 압록강(鴨綠江)에 이르기까지 40 여 성곽으로써 금에 내속할 것을 요청한 사건이 발생하였다.

3-9 위총이 다시 서언(徐彦) 등을 파견하여 금에 가서 표문을 올려 말하였다. "전임 국왕은 본래 양위한 것이 아니고, 대장군 정중부와 낭장 이의방이 시해하였습니다. 신 위총은 절령(喦嶺) 서쪽으로부터 압록강(鴨綠江)에 이르기까지 40여 성곽으로써 내속하기를 청원하고, 군사를 원조하기를 요청합니다." 금 군주가 언 등을 붙잡아 보냈다. (하략)[124]

같은 사안을 기록하면서 이 압록강(鴨綠江)을 『금사』 본기에서는 압록강(鴨淥江)으로, 『금사』 표, 열전에서는 압록강(鴨綠江)으로 기록하고 있다.

---

之(『고려사』17 세가17 의종1 의종 즉위년(1146) 11월 28일, 『고려사절요』10 의종장효대왕 동년 동월)

123) 大定四年 鴨綠江堡戌頗被侵越焚毀(『金史』135 열전73 외국하 고려)

124) 位寵復遣徐彦等如金 上表曰 前王本非避讓 大將軍鄭仲夫郎將李義方弒之 臣位寵請以喦嶺以西至鴨綠江四十餘城內屬 請兵助援 金主執送彦等 東京路都摠管府牒寧德城云 西京留守趙位寵三次遣使九十六人 齎告奏表文等事 今勘得所遣人徐彦等狀稱 大定十年八月 前王遊普賢寺 大將軍鄭仲夫郎將李義方等 執前王及子孫 送海島 立前王弟翼陽公爲王 飾以因病讓位 上表大朝 大定十三年 仲夫等 遣人殺前王及子孫官僚等 大定十四年 位寵上表請王誅仲夫等 今年正月 王下詔諭賊臣等已誅 復有仲夫子筠 殺義方等 不告國王 領兵三萬餘人 攻西京 相戰 至今未決勝否 今年六月 位寵與北界四十餘城 欲屬大朝 遣義州都領崔敬若等齎牒婆速路摠管府公文 至義州關門 爲鄭白臣等所殺 又筠等軍馬遮路 以此遣大使金存心趙現等 各三十餘人 泛海來奏 不知消息節次 再遣彦等 其欲屬大朝及請兵問罪等事 委是端的欽奉帝命 位寵陳乞事 則非大國所容 將彦等付彼施行 其彦等衣甲諸物 差官交割(『고려사』100 열전13 조위총, 『고려사절요』12 명종광효대왕 명종 5년 10월)

3-9-1 신묘에 고려 서경유수 조위총이 그 군주에게 반란하고, 자비령(慈悲嶺) 서쪽에서 압록강(鴨淥江) 동쪽까지 40여 성곽으로써 내부하였는데, 허락하지 않았다.[125]

3-9-2 (대정 15년) 9월에 고려 서경유수 조위총이 서언 등을 파견하여 표문을 올리고, 자비령 서쪽에서 압록강(鴨綠江) 동쪽까지로써 내부하였으나, 조서로 허락하지 않았다.[126]

3-9-3 (대정) 15년 고려 서경유수 조위총이 호(晧)에게 반란하고, 서언 등 96인을 파견하여 표문을 올려 말하였다. "전임 국왕은 본래 양위한 것이 아니고, 대장군 정중부와 낭장 이의방이 실제로는 시해하였습니다. 신 위총은 자비령 서쪽에서 압록강(鴨綠江)에 이르기까지 40여 성곽으로써 내속하기를 청원하고, 군사를 원조할 것을 요청합니다." (하략)[127]

여기서도 국경선까지란 의미로 해석되므로 『금사』 본기에 따라 압록강(鴨淥江)으로 이해하는 것이 옳겠다. 이 사건 이후 10여 년 이후인 1190년대에 금에서 벼슬한 왕적(王寂)의 문집인 『졸헌집(拙軒集)』에는 고려 사신과 관련된 2수의 시가 전한다.

3-9 (전략) 압강(鴨江)에 도착하여 문장에 취할 것을 생각하고, 덕성의 으뜸으로 두 시인 신선을 청아하게 상대하노라.[128]

3-10 (전략) 압강(鴨江)의 복숭아 잎을 아침에 맞이하여 건너고, 절령(岊嶺)의 송홧가루로 밤에 차를 달이노라 (중략) (고려는 중원의 사절을 호칭하여 모두 천자수레 모 관리라고 한다. 사안이 염자수(閻子秀)의 〈압강행기(鴨江行記)〉에 보인다).[129]

---

125) 辛卯 高麗西京留守趙位寵叛其君 請以慈悲嶺以西 鴨淥江以東 四十餘城 內附 不納(『금사』7 본기7 세종 중 대정 15년 9월)

126) (大定十五年) 九月 高麗西京留守趙位寵遺徐彦等進表 欲以慈悲嶺以西鴨綠江以東內附 詔不許(『금사』61 표3 교빙표 중)

127) (大定) 十五年 高麗西京留守趙位寵叛晧 遺徐彦等九十六人上表曰 前王本非避讓 大將軍鄭冲夫郎將李義方實弑之 臣位寵請以慈悲嶺以西至鴨綠江四十餘城內屬 請兵助援 上曰 王晧已加封冊 位寵輒敢稱兵爲亂 且欲納土 朕懷撫萬邦 豈助叛臣爲虐 詔執徐彦等送高麗 頃之 王晧定趙位寵之亂 遺使奏謝 自位寵之亂 晧所遺生日回謝橫賜回謝賀正旦進奉萬春節等使 皆阻不通 至是 晧幷奏之 詔答其意 其合遺人使令節次入朝(『금사』135 열전73 외국 하 고려)

128) 聖朝萬里息烽煙 冀馬吳牛盡穩眠 蝸國弄兵貪裂地 蟻臣將命懇呼天 政須老手不生事 故遺吾髦更著鞭 想到鴨江文字飮 德星清對兩詩仙(『拙軒集』送田元長接伴高麗告奏使)

129) 照海旌幢出樂浪 過家上冢路生光 鴨江桃葉朝迎渡 岊嶺松花夜煮湯 恩詔肅將芝檢重 醉鞭低裊玉鞘長 遺民笑指天車道 酷似南陽異姓王[高麗稱中原使節 皆曰 天車某官 事見閻子秀鴨江行記](『拙軒集』送張仲謀使三韓)

여기서의 압강(鴨江)도 사신이 넘어서는 국경으로서 압록강(鴨淥江)으로 보아 무리가 없다.

이즈음인 명종 23년(1193) 4월에 이규보(李奎報)가 쓴 〈동명왕편(東明王篇)〉에 압록강(鴨綠江)에 대한 언급이 보인다.

3-11 (전략) 성곽 북쪽에 청하(靑河)〔청하는 지금의 압록강(鴨綠江)이다〕가 있고, 河伯의 세 딸(장녀는 유화 차녀는 훤화 계녀는 위화)은 아름다웠네. 압록 머리 파도를 가르고 나와, 웅심(熊心)의 물가에 가서 놀았네〔청하에서 웅심의 연못 위에 나가 논 것이다〕 (중략) 남쪽으로 가 엄체(淹滯)〔일명 개사수(蓋斯水) 지금 압록(鴨綠) 동북에 있다〕에 이르러, 건너려 하나 배가 없었네 (하략)[130]

___

130) 東明王篇[幷序] 世多說東明王神異之事 雖愚夫騃婦 亦頗能說其事 僕嘗聞之 笑曰 先師仲尼 不語怪力亂神 此實荒唐奇詭之事 非吾曹所說 及讀魏書通典 亦載其事 然略而未詳 豈詳內略外之意耶 越癸丑四月 得舊三國史 見東明王本紀 其神異之迹 踰世之所說者 然亦初不能信之 意以爲鬼幻 及三復耽味 漸涉其源 非幻也 乃聖也 非鬼也 乃神也 況國史直筆之書 豈妄傳之哉 金公富軾重撰國史 頗略其事 意者公以爲國史矯世之書 不可以大異之事爲示於後世而略之耶 按唐玄宗本紀 楊貴妃傳 並無方士升天入地之事 唯詩人白樂天恐其事淪沒 作歌以志之 彼實荒淫奇誕之事 猶且詠之 以示于後 矧東明之事 非以變化神異眩惑衆目 乃實創國之神迹 則此而不述 後將何觀 是用作詩以記之 欲使夫天下知我國本聖人之都耳 元氣判●渾天皇地皇氏 十三十一頭 體貌多奇異 其餘聖帝王 亦備載經史 女節感大星 乃生大昊摯 女樞生顓頊 亦感瑤光暐 伏羲制牲犧 燧人始鑽燧 生炅高帝祥 雨粟神農瑞 靑天女媧補 洪水大禹理 黃帝將升天 胡髥龍自至 太古淳朴時 靈聖難備記 後世漸澆漓 風俗例汰侈 聖人間或生 神迹少所示 漢神雀三年 孟夏斗立巳[漢神雀三年四月甲寅] 海東解慕漱 眞是天之子[本記云 夫余王解夫婁老無子 祭山川求嗣 所御馬至鯤淵 見大石流淚 王怪之 使人轉其石 有小兒金色蛙形 王曰 此天錫我令胤乎 乃收養之 名曰金蛙 立爲太子 其相阿蘭弗曰 日者天降我曰 將使吾子孫 立國於此 汝其避之 東海之濱有地 號迦葉原 土宜五穀 可都也 阿蘭弗勸王移都 號東夫余 於舊都 解慕漱爲天帝子來都] 初從空中下 身乘五龍軌 從者百餘人 騎鵠紛襂襹 淸樂動鏘洋 彩雲浮旖旎[漢神雀三年壬戌歲 天帝遣太子降遊扶余王古都 號解慕漱 從天而下 乘五龍車 從者百餘人 皆騎白鵠 彩雲浮於上 音樂動雲中 止熊心山 經十餘日始下 首戴烏羽之冠 腰帶龍光之劍] 自古受命君 何是非天賜 白日下靑冥 從昔所未視 朝居人世中 暮反天宮裡[朝則聽事 暮卽升天 世謂之天王郞] 吾聞於古人 蒼穹之去地 二億萬八千七百八十里 梯棧躡難升 羽翮飛易瘁 朝夕恣升降 此理復何爾 城北有靑河[靑河今鴨綠江也] 河伯三女美[長曰柳花 次曰萱花 季曰葦花] 擘出鴨頭波 往遊熊心涘[自靑河出遊熊心淵上] 鏘琅佩玉鳴 綽約顔花媚[神姿艶麗 雜佩鏘洋 與漢皐無異] 初疑漢皐濱 復想洛水沚 王因出獵見 目送頗留意 玆非悅紛華 誠急生繼嗣[王謂左右曰 得而爲妃 可有後胤] 三女見君來 入水尋相避 擬將作宮殿 潛候同來戲 馬撾一畵地 銅室欻然峙 錦席鋪絢明 金罇置淳旨 蹁躚果自入 對酌還徑醉[其女見王卽入水 左右曰 大王何不作宮殿 俟女入室 當戶遮之 王以爲然 以馬鞭畵地 銅室俄成壯麗 於室中 設三席置罇酒 其女各坐其席 相勸飮酒大醉云云] 王時出橫遮 驚走僅顚躓[王俟三女大醉急出 遮女等驚走 長女柳花 爲王所止] 長女曰柳花 是爲王所止 河伯大怒嗔 遣使急且駛 告云渠何人 乃敢放輕肆 報云天帝子 高族請相累 指天降龍馭 徑到海宮邃[河伯大怒 遣使告曰 汝是何人 留我女乎 王報云 我是天帝之子 今欲與河伯結婚 河伯又使告曰 汝若天帝之子 於我有求昏者 當使媒云爾 今輒留我女 何其失禮 王慚之 將往見河伯 不能入室 欲放其女 女旣與王定情 不肯離去 乃勸王曰 如有龍車 可到河伯之國 王指天而告 俄而五龍車從空而下 王與女乘車 風雲忽起 至其宮] 河伯乃謂王 婚姻是大事 媒贄有通法 胡奈得自恣[河伯備禮迎之 坐定 謂曰 婚姻之

압록과 고려의 북계

道 天下之通規 何爲失禮 辱我門宗云] 君是上帝胤 神變請可試 漣漪碧波中 河伯化作鯉 王尋變爲獺 立捕不待跬 又復生兩翼 翩然化爲雉 王又化神鷹 搏擊何大驚 彼爲鹿而走 我爲豺而趡 河伯知有神 置酒相燕喜 伺醉載革輿 幷置女於輢[車傍曰輢] 意令與我女 天上同騰轡 其車未出水 酒醒忽驚起[河伯之酒 七日乃醒] 取女黃金釵 刺革從竅出[叶韻] 獨乘赤霄上 寂寞不廻騎[河伯曰 王是天帝之子 有何神異 王曰 唯在所試 於是 河伯於庭前水 化爲鯉 隨浪而游 王化爲獺而捕之 河伯又化爲鹿而走 王化爲豺逐之 河伯化爲雉 王化爲鷹擊之 河伯以爲誠是天帝之子 以禮成婚 恐王無將女之心 張樂置酒 勸王大醉 與女入於小革輿中 載以龍車 欲令升天 其車未出水 王卽酒醒 取女黃金釵刺革輿 從孔獨出升天] 河伯責厥女 挽吻三尺弛 乃貶優渤中 唯與婢僕二[河伯大怒 其女曰 汝不從我訓 終欲我門 令左右絞挽女口 其脣吻長三尺 唯與奴婢二人 貶於優渤水中 優渤澤名 在太伯山南 漁師觀波中 奇獸行●联 乃告王金蛙 鐵網投溪溪 引得坐石女 姿貌甚堪畏 唇長不能言 三截乃啓齒[漁師强力扶鄒告曰 近有盜梁中魚而將去者 未知何獸也 王乃使魚師以網引之 其網破裂 更造鐵網引之 始得一女 坐石而出 其女唇長不能言 令三截其脣乃言] 王知慕漱妃 仍以別宮置 懷日生朱蒙 是歲歲在癸 骨表諒最奇 啼聲亦甚偉 初生卵如升 觀者皆驚悸 王以爲不祥 此豈人之類 置之馬牧中 群馬皆不履 棄之深山中 百獸皆擁衛[王知天帝之妃 以別宮置之 其女懷中日曜 因以有娠 神雀四年癸亥歲夏四月 生朱蒙 啼聲甚偉 骨表英奇 初生左腋生一卵 大如五升許 王怪之曰 人生鳥卵 可爲不祥 使人置之馬牧 群馬不踐 棄於深山 百獸皆護 雲陰之日 卵上恒有日光 王取卵送母養之 卵終乃開得一男 生未經月 言語竝實] 母姑擧而養 經月言語始 自言蠅嗜目 臥不能安睡 母爲作弓矢 其弓不虛掎[謂母曰 群蠅嗜目 不能睡 母爲我作弓矢 其母以篳作弓矢與之 自射紡車上蠅 發矢卽中 扶余謂善射曰朱蒙] 年至漸長大 才能日漸備 扶余王太子 其心生妬忌 乃言朱蒙者 此必非常士 若不早圖 其患誠未已[年至長大 才能竝備 金蛙有子七人 常共朱蒙遊獵 王子及從者四十餘人 唯獲一鹿 朱蒙射鹿至多 王子妬之 乃執朱蒙縛樹 奪鹿而去 朱蒙拔樹而去 太子帶素言於王曰 朱蒙者 神勇之士 瞻視非常 若不早圖 必有後患] 王令往牧馬 欲以試厥志 自思天之孫 廝牧良可恥 捫心常竊導 吾生不如死 意欲往南土 立國立城市 爲緣慈母在 離別誠未易[王使朱蒙牧馬 欲試其意 朱蒙內自懷恨 謂母曰 我是天帝之孫 爲人牧馬 生不如死 欲往南土造國家 母在 不敢自專 其母云云] 其母聞此言 潸然抆淸淚 汝幸勿念我 我亦常痛痗 士之涉長途 須必憑騄駬 相將往馬閑 卽以長鞭捶 群馬皆突走 一馬騂色斐 跳過二丈欄 始覺是駿驥[通典云 朱蒙所乘 皆果下也] 潛以針刺舌 酸痛不受飼 不日形甚癯 却與駑駘似 爾來王巡觀 予馬此卽是 得之始抽針 日夜屢加餧[其母曰 此吾之所以日夜腐心也 吾聞士之涉長途者 須憑駿足 吾能擇馬矣 遂往馬牧 卽以長鞭亂捶 群馬皆驚走 一駶馬跳過二丈之欄 朱蒙知其駿逸 潛以針捶馬舌根 其馬舌痛 不食水草 甚瘦悴 王巡於馬牧 見群馬悉肥大喜 仍以瘦錫朱蒙 朱蒙得之 拔其針加餧云] 暗結三賢友 其人共多智[烏伊摩離陝父等三人] 南行至淹滯[一名蓋斯水 在今鴨綠東北] 欲渡無舟艤[欲渡無舟 恐追兵奄及 迺以策指天 慨然嘆曰 我天帝之孫 河伯之甥 今避難至此 皇天后土 憐我孤子 速致舟橋 言訖 以弓打水 魚鼈浮出成橋 朱蒙乃得渡 良久追兵至] 秉策指彼蒼 慨然發氣噎 天孫河伯甥 避難至於此 哀哀孤子心 天地其忍棄 操弓打河水 魚鼈騈首尾 屹然成橋梯 始得渡河矣 俄爾追兵至 上橋橋旋圮[追兵至河 魚鼈橋卽滅 已上橋者 皆沒死] 雙鳩含麥飛 來作神母使[朱蒙臨別 不忍睽違 其母曰 汝勿以一母爲念 乃裹五穀種以送之 朱蒙自切生別之心 忘其麥子 朱蒙息大樹之下 有雙鳩來集 朱蒙曰 應是神母使送麥子 乃引弓射之 一矢俱擧 開喉得麥子 以水噴鳩 更蘇而飛去云] 形勝開王都 山川鬱嵂崒 自坐茀蕝上 略定君臣位[王自坐茀蕝之上 略定君臣之位] 咄哉沸流王 何奈不自揆 苦矜仙人後 未識帝孫貴 徒欲爲附庸 出語不愼葸 未中畫鹿臍 驚我倒玉指[沸流王松讓出獵 見王容貌非常 引而與坐曰 僻在海隅 未曾得見君子 今日邂逅 何其幸乎 君是何人 從何而至 王曰 寡人 天帝之孫 西國之王也 敢問君王繼誰之後 讓曰 予是仙人之後 累世爲王 今地方至小 不可分爲兩王 君造國日淺 爲我附庸可乎 王曰 寡人 繼天之後 今主非神之冑 强娶爲王 若不歸我 天必殛之 松讓以王累稱天孫 內自懷疑 欲試其才 乃曰 願與王射矣 以畫鹿置百步內射之 其矢不入鹿臍 猶如倒手 王使人以玉指環 懸於百步之外射之 破如瓦解 松讓大驚云] 來觀鼓角變 不敢稱我器[王曰 以國業新造 未有鼓角威儀 沸流使者往來 我不能以王禮迎送 所以輕我也 從臣扶芬奴進曰 臣爲大王取沸流鼓角 王曰 他國藏物 汝何取乎 對曰 此天之與物 何爲不取乎 夫大王困於扶余 誰謂大王能至於此 今大王奮身於萬死之危 揚名於遼左 此天帝命而爲之 何事不成 於是扶芬奴等三人 往沸流取鼓而來 沸流王遣使告曰云云 王恐來觀鼓角 色暗如故 松讓不敢爭而去] 來觀屋柱故 咋舌還自愧[松讓欲

부여·고구려의 사실을 기록한 이 기록에서의 압록강(鴨綠江)은 앞의 고구려 당시 기록에 더 가까운 『삼국유사』에 따라 압록강(鴨淥江)으로 이해하는 것이 타당할 듯하다. 특히 여기서 이 강의 이칭으로서 청하(靑河)가 등장하여, 이 명칭이 『고려사』 지리지의 근거로 되었을 법하다.

이즈음 의주(義州)에 체류하던 김극기(金克己)[131]가 압강(鴨江)과 관련한 4편의 시를 남기고 있다.

3-12 (전략) 어찌 사신이 먼저 새벽을 침범할 것을 헤아렸던가, 징과 피리가 압강(鴨江) 주변을 우레처럼 진동하네 (하략)[132]

---

以立都 先後爲附庸 王造宮室 以朽木爲柱 故如千歲 松讓來見 竟不敢爭立都先後] 東明西狩時 偶獲雪色麂[大鹿曰麂] 倒懸蟹原上 敢自呪而謂 天不雨則沸流 漂沒其都鄙 我固不汝放 汝可助我慎 鹿鳴聲甚哀 上徹天之耳 霖雨注七日 霈若傾淮泗 松讓甚憂懼 沿流謾橫葦 士民競來攀 流汗相●眙 東明卽以鞭 畫水水停沸 松讓擧國降 是後莫予訾[西狩獲白鹿 倒懸於蟹原 呪曰 天若不雨而漂沒沸流王都者 我固不汝放矣 欲免斯難 汝能訴乎 其鹿哀鳴 聲徹于天 霖雨七日 漂沒松讓都] 王以葦索橫流 乘龍馬 百姓皆執其索 朱蒙以鞭畫水 水卽減 六月 松讓擧國來降云云] 玄雲羃鶻嶺 不見山邐迤 有人數千許 斲木繼斧斨 王曰天爲我 築城於其趾 忽然雲霧散 宮闕高嵂嵬[七月 玄雲起鶻嶺 人不見其山 唯聞數千人聲以起土功 王曰 天爲我築城 七日 雲霧自散 城郭宮臺自然成 王拜皇天就居] 在位十九年 升天不下莅[秋九月 王升天不下 時年四十 太子以所遺玉鞭 葬於龍山云云] 俶儻有奇節 元子曰類利 得劍繼父位 塞盆止人詈[類利少有奇節云云 少以彈雀爲業 見一婦戴水盆 彈破之 其女怒而詈曰 無父之兒 彈破我盆 類利大慙 以泥丸彈之 塞盆孔如故 歸家問母曰 我父是誰 母以類利年少戲之日 汝無定父 類利泣曰 人無定父 將何面目見人乎 遂欲自刎 母大驚止之曰 前言戲耳 汝父是天帝孫 河伯甥 怨爲扶餘之臣 逃往南土 始造國家 汝往見之乎 對曰 父爲人君子 爲人臣 吾雖不才 豈不愧乎 母曰 汝父去時有遺言 吾有藏物七嶺七谷石上之松 能得此者 乃我之子也 類利自往山谷 搜求不得 疲倦而還 類利聞堂柱有悲聲 其柱乃石上之松木 體有七稜 類利自解之曰 七嶺七谷者 七稜也 石上松者 柱也 起而就視 柱上有孔 得毀劍一片 大喜 前漢鴻嘉四年夏四月 奔高句麗 以劍一片 奉之於王 王出所有毀劍一片合之 血出連爲一劍 王謂類利曰 汝實我子 有何神聖乎 類利應聲 擧身聳空 乘牖中日 示其神聖之異 王大悅 立爲太子] 我性本質木 性不喜奇詭 初看東明事 疑幻又疑鬼 徐徐漸相涉 變化難擬議 況是直筆文 一字無虛字 神哉又神哉 萬世之所韙 因思草創君 非聖曷何以 劉媼息大澤 遇神於夢寐 雷電塞晦暝 蛟龍盤怪傀 因之卽有娠 乃生聖劉季 是惟赤帝子 其興多殊祚 世祖始生時 滿室光炳煒 自應赤伏符 掃除黃巾僞 自古帝王興 徵瑞紛蔚蔚 末嗣多怠荒 共絶先王祀 乃知守成君 集蓼戒小毖 守位以寬仁 化民由禮義 永永傳子孫 御國多年紀(『동국이상국집』 동국이상국전집3 고율시 동명왕편)

131) 김창현은 2013, 「고려의 문인 김극기의 생애와 편력」, 『한국인물사연구』 제 20호 참조, 김극기의 의주 체류 시기를 명종 23년 여름부터 명종 26년 여름으로 추정하였다.

132) 昨夜凌凌風裂地 今朝漠漠雪連天 戶外頑寒體生牚 塡窓擬作終日眠 豈料使華先犯曉 鏡笳動鴨江邊 驚起衣裳自顚倒 急呼紫薦連着鞭 奔波始及枕水館 屈體拜叩麾幢前 一隊刀鎗蹴西渡 橫穿半里圭璧田 忽見氈廬臨野市 高旗獵獵鼓闐闐 豪商貂裘手可炙 鼻息直上成雲煙 奔競毫芒收貨貝 載車折軸擔楨肩 野人貌古口喑啞 甘被欺謾可憐 買得燕昵作荊璞 囊中散盡三萬錢 滿眼覽愚揚爭利 時予兀坐猶塊然 倦面何如縮頭鱉 回腸却似鳴膀蟬 日午公廚忽破寂 銀魷蘸甲傾香泉 鬚須纓絡頓消釋 暄暖解扶衰朽年 胡兒咻咻過帳外 未到數步聞臊羶 也知溪谷滿不得 觀我朶頤流饞涎(『동문선』6 칠언고시 (김극기) 각장)

3-13 (전략) 파수대 북 한 번 울려 먼 길을 오니, 잇고 이어 국경으로 가는 첩문이 구름처럼 나르네.[133]

3-14 용만(龍灣)이 돌아가는 곳 보주성(保州城)이여, 말 위에서 멀리 바라보니 눈이 더욱 밝아오네 (하략)[134]

3-15 (전략) 압강(鴨江)의 가장 기묘한 곳에, 여윈 말이 아무 때나 노니네. (하략)[135]


여기서의 압강(鴨江)이 보주와 관련된 압록강(鴨淥江)임은 머리말에서 이미 지적해 두었다.

2년 뒤인 명종 25년(1195) 이규보는 오세문(吳世文)의 시에 이어 쓴 시에서 세문이 의주 분도장군(義州分道將軍)으로 간 일을 기록하면서 압록(鴨綠)을 언급한다.


3-16 (전략) 용만진(龍灣鎭)〔의주(義州)의 별명이다〕에 씩씩하게 들어가고, 압록(鴨綠) 강가를 행진하여 침범하네. 군대의 위용을 보니 날래디 날랜데, 오랑캐는 눈으로 비웃으며 부릅뜨네. (하략)[136]

---

133) 徂年旅客兩依依 信馬行吟背落暉 戍鼓一聲來遠路 行行征鴈帖雲飛(『동문선』19 칠언절구(김극기) 압강도중)

134) 龍灣轉處保州城 馬上遙瞻眼更明 珍重統軍峯一朶 隔江奔走笑相迎(『동문선』19 칠언절구(김극기) 압강서안 망통군봉)

135) 年光急流水 轉眄難挽留 人情自疲役 到此方始休 幸偸簿領隙 淸景宜追求 鴨江最奇處 羸馬時縱遊 霜鱗戲柳渚 雪羽曉蘋洲 冬寒尙未嚴 野菊留淸秋 纖枝倩雨洗 細藥憑風揉 幽蘭已枯瘁 歲晚誰與儔 寧隨道傍葦 踐履羊與牛 何殊不羈士 獨立違俗流 魯連泛碧海 支伯棲蒼州 亭亭出塵想 萬古高莫儔 我雖慕二子 行止非人謀 膏肓負泉石 纏索嬰勞脩 若非入醉鄕 拘迫何時休 官餘試攲枕 臥作雞林遊 行吟兔嶺月 坐漱蚊川流 不知千里外 從宦已三秋 一朝掛冠去 誰復馴白鷗 誰家紫臂將 鼻息橫素霓 問胡早富貴 華族聯山西 齪齪業文士 寧知東走迷 身微似馬足 竟歲勞塵泥 天意元無私 物情自不齊 冥心念出處 漏盡城烏啼 憶與林下友 同棲白雲溪 風亭夏同偃 月榭秋共躋 別來今幾歲 歸夢杳天倪 浮名損眞性 掩涕倍慘悽(『동문선』4 오언고시(김극기) 유감)

136) 次韻吳東閣世文呈詁院諸學士三百韻詩[幷序] 濮陽吳公世文 自北使見劾 入洛閑居 一日 與金東閣瑞廷 置酒鄭員外文甲林園 予訪之預飮坐末 吳公誇予曰 古今詩集中 無有押三百韻者 予嘗著三百二韻詩 呈詁院諸學士 子豈和之耶 因出其詩示之 是日還家 次韻賡和 奉寄吳公 兼簡鄭員外金東閣 東都古樂國 宮殿有遺基[新羅第五十六王金傅降我大祖 大祖妻以長女 改新羅爲慶州 爲公食邑 吳公自言新羅王外孫 曾寓居東京 故論東京事] 靑史窺陳迹 淳風記昔時 晉江初渡馬 周洛始鑽龜[洛 周之東京 故比之] 渤海環爲沼 扶桑繚作籬 千年開際會[新羅記云 膺一千年之業 新羅榻記 九百九十九年] 累聖享雍熙 肇制宮懸樂 初陳簠簋儀 儉勤師大夏 荒怪黜因墀[拾遺記曰 因墀國獻五足獸 如册子 蘸詩日 荒怪還須問子年] 國士登韓信 朝臣重孔戣 恩榮同雨需 號令劇雷馳 冠帶風雲盛 謳歌日月遲 誰成平子賦[平子作東京賦故云] 堪賭孟堅辭[孟堅作東都賦] 經野當星紀 擾甿循土宜[周禮 擾甿以土宜 旣以東京比周洛 故云] 乾坤歸黍籥 造化入鑪槌 嚼鐵忠臣膽 聯珠墨客詩 魚鱗卿相宅 蝸首帝王碑 大學迎三老 鴻臚受四夷 樓暗巢鳳閣 官認紀龍司 翼

翼呀雙闕 決決闢大池[新羅記 築碧骨池] 又於宮開大池] 仙眞留異迹[新羅有仙郎事蹟] 賢聖揭宏規 犬首侔
東岱[新羅記 有犬首祠 東都賦云 勤岱祈嵩] 蛟川俶左伊[三國史 東京有蛟川 東京賦云 左伊右瀍] 茹連多
衆彦 石畫秘深惟 鷟鷟爭骈翼 驊騮競接綏 耳蟬皆貴冑 批鳳亦淸姿 覆被應欺豹 牽裾或慕毗 遒文誇絶壁
神略較靈籌 仁範笙篁雅 弘儒黼黻披[謂朴仁範雍聰] 辭淸長笛嘎 意逸幅巾呇 競躍班聯緊 誰辭政事埠 孤
雲金馬客[崔致遠 字孤雲 入唐 一擧及第 同年顧雲贈詩曰 一箭射破金門策] 東海玉林枝 射策鳴中國 馳聲
震四陲 高芬繁肦饗 遺韻遠委蛇[西京賦云 聲淸暢而委蛇 注云 餘聲詰曲也] 世欲終炎漢[謂新羅季代] 賢
多匿默台[周書曰 治峯本姓默台 避時難改焉 廣韻 支字韻台字 注云 姓也 出姓苑] 寶區歸統壹 古國產英
奇 夫子尤鍾秀 淸時特挺姿 九經偏嗜易 三寶最先慈 制作平吞眺 哇淫一掃摛 早騰千里足 曾備四時皮 鯁
正李和鼎 風流袁孝尼 詩高成七步 孝過問三笞 白玉元難污 懸衡豈易欺 骨淸聚鶴髓 文麗水蠶絲[水蠶異水
蠶] 後學蝀蛉化 諸儒鳥雀隨[公嘗集諸生敎授] 灌纓承異睠 頮面奏新詞[公曾爲翰林] 抗志曾高嵋 低顏肯呢
訾 自珍紉佩蕙 難掩脫囊錐 步緯該金檟[公兼通陰陽 唐藝文志 有金檟經三卷] 精神撿玉匙[黃庭經云 結珠
固精養神根 玉匙金鑰常堅完 公亦通道家故云] 句吳玄系遠 大伯素風垂 海內唯方朔 關東獨魯丕 短編嘲踒
踔 古篆辨蟂蚑 師道肩韓愈 時名揖庾義 再乘東去馭 三駕北征轙 壯觀誇幽薊 高遊纘號郿 薤盂初作守 薏
苡孰興疑 理叶人歌政 徵期帝受釐 土風猶帶揭 邊俗例如羆 靑犢何勞剪 黃戎尙可麾 威聲加絶塞 忠信質靈
祇 巨鼇那游井 飛龍旋躍陂[言公之徵還] 才英登陸厥 文翰委致之[公自守郡還 復爲翰林] 銀漏聲霑滴 花甃
影陸離 制詞書繭紙 宣饌飫瓊糜 微毒遭蜂蠆[公在翰林 以事克彈免官] 多言任鷿鶒 詹舒懷社玉 著述慕崔
琦 吾道寧終否 斯文要復施 閑居雖效岳 古事必咨岐[洞冥記曰 孟岐 淸河逸人也 年可七百歲 語及周初時
事] 貶斥名彌著 陵兢志莫褫 果承中命密 更荷渥光熹[公復爲翰林] 風翼幾垂退 蘭筋又見羈 聲詩皆有寅 國
病尙堪理 妙藝標三絶 淸修去八疵 文章兼飾吏 正直合膚譜 薄宦拘纓墨 公才稱鼎● 雪霜侵鬢髮 江海吼肝
脾 家有生塵甑 門多擊轄輜 儒功文塚在 忠膽劍鋒知 已結蕭公綬 親垂董氏帷 淸歡陪柏殿[樂天註云柏殿
行陪賞] 慶日趁天祺[金坡遺事日 翰林每遇天慶天祺節 預先一月 降入馬遞云云] 御筆爭邐拜 朝儀逆闕遺
[公始拜批於閤門] 天威纔咫尺 雨澤洽霑滋 偶僂端容止 矜莊愼唾洟[禮記云 不敢唾洟] 自稱居祿隱 還笑著
書癡 忽受言綸降 光承使節持[今春爲雲中道監倉使] 虎鞍揮電繁 鼉鼓舊雷椎 代郡麾驍騎 幷州選壯兒 菇
林據拂貁[西京賦云 鼻赤象據拂貁 梗林爲之靡菈] 摘瀏澤鯤鮞[西京賦云 摘瀏澥設置檞鯤鮞 注云 麗 網也
鯤鮞 小魚也] 旨味宜春酒 寒羞大谷梨 土聞生鰲鰡[山海經北山注云 砒湖多鰲鰡魚] 時記韻鵡鵬 卿服雛披
紫 儒冠不改緇 鳳觴纖手奉 龍管絳唇吹 畫戟森庭際 香風徹道歧 年祥占格澤[天文志云 格澤見則不耕而穫
也] 軍事驗觜觿[天文志 觜觿三軍事 明則軍儲盈] 雉堞連秦塞 虹橋矗楚圮 射珊時或崎 妓樂日相追 春水浮
灪鷞 淸沙立鷺鷀 芳園開荳蔲 露架拆酴釄 怪石●如瘦 盤松仙似跱[脚曲也] 列城行攬轡 虎衛凜交鈹 映日
旗屬跱 隨風弈鵲玻 仙倡馳白象 介士騁蒼駬 鮮水觀湝澼 源山歷險巇[山海經云 背北鮮之山 又云 北至源
山] 騰身捫去鶴 游目送翩離 戲索高連漢 驚毬迸越墀 時淸唯燕喜 訟息好遊嬉 搏虎專訓賦 成鼂鬭奕棋 雪
兒歌律句 玉女獻琛褵 已分親羅綺 從敎惹粉脂 使星遑入漢 猗竹竹瞻淇 紈扇中捐棄 金刀莫贈貽[四悉詩云
美人贈我金錯刀 注云 喩君榮我以爵祿] 朝廷睞敬叔 權貴忌桓彝 直道廿三黜 長謠發五噫 怨尤心豈敢 賢
達古如斯 一室耽閑適 高門笑伺窺 白頭備作尉 絳帳樂爲師[公嘗敎授] 久欠石渠講 何如衕室諮 解嘲聊自
慰 答難亦云罷 樂可忘憂止 歌何歎已而 一生窮到骨 萬事笑持頣 月樹空驚鵲 雷天伺伏蟡 去非陶靖節 罷
異夏侯孜 令弟仙驂遠[公弟世才字德全 爲名儒 今卽世] 君家玉樹麝 我曾同意氣[予與德全 爲忘年交] 才豈
角雄雌 孔戶窺彌奧 曹墻入愈岓 碧雲何獨趄 明月不須隋 共怯當鋒刃 其能搖●甒 辭堪驅宋玉 意欲剪王伾
逝矣乘風久 嗟哉断聖誰 見詩增感慨 懷舊自悽● 獨洒長康淚 猶思徵秀眉 唯公承鶯鳶[公祖及考皆登第 爲
名儒 公繼之 唐張鶯登進士第 孫鳶有文辭 充史官 子亦新第進士 孫讀又進士第 故云云] 當世作駒儓[後漢
孔僖與孫駒爲友 梁郁日云云 駒儓不對] 莫便隨麋鹿 須期戴鵔鸃 流光憐分寸 外物視銖錙 相訪曾交瞥 淸
吟自撚髭 慚將栖薈羽 仰觸刺天鸇 主喜迎王粲 予深慕賈逵[賈逵通五經 學者羡慕] 幽居詩釣漢 奇迹說遊
濴[公旣自北入洛 予訪之 類篇云 濴 鷹門水名也] 恰有淸風屩 元無義議玭[唐書 崔弘禮爲兵部侍書 晩務多
積 素議玭之] 橫彈梢見中 貧病却難窘 莫歎辰安在 端知德不衰 那階虎哆藻 會與鳳交龕 京兆眞瑚璉[此言
金東閣] 王郎愧柟櫬[晉王鑒有櫬柟之用] 坦懷無眹域 深識剖毫釐 千首詩張祐 三都賦左思 一鳴登驚序 新
沐振蟬綏 豈但校天祿 猶堪韣谷龜 曩陪淸廟寢[公曾爲大廟令] 肅奉紫壇祠 摩挲陳三俎 攂燔辨六齋 磑磑

70　　　　　　　　　　압록과 고려의 북계

芳已積[漢書 美芳磕磕 注云 磕磕 崇積也] 䰟䰟意逾祇[音䰟送神敬懼也] 桂酒清如潑 山罍滿不歆 腹褰張
猛● 角握省豐犧 夙夜唯供職 蒸嘗但潔粢 栗齋循典祀 譎詭黜淫魖 卉汨臚精信[漢書 卉汨臚 注云 卉汨 速
也 臚 陳也] 綏將降福禔 須知暮召倨 誰肯夜呼祈 拜相應看字 移官早夢尸 賢猶凌向成 事豈聞陳寅[左傳
宋樂祈告其宰陳寅曰云云 寅知晉政多門 日佳必有難云云 寅音怡 柳韻支字韻 寅字共出陳寅] 景行高山仰
長材大廈施 接人多叡款 友直亦偲偲 劇郡辱煩敲[公又爲安邊守] 歸程遠開● 軺軺軒輼輼 駻驒走駈駈 木
末爭猿捷 峯頭趁鳥奋 鷺濤奔潢潢 鼈岫杳峴● 繞浦煙村暗 沿溪石棧透 卸鞍遊散誕 援筆舞瀏漓 渴飲寒泉
液 疑含凍醴澌 幽禽窺睥睨 走獸奮鬑鬚 絪絡攀蘿薜 橅橌過柞桵[類篇 桵 械 柞也桵也 西京賦云 梓械橅橌
注云 橅橌 繁蔚貌] 下車開郡閣 擁劒課邊陣 童羖猶馴雉 軍莵競獻戲 卦分畦坱圠 星散屋透迤 廨館堪方軌
賓筵擬履齊 錢釭明爍爍 竿衽轉傚傚 銀鐄凝蓴薿 金鱗泛黍酏 豐廚炮鶍鶍 珍膳味鮫鮞 軒罍看如虱[龜蒙詩
云 仰瞻三皇道 蟻虱在宇宙] 陳隋笑若蚔[皮日休詩云 後至陳隋世云云 大細如蚳蚸] 酷憐唯宋豔 射遞盡吳
姬 蜀郡民歌袴 金陵妓奉區[陶穀事] 好山高赤石 奇貨富崇提 簿領長堆案 朝衣少襯桃 恩能懷密老 威已懾
王姨[王夷甫 姨也 事見世說] 已罷割鱗手 還栖傾鳳椅 輕裝廻沃轉 新服拂凉絺 歷閬溪山勝 都忘道里疲 魂
勞懸貝闕 耳想聽龍籏 尙欲徵三穗[蔡茂爲廣漢守 夢三穗 公亦自安邊守代還 故比之] 方圓戴九●[漢書云
一品九●] 歸來戢羽翮 俯仰改驪驪 舊列薪猶積[公以闔門剩員 未出官故云] 孤忠石不移 端居長隱几 淸夢
尙乘軧 書圃誰爲伴 仁隣孰與比 一錢當不蓄 萬卷本何禅 幅被勝狐貉 盤蔬當鱸鮨 攄懷唯酌酊 知命敢鳴
戲 冠幗初投謁 門墻不見崖[予嘗訪公宅] 惘然迷界限 怳未測津涯 霜若暮天遠 露寒殿葉萎 夕陽嗟暮矣 凉
夜問其 扼腕俱相笑 論情頗自悲 草堂初飲水 塵釜晚燃萁 避謗雖緘口 逢時必壯頤 威儀誠棣棣 闐茸謾嘻
嘻 我愛榮陽秀[此鄭具外文甲] 才如巴郡賀[見松陵集] 栢臺傾吏懦[公曾爲御史] 肺石活民羸[今公爲刑部員
外 周禮 大司寇以肺石達窮民之冤] 已歷三關塞[齊志榮陽有三關塞] 曾監九折肵 疏書應脫歷 草檄僅生眂
濤縣嘗觀霍 琅邪亦渡灘 歲行臨尾次 王事赴乾維[公癸丑歲 爲杖冬義州分道] 揭入龍灣鎭[義州別名也] 行
侵鴨綠湄 軍容看佗忔 胡眼笑睢睢 在杖猶旁午 中心尙忸怩 家皆藏劒槊 人罕用鎡錤 始使生榛地 渾爲聚笠
蕍[文選詩云 蓑笠聚東菑] 登弧欺考叔 鯨賦壯崔偓[劉禹錫崔偓碑文云 戎羯猾夏 王師出征 偓乃作伐鯨鯢
賦上獻] 飛輓勞何憚 澄淸志不隳 芳晨開宴衎 哀曲感嬬嫠 吟共毛中令 遊煩筆下邧 何須行劫劫 暫可息睽
睽 江上停歸舸 舟中命別厄 岫曰晴脈脈 波練靜漪漪 過鴈飛驚棹 潛龜伏負坻[思玄賦云 伏靈龜以負坻] 霧
濃迷遠島 水落見空洴 草色連迢遞 湖光接渺瀰 林狖聲喁● 沙鳥羽摻纚 錦碎叉紅鯉 萍淨釣白魠[崔豹古今
注 魠魚好群浮水上 若萍 名白魠] 華筵鋪玳瑁 寶杓送鸊鵜 坐到三竿日 狂傾一石甀 昔何榮赫煽 今反退噯
咿[公今免官] 公輩皆如此 皇天亦似私 嗟予生薄命 浪迹幾多春 仙李徒攀託[與老子同姓] 蓬蓽暫寓羈 自猶
慙蹇短 誰忍飾顰頣 陋愧如曹鄶 名知似斗箕 頃逃雲水窟 高避網羅危 燠室經寒候 凉臺禦暑暍 傍墻培棗栗
匝地種桑棶[類篇 棶杂柔也 樹小而條長] 玉羽馴他鶲 莎鞦射却鶀 弄琴彈淥水 琢句覓淸琪 綠竹環階砌 靑
松蔭栢椵[景福賦注云 椵栢 謂連簷木也] 剝苔新廢竹 墾土理荒畬 穴伏梢孏子 山僵踩虎屍 鷗栖難奈久 出
試見他貶[予頃寓居北山 自號白雲居士] 更欲依諸葛 何妨薦費褘[葛亮薦費褘] 但聞天子聖 唯畫巨儒耆 剪
拂徒勞爾 駑頑亮若兹 無緣離蚧築 何計脫蓬茨 玉蘊常藏櫝 珠潛敢潤碕[吳都賦云 楨丹明璣云云 碕岸爲不
枯 林木爲之閏溽] 生涯何落魄 心事好參差 亭島驪恒跨 桓公馬未騎 篆沙羅鳥雀 網戶對蛛蜘 何羨燕尊貴
何期宋賞彤 京塵工化素 世務劇彎崎 自笑詩千紙 難償市一劑 韶聲忘嗜味 商頌莫憂飢 愛酒緘錢盡 無薪牡
木炊 靑春●●● 白日避陰葵 紙帳唯愁裂 荷衣不用紕 看書雙眼損 多病一身痾 渴把杯濡口 行將杖拄肢 逍
遙高漆吏 伏竄吊湘纍 路置桃椎屩 庭無貢禹綦 人雖譏放曠 我本恥嘵呭 觸地生矛戟 渾身帶蒺藜 數間初
卜宅 一褐自安卑 稚子呼鸕糒 山妻欠纚羅[唐車服志日 婦人施纚羅以蔽身] 常關孫敬戶 如在冶長縲 憶昨
尋三老 移時遺百罹 陽春嘉唱郢 續絳譽遊灘 附翼方欣覯 揚眉各自怡 繞園艾草莽 掃地剪榛椔[唐書云 椔
翳榛莽 又云 椔剪宗支] 林菓高雖摘 池鱗俯可麗[鄭公林園兼有池塘] 餒餖何讓竅 臘臛不辭觛[以著取物曰
歙] 愛客皆任昉 推賢盡宋畸[前漢元馮翊宋畸 薦實霸賢良] 張溪趨弱柳 笘圃詫芳葵 颿綠邊邐蒜 抽業始見
薤[薤似鳥韭而黃] 已移三色李 家種九光芝 石井繩繩索 山齋峙柱楣 盃籌三百計 斗酒十千釃 代奏醆兼醑
交斟酊雜醨 濡豪懷化墨 嘗笶定州瓷 已許來函杖 何曾恡擧杯[晉書 王衍因宴集 爲人所忽 擧杯擲面曰] 幽情
高谷口 目且極茇曜 古木蒼苔澁 高秋碧葛虆 岸巾同踞石 蠟屐更升岯 盥漱臨泉氿 徘徊拂樹襦[木枝下交曰
榭] 林深餘宿靄 洞密聚曾驪 幸共傾千日 何嗟對九疑 幽香尋杜若 俗嗜屏飴餳 要極歡情耳 何拘末禮爲 乍

이 기록에서 용만진이 의주의 별명이고, 여기에 들어가 압록(鴨綠) 강가로 행진한다고 한 표현은 얼핏, 현재의 의주와 압록강(鴨綠江)으로 오해를 불러일으키게 한다. 그러나 이 정황이 금과의 군대가 마주하고 있는 국경 지대의 상황이고, 바로 이즈음 김극기가 압강을 여행하며 '용만의 보주성'을 언급하고 있다. 이 점으로 보아, 이때의 의주란 의주방어사, 의주분도, 의주도부서 등의 의미이고, 여전히 이 시점의 보주는 그 관내에 있는 국경선의 성곽임이 분명하다. 따라서 여기서의 압록강(鴨綠江)도 국경선으로서의 압록강(鴨淥江)으로 이해하는 것이 타당하다.

이규보는 희종 3년(1207) 12월부터 권직한림원(權直翰林院)에 임명되고, 이 한림원에 있으면서 불도소(佛道疏)를 쓰는데, 그 중에 〈진강사오불재문(鎭江寺五佛齋文)〉이 있다. 여기서 압강(鴨江)에 대한 언급이 보인다.

> 3-17 (전략) 아득한 저 압강(鴨江)은 국경 요새에 끼어 있어, 만 사람을 사역하여 제방을 건축해도 가로 흐름을 막을 수 없으나, 다섯 부처의 자비를 투입하면 널리 구제할 자산이 되리라. (중략) 광폭한 파도를 진압하여 정제된 곳으로 우리 강역을 개척하고, 먼 지역을 회유하여 국왕의 교화를 무한한 곳으로 전파하소서.[137]

부처의 힘을 빌어 강역을 개척할 것을 기원하는 가운데, 국경 요새로서의 압강이 언급되고 있으므로 이는 당연히 압록강(鴨淥江)을 지칭하는 것이다.

이즈음 13세기 동북아시아 정세가 다시 한 번 격동하고 있었다. 몽골의 통일이 이루어졌고, 그 어수선한 정세 속에서 거란 유민이 금에 반란을 일으키고 고려로 침입해 들어오

---

如魚得水 退作鳥黏黐 夜臥唯莞葦 朝飧只蕨蘩 緖言難接耳 思淚謾成眵 飢鼠空窺案 寒鷄已上塒 厲風嚴朔漠 反炤指崦嵫 久欲成勦體[鍾記室詩評曰 文體勦靜] 唯憂被詅嗤[靑箱雜記云 文拙而好刻石者 謂之詅嗤] 潛心彌眑眑 索句益孳孳 未復同君樂 那堪使我疷 濮陽超世尙 履道結茅期[吳公語予曰 欲於家園 結一茅堂與予計論經書 自樂天居履道里] 出處知誰與 攀援獨我推 飮將同綠蟻 食亦共蹲鴟 耽學期便腹 評詩到擘肌 洪爐容利鈍 明鏡納姸媸 獸傳重箋狛[公作毛甲鱗三蟲詩 山海經云 南山獸多狛 注云云 蟲篇細問雖 廣韻云 雖 蟲名 似蜥蜴而小 公既作群蟲詩故云] 師傅尊孟喜 兄事擬僧彌 强自呈蕪拙 多慙側睥猗 跋尾 吳公之詩皆挾古事 又欲觀予押强韻處 俾皆挾注 予恐後人譏謗 故皆删去之 唯存略注(『동국이상국집』 동국이상국전집5 고율시 次韻吳東閣世文呈誥院諸學士三百韻詩)

137) 淸淨眞身 應多天之共讚 神通妙力 廻大地以非難 逖彼鴨江 介于雁塞 役萬人而堤築 莫禦橫流 投五佛之慈悲 庶資博濟 方臨春序 爰遣使華 修雲供之熏科 禮金臺之睟相 伏願他心洞鑑 慧援周施 鎭壓狂瀾 拓我疆於有截 懷柔遠域 播王化於無垠(『동국이상국집』 동국이상국전집39 佛道疏·醮疏 鎭江寺五佛齋文, 『동문선』114 도량문 이규보) 진강사오불재문)

는 경로로 압록강(鴨綠江)이 등장한다.


3-18 고종 3년 거란 유민 금산왕자(金山王子)·금시왕자(金始王子)가 하삭(河朔) 주민을
위협하여 자칭 대요수국왕(大遼收國王)이라고 하고, 연호를 천성(天成)이라고 하였는데,
몽고가 크게 거병하여 토벌하였다. 두 왕자가 자리를 말아 동쪽으로 갔고, 금 병사 3만과
개주관(開州館)에서 전투하였는데, 금 병사가 이기지 못하고 후퇴하여 대부영(大夫營)을
수비하였다. 두 왕자가 진격하여 사람을 파견하고 통고하기를, (중략) 다음날 그 장군 아아
(鵝兒)·걸노(乞奴)로 하여금 병사 수 만을 이끌고 압록강(鴨綠江)을 건너 영삭진(寧朔鎭)
등을 공격하여 성곽 바깥의 재물·곡식·축산을 약탈해 갔다.[138]


고종 3년(1216)년 8월 14일 거란 유민 아아·걸노가 대부영에서 압록강(鴨綠江)을 건너
북계관방인 영삭진 등을 공격하고 있다. 이 경로는 말할 필요도 없이 국경선 압록강(鴨淥
江)이다.

이듬해 고종 4년(1217) 4월 22일에는 금 병사가 이 거란 황기자군(黃旗子軍)에 쫓겨 압록
강(鴨綠江)을 건너 의주(義州)에 들어온다.


3-19 무진에 금 병사 90여 인이 압록강(鴨綠江)을 건너 의주(義州)에 들어왔다. 분도장군
정공수(丁公壽)가 출병하여 방어하였는데, 호두금패(虎頭金牌)의 관인이 무기를 버리고 무
릎 꿇고 말하였다. "나는 원수인 울가하(亐哥下)이오. 밤에 황기자군(黃旗子軍)과 전투하여
이기지 못하고 도망쳐 왔소. 원컨대 장군이 나를 살려주시오."[139]


여기서는 의주 지명이 명시되어 있어, 그 도강 처인 압록강(鴨綠江)은 후방 방어선을 의

---

138) 高宗三年 契丹遺種金山王子金始王子 脅河朔民 自稱大遼收國王 建元天成 蒙古大擧伐之 二王子席卷而東 與
   金兵三萬 戰于開州館 金兵不克 退守大夫營 二王子進攻之 遣人告北界兵馬使云 爾不送粮助我 我必侵奪汝疆
   我於後日樹黃旗 汝來聽皇帝詔 若不來 將加兵于汝 至其日 果樹黃旗 兵馬使不往 明日 使其將鵝兒乞奴 引兵
   數萬 渡鴨綠江 攻寧朔等鎭 掠城外財穀畜産而去(『고려사』103 열전16 김취려, 『고려사』22세가 22 고종1 고
   종 3년(1216) 8월 14일, 『고려사절요』14 고종안효대왕 동년 동월 동일)

139) 戊辰 金兵九十餘人渡鴨綠江 入義州 分道將軍丁公壽出兵禦之 有虎頭金牌官人 棄兵跪曰 我元帥亐哥下也 夜
   與黃旗子軍戰 不克來奔 願將軍活我(『고려사』22 세가22 고종1 고종 4년(1217) 4월 22일, 『고려사절요』15
   고종 2 동년 동월)

미하는 것으로 보인다.

이해 9월 7일에 황기자군(黃旗子軍)이 또 압록강(鴨綠江)을 건너 옛 의주(義州)성곽에 주둔한다.

　3-20　9월 신사에 서북면병마사가 보고하였다. "여진 황기자군이 파사부(婆娑府)에서 압록강(鴨綠江)을 건너 와 옛 의주성곽에 주둔하였습니다."[140]

파사부와 옛 의주성곽 사이에 있는 이 압록강(鴨綠江)도 후방 방어선일 것이다.

이듬해 고종 5년(1218) 6월 19일에 황기자 가유(賈裕)가 대부영(大夫營)에 주둔하여 상견하기를 요청하니 압강(鴨江)의 영빈관에 영접하여 연회를 베풀고 있다.

　3-21　기미에 북계분도장군 정공수가 보고하였다. "여진 반란적 황기자 가유가 와 대부영에 주둔하고 상견하기를 요청하여 압강 영빈관에 영접해서 향연·위로하였습니다. (하략)"[141]

이 대부영 근처 압강은 당연히 국경선 압록강(鴨淥江)을 지칭하는 것일 것이다.

고종 3년(1216)에 시작된 이 거란적의 침구는 이듬해 충주(忠州) 박달현(朴達峴)에까지 이르렀다가 쫓겨 가고, 동왕 6년(1219) 1월 14일 여·몽 연합군에 의하여 강동성(江東城)에서 최종적으로 소멸된다.

　3-22　기묘 6년 춘정월 강동성 거란적이 항복하였다. (중략) 합진(哈眞)과 찰랄(扎剌)이 충(冲) 및 취려(就礪)와 같이 맹세하여 말하였다. (하략)[142]

---

140) 九月辛巳 西北面兵馬使報 女眞黃旗子軍 自婆速府 渡鴨綠江來 屯古義州城(『고려사』22 세가22 고종 1 고종 4년(1217) 9월 7일, 『고려사절요』15 고종 2 동년 동월)

141) 己未 北界分道將軍丁公壽報 女眞叛賊黃旗子賈裕來 屯大夫營 請與相見 邀致鴨江賓館宴慰 乘其醉 擒裕等七人 又殺麾下二十餘人 金元帥亐哥下 聞裕被擒 親詣公壽謝之 欲結和親 因請糧及馬 公壽遂聞于朝 給米三百斛(『고려사』22 세가22 고종 1 고종 5년(1218) 6월 19일, 『고려사절요』15 고종 2 동년 동월)

142) 己卯六年[宋嘉定十二年 金興定三年 蒙古太祖十四年] 春正月 江東城 丹賊降 初哈眞 屢責添兵 諸將皆憚於行 金就礪曰 國之利害 正在今日 若違彼意 後悔何及 趙冲曰 是吾意也 然此大事 非其人 不可遣 就礪曰 事不辭難 臣子之分 吾雖不才 請爲公 一行 冲曰 軍中之事 徒倚公重 公去可乎 就礪乃與知兵馬事韓光衍 領十將軍兵及 神騎大角內廂精卒 徃焉 哈眞使通事趙仲祥語就礪曰 果與我結好 當先遣禮蒙古皇帝 次則禮萬奴皇帝 就礪曰

이 강동성은 당시 전투 지역 요동의 개주(開州)·보주(保州) 부근인 고려의 국경선 압록강(鴨淥江) 동쪽의 성곽으로 보는 것이 합리적이다.

이렇듯 금 시기에도 조위총의 내속 청원 등으로 국경이 혼란스럽기는 하였지만, 국경선으로서의 압록강(鴨淥江)은 변함없이 지켜지고 있었다.


# IV. 맺음말

이상에서 대강 10년(1084) 고려『대요사적(大遼事跡)』에 근거한『요사』의 요 변경 파수병 배치 지역인 고려-요 국경선으로서의 압록강(鴨淥江)을 지렛대로 해서『고려사』,『요사』,『금사』를 비교 검토하였다.

또『고려사』의 예종 12년(1117) 요가 금에 쫓겨 가며 고려에 인계하였다는 보주성(保州城) 사료도 이런 맥락 하에서 재검토하였다. 이전 해석대로 보주를 의주로 바꾼 것이 아니라, 요 보주 선의군 소속이었던 것을, 고려가 의주(義州)에 축성하여 의주 방어사로 삼고 그 관할 아래 소속시켰다고 해석하였다. 그 결과 후방 방어선으로서의 압록강(鴨綠江)이 부각되면서, 국경선 압록강(鴨淥江)과의 음사로 혼란이 발생하기 시작한 것으로 논증

---

天無二日 民無二王 天下安有二帝耶 於是 只拜蒙古皇帝 不拜萬奴 就礪 身長六尺五寸以長 而鬚過其腹 每盛服 必使兩婢子 分擧其鬚 而後束帶 哈眞見狀貌魁偉 又聞其言大奇之 引與同坐 問年幾何 就礪曰 近六十矣 哈眞曰 我未五十 旣爲一家 君其兄而我其弟乎 使就礪東向坐 明日又詣其營 哈眞曰 吾嘗征伐六國 所閱貴人 多矣 見兄之貌 何其奇歟 吾重兄之 故視麾下士卒 亦如一家 臨別 執手出門 扶駞上馬 數日 趙冲亦至 哈眞問 元帥年與兄孰長 就礪曰 長於我矣 乃引趙冲坐上座曰 吾欲一言 恐爲非禮 然於親情 不宜自外 吾其坐兩兄之間如何 就礪曰 是誠吾等所望 但未敢先言耳 坐定 置酒作樂 蒙古之俗 好以鋕刀刺肉 賓主相略 徃復不容瞥 我軍士素號勇者莫不有難色 就礪與冲跪起承當甚熟 哈眞等極歡 哈眞又善飮 將與冲校優劣 約不勝者罰之 冲引滿輒嚼 雖多略無醉色 及闌擧一盃 不飮曰 非不能飮 若勝而如約 則公必受罰矣 寧我見罰耳 主人而罰客 可乎 哈眞重其言而大悅 約詰朝會江東城下 去城三百步而止 哈眞自城南門至東南門 鑿池 廣深十尺 西門以北 委之完顏子淵 東門以北 委於就礪 皆令鑿隍 以防逃逸 至是丹兵勢窘 賊軍四十餘人踰城 降於蒙古軍前 賊魁감捨王子自縊死 其官人軍卒婦女幷五萬餘人 開城門出降 哈眞與冲爭行視投降之狀 王子妻息及僞丞相平章以下百餘人皆斬於馬前 其餘悉寬其死 使諸軍守之 哈眞曰 我等來自萬里 與貴國合力破賊 千載之幸也 禮當往拜國王 吾軍頗衆 難於遠行 但遣使陳謝耳 哈眞與扎刺 冲及就礪 同盟曰 兩國永爲兄弟 萬世子孫 無忘今日 冲設犒師之宴 哈眞以婦女童男七百口及吾民爲賊虜掠者二百口歸于我 以女子年十五左右者選冲及就礪各九人駿馬各九匹 其餘悉令自隨 冲以契丹俘虜 分送各道州縣 擇閑曠之地 俾之聚居 量給土田 業農爲民 俗呼契丹*場者 是
*巳(『고려사절요』15 고종 2 고종 6년(1219) 1월,『고려사』22『세가』22 고종 1 동년 동월 14일,『원사』149 열전36 야율유가)

하였다. 그리고 이 혼란은 이후 금과의 국경 협상에서 국내 정치 세력의 입장 차이에 따라 증폭된 것으로 보았다.

국경선으로서의 압록강(鴨淥江)은 이렇듯 요·금 시기를 통하여 변함없이 지켜져 왔는데, 이 국경선을 경계로 한 요동은 정치적으로 간섭을 받던 원 시기에 들어와서도 고려 북계의 봉강으로 그대로 인정되고 있었다.[143] 원 시기 압록강(鴨淥江) 관련 사료는 다음과 같이 찾아진다.

4-1　조서로 연해에 항구〔수역(水驛)〕을 설치하였다. 탐라(耽羅)에서 압록강(鴨淥江) 입구까지 무릇 11개 소이고, 홍군상(洪君祥)에게 감독하게 하였다.[144]

4-1-1　(전략) 지원 30년 연해 항구를 설립하였다. 탐라에서 압록강(鴨淥江) 병양촌(幷楊村) 항구까지 무릇 13소[145]

4-2　〔김승용(金承用)〕천력 2년 기사 3월 갑술에 선무장군 관고려군만호 광정대부 밀직사 보문각 대제학 상호군을 제수하였다. 김공이 표문을 받들고 원에 조회하여 ○○축하하였으며, 압록강(鴨淥江)을 건너자 질병에 걸려 신안여관(新安旅館)에서 훙서하였다.[146]

4-3　(전략) 이름이 달존(達尊)이다. (중략) 기묘 (중략) 명년 (중략) 6월 동쪽으로 귀환하며 질병을 얻었다. 상여가 압록수(鴨淥水)를 지났고, 29일 신해에 길에서 죽었다. 장림역(長林驛)에 빈소를 차렸다. (하략)[147]

---

143) 윤한택, 2017, 「고려 북계 봉강에 대하여」, 『고구려의 평양과 그 여운』, 주류성출판사.

144) 詔沿海置水驛 自耽羅至鴨淥江口凡十一所 令洪君祥董之(『원사』17 본기 17 세조 13 지원30년(1293) 2월 24일)

145) 高麗國[事蹟見高麗傳 至元十八年 王睶言 本國置站凡四十 民畜凋弊 救併爲二十站 三十年 沿海立水驛 自耽羅至鴨淥江幷楊村海口凡十三所](『원사』63 지15 지리6 정동등처행중서성 고려국)

146) (金承用) 天曆二年己巳歲三月甲戌 宣授宣武將軍管高麗軍万戶匡靖大夫密直使寶文閣大提學上護軍金公奉表 朝元賀●● 渡鴨淥江 感疾薨于新安旅館(김승용 묘지명 충숙왕16년(1329) 3월 17일)

147) 有元至元六年庚辰十月朔 王府斷事官僉議評理李公 命其門生征東行省員外郎李穀曰 子早與吾兒達尊游 知其爲人 宜爲表其墓 又曰 人孰不愛其子 而吾之愛甚 故其亡也哀之過 嗚呼 穀其尙忍爲之辭乎 君諱達尊 字天覺 系出雞林李氏 故臨海君李公瑱之孫 今永嘉君權公溥之外孫 上黨君白公頤正之壻 內外皆奕世門閥 凡稱道德文章 必先三相家 君少無紈綺習 孝友恭儉 生十一 以門功拜別將 十八 工文詞 登乙科第 由思補陞獻納 尋遷監察掌令典儀副令 己卯之冬 尊公以國亂隨王北上 時人心危疑 君曰 吾知有君父而已 匹馬往從之 明年 事定王復政 轉典理摠郎 思補以上 皆兼館職 六月 東還得疾 輿過鴨淥水 二十九日辛亥 歿于道 旅殯長林驛 八月某甲子 使迎柩 十月某甲子 葬某原 年二十八 子男女五 長曰德林 年十一 次曰壽林 九歲 餘皆幼 嗚呼 始君居太夫人憂 哀毁幾滅性 宗族稱其孝 旣學而文 旣事而幹 人知其能業其家 天若篤生斯人而有爲於斯世也 胡不假年而至於斯 嗚呼(『동문선』124 묘지(이곡) 高麗國奉常大夫典理揚郎寶文閣直提學知製教李君墓表)

　　　　　압록과 고려의 북계

4-3-1 (이달존) 6월에 동쪽으로 귀환하면 질병을 얻었다. 상여가 압록수(鴨綠水)를 지났고, 29일 신해에 길에서 죽었다. 장림역에 빈소를 차렸다.[148]

4-4 (전략) 그 국도를 평양성이라고 하는데 바로 한 낙랑군이다. 물이 말갈의 백산에서 나오는 것을 압록강(鴨淥江)이라고 하는데, 평양은 그 동남에 있다. (하략)[149]

원 대에 설치한 고려 항구가 탐라에서 압록강(鴨淥江)까지 미치고 있고, 또 고구려 국도 평양의 서북쪽에 있는 압록강(鴨淥江)이 『원사』에 기록되어 있으며, 고려의 민간 묘지명과 『동문선』에서는 원 사신으로 갔다가 돌아오는 국경 경과점으로서 압록강(鴨淥江), 압록수(鴨淥水), 압록수(鴨綠水)가 거론되고 있다. 역시 혼란이 보이지만 여전히 정치적인 간섭에도 불구하고 압록강(鴨淥江)이 지리적 국경선임을 보여주는 상징적인 사례이다.

이 압록강(鴨淥江) 요 변경 파수 거점 도시의 하나인 함주(咸州)에 대해서는 2010년 중국에서 발간된 철령 지역 지방지에서 다음과 같이 언급하고 있다.

4-5 개태 8년(1019) 군대 집결에 편리하도록 하기 위하여, 고려와의 영역 경계인 지금의 개원노성(開原老城) 지방에 함주(咸州)를 건립하고, 지리의 도움을 빌려 고려에 대해 전개하는 신공세를 준비하였다.[150]

---

148) (李達尊) 六月 東還得疾 輿過鴨綠水 二十九日辛亥 歿于道 旅殯長林驛 (이달존 묘지명)

149) 高麗本箕子所封之地 又扶餘別種嘗居之 其地東至新羅 南至百濟 皆跨大海 西北度遼水接營州 而靺鞨在其北 其國都曰平壤城 卽漢樂浪郡 水有出靺鞨之白山者 號鴨淥江 而平壤在其東南 因恃以爲險 後闢地益廣 幷古新羅百濟高句麗三國而爲一 其主姓高氏 自初立國至唐乾封初而國亡 垂拱以來 子孫復封其地 後稍能自立(『원사』208 열전95 외이1 고려)

150) 周向永 許超, 『鐵嶺的考古與歷史』, 遼海出版社, 2010, 166쪽.

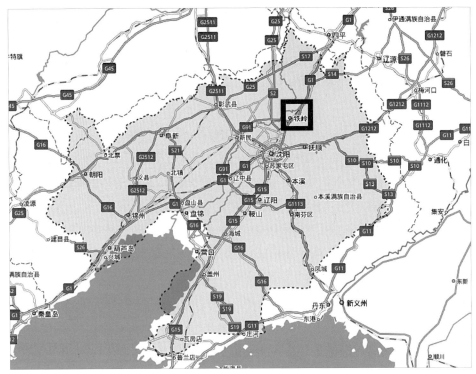

[도 6] 개원(開元)지역 표시도

이 압록강(鴨淥江)의 명칭과 관련하여 『고려사』, 이규보의 『동명왕편』에 청하(青河)라는 별칭이 등장하는데, 이와 유사한 청하(清河)가 『요사』 동경 요양부 조에 등장한다.

4-6    동경 요양부 (중략) 포하(蒲河), 청하(清河), 패수(浿水) (중략)가 있다. (중략) 관할하는 주·부·군·성이 87이고 통할하는 현이 9이다. (중략) 개주(開州) 진국군(鎮國軍) (중략) 보주(保州) 선의군(宣義軍) (중략) 녹주(淥州) 압록군(鴨淥軍) (중략) 함주(咸州) 안동군(安東郡) (하략)[151]

상기 철령 지방지와 함께 살피면, 이 압록강(鴨淥江)의 위치를 현재의 철령 부근 요하 지류로 비정해 볼 수 있지 않을까하는 의견을 끝으로 덧붙인다.

---

151) 『요사』38 지8 지리지3

# ❖ 참고문헌

『高麗史』

『高麗史節』

『新唐書』

『遼史』

『遼史拾遺』

『遼史彙編』

『宋史』

『宋史紀事本末』

『金史』

『元史』

『東文選』

『古今圖書集成』

『武經總要』

『續資治通鑑長編』

『續資治通鑑長編紀事本末』

『皇宋十朝綱要』

『皇朝編年綱目備要』

『歷代名臣奏議』

『文昌雜錄』

『全遼文』

『高麗圖經』

『三朝北盟會編』

『稼亭集』

『益齋集』

『東國李相國集』

『傅與礪詩文集』

『隆平集』

『拙軒集』

『金承用墓誌銘』

『李達尊墓誌銘』

周向永許超, 2010, 『鐵嶺的考古與歷史』, 遼海出版社.

김창현, 2013, 「고려의 문인 김극기의 생애와 편력」, 『한국인물사연구』제 20호.

남의현, 2017, 「장수왕의 평양성, 그리고 鴨綠水와 압록江의 위치에 대한 시론적 접근」, 『고구
　　　려의 평양과 그 여운』, 주류성출판사.

남주성, 2017, 「고려와 거란 간 전쟁지역에 대한 재고찰 – 주요 전투장소 지명을 중심으로 –」,
　　　『고구려의 평양과 그 여운』, 주류성출판사.

윤한택, 2016, 「고려 보주 위치에 대하여」, 제112회 한국중세사학회 정기발표회 발표문.

윤한택, 2017, 「고려 북계 봉강에 대하여」, 『고구려의 평양과 그 여운』, 주류성출판사.

## ❖ Abstract

Yoon, Han-taek

There were two amnokkang on the northwest border of Koryo Dynasty. The Yalu River(鴨淥江) as a border line and the Yalu River(鴨綠江) as a rearward defense line. In addition, the base of the Yalu River(鴨淥江) was the Boju(保州), and that of the Yalu River(鴨綠江) was the Uiju(義州), and the Boju was owned by the Uiju Defense Agency.

The northwestern border line of Koryo Dynasty was unchanged throughout the Koryo period, but the formation of this northwestern defense system was the beginning of the 12th century when the Boju was restored to Koryo Dynasty.

At the time of 1084, the size of the coastal guards at the Yalu River of Jo(遼) Dynasty was 1 capital(府), 1 state(州), 2 castles(城), 70 bastions(堡), and 8 military camps(營) totaling 22,000 people.

It has traditionally understood the northwestern border line of Koryo Dynasty as the Yalu River(鴨綠江), a rear defense line. The primary authority was "Koryosa(高麗史)", which was compiled by early Neo-Confucian scholars of Joseon. In the modern times, "Chosunsa(朝鮮史)" compiled by Chosunsa compile conference(朝鮮史編修會) made it realization.

The confusion between the Yalu River(鴨淥江) with the Boju and the Yalu River (鴨綠江) with the Uiju, seems to have been primarily due to the consonance, but it also seems to reflect the interests of domestic and foreign political powers at the time.

According to these conclusions, which have been proven by comparing "Koryosa", "Josa(遼史)", and "Keumsa(金史)", it is believed that six states of Kangdong(江東), the Wall in north border(北境長城), the Seokyeong(西京), which have been presumed to the south of the Yalu River(鴨綠江), all move toward the Yalu River(鴨淥江) as a border line.

The Yalu River(鴨淥江) as a border line is presumed to the tributary of now Joha(遼河).in near Cheolleang(鐵嶺).

# 고려 윤관이 개척한 동북9성의 위치 연구

이인철 (경복대학교 교수)

* 이 논문은 선도문화 제 23권(2017.8.30)에 게재된 논문입니다.

국문초록

『고려사』「지리지」 서문에 "고려의 북방영토는 서북은 당(唐) 이후로 압록을 경계로 하였고, 동북은 선춘령을 경계로 하였다. 서북은 고구려 지역에 못 미쳤으나, 동북은 고구려 영토보다 더 북상하였던 것"으로 기록하고 있다. 이러한 고려 국경 문제를 풀 수 있는 매우 중요한 단서인 동북9성의 위치에 대하여 한국사 교과서에는 "동북9성의 위치는 아직 밝혀지지 않았고, '함흥평야 일대설', '길주 이남설', '두만강 이북설' 등 여러 주장들이 대립하고 있는 상황"이라고 기록되어 있어, 아직 학계내에서 동북9성의 위치가 정립되어 있지 않다.

첫째, '길주 이남설'은 조선시대의 '정통론'이란 소중화(小中華)의 입장에서 서술된 것으로써, 한백겸이 『동국지리지』에서 마운령 정상에 존재하는 '석추구기(石樞舊基)'가 진흥왕순수비라는 것을 확인하지 못한 채, 윤관의 선춘령 정계비로 추정한 결과이다.

둘째, '함흥평야설'은 일제의 관학자들이 주장하였으며, 한반도와 만주를 일제의 영구적 식민지로 만들려는 목적으로 조작한 식민사관 중의 반도사관에 의한 결과물이다.

셋째, '두만강 이북설'은 조선초기 기록인 『고려사』·『세종실록』「지리지」·『용비어천가』·『신증동국여지승람』 등의 문헌들을 토대로 연구되어졌으며, 동북9성은 두만강 이북 지역에 위치했었다고 서술한 것이다.

본 논문에서 이들 문헌자료들의 거리와 지명 등을 근거로 현지를 답사하여 고증한 결과, 동북 9성 위치를 비정하는 주요 지명인 공험진과 선춘령은 두만강 이북에 위치했었음을 분명하게 확인할 수 있었다.

역사적으로 고찰하면, 조선초기에 두만강 이북에 있는 공험진 이남부터는 조선의 관할 지역임을 주장하여 명으로부터 11처 지역의 여진 귀속 문제를 승인 받았다. 이 사실들로 볼 때 조선 초기에는 공험진이 두만강 이북에 있었다는 확고한 인식을 가지고 있었고, 이러한 인식 아래 명과의 외교 교섭을 벌여 두만강 이북에 대한 관할권을 인정받은 것이다.

앞으로 더 심도 있는 연구를 통하여, 동북9성이 두만강 이북 700리에 실재했다는 사실을 한국사 교과서에 명확하게 기록해야 할 것이다. 또한, 국경문제는 남북통일 이후 주변국과 매우 중요한 쟁점으로 부각될 것이 분명하므로, 먼저 우리 학계 내부에서 국경문제와 관련한 연구를 더욱 심화시키고, 나아가 국가 차원의 연구 지원사업을 통해서 동북9성이 고려 및 조선초기에 두만강 이북 현재의 흑룡강성 수분하 일대 및 연변 등 길림성 일대의 지역에 있었다는 인식을 전제로 현재의 연해주 일대까지 국가의 강역으로 경략하려 했다는 논의를 분명하게 정립할 필요가 있다.

■■ 주제어 : 동북9성, 공험진, 선춘령

# I. 머리말

고려의 북쪽 국경이 어디까지인가에 대해서 현재까지 다수의 논란이 있어 왔으나, 아직까지 정설(定說)은 없다고 볼 수 있다. 그럼에도 불구하고, 현행 한국사 교과서에서는 고려의 국경을 대체로 압록강 하구에서 원산만까지 이어진 것으로 확정적으로 비정하여 서술하는 경향이 있다.[1] 그러나 고려시대나 조선시대의 여러 사료들을 검토해 보면, 현행 한국사 교과서와는 상당히 다르게 고려의 북쪽 국경을 서술할 여지가 있다.

특히 고려 예종 2년(1107년)에서 예종 3년(1108년) 사이에 윤관과 오연총 등이 설치한 동북9성의 위치 문제에 대해서도 여러 학자들 사이의 서로 다른 주장으로 인한 논쟁 중에 있으며, 아직까지 뚜렷한 정설이 없다고 할 수 있다. 현재까지 동북9성의 위치와 관련한 논의 중에서 대표적인 것을 꼽으면 다음의 세 가지 관점으로 분류하여 살펴볼 수 있다. 첫째는 동북9성이 함경도의 길주 이남에 위치했다는 '길주 이남설', 둘째는 함흥평야 일대라는 '함흥평야설', 셋째는 두만강 이북에 있었다는 '두만강 이북설'이다.

첫째, '길주 이남설'은 조선 중·후기 이후에 등장하였다. 역사지리서인 한백겸의 『동국지리지』·유형원의 『동국여지지』·신경준의 『강계고』·안정복의 『동사강목』·한진서의 『해동역사』·정약용의 『아방강역고』·윤정기의 『동환록』·김정호의 『대동지지』 등에는 동북9성을 한반도 동북부 두만강 이남의 길주 일대로 비정하고 있다.

둘째, 동북9성의 위치를 한반도 안에 비정한 연구들로 대일항쟁기[2] 일본 관학자(官學者)들에 의해 작성되었다. 1913년에 작성된 쓰다 소우키치(津田左右吉)의 논문,[3] 1921년에 작성된 이케우치 히로시(池內宏)의 논문,[4] 1931년에 작성된 이나바 이와키치(稻葉岩吉)의 논문[5] 등에서 동북9성을 함흥평야 일대에 비정하고 있다. 조선총독부가 주관하여 1937년

---

1) 국사편찬위원회 국정도서편찬위원회, 『중학교 국사』, ㈜두산, 2009년, p.96, p.98, p.100의 고려시대 지도 참조.

2) 본고에서는 일본 식민지배를 정당화하는 '대일강점기' 또는 '일제 식민지 시대' 등의 유사 표현 대신에 우리 역사의 주체적이고 저항적 입장을 반영하는 동시에 역사적 정통성을 견지할 수 있는 표현인 '대일항쟁기'를 사용하였다. '대일항쟁기'는 고려시대의 '대몽항쟁기'의 개념을 받아들였으며, 우리 선조들의 대일 항쟁 정신을 올바로 부각하며, 우리 역사의 전통과 정통성을 표현하는 용어이다.
〈참고 : 일본 식민지배를 정당화하는 '대일강점기' 등 유사 표현의 수정을 촉구하는 결의안 국회 통과 (2007. 9. 20)와 법령 제정〉

3) 津田左右吉, 1913, 「尹瓘征略地域考」, 『朝鮮歷史地理』 第1卷.

4) 池內 宏, 1921, 「完顏氏の曷懶甸經略と尹瓘の九城の役」, 『滿鮮歷史地理報告』 9.

5) 稻葉岩吉, 1931, 「高麗尹瓘九城考-特に英雄二州の遺跡に就いて」, 『史林』 16-1·2.

에 간행한 『조선사(朝鮮史)』에서도 동북9성의 위치를 두만강 이남 함경도 남부의 지명들로 확정하여 표기하였다.[6)]

셋째, '두만강 이북설'은 『고려사』·『고려사절요』·『조선왕조실록』·『용비어천가』·『신증동국여지승람』 등의 문헌을 근거로 전개되었다. 18세기의 이익, 이종휘 등 실학자들과 1970년대 이후 많은 학자들이 다양한 사료적인 근거를 통해 두만강 이북설을 주장하였다. 특히 '두만강 이북설'을 주장한 연구자들은 고려 중기 윤관의 동북9성 위치 검토를 통해, 대몽항쟁기 혹은 원간섭기 이후 고려의 역사적 영유권에 대해 고찰하였다. 아울러 조선 초기의 동북9성과 6진을 둘러싼 국경 인식을 검토하였고, 조선·명나라와의 군사적·외교적 상황을 주요 사항으로 다루었다.

이처럼 동북9성에 대한 세 가지 관점에 대해, 본고에서는 먼저 동북9성 위치 비정에 관련된 기존의 여러 문헌이나 논문들을 비판적으로 검토하려 한다. 특히 본문의 II장에서는 동북9성을 한반도 안의 두만강 이남 길주 혹은 함흥평야 일대로 비정한 조선 중·후기의 역사지리서 및 일제시기의 연구들을 검토하려 한다. 이것을 바탕으로 그런 비정을 가능하게 한 시대상황 및 역사적 관점 등을 분석함으로써 그런 비정의 문제점을 전반적으로 부각시키려 한다. 또한 이 부분에서 동북9성을 한반도 안에 비정한 조선 중·후기의 역사지리서와 일제 관학자들의 역사왜곡이 후대의 역사 서술에 여전히 나타나는 양상도 검토할 것이다.

III장에서는 동북9성을 한반도 안이 아닌 두만강 이북 지역에 비정한 여러 문헌 및 연구들을 검토하려 한다. 두만강 이북설을 주장한 이익(李瀷)이나 이종휘 등 실학자들의 문헌에서부터 현재까지의 여러 관련 연구들을 검토하려 한다. 이 III장에서는 여러 문헌에 동북9성을 어디로 비정했는가에 대한 기초적인 문제를 넘어서, 그런 연구들이 어떠한 근거로 동북9성을 두만강 이북 지역에 비정하게 되었는지에 대해서도 검토할 것이다.

본문의 IV장에서는 동북9성의 가장 북쪽에 위치한 공험진·선춘령에 대해 직접적으로 언급하고, 또 세종 시기에 실제적인 현지 조사를 거쳐서 수집되었을 지리정보를 토대로 공험진·선춘령의 위치를 구체적으로 서술한 『세종실록』「지리지」·『용비어천가』·『신증동국여지승람』 등의 분석을 통해 공험진·선춘령의 실제적 위치를 비정해 보고자 한다. 또한 이 부분에서는 공험진·선춘령의 위치로 비정되는 지역에 대해 필자 자신이 직접 현지답사

---

6) 朝鮮史編修會 編, 1932, 『朝鮮史』第3編2卷, 朝鮮總督府, p.186, p.191, p.195.

를 통해 수집한 역사지리정보를 바탕으로 공험진·선춘령의 역사지리적 의미를 서술하려한다.

물론 본문에서 진행하는 여러 논의들은 시론적(試論的) 수준이어서 앞으로의 더 많은 검토가 필요한 부분이다. 그러나 분명한 점은 조선 초기까지의 문헌 기록에 나타난 동북9성은 그 이후 조선 중·후기의 '정통론(正統論)'이란 사대사관에 의해 형성된 '길주 이남설' 혹은 일제 관학자들이 식민사관에 의해 형성한 '함흥평야설' 등과는 상당히 다르다는 것이다. 적어도 조선 초기의 역사인식에 나타나는 동북9성은 두만강 이북까지 미치는 지리 범위에서 찾을 수 있음이 분명하고, 본문에서는 이러한 문헌자료와 현지 답사자료를 통해서 공험진·선춘령에 대한 대체적인 위치 비정은 물론 동북9성에 대한 새로운 검토 가능성을 제시하고자 한다.

# Ⅱ. 동북9성 길주 이남설 및 함흥평야설 비판

## 1. 길주 이남설 비판

동북9성 길주 이남설은 한백겸에 의해 작성된 『동국지리지』(1615년)에서 처음 제기되었다. 한백겸은 『동국지리지』 「동계」조에서 9성의 설치 범위는 홍원(洪原)부터 이성(利城) 사이이며, 선춘령은 마천-마운령 사이로 보았다. 입비처(立碑處)는 마운령에 있는 것이라 하고, 윤관비는 마운령 위의 석추구기(石樞舊基)로 보았다. 한백겸은 동북9성이 길주 이남에 있다고 주장했다.

길주 이남설은 조선 중기 우리나라 역사지리학의 창시자라 할 수 있는 한백겸이 함경남도 마운령에서 발견된 석추구기와 돌기둥을 윤관이 세운 선춘령 정계비로 추정하면서 비롯된 잘못된 인식이었다([지도 1] 참조). 한백겸이 선춘령 정계비로 잘못 인식한 비석 등은 1929년 최남선에 의해 진흥왕 순수비[마운령비]임이 밝혀졌다. 그러나 당시 한백겸이 주장한 동북9성의 길주 이남설은 그 이후에도 여러 학자들에 의해 그 주장이 그대로 답습되고 있다. 이것이 바로 길주 이남설의 본질이다.

길주 이남설의 형성은 당시의 중세적이고 봉건적인 역사관인 소위 '정통론(正統論)'에 의해 이루어졌다. 지극히 사대주의(事大主義)적인 정통론에서는 고대사부터 당대(當代)까지의 역사 강역을 한반도 이내에 설정하려 했는데,[7] 이에 따라 동북9성을 두만강 이남의 한반도에 위치시킨 것이다.

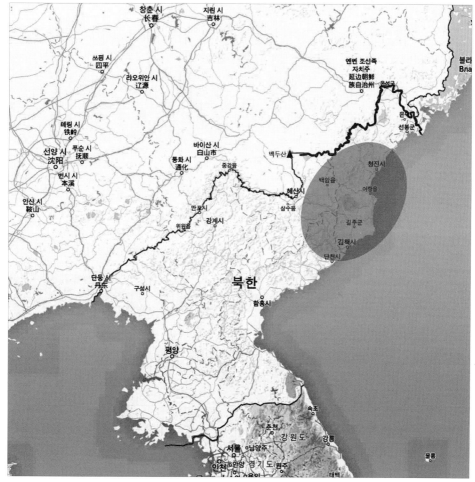

[지도 1] 동북9성 길주 이남설 비정 지역

---

7) 趙誠乙, 1992, 「《我邦疆域考》에 나타난 丁若鏞의 歷史認識」, 『奎章閣』 15, p.91~92.

## 2. 함흥평야설 비판

함흥평야설은 대일항쟁기의 일제 관학자들이 주장하였다. 이케우치 히로시(池内 宏)는 동북9성의 지역이 길주보다 더 아래로 내려간 함관령 이남 지역이고, 광의(廣義)로 보면 지금의 함흥평야에 해당된다고 하였다.[8] 이나바 이와키치(稻葉岩吉)도 함흥평야설을 제기하였으며, '두만강 이북 입비 운운'은 와전이라 하였다.[9]

동북9성 함흥평야설은 식민사관 중의 반도사관(半島史觀)에 의한 한국사 연구 결과물이라 할 수 있다. 대일항쟁기 일제 관학자들의 동북9성에 대한 연구는 근본적으로 식민사관에서 출발하였기 때문에 많은 문제점을 안고 있다. 이케우치 히로시(池内 宏)는 함흥평야 일대의 고성을 실제 답사하여 동북 9성의 위치를 비정한 바 있으나, 당시 고려의 국력이 천리장성을 넘지 못하였으리라는 선입견을 가지고 비정을 하였다. 또한 『고려사』·『조선왕조실록』 등 여말선초(麗末鮮初)의 근본 사료를 거의 부정하고, 자료에서 제외시킨 결정적인 과오를 범하였다. 그들은 식민 사관에서 나온 선입견을 가지고 동북 9성의 위치를 비정하고 공험진과 선춘령비를 부정하였다([지도 2] 참조).[10]

동북9성에 대해 『고려사』에는 "윤관이 의주(宜州)·통태(通泰)·평융(平戎) 세 성을 쌓아 남계(南界) 백성들을 이주시키고 새로 아홉 개 성을 쌓았다"고 기록되어 있다.[11] 이에 대해서 조선사편수회가 편찬한 『조선사』에서는 세 성에 대하여 '의주(함경남도 덕원군)'·'통태(함경남도 함주군)'·'평융(함경남도 함주군)'과 같이 각 지명에 대하여 아무런 근거도 없이 위치를 확정하여 놓았다.[12] 그러나 『조선사』가 참고문헌으로 사용했다고 하는 『고려사』나 『고려사절요』에는 동북9성의 위치를 함경도 안쪽에 있는 곳이라고 거론하지 않았다. 또한, 『조선사』에서는 선춘령 비를 세웠다는 공험진(公嶮鎭)을 지금의 함경남도 안의 지명으로 확정하여 놓았다([그림 1] 참조).[13]

---

8) 池内宏, 1921, 「完顔氏の曷懶甸經略と尹瓘の九城の役」, 『滿鮮歷史地理報告』 9.

9) 稻葉岩吉, 1931, 「高麗尹瓘九城考-特に 英雄二州の 遺跡に 就いて」, 『史林』 16-1·2.

10) 최규성, 2002, 「선춘령과 공험진비에 대한 신고찰」, 『한국사론』 34, 국사편찬위원회, pp.123~124.

11) 『고려사』 권 12, 「세가」, 예종 무자 3년(1108), "尹瓘又築宜州通泰平戎三城徙南界民以實新築九城"

12) 조선사편수회, 1938, 『조선사』 동경대학출판회, 제3편 제2권, p.195.

13) 이인철, 2012, 『일제의 한국사 왜곡이 국사교과서에 미친 영향에 관한 연구』, 국제뇌교육종합대학원대학교 박사학위논문, p.86.

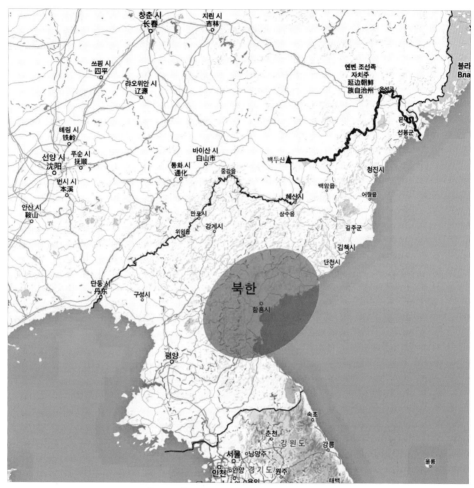

[지도 2] 동북9성 함흥평야설 비정 지역

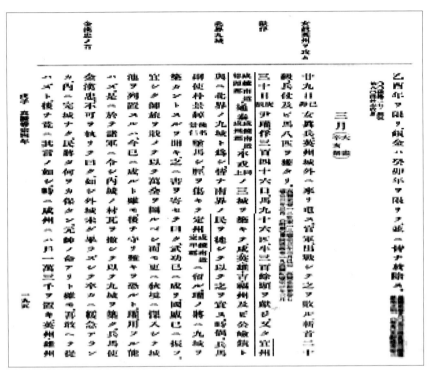

[그림 1] 『조선사』의 동북9성 관련 서술 부분[14]

광복 이후에는 동북9성에 대한 깊은 연구나 학술적인 비판을 거치지 않은 채 대체로 일제 학자들의 주장에 따라 국사교과서에는 동북 9성의 위치를 함흥평야 일대로 확정하여 기록하였다([지도 3]).[15] 이러한 국사교과서의 서술은 일제 관학자들에 의해 형성된 함흥 평야설의 본질을 제대로 이해하지 못한 역사서술이라 할 수 있으며, 일제의 연구 결과를 비판 없이 답습하여온 한국사학계의 관행이 일부 드러난 것이란 비판을 피하기 어려울 것이다.

---

14) 朝鮮史編修會 編, 1932, 『朝鮮史』 第3編2卷, 京城: 朝鮮總督府, 1年, p.195.
 조선사편수회가 발간한 『조선사』에서는 동북9성의 위치를 『고려사』와 『고려사절요』에서 인용하였다고 밝혔다. 그러나 『고려사』와 『고려사절요』에 선주(宣州)가 함경남도, 통태진(通泰鎭)이 함경남도, 평융진(平戎鎭), 정주(定州)가 함경남도에 있다는 기록은 없다([그림 1] 안의 붉은 줄 부분).
15) 국사편찬위원회, 1990, 『중학교 국사』, p.101.

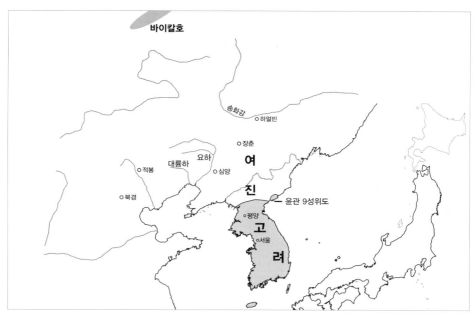

[지도 3] 중학교 국사교과서(국사편찬위원회, 1990), 동북9성 위치도

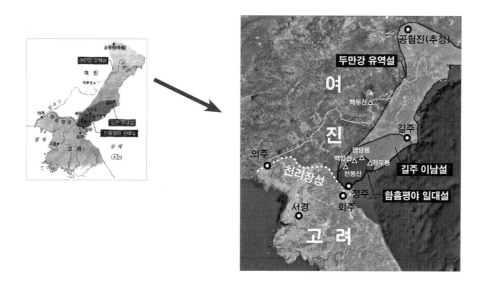

**동북 9성의 위치**  윤관이 개척한 동북 9성의 위치는 아직 분명하게 밝혀지지 않았다. 함흥평야 일대설, 길주 이남설, 두만강 유역설 등 여러 주장이 대립하고 있는 상황이다.

[지도 4] 고등학교 국사교과서(금성출판사, 2014), 동북 9성의 위치

고려 윤관이 개척한 동북9성의 위치 연구

# III. 동북9성 두만강 이북설 검토

## 1. 관련 연구 검토

두만강 이북설은 이익, 이종휘 등 실학자들과 1970년대 이후의 많은 학자들에 의해 주장되었다. 이익은 "윤관의 비는 선춘령에 있으니 두만강 북쪽 7백리 되는 곳이다"라고 하였다.[16]

김구진은 고려 공민왕 때부터 조선 세종 때 이르기까지 동북면을 개척할 때, 여말선초에는 공험진과 선춘령의 위치를 두만강 7백리 지점에 있는 것으로 널리 인식한 것으로 보았으며, 조선 초기 경계선의 최종 목표 지점으로 삼았다고 주장하였다. 또한 김구진은 동북9성의 크기를 세종 시대의 6진 규모와 비교하여 추론하였다. 즉 세종 때 6진 개척을 담당한 군사는 함길도 토착 군정 6천 명 정도인데 비해, 윤관의 9성 정벌 때 동원된 군사는 전국에서 대대적으로 징발한 17만 대군이었다. 세종 때 6진에 4차에 걸쳐 사민(徙民)한 규모는 2,800내지 3,200호에 불과하였으나, 고려 때 동북9성에 사민한 규모가 2차에 걸쳐 75,000호인 것을 지적하였다. 두 가지 사실을 비교해볼 때 윤관이 정벌한 동북9성의 범위는 세종 때 개척한 6진의 범위보다 훨씬 더 넓었을 것으로 추정할 수 있다고 보았다. 따라서 윤관이 개척한 동북9성의 범위는 여말선초의 관찬사료나 지도에서 밝히고 있는 것처럼, 두만강 이북 7백리까지 확대된다는 사실은 의심할 여지가 없다고 하였다.[17]

최규성은 공험진과 선춘령비에 대한 기존의 연구는 일본인 학자들을 비롯한 연구자들이 식민사관이라든가 『고려사』 내용에 대한 불신 및 『고려사』와 조선 초기 사료들에 대한 인식 부족으로 인해 많은 오류를 갖게 되었다고 보았다. 또한 광복 이후 90년대까지 만주 지역에 대한 답사와 고증이 불가능한 상황이라 역사지리학과 역사 고고학적 측면에서 접근이 어려운 상태였기 때문에 공험진과 선춘령에 대한 본격적인 재검토 작업이 이루어지기 어려웠다고 보았다. 이어서 조선왕조가 고려의 영토관을 계승하면서 원명교체기에 외교적 방법으로 선춘령 이남 지역에 대한 영유권을 강력히 요구하였고, 명으로부터 선춘령 이

---

16) 이익, 『성호사설』 제2권 「천지문(天地門)」 〈윤관비(尹瓘碑)〉 [표 3]의 4 또는 [표 4]의 34번 참조.

17) 김구진, 1977, 「윤관 9성의 범위와 조선 6진의 개척」, 『사총』 21·22 합집, 고려대학교 역사연구소.

남 지역은 조선의 영토로 한다는 외교적 승리를 얻게 되었다고 하였다.[18]

　복기대는 동북9성의 위치 비정이 잘못 되었다면, 고려 국경선을 압록강과 원산만으로 그은 사람에게 원죄가 있다고 하였다. 그는 선행연구자들이 고려 덕종(德宗) 2년(1033년) 유소(柳韶)가 쌓은 천리장성을 고려의 국경으로 생각하는 견해에 대해, 천리장성과 고려의 국경이 일치한다는 주장은 근거가 부족하다고 보았다. 여진 정벌을 위해 윤관의 군대가 원산만에서 출발한 것이 원산만을 고려의 국경선으로 오인하게 된 원인이라고 보았다. 복기대는 일본학자들의 『조선사』에 기록한 지명 고증은 동북9성을 연구하는데 가장 큰 걸림돌이고, 한국사 전체에 악영향을 주었다고 보았다.[19]

　이와 같이 동북 9성의 위치에 대하여 광복 이후 많은 학자들은 『고려사』, 『조선왕조실록』, 『신증동국여지승람』의 기록을 근거로 검토한 결과 조선 초기 관찬 사서의 기록이 진실에 가깝고, 두만강에서 북상한 선춘령을 경계로 국경을 확정시킨 것은 역사적 성과였다고 고증하고 있다([지도 5]).

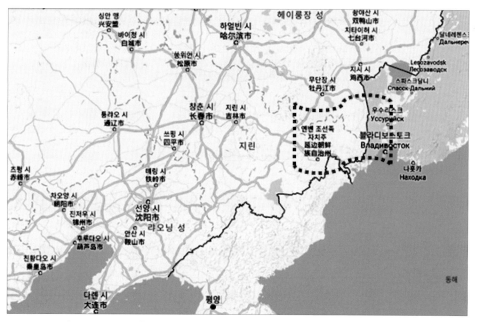

[지도 5] 동북9성 두만강 이북설 비정 지역

18) 최규성, 2002, 「선춘령과 공험진비에 대한 신고찰」, 『한국사론』 34, 국사편찬위원회.
19) 복기대, 2011, 「윤관의 9성의 위치에 대한 재검토」, 『금사와 북방문화연구』 48, 북방문화연구소.

## 2. 동북9성 두만강 이북설 관련 문헌 근거 분석

동북9성 두만강 이북설에 관련된 자료들을 요약하여 정리하면 아래표와 같다.

[표 1] 두만강 이북설 관련 문헌자료 요약

| 번호 | 출처 | 국역 | 원문 |
|------|------|------|------|
| 1 | 『高麗史』「지리지」, 서문 | 고려 태조는 신라에게서 항복받고 백제를 멸한 고구려의 땅으로부터 일어나 도읍을 개경으로 하였다. 서북은 당나라 이후로 압록을 경계로 하였고, 동북은 선춘령을 경계로 하였다. 서북은 고구려의 지역에 못 미쳤으나, 동북은 고구려 영토보다 더하였다. | 高麗太祖 興於高句麗之地 降新羅滅百濟 定都開京. 其四履 西北 自唐以來 以鴨綠爲限 而東北則以先春嶺爲界志,盖西北四至 不及高句麗 而東北過之 今略據沿革之見於史策者 作地理志. |
| 2 | 『高麗史』, 권 58권「지리지」 | 고려 예종 2년(1107년)에 윤관과 오연총이 군사를 거느리고 여진을 쳐서 쫓아내고 9성을 설치하고 공험진의 선춘령에 비를 세워 경계로 삼았다. | 睿宗二年 以平章事 尹瓘爲元帥 知樞密院事吳延寵副之, 率兵擊逐 女眞置九城立碑于公嶮鎭之先春嶺以爲界至. |
| 3 | 『高麗史』권58,「지리지」,東界 | 예종 2년(1107년)에 평장사 윤관(尹瓘)을 원수(元帥)로 삼고, 지추밀원사(知樞密院事) 오연총(吳延寵)으로 하여금 그를 보좌하도록 하여 군사를 거느리고 여진을 쳐서 쫓아내고 9성(城)을 설치했으며, 공험진(公嶮鎭)의 선춘령(先春嶺)에 비석을 세워 경계로 삼았다. 명종 8년(1178년)에 연해명주도(沿海溟州道)라고 칭하였다. | 睿宗二年, 以平章事尹瓘, 爲元帥, 知樞密院事吳延寵, 副之, 率兵擊逐女眞置九城立碑于公嶮鎭之先春嶺以爲界至 明宗八年 稱沿海溟州道. |
| 4 | 『高麗史節要』권7, 예종문효대왕 3년(1108년) 3月 | 의주(宜州)·통태(通泰)·평융(平戎)의 3성을 쌓아 함주·영주·웅주·길주·복주·공험진과 함께 북계의 9성으로 삼고, 모두 남계의 백성을 옮겨 이곳을 채웠다. | "築宜州, 通泰, 平戎, 三城, 與咸, 英, 雄, 吉, 福州, 公嶮鎭, 爲北界九城, 皆徙南界民實之." |
| 5 | 『太宗實錄』7卷, 4年(1404년, 甲申年) 5月 19日(己未) | 계품사(計稟使) 예문관 제학(藝文館提學) 김첨(金瞻)을 보내어 경사(京師)에 가게 하였는데, 첨(瞻)이 왕가인(王可仁)과 함께 갔다. 주본(奏本)은 이러하였다. "조사해 보건대, 본국의 동북 지방(東北地方)은 공험진(公嶮鎭)으로부터 공주(孔州)·길주(吉州)·단주(端州)·영주(英州)·웅주(雄州)·함주(咸州) 등 고을이 모두 본국의 땅에 소속되어 있습니다. 지정(至正) 16년(1356년)에 이르러 공민왕(恭愍王) 왕전(王顓)이 원나라 조정에 신달(申達)하여 모두 혁파(革罷)하고, 인하여 공험진(公嶮鎭) 이남을 본국(本國)에 환속(還屬)시키고 관리를 정하여 관할하여 다스렸습니다. 성조(聖朝) 홍무(洪武) 21년 2월에 호부(戶部)의 자문(咨文)을 받았사온데, 호부 시랑(戶部侍郎) 양정(楊靖) 등 관원이 태 | 遣計稟使藝文館提學金瞻如京師. 瞻與可仁偕行. 奏本云: 照得, 本國東北地方, 自公嶮鎭歷孔州, 吉州, 端州, 英州, 雄州, 咸州等州, 俱係本國之地. 至至正十六年間, 恭愍王王顓, 申達元朝, 並行革罷, 仍以公嶮鎭迤南, 還屬本國, 委定官吏管治. 聖朝洪武二十一年二月, 承準戶部咨, 該侍郎楊靖等官, 欽奉太祖高皇帝聖旨節該: "鐵嶺迤北迤東迤西, 原屬開原, 所管軍民, 仍屬遼東所管." 欽此, 本國卽將 |

| | | | |
|---|---|---|---|
| | | 조 고황제(太祖高皇帝)의 성지(聖旨)를 흠봉(欽奉)하기를, '철령(鐵嶺) 이북(以北)·이동(以東)·이서(以西)는 원래 개원(開原)의 관할에 속하였으니, 군민(軍民)을 그대로 요동(遼東) 관할에 소속시키라.' 하였습니다. 본국에서 즉시 상항(上項)의 사건으로 인하여 배신(陪臣) 밀직 제학(密直提學) 박의중(朴宜中)을 보내어 표문(表文)을 받들고 조정(朝廷)에 가서 호소하여 공험진 이북은 요동에 환속하고, 공험진 이남에서 철령까지는 본국에 환속시켜 주기를 빌었습니다. | 上項事, 因差陪臣密直提學朴宜中, 齎擎表文, 前赴朝廷控訴, 乞將公嶮鎭迤北, 還屬遼東; 公嶮鎭迤南至鐵嶺, 還屬本國 |
| 6 | 『太宗實錄』 9卷, 5年 (1405년, 乙酉年) 5月 16日 (庚戌) | 홍무 21년에 태조 고황제(太祖高皇帝)의 성지(聖旨)를 받자와, '공험진(公嶮鎭) 이북은 요동(遼東)으로 환속(還屬)하고, 공험진 이남에서 철령(鐵嶺)까지는 그대로 본국(本國)에 붙여 달라.'고 청하기 위하여, 배신(陪臣) 김첨(金瞻)을 보내어 글을 받들고 가서 주달하게 하였사온데, 그해 10월 11일에 〈김첨이〉 경사(京師)로부터 돌아와서 공경히 칙서(勅書)를 받자오니, '삼산 천호(三散千戶) 이역리불화(李亦里不花) 등 열 곳의 인원(人員)을 허락한다.'고 하셨습니다. 이에 신(臣)이 일국(一國)의 신민(臣民)들과 더불어 감격하여 마지 아니하였습니다. 그윽이 생각하건대, 소방(小邦)이 성조(聖朝)를 섬긴 이래로 여러 번 고황제(高皇帝)의 조지(詔旨)를 받았사온데, 화외(化外)를 구분하지 않고 일시동인(一視同仁) 하셨고, 근자에 또 칙지(勅旨)를 받들어 삼산(三散) 등 10처(處)의 인원(人員)을 허락하여 주셨습니다. | 欽此竊照, 洪武二十一年間, 欽蒙太祖高皇帝聖旨準請, 公嶮鎭迤北, 還屬遼東; 公嶮鎭迤南至鐵嶺, 仍屬本國. 因差陪臣金瞻, 齎文奏達. 當年十月十一日, 回自京師, 欽奉勅書: "三散千戶李亦里不花等十處人員準請." 欽此, 臣與一國臣民感激不已. 竊念小邦, 臣事聖朝以來, 累蒙高皇帝詔旨, 不分化外, 一視同仁; 近又欽蒙勅旨, 三散等十處人員準請. 竊詳 |
| 7 | 『世宗實錄』 59卷, 15年 (1433년, 癸丑年) 3月 20日 | 임금(세종)이 여러 신하들에게 이르기를, "고려의 윤관(尹瓘)은 17만 군사를 거느리고 여진(女眞)을 소탕하여 주진(州鎭)을 개척해 두었으므로, 여진이 지금까지 모두 우리나라의 위엄을 칭찬하니, 그 공이 진실로 적지 아니하다. 윤관이 주(州)를 설치할 적에 길주(吉州)가 있었는데, 지금 길주가 예전 길주와 같은가. [명나라] 고황제(高皇帝)가 조선의 지도(地圖)를 보고 조서(詔書)하기를, '공험진(公險鎭) 이남은 조선의 경계라.'고 하였으니, 경들이 참고하여 아뢰라."하였는데, 임금이 이때는 바야흐로 파저강 정벌에 뜻을 기울였기 때문에 이 전교가 있었다. | 上謂諸臣曰: "高麗尹瓘將十七萬兵, 掃蕩女眞, 拓置州鎭, 女眞至于今, 皆稱我國之威靈, 其功誠不少矣. 瓘之置州也, 有吉州, 今之吉州, 與古之吉州同歟, 高皇帝覽朝鮮地圖, 詔曰: '公險鎭以南, 朝鮮之境.' 卿等參考以啓." 上時方注意於婆猪之征, 故有是敎. |
| 8 | 『世宗實錄』 84卷, 21年 (1439, 己未年) 3月 6日 (甲寅) | 영락 2년 5월 사이에 흠차 천호 왕수(王脩)가 받들고 온 칙서에, '삼산(三散) 독로올(禿魯兀) 등 10처의 여진인만을 초유(招諭)하라.'하고, 신의 아비 선신(先臣) 공정왕(恭靖王) 아무개가 홍무 21년간에 태조 고황제의 성지(聖旨)를 받으니, '공험진(公險鎭) 이북은 도로 요동(遼東)에 부속시키고, 공험진 이남 철령(鐵嶺)까지는 그대로 본국에 소속하라.'는 사유를 허락하셨다. | 永樂二年五月間, 奉欽差千戶王脩齎勅招諭三散, 禿魯兀等十處女眞人民, 欽此. 臣父臣恭靖王某間洪武二十一年間欽蒙太祖高皇帝聖旨, 準請公嶮鎭迤北還屬遼東, 公險鎭迤南至鐵嶺, 仍屬本國事因 |

| | | | |
|---|---|---|---|
| 9 | 『世宗實錄』 86卷, 21年 (1439, 己未年) 8月 6日 (壬午) | 함길도 도절제사 김종서(金宗瑞)에게 전지하기를, "동북 지경은 공험진(公嶮鎭)으로 경계를 삼았다는 것은 말을 전하여 온 지가 오래다. 그러나 정확하게 어느 곳에 있는지 알지 못한다. 본국(本國)의 땅을 상고하여 보면 본진(本鎭)이 장백산(長白山) 북록(北麓)에 있다 하나, 역시 허실(虛實)을 알지 못한다. 《고려사(高麗史)》에 이르기를, '윤관(尹瓘)이 공험진(公嶮鎭)에 비(碑)를 세워 경계를 삼았다.'고 하였다. 지금 듣건대 선춘점(先春岾)에 윤관이 세운 비가 있다 하는데, 본진(本鎭)이 선춘점의 어느 쪽에 있는가. 그 비문을 사람을 시켜 찾아볼 수 있겠는가. 그 비가 지금은 어떠한지, 만일 길이 막히어 사람을 시키기가 용이하지 않다면, 폐단없이 탐지할 방법을 경이 익히 생각하여 아뢰라. 또 듣건대 강 밖[江外]에 옛 성(城)이 많이 있다는데, 그 고성(古城)에 비갈(碑碣)이 있지 않을까. 만일 비문이 있다면 또한 사람을 시켜 등서(膽書)할 수 있는지 없는지 아울러 아뢰라. 또 윤관이 여진(女眞)을 쫓고 구성(九城)을 설치하였는데, 그 성(城)이 지금 어느 성이며, 공험진의 어느쪽에 있는가. 상거(相距)는 얼마나 되는가. 듣고 본 것을 아울러 써서 아뢰라." 하였다. | 傳旨咸吉道都節制使金宗曰: 東北之境, 以公嶮鎭爲界, 傳言久矣. 然未知的在何處, 考之本國之地, 本鎭在長白山北麓, 亦未知虛實. 《高麗史》云: "尹瓘立碑于公嶮鎭以爲界." 至今聞先春岾有尹瓘所立之碑, 本鎭在先春岾之何面乎 其碑文, 可以使人探見乎 其碑今何如也 如曰路阻未易使人, 則無弊探知之策, 卿當熟慮以聞. 且聞江外多有古城, 其古城無奈有碑碣歟 如有碑文, 則亦可使人膽書與否幷啓. 又尹瓘逐女眞置九城, 其城今何城乎 在公嶮鎭之何面乎 相距幾何 幷聞見開寫以啓. |
| 10 | 『世宗實錄』 권 155, 「地理地」, 〈咸吉道〉, 吉州牧, 慶源都護府 | 수빈강(愁濱江)이다. 【두만강 북쪽에 있다. 그 근원은 백두산 아래에서 나오는데, 북쪽으로 흘러서 소하강(蘇下江)이 되어 공험진(公嶮鎭)·선춘령(先春嶺)을 지나 거양성(巨陽城)에 이르고, 동쪽으로 1백 20리를 흘러서 수빈강이 되어 아민(阿敏)에 이르러 바다로 들어간다.】 사방 경계[四境]는 동쪽으로 바다에 이르기 20리, 서쪽으로 경성(鏡城) 두롱이현(豆籠耳峴)에 이르기 40리, 남쪽으로 연해(連海) 굴포(堀浦)에 이르기 12리, 북쪽으로 공험진에 이르기 7백 리, 동북쪽으로 선춘현(先春峴)에 이르기 7백여 리, 서북쪽으로 오음회(吾音會)의 석성기(石城基)에 이르기 1백 50리이다. | 愁濱江, 【在豆滿江北, 源出白頭山下, 北流爲蘇下江, 歷公險鎭, 先春嶺, 至巨陽城, 東流一百二十里, 爲愁濱江, 至阿敏入海.】 四境, 東距海二十里, 西距鏡城豆籠耳峴四十里, 南距連海堀浦十二里, 北距公險鎭七百里, 東北距先春峴七百餘里, 西北距吾音會石城基一百五十里. |
| 11 | 『世宗實錄』 권 155, 「地理地」, 〈咸吉道〉, 吉州牧, 慶源都護府 | 거양에서 서쪽으로 60리를 가면 선춘현(先春峴)이니, 곧 윤관이 비(碑)를 세운 곳이다. 그 비의 4면에 글이 새겨져 있었으나, 호인(胡人)이 그 글자를 깎아 버렸는데, 뒤에 사람들이 그 밑을 팠더니, '고려지경(高麗之境)'이라는 4자가 있었다. 선춘현(先春峴)에서 수빈강(愁濱江)을 건너면 옛 성터[城基]가 있고, 소다로(所多老)에서 북쪽으로 30리를 가면 어두하현(於豆下峴)이 있으며, 그 북쪽으로 60리에 동건리(童巾里)가 있고, 그 북쪽으로 3리쯤의 두만강탄(豆滿江灘)을 건너서 북쪽으로 90리를 가면 오동 사오리참(吾童沙吾里站)이 있으며, 그 북쪽으로 60리에 하이두은(河伊豆隱)이 있고, 그 북쪽으로 1백 리에 영가 사오리참(英哥沙吾里站)이 있으며, 그 북쪽으로 소하강(蘇下江)가에 공험진(公險鎭)이 있으니, 곧 윤관(尹瓘)이 설치한 | 自巨陽西距六十里先春峴, 卽尹瓘立碑處. 其碑四面有書, 爲胡人剝去其字, 後有人堀其根, 有高麗之境四字. 自先春峴越愁濱江, 有古城基. 自所多老北去三十里, 有於豆下峴, 其北六十里有童巾里, 其北三里許越豆滿江灘, 北去九十里有吾童沙吾里站, 其北六十里有河伊豆隱, 其北一百里有英哥沙吾里站, 其北蘇下江邊有公險鎭, 卽尹瓘所置鎭. 南隣貝州, 探州, 北接堅州. 自英哥沙吾里西去六十里, 有白頭山, 山凡三層, 頂有大澤, 東流爲豆 |

| | | | |
|---|---|---|---|
| | | 진(鎭)이다. 남쪽으로 패주(貝州)·탐주(探州)와 인접(隣接)하였고, 북쪽으로 견주(堅州)와 접(接)해 있다. 영가 사오리(英哥沙吾里)에서 서쪽으로 60리를 가면 백두산(白頭山)이 있는데, 산이 대개 3층으로 되었다. 꼭대기에 큰 못이 있으니, 동쪽으로 흘러 두만강(豆滿江)이 되고, 북쪽으로 흘러 소하강(蘇下江)이 되고, 남쪽으로 흘러 압록(鴨綠)이 되고, 서쪽으로 흘러 흑룡강(黑龍江)이 된다. | 滿江, 北流爲蘇下江, 南流爲鴨綠, 西流爲黑龍江. |
| 12 | 『世祖實錄』 21卷, 6年 (1460년, 庚辰年) 8月 19日 (壬戌) | 신(臣)의 선조(先祖) 공정왕(恭定王) 신(臣) 【휘(諱).】이 홍무(洪武) 21년 4월 18일에 태조 고황제(太祖高皇帝)께서 준청(准請)하신 "공험진(公險鎭) 이북은 요동(遼東)에 도로 붙이고 공험진(公險鎭) 이남에서 철령(鐵嶺)까지는 그대로 본국(本國)에 붙인다."는 사실을 갖추고서, 인하여 배신(陪臣) 김첨(金瞻)을 차임하여 보내어 주달(奏達)하게 하였습니다. | 臣先祖恭定王臣【諱.】備將洪武二十一年四月十八日太祖高皇帝准請公險鎭迤北還屬遼東, 公險鎭迤南, 至鐵嶺仍屬本國事, 因差陪臣金瞻奏達. |
| 13 | 『孝宗實錄』 12卷, 5年 (1654년, 甲午年) 6月 4日 (壬戌) | 호조 정랑 이지형(李之馨)이 상소하기를, "북로(北路)의 형세는 남방 열읍(列邑)에 비할 바가 아닙니다. 산으로 막히고 바닷가에 위치하여 마치 긴 뱀과 같은 모양으로 곧장 2천여 리에 뻗어 있습니다. 전조(前朝) 때 윤관(尹瓘)이 수십만 군사를 일으켜 무수한 전투를 벌인 뒤에 겨우 옛 강토를 개척하고 경계를 정하여 푯말을 세웠는데, 북쪽은 선춘령(先春嶺)에 이르고 남쪽은 소하강(蘇下江)에 닿았습니다. 우리 세종조(世宗朝)에 이르러 김종서(金宗瑞)로 하여금 오랑캐를 북쪽으로 쫓아내어 두만강으로 경계를 삼으면서 육진(六鎭)을 두었으며 겸하여 3관(關)을 설치하게 하니, 변민(邊民)은 안정되고 국가는 걱정이 없어졌습니다. | 戶曹正郞李之馨上疏曰: 北路形勢, 非南方列邑之比. 阻山濱海, 形如長蛇, 直走二千餘里. 前朝尹瓘興師數十萬, 百戰之後, 僅拓舊疆, 定界建標, 北至先春嶺, 南限蘇下江. 逮我世宗朝, 使金宗瑞北逐胡羯, 以豆滿爲限, 仍置六鎭, 兼設三關, 邊民奠枕, 國家無虞. |
| 14 | 『星湖僿說』 제3권, 「天地門」, 〈公嶮碑〉 | 윤관(尹瓘)이 변경을 개척했을 때에 임언(林彦)을 시켜 영주(英州)의 청벽(廳壁 주청(州廳) 청사의 벽)에 일을 기록하게 하였는데, "동쪽은 바다에 이르고 서북쪽은 개마(蓋馬)가 둘러 있으며, 남쪽은 장·정(長定) 두 주(州)에 접했다." 했다. (중략) 김종서(金宗瑞)의 상소에, "처음에는 철령(鐵嶺)을 관문(關門)으로 하고, 뒤에는 쌍성(雙城)을 경계로 했습니다." 했다. (중략) 역사에는, "윤관이 의주(宜州)·통태(通泰)·평용의 세 성을 쌓아서 함·영·웅·길·복·공험과 함께 북계(北界)의 구성으로 만들었다."고 했다. (중략) 『여지승람』에, "윤관이 경원으로 공험진내 방어소(公嶮鎭內防禦所)를 만들었다."고 했다. (중략) 사기에 이르기를, "공험진에 비(碑)를 세워서 경계로 삼았다."고 했는데. 오늘날 선춘비(先春碑)가 강(江) 밖 7백 리에 있으니, 사람들이 그 비를 세운 곳이 옛 성터가 아닌가 의심한다. | 尹瓘之開邊使林彦記事于英州廳壁云東至于海西北介于盖馬南接長定二州二州卽長定平等地也金宗瑞疏云初以鐵嶺爲關後以雙城界界雙城今之永興而古之和州也高麗德宗時命柳韶置北境關防起自義州歷泰川雲山熙川孟山以抵耀德静邊州耀静和皆永興地尹之經畧南抵者此也越三年以九城還女眞則自咸以外皆棄之復退守永興舊界林彦之記先咸次英次雄次吉次福次公嶮而史云尹築宜州通泰平戎三城與咸英雄吉福公嶮爲北界九宜者今德源在咸之南而舊無城故與通平同築公嶮則舊有城故不在新築之列而通平二 |

| | | | 城必在最邊而與公嶮舊城相近<br>為其所統故言公嶮而不及二城<br>也勝覽云尹以慶源為公嶮鎮巡<br>內防禦所謂巡內則公嶮之更有<br>外界可知也此文有詳略也史云<br>立碑扵公嶮鎮為界今先春碑在<br>江外七百里人遂疑其立碑處為<br>舊城基 |
|---|---|---|---|
| 15 | 『星湖僿說』,<br>제1권,<br>「天地門」,<br>〈豆滿爭界〉 | 북방의 국경은 두만강으로 경계선을 삼고 있다. 그런데 고려 시대에 윤관(尹瓘)의 비(碑)가 선춘령(先春嶺)에 있고 선춘령은 두만강 북쪽 칠백리 밖에 있는데 무슨 까닭으로 지난번에 국경선을 정할 때 두만강의 원류(源流)만을 찾았는지 알 수 없다. 두만이란 것은 바다로 들어가는 위치를 말한 것이니, 토문(土門)이라고 하는 곳이 바로 여기인데, 어음이 비슷해서 와전된 것이다. 백두산의 물이 이리로 모여드는데, 만일 토문에서 여러 물의 근원을 따라 올라간다면 지금 강 북쪽에 있는 지역은 모두 우리의 소유이며 선춘령도 그 안에 포함된다. 말하는 사람들은, 경계선을 논쟁할 때에 세밀히 따지지 못한 것을 탓하는데 그 말도 옳다. | 北關以豆滿江為界而前朝尹瓘<br>碑在先春嶺在江北七百里不<br>知何故向年之界時只尋豆滿源<br>流盖豆滿者即其入海處所謂土<br>門者是也聲之誤也白頭之水多<br>會于此若從土門尋諸流之源今<br>江北之地皆我之有而先春嶺亦<br>在其中說者咎爭界之不審其言<br>亦是然棄之歲夂猝然覔還未必<br>可得而防守之役必為方來之憂<br>何必以斥地為能耶今事大得力<br>遠憂帖息不可徒知務得而不慮<br>生釁也昔光武閉玉關謝西域之<br>質宋祖以斧畫大渡河曰此外非<br>吾有也人謂遠慮焉地廣非常安<br>之術徐惠妃之諫疏實合商量金<br>甌無一傷缺梁武帝之拒人未為<br>失計耳 |

1. 1번, 『고려사』 「지리지」 서문을 기사를 보면, 고려인들과 『고려사』를 찬진한 15세기 사학자들은 고려가 고구려 땅에서 일어나 후삼국을 통일한 나라라는 것을 밝혔다. 그리고 고려의 북방 영토가 서북으로는 비록 압록강 유역까지 진출하는데 그침으로써 옛 고구려 시대 경계에까지 미치지 못하였지만, 고려의 동북면 지역은 남북 길이가 거의 만 여리나 될 정도로 북쪽 멀리까지 확장되어 오히려 고구려 시대보다 더 북상했던 것으로 인식하였던 사실을 알 수 있다.[20]

2. 2번, 『고려사』 「지리지」의 "고려 예종 2년(1107년)에 윤관과 오연총이 군사를 거느리고 여진을 쳐서 쫓아내고 9성을 설치하고 공험진의 선춘령에 비를 세워 경계로 삼았다"는 이 구절이 공험진 두만강 이북설의 시발이자 근간을 이루고 있다.

3. 3번, 『고려사』 「지리지」 동계(東界)에 관한 기사를 검토해보면, 윤관의 출정 목적이 구

---

20) 최규성, 2006, 「고려 초기의 북방영토와 구성의 위치비정」, 『백산학보』 제76호, p.553.

지회복(舊地收復)에 있었고, 고려 구지에 대한 인식과 구지의 범위에 대해 재고찰이 필요할 것으로 생각한다. 『고려사』「지리지」에서 윤관이 정벌한 9성 지역은 원래 고구려의 땅임을 밝히고 있다. 고려가 건국한 뒤에는 9성 지역을 동계의 삭방도에 소속시켜 관리를 잘하였다. 하지만 이 지역, 즉 함주 이북 땅이 여진의 공격(혹은 반란)으로 위험해졌다. 그래서 고려 예종 2년(1107년)에 윤관을 도원수로, 오연총을 부원수로 삼아 북쪽으로 올라가 여진을 정벌하였다. 정벌 후 공험진에 속해 있던 북쪽 경계인 선춘령에 비를 세웠다고 하였고, 정벌한 후 그 지명을 '연해명주도(沿海溟州道)'라 불렀다고 되어 있다.

4. 7번, 『세종실록』 세종 15년(1443년, 3월) 기사를 통해 명나라가 공험진 이남을 실제로 조선의 경계로 인정하고 있었던 사실을 확인할 수 있다. ① 고려 예종 때 윤관의 여진정벌은 조선 세종 시대까지도 여진인들에게 영향을 끼쳤으며, 조선 세종 당시에도 우리나라의 위엄을 칭찬하고 있었던 것을 알 수 있다. 이는 곧 고려 때의 공험진 설치는 일시적으로 일어났던 역사적 사건으로 그친 것이 아니라 훗날 조선의 북방 영토 확장의 근거였으며, 동시에 조선이 여진을 지배하는 역사적이며 실질적인 근거로 크게 작용하고 있었던 사실을 확인할 수 있는 사료로 볼 수 있다. 또한 세종은 파저강 정벌을 추진하고 있었기 때문에 세종 당시의 길주가 윤관이 설치한 길주인지 살펴보라는 전교를 내렸다. ② [명나라] 고황제(주원장)가 조선 지도를 보고 조서(詔書)를 내려 말하기를 '공험진 이남은 조선의 경계'라고 하였다. 즉 명이 조선에서 조사하고 실측해 만든 지도에 의거하여 공험진 이남을 실제적인 조선의 경계로 인정하고 있었던 사실을 알 수가 있다. 따라서 세종 때 조선과 명의 국경이 '공험진선'이었던 사실이 분명해진다고 하겠다.[21]

5. 10번, 『세종실록』「지리지」에 동북9성의 위치와 공험진·선춘령의 위치에 대한 기록이 나온다. 조선 전기에도 동북9성 지역은 조선의 영토였을 뿐만 아니라, 조선의 기록 속에 남아있다. 고려 예종 2년(1107년) 공험진비를 건립한 역사적 사실은 고려와 금나라와의 영토 경계를 선춘령으로 확정짓는 계기가 되었다. 뿐만 아니라 이후 고려나 조선이 외국과의 영토 분쟁이 발생했을 때마다 고려나 조선이 선춘령을 북쪽 경계로 주장하는 중요한 근거로 이용하였던 것이다. 고려의 여진정벌과 북방영토의 확장 배경에는 고구려 계승 의식

---

21) 혹자는 이 기사의 신빙성에 대해 의문을 제기할 수 있다. 그러나 이 기사는 신빙성이 높은 『조선왕조실록』의 기록을 기반으로 한다. 주원장은 공험진 이남 땅을 조선의 영토로 인정하였고, 세종은 이 사실을 근거로 하여 신하들과 영토 문제를 논의 한 것이다. 따라서 세종 대 조선과 명의 국경이 '공험진선'이었던 사실이 분명해진다고 하겠다. 최규성, 2002년, 앞의 논문, p.148.

과 함께 고구려 고토회복이라는 명분이 뚜렷하게 자리 잡고 있었다고 할 수 있다. 공험진비와 선춘령의 위치 비정은 전체 동북9성의 위치를 비정하는 데도 매우 중요한 의미를 지닌다고 할 수 있다. 왜냐하면 공험진비와 선춘령은 이후 우리나라와 요·금·원·명·청 사이의 국경 문제 해결의 관건이 되었기 때문이다.[22] 『고려사』 「지리지」보다 20여년 앞서 (세종 14년 1432) 완성된 『세종실록』 「지리지」는 공험진과 선춘령의 위치와 방향에 대해 언급하고 있고, 이는 두만강 이북 7백리의 기점이 경원이라는 뜻이기도 하다. 다시 말해서 두만강에서 7백리 떨어진 지역 일대에 공험진과 선춘령은 같은 곳에 있었던 것이 아니라, 공험진은 서쪽에 선춘령은 동쪽에 각각 위치하였다는 것이다.[23]

6. 11번, 『세종실록』 「지리지」〈함길도〉 길주목의 경원도호부의 또 다른 기사에서는 공험진과 선춘현에 이르는 두 노정을 리(里) 수까지 정확히 계산하여 기록하고 있다. 앞의 첫 노정 중 거양성은 두만강 하류에서 월경하여 10리쯤에 위치한 현성에서 북으로 180리 거리에 있는 유선참에서 동북방 70리 지점의 성으로 원래 윤관이 축조한 것으로 알려져 있다. 같은 지리지의 경원도호부조에 따르면 거양성에서 60리밖에 선춘현이 있다고 하였다. 『신증동국여지승람』은 「회령도호부」편에서 "공험진은 고령진(高嶺鎭)에서 두만강을 건너서 고라이(高羅耳)를 넘고 오동참 영소참을 경유하여 소하강 강가에 공험진터가 있다"는 구체적 노정과 함께 그 위치를 소개하고 있다.[24]

7. 3번, 『高麗史』 「지리지」 동계(東界) 기사에서는 윤관의 정벌 범위와 9성, 공험진의 정확한 위치도 중요하겠지만, 고려시대와 가장 가까운 조선 초기 공험진을 어떻게 인식하고 있었는지도 매우 중요한 사항이다. 왜냐하면 여말선초는 새로 건국된 명나라가 원을 대신하던 시기였다. 조선과 명나라 양국 간에는 요동의 여진의 향배를 둘러싼 치열한 외교전이 전개되고 있었다. 그 과정에서, 조선은 윤관의 여진정벌과 9성의 최북단의 공험진을 근거로 관할권을 주장하고 있었다. 조선 초기 여진 세력의 귀속 문제를 둘러싸고 조선과 명은 서로 간에 치열한 외교전을 벌여왔다. 명은 몽골 세력의 위협과 요동을 완전하게 장악하지

---

22) 최규성, 2006, 「고려 초기의 북방영토와 구성의 위치 비정」, 「백산학보」, 제76호, pp.570~571.

23) 윤여덕, 앞의 논문, p.151.

24) 『新增東國輿地勝覽』 卷50, 「會寧都護府」
   "【고적】 공험진(公嶮鎭) [고령진(高嶺鎭)에서 두만강을 건너 고라이(古羅耳)를 넘고, 오동참(五童站)·영가참(英哥站)을 경유하여 소하강(蘇下江)에 이르는데, 강가에 공험진(公嶮鎭)의 옛터가 있다. 남쪽은 구주(具州)·탐주(探州), 북쪽은 견주(堅州)와 연접되어 있다(【古跡】 公嶮鎭 [自高嶺鎭渡豆漫江踰古羅耳, 歷五童站英哥站, 至蘇下江, 江濱有公嶮鎭古基, 南隣具州探州, 北接堅州.]).」

못한 상황이었고, 조선 역시 대내외적으로 조선 건국의 정당성을 확보해야 하는 상황에서 양측은 무력적 충돌보다는 외교적인 방법으로 요동의 여진 세력 귀속 문제를 해결하고자 하였다.

명이 요동에 있던 여진인들을 초유하여 명에 귀속시키려고 하자, 조선은 이성계의 세력 기반으로서의 중요성뿐만 아니라 고려 때 윤관의 여진 정벌에서 역사적 권원을 찾아 여진 인 및 그 거주 지역에 대한 관할을 주장하였다. 그 중 핵심적인 것은 윤관이 설치했다는 공 험진이었다. 조선은 윤관의 여진 정벌이 두만강 이북에 대해 실시된 것이고, 공험진은 두 만강 이북에 있다고 인식하고 있었다. 그렇기 때문에 두만강 이북에 있는 공험진 이남부터 는 조선의 관할 지역임을 적극적으로 주장하여 명으로부터 11처 지역의 여진 귀속 문제를 승인받았던 것이다.

결국 조선은 고려시대 윤관의 여진 정벌과 9성 축조 이래 공험진과 선춘령은 조선의 영 역이라는 인식을 확고히 하고 있었으며, 공험진은 두만강 이북에 있다는 사실을 들어 공험 진 이남과 그 지역의 여진인들을 조선이 관할해야 한다고 생각하였다. 당시 조선이 주장한 공험진은 두만강 이북이었으며, 두만강 이북에 위치한 공험진부터 조선의 관할로 인정을 받은 것은 당시 명나라를 중심으로 한 동아시아 국제관계사적인 입장에서 보았을 때 국제 적 공인을 받은 것과 같다. 이를 보면, 조선 초기에는 공험진이 두만강 이북에 있었다는 확 고한 인식을 가지고 있었고, 이러한 인식의 기반 위에 명과의 외교 교섭을 진행할 결과 두 만강 이북에 대한 관할권을 인정받고 있음을 알 수 있다.


## IV. 문헌과 현지답사에 의한 공험진·선춘령 위치 비정

공험진·선춘령은 동북9성 중 가장 북단에 위치하였으며, 선춘령에는 고려의 경계를 알 리는 상징성을 지닌 "고려지경(高麗之境)"이란 글이 새겨진 비석을 세웠다. III장의 [표 1]에 서 살펴본 것처럼 동북9성 지역은 고려 예종 때 뿐만 아니라 조선 전 시대에 걸쳐 역사적· 군사적·외교적·행정적으로 매우 중요한 곳이었다. 또한 공험진은 선춘령 인근의 최전선에 세운 군사적 목적의 거점이었다. 다시 말해 동북9성 중 윤관 등의 여진 정벌 목적 혹은 정벌의 역사적 의미를 가장 잘 함축하고 있는 지역이 바로 공험진과 선춘령인 것이다. 그러므로 동북9성 연구에 있어서, 공험진·선춘령의 위치를 비정하고 또 그 현재적 위치를 찾아내는 작업은 가장 우선적으로 이루어질 필요가 있는 것이다.

이에 대한 연구가 필요함에 따라, 필자는 2015년 10월 6일부터 7박8일 일정으로 공험진·선춘령의 현재적 위치를 찾는 현지답사를 진행하였다. 아래의 본문에서 이번의 현지답사를 앞두고 동북9성 관련 문헌을 검토하여 우선 공험진·선춘령의 정확한 예상 위치를 비정하는 과정, 실제의 현지 답사에서 공험진·선춘령으로 비정된 위치를 찾아 문헌 기록과 대조하는 과정, 그리고 공험진·선춘령이 있었던 지역의 역사지리적 분석 등을 순서대로 서술하고자 한다.[25]


## 1. 문헌에 의한 공험진·선춘령의 위치 비정

조선은 세종 21년(1439년)에 동북9성을 처음 체계적으로 조사하였다. 세종은 김종서에게 동북9성을 조사하여 보고하라는 왕명을 내리면서, 동북9성 중에서도 특별히 공험진·선춘령의 실체를 파악해 보고하라고 명령했다. 세종의 명에 따라 동북9성에 대해 자세히 조사하고, 수집된 지리정보로 당시 공험진·선춘령에 대한 각계의 인식이 한층 뚜렷해졌다. 그 점은 동북9성에 대한 조사와 자료 수집 이후에 작성된 『고려사』·『고려사절요』·『세종실록』「지리지」·『용비어천가』·『신증동국여지승람』 등에서 확인할 수 있다. 즉 이들 문헌에 유독 동북9성 특히 공험진·선춘령의 위치에 대해 구체적으로 서술하고 있는데, 이는 바로 왕명에 의한 조사 자료가 바탕이 된 결과라고 볼 수 있는 것이다.

따라서 공험진·선춘령 지역을 비정하기 위한 이번 답사에서 『세종실록』「지리지」와 『용비어천가』 및 『신증동국여지승람』 등을 중심으로 검토하였다. 이 세 문헌에 나온 공험진·선춘령의 위치를 인근의 지명과 비교하면서 그 방위(方位)와 거리 등을 기록하였다. 이들

<hr>

25) 이번 답사에 임찬경 박사(현 인하대 연구교수)가 기획에서부터 모든 과정을 함께 하였다. 그는 자신이 2015년 6월 경에 작성한 「공험진·선춘령의 역사지리적 검토」(미발표문)란 '시론적(試論的)인' 글에서 비정한 공험진·선춘령의 위치를 공동의 현지 답사로 검증하자고 제안하였으며, 그 글 전체의 내용을 공유하자는 제안도 하여 공동 답사가 성립되었다. 여기서 문헌 제공과 답사로 인해 공험진·선춘령의 위치를 함께 찾아낸 점 등에 대해 임찬경 박사에게 특별히 감사의 인사를 드린다. 그리고 이 글의 아래 본문에서 그와 공유하기로 한 글에 대해서는 별도의 주석을 달지 않았음을 분명하게 밝힌다.

기록에서는 현재의 소수분하(小綏芬河)와 대수분하(大綏芬河)가 만나는 흑룡강성(黑龍江省) 동녕현(東寧縣)에 공험진·선춘령이 위치 했었음을 분명하게 전해주고 있다.

〈공험진·선춘령 위치 비정〉

- 『용비어천가』의 제53장 주해의 "(고주는) 선춘(샨츈)령에서 서쪽으로 4일 거리에 있다"[26]라는 기록에 의해, 고주 즉 현재의 흑룡강성 목단강시(牡丹江市) 녕안현 일대에서 동쪽으로 선춘령까지는 4일의 거리에 있다. 즉 하루에 걸어서 80리를 간다고 산정했을 때, 고주와 선춘령의 거리는 320리 정도가 된다.[27]

- 『용비어천가』의 제53장 주해에서 "고주는 지명이다. 속평강의 옆에 있다"라고 하였다. 이 기록을 지리적으로 검토하면, 고주의 지역 범위인 현재의 목단강시와 그에 동쪽으로 잇닿은 동녕현의 자연적 경계로 작용하는 태평령에서 발원하는 속평강 즉 현재의 소수분하로 인하여 "고주와 속평강이 인접해 있다"는 서술을 한 것으로 볼 수 있다.

- 『용비어천가』의 제53장 주해의 "속평강은 고주의 경계에서 시작되어, 동쪽으로 흘러 바다로 들어간다"는 기록에 의해, 속평강이 고주의 동쪽 경계에서 발원함을 알 수 있다. 이 경계 지역을 지리적으로 검토하면 현재의 태평령임을 알 수 있다.

- 『세종실록』「지리지」의 "(수빈강은) 두만강 북쪽에 있다. 그 근원은 백두산 아래에서 나오는데, 북쪽으로 흘러서 소하강이 되어 공험진·선춘령을 지나 거양성에 이른다"는 기록과 『신증동국여지승람』의 "수빈강 : 근원이 백두산에서 나와서 북쪽으로 흘러 소하강이 되고, 한쪽은 속평강이 되어, 공험진·선춘령을 경유하여 거양에 이른다"는 기록들에 의해, 두 가지 사실을 파악할 수 있다. 하나는 수빈강 즉 현재의 수분하는 남쪽에서 북쪽으로 흐르는 소하강 즉 현재의 대수분하와 목단강시와 동녕현의 자연 경계인 태평령(太平嶺)에서 발원하여 동남쪽으로 흐르는 속평강 즉 현재의 소수분하라는 두 지류가 있다는 사실이다. 다른 하나의 사실은 소하강과 속평강이 만나는 지점 일대에 공험진 · 선춘령이 있다는 것이다.

- 위의 사실을 지리적으로 검토하면, 태평령에서 발원하여 동남쪽으로 흐르는 속평강 즉 현재의 소수분하와 남쪽의 길림성 왕청현의 로야령에서 발원하는 소하강 즉 현재의 대수분

---

26) 『龍飛御天歌』(萬曆本) 第五十三章.

27) 郭毅生, 1985, 「率賓府, 恤品路和开元城」, 『历史地理』 第2辑.

하가 만나는 지점은 현재의 동녕현 도하진(道河鎭) 일대이며, 공험진·선춘령은 바로 이
일대에 있다는 것이다.

- 속평강과 소하강이 만나는 지점인 동녕현 도하진 일대에는 고구려에 복속된 북옥저
  시기에 건설되어 발해 및 이후의 고려 시기에도 계속 사용된 오배산성(伍排山城)과 홍석
  립자산성(紅石砬子山城)이 있으며, 현재 인근 수분하 강변에 고려령(高麗岺)이라고 불리
  는 지명도 있다.
- 『신증동국여지승람』의 "(거양성에서) 서쪽으로 선춘령까지 60리쯤 된다"는 기록에서와
  같이 비록 그 거리가 정확하게 일치하지는 않지만, 대략적으로 동녕현 도하진 일대의 두
  산성과 고려령은 거양성 즉 현재의 동녕현에 있는 대성자고성의 서쪽으로 60리를 넘는
  위치에 있다.
- 결론 : 위의 내용을 [지도 6]으로 정리하였다. 여러 현지 답사자료 및 고고학 관련 문헌자
  료를 근거로, 본고에서는 오배산성은 공험진이 처음 설치된 위치이며, 수분하 강변의 고
  려령이 바로 선춘령이라고 비정한다.

[지도 6] 공험진과 선춘령 위치 비정 지도

## 2. 공험진·선춘령 비정 지역 답사 현황

공험진·선춘령 지역에 대한 답사 일정은 이미 옛 문헌들이 기록하고 있다. 위에서 검토한 『용비어천가』에 따르면, 두만강 가의 회령 부근에서 출발하여 북쪽으로 걸어서 7일 거리에 있는 고주 즉 현재의 목단강시 녕안현에 도착하고, 그곳에서 동쪽으로 걸어서 4일 거리에 있는 속평강 즉 현재의 소수분하 인근에서 선춘령을 찾고, 다시 그 인근에서 공험진을 찾으면 되는 것이다.

『세종실록』「지리지」의 "(수빈강은) 두만강 북쪽에 있다. 그 근원은 백두산 아래에서 나오는데, 북쪽으로 흘러서 소하강이 되어 공험진·선춘령을 지나 거양성에 이른다"[28]는 기록과 『신증동국여지승람』의 "수빈강 : 근원이 백두산에서 나와서 북쪽으로 흘러 소하강이 되고, 한쪽은 속평강이 되어, 공험진·선춘령을 경유하여 거양에 이른다"[29]는 기록들에 의해 답사 일정을 설정하면, 먼저 소하강 즉 현재의 대수분하가 발원하는 지점부터 찾아야 한다. 그 발원지에서 소하강 즉 현재의 대수분하가 북쪽으로 흐르는 물길을 따라가면서 먼저 공험진·선춘령을 찾고 다시 더 물길을 따라가면서 거양성을 살펴보아야 하는 것이다.

또 다른 답사 일정은 『신증동국여지승람』의 다음과 같은 기록을 참고하여 설정할 수 있다.

가) 공험진 : 고령진(高嶺鎭)에서 두만강을 건너 고라이(古羅耳)를 넘고, 오동참(伍童站)·영가참(英哥站)을 경유하여 소하강에 이르는데, 강가에 공험진의 옛터가 있다.[30]

나) 거양성 : '거(巨)'는 '개(開)'로 쓴 곳도 있다. 현성에서 북쪽으로 90리 되는 산 위에 옛적에 쌓은 돌로 된 고성이 있는데, 어라손참(於羅孫站)이라 하며, 거기서 북쪽으로 30리가 되는 곳에는 허을손참(虛乙孫站)이 있고, 거기서 북쪽으로 60리가 되는 곳에는 유선참(留善站)이 있고, 거기서 동북쪽으로 70리가 되는 곳에 흙으로 쌓은 옛 성터가 있는데, 이것이 바로 거양성이다. ....〈중략〉 세상에서 전하는 말에, "이곳은 고려의 윤관이 쌓은 것인데,

---

28) 『世宗實錄』, 「地理志」咸吉道/吉州牧/慶源都護府.

29) 『新增東國輿地勝覽』第50卷「咸鏡道」〈慶源都護府〉.

30) 『新增東國輿地勝覽』第50卷, 「咸鏡道」〈會寧都護府〉.

서쪽으로 선춘령까지 60리쯤 된다"고 한다.[31]

위 인용문의 가)는 회령에서 출발하여 공험진으로 가는 노선을 표시한 것이다. 소하강은 현재의 왕청현 산지에서 발원하는 대수분하이다. 그러므로 고라이령·오동참·영가참 등의 지명은 고령진에서 소하강으로 향하는 도중에 설치된 지명임으로 비정할 수 있다. 고라이령·오동참·영가참 등의 지명에 대해서는 더 고찰이 필요하지만, 가)에 따른 답사 일정은 회령 인근의 두만강 가에서 출발하여 왕청현의 대수분하 상류를 찾고 다시 그 물길을 따라 북상하면 공험진에 도착할 수 있는 것이다.

나)는 경원에서 출발하여 선춘령에 이르는 노선을 표시한 것이다. 나)에 현성이라 표시된 지명은 현재의 경원에서 출발하여 두만강을 건넌 지점에 있는 훈춘(琿春)의 비우성(斐優城)이 분명하다.[32] 현성에서 북쪽으로 90리 되는 산 위에 있는 어라손참을 거쳐, 다시 북쪽으로 30리 되는 허을손참을 지나고, 다시 북쪽으로 60리가 되는 유선참을 거쳐서, 다시 동북쪽으로 70리를 가면 흙으로 쌓은 옛 성터가 있는데 이것이 바로 거양성이라는 것이다. 또한 이 거양성에서 서쪽으로 60리를 가면 선춘령에 도착한다는 것이다. 실제적으로 현재의 경원에서 두만강을 건넌 훈춘 일대에서 특히 동쪽을 거쳐 동북쪽으로 올라가며 동녕현에 이르는 길목에 상당한 수량의 산성 및 평지성이 존재하고 있는데, 나)에 의해 답사 일정을 설정하면 이러한 산성 혹은 평지성을 따라 북상하는 형식이 될 것이다. 『용비어천가』·『세종실록』「지리지」·『신증동국여지승람』의 기록에 따라 설정할 수 있는 답사 노선을 지도에 정리하면 아래와 같다.[지도 7]

『용비어천가』·『세종실록』「지리지」·『신증동국여지승람』 등의 기록에 의해 아래와 같은 세 유형의 답사 일정 지도가 작성될 수 있다. 이것은 조선시대에 작성된 이 기록들이 철저한 답사와 고증을 바탕으로 한 지리정보에 의해 형성된 것임을 알게 해준다.

필자의 이번 답사에서는 그 일정 설정에서 위의 문헌 기록들을 참고하였다. 특히 이번 답사는 공험진·선춘령의 위치 비정 및 현황 파악에 중점을 주어 진행되었으므로, 아래의 [지도 7]의 A 지점인 목단강시에 항공편으로 도착하여, 차량으로 D 지점에 위치한 거양성 즉 대성자고성을 살펴보고, 그 서남쪽의 공험진·선춘령을 답사하고, K 지점인 훈춘으로

31) 『新增東國輿地勝覽』 第50卷, 「咸鏡道」, 〈慶源都護府〉.
32) 董万侖, 1887, 「明初建州女真迁徙考-兼评建州女真东迁说」, 『历史地理』 第5辑, pp.208~209.

[지도 7] 세 문헌에 기록된 공험진 · 선춘령 답사 노선

남하하는 노선을 설정하였다.

또한 이번 답사에서 [지도 7]에 표시된 ②의 답사 노선을 직접 살펴보기 위해 두만강의 회령 건너편에 있는 중국 용정시 삼합진에서 출발하여 연길시 일대를 거쳐 소하강 즉 왕청 현에서 발원하는 수분하 강변에 위치한 라자구고성에 이르는 노선도 답사하였다. [지도 7] 의 ①의 노선도 이해하기 위하여 회령 건너편인 용정시 삼합진에서 북쪽으로 녕안현에 이 르는 노선을 차량으로 이동하면서 그 인근의 지형과 고대 성곽의 위치 등을 파악하였다.

아래에서 이번 답사로 파악된 공험진·선춘령의 현황을 답사자료 등을 통해 서술하려 한다.

## 1) 고대의 선춘령이었던 고려령 답사 현황

필자가 선춘령으로 비정한 곳은 현재 흑룡강성 동녕현 도하진 홍석립자촌(紅石砬子村) 남 쪽 수분하 건너편에 위치하는데(위의 [지도 7] 참조), 현재는 고려령으로 중국지도에 기록되

어 있다. 현지에서 만난 홍석립자촌에 거주하는 한 노인은 단지 수분하 건너편의 산에 오
래된 성터가 있고, 그 성터가 '고려국'이었다는 얘기를 들으며 자랐다고 전한다.

　2015년 10월 7일과 8일 이틀에 걸쳐 진행된 선춘령 지역 답사에 의해 작성한 현지 지도
는 다음과 같다.[지도 8]

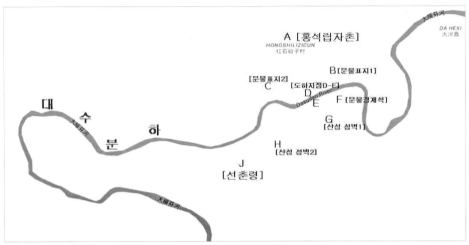

[지도 8] 선춘령(현 고려령) 답사 지도

　아래 [사진 1] J지점에 서서 사방을 조망하면, 윤관이 이 지점에 선춘령 국경 경계비를
세웠던 목적과 상황이 이해된다. J지점의 선춘령은 소수분하를 따라 남하하던 여진 등의
세력이 이 지역을 지날 때 쉽게 올려다볼 수 있는 지점이다. 그곳에 비석을 세웠다면, 남하
하는 세력 그 누구도 선춘령인 J지점에 우뚝 선 그 비석을 통해 이곳이 고려의 국경임을
새삼 깨달았을 것이다. 필자의 이번 답사를 통해, 선춘령의 그러한 상징성이 이해되었다.

[사진 1] 선춘령(현 고려령) 원경( J 지점)

## 2) 고대의 공험진이었던 오배산성 답사 현황

오배산성은 수분하 중상류 일대를 통제하면서 북쪽으로부터의 침략을 방어하는 성격의 전략적 요충에 건설된 산성이다. 현지답사를 통해, 오배산성의 주요한 건설 목적이 수분하 중상류의 두 지류인 대수분하와 소수분하가 합류하는 지점을 통제하면서, 특히 소수분하를 거쳐 남하하는 여진 등의 군사세력을 방어 및 차단하기 위한 것임을 어렵지 않게 파악할 수 있다.

문헌 등에 의해 공험진으로 비정되는 오배산성은 위에 검토한 선춘령(현 고려령)에서 동남쪽으로 직선거리 5km 정도 떨어져 있다. 오배산성은 수분하가 굽어 흐르는 지역에 마치 섬처럼 위치하고 있는 오배촌에서 그 이름이 지어졌다. [사진 2] 오배촌까지 차량이 건널 수 있는 교량이 없어서 산성에 접근하려면, [사진 3]의 나무다리를 건너야 한다.

오배산성은 그 축성 기법에서 고구려 산성의 전형적 특성을 띠고 있다. 오배산성의 이남 지역 일대에 있는 혼춘(琿春)의 통긍산산성(通肯山山城), 도문(圖們)의 성자산산성(城子山山城)[마반촌산성(磨盤村山城)], 정암산성(亭岩山城) 등과 그 축성 유형의 유사함이 드러나는 것이다. 위의 표지석에 쓰여있듯, 이들 모두는 고구려에 복속되어 있는 북옥저의 주민들에 의해 쌓여진 것으로서, 때문에 그 축성 방식의 유사함이 형성된 것으로 이해할 수 있다.

공험진으로 비정되는 오배산성이 그 연원이 오래된 점으로 미루어, 윤관 등이 예종 2년

| [사진 2] 오배촌을 휘감은 대수분하 | [사진 3] 오배촌 진입로(K 지점) |

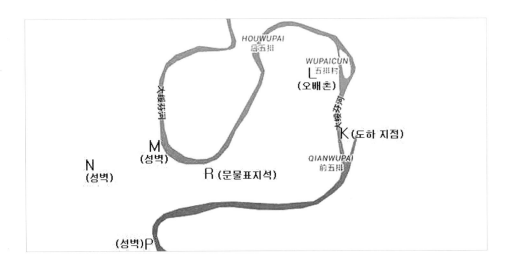

[지도 9] 공험진(현 오배산성) 답사 지도

(1107년)에서 예종 3년(1108년)에 걸친 전쟁을 통해 수분하 중상류의 전략적 요충인 이 일대를 점령하면서, 이 일대를 통제하고 또 그 이북 지역의 침략을 차단할 목적으로 오배산성을 활용하였고, 그 군사적 거점의 지역 명칭을 공험진으로 명명(命名)했던 것으로 볼 수 있다. 즉 윤관 등은 이곳을 군사적으로 점령하면서 새로운 성을 쌓은 것이 아니라, 고구려 시기에 옥저인들에 의해 쌓여져 그 이후 계속 사용되어오던 오배산성을 수축하여 사용한

압록과 고려의 북계

것으로 보인다.


## 3. 공험진·선춘령 지역의 역사지리적 검토

선춘령의 위치는 몇몇 문헌에 상당히 구체적으로 기록되어 있다. 『용비어천가』 제53장 주해의 "(고주는) 선춘(샨쥰)령에서 서쪽으로 4일 거리에 있다"[33]는 기록에서 고주를 찾으면 선춘령의 대체적 위치가 파악되는 것이다. 또한 『신증동국여지승람』의 "(거양성에서) 서쪽으로 선춘령까지 60리쯤 된다"는 기록에서 거양성을 찾으면 선춘령의 대체적인 위치가 파악되는 것이다. 이 기록들의 고주와 거양성은 다른 문헌 기록과 연구 등을 통해 현재의 흑룡강성 목단강시 녕안현과 동녕현으로 파악되었고, 이 지리위치를 검토하면 현재 선춘령의 대체적인 위치를 파악할 수 있는 것이다.

또한 『세종실록』 「지리지」의 "(수빈강은) 북쪽으로 흘러서 소하강이 되어 공험진·선춘령을 지나 거양성에 이른다"는 기록과 『신증동국여지승람』의 "수빈강 : 근원이 백두산에서 나와서 북쪽으로 흘러 소하강이 되고, 한쪽은 속평강이 되어, 공험진·선춘령을 경유하여 거양에 이른다"는 기록들에 의하면 선춘령은 소하강 즉 현재의 대수분하와 근접함을 알 수 있다. 공험진 또한 대수분하에 잇닿아 있으며, 거양성의 서남쪽에 있음을 알 수 있다.

이러한 위치로 보면, 윤관 등은 수분하 중상류 일대를 군사적으로 점령하면서 위의 지도에서 S(선춘령)를 지나 동쪽으로 흐르는 수분하 이남을 반드시 확보해야 하는 방어선의 개념으로 설정했다고 볼 수 있다. 이러한 전략적 인식에 따라 S(선춘령)에 국경을 알리는 비석을 세웠던 것이다. 그리고 S(선춘령) 일대에서 북쪽의 소수분하를 따라 남하하는 여진 세력을 막아내겠다는 의미를 드러낸 것으로 볼 수 있다.

T(공험진)는 S(선춘령) 일대에서 대수분하 이남을 방어하고 또 북쪽의 여진 세력을 공격하기 위한 군사적 거점이었다. 국경을 표시한 비석이 서있는 선춘령 옆의 홍석립자산성에 전초기지를 두고, 이곳에서 적의 움직임이 관측되면, T(공험진)의 군사력이 즉각 동원되는 것이다. S(선춘령)의 상징성과 실제 군사 거점으로 작용한 T(공험진)은 대수분하 강변에 [지도 10]과 같이 조성되어 그 각각의 역할을 했던 것이다.

---

33) 『龍飛御天歌』(萬曆本) 第五十三章.

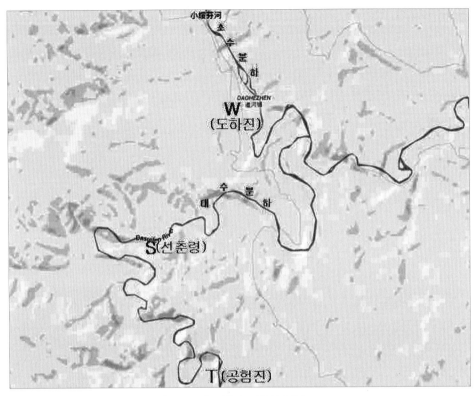

[지도 10] 공험진·선춘령 위치도

　이러한 지리 위치로 보면, 공험진은 여진 등의 남하 세력을 차단하거나 통제할 수 있는 전략적 요충에 세워진 것임이 분명하다. 또한 공험진·선춘령으로 이 일대를 장악하면, 그 아래로 수분하 유역과 두만강 유역은 물론 현재 연해주의 너른 지역에 대한 통제권도 장악할 가능성이 있었던 것이다. 이러한 고려의 군사 전략을 상징적으로 명시하기 위해 S 지역에 "고려지경(高麗之境)"이라는 비석을 세웠고, 공험진이란 군사 거점을 세워 운영했던 것이다.

# V. 맺음말

고려 국경 문제를 풀 수 있는 매우 중요한 단서인 동북9성의 위치 규명과 관련한 우리나라 연구물은 많지 않다. 광복 이후 한국학자들이 위치 비정을 새롭게 해야함에도 불구하고, 일본학자들이 비정해 놓은 동북9성의 위치를 함흥평야 지역으로 한국사 교과서에 기록하였다. 최근에 출간된 한국사 교과서에는 "동북9성의 위치는 아직 밝혀지지 않았고, '함흥평야 일대설', '길주 이남설', '두만강 이북설' 등의 여러 주장이 대립하고 있는 상황"이라고 기록되어 있다.

국경문제는 앞으로 남북통일 이후 주변국과 매우 중요한 쟁점으로 대두될 것이므로, 우리 학계 내에서 국경문제와 관련한 중요 사항은 학술적이고 논리적으로 명확하게 정립되어 있어야 한다. 국제 정세로 볼 때 통일 문제는 불원간 찾아올 수도 있다. 이처럼 중요한 사안인 동북 9성의 위치에 대하여 한국 역사학계가 아직도 명확한 결론을 내리지 못하고 있는 것은 매우 안타까운 일이고, 어찌 보면 직무유기를 하고 있다고 해도 과언이 아니다. 광복 72주년을 맞는 오늘, 우리 역사학계가 한국사에서 어떤 분야 연구가 더 시급하고 명확하게 해결해야 하는 것인지를 심각하게 고민해야할 때라고 생각한다.

역사적으로 두만강 이북에 있는 공험진 이남부터는 조선의 관할 지역임을 주장하여 명으로부터 11처 지역의 여진 귀속 문제를 승인받았고, 이것으로 볼 때 조선 초기에는 공험진이 두만강 이북에 있었다는 확고한 인식을 가지고 있었다. 고려 예종 이후 여진정벌을 통해 이룩한 국경을, 공민왕 때에도 실질적인 점유와 관계없이 선춘령 이남을 대외적인 국경선으로 주장하여 역사적 영유권을 갖게 되었다. 또한 원명 교체기의 조선왕조도 고려의 영토관을 계승하여 선춘령 이남 지역은 조선의 영토로 한다는 역사적 성과를 올렸던 것이다.

또한 『세종실록』 「지리지」와 『용비어천가』 및 『신증동국여지승람』등의 공험진·선춘령 관련 기록을 토대로 직접 현장을 답사하여 보면, 이 기록들은 현지 조사 자료를 근거로 한 것임이 분명함을 알 수 있다. 이들 문헌자료들의 거리와 지명 등을 근거로 현지를 답사하여 고증한 결과 공험진은 오배산성에 비정할 수 있고, 선춘령은 고려령에 위치했음을 비정할 수 있었다.

이와 같은 실지 답사를 통하여 공험진과 선춘령의 위치가 파악되며, 동북 9성은 실제로 기록에 나오는 대로 두만강에서 북쪽으로 700리 지점에 위치했다는 것을 명확히 확인할 수 있었다. 동북 9성에 대하여 앞으로 더 심도 있는 연구가 필요하다. 뿐만 아니라 『세종실록』 「지리지」와 『용비어천가』 및 『신증동국여지승람』에서 기록된 내용이 사실임을 확고히 하여 동북9성이 두만강 이북 700리에 실재했다는 사실을 한국사교과서에 명확하게 기록해야 할 것이다.

## ❖ 참고문헌

### 1. 사 서

『고려사절요』, 『고려사』, 『대동지지』, 『동국여지』, 『동국지리지』, 『동국지리지』, 『동사강목』, 『동환록』, 『성호사설』, 『승정원일기』, 『신증동국여지승람』, 『용비어천가』, 『조선왕조실록』, 『해동역사속』, 『해동역사』

### 2. 자 료

국사편찬위원회 국정도서편찬위원회, 2009, 『중학교 국사』, ㈜두산.

국사편찬위원회, 1990, 『중학교 국사』.

금성출판사 편집부, 2014, 『고등학교 한국사』, 금성출판사.

김종수 외 7인, 『고등학교 한국사』, ㈜금성출판사.

朝鮮史編修會 編, 1932~1938, 『朝鮮史』, 京城: 朝鮮總督府.

### 3. 국내 논문

김구진, 1976, 「공헌진과 선춘령비」, 『백산학보』 21.

김구진, 1977, 「윤관 9성의 범위와 조선 6진의 개척」, 여진세력 관계를 중심으로, 『사총』 21·22 합집.

김상기, 1959, 「여진 관계의 시말과 윤관(尹瓘)의 북정」, 『국사상의 제 문제』 제4집, 국사편찬위원회.

김순자, 2006, 「10~11세기 고려와 요의 영토전쟁」, 『북방사논총』 제11호, 고구려연구재단.

김영심·정재훈, 2000, 「조선후기 정통론의 수용과 그 변화」, 『韓國文化』 26.

방동인, 1995, 「고려·조선의 북방 영토개척」 『한민족과 북방과의 관계사 연구』, 연구논총 95-8.

방동인, 1983, 『고려시대의 북계획정에 관한 연구』 경희대학교 박사학위 논문.

복기대, 2011, 「윤관의 9성의 위치에 대한 재검토」, 『금사와 북방문화연구』 48.

윤무병, 1958, 「길주성과 공험진」, 공험진 입비문제의 재검토, 역사학보, 제10집.

윤여덕, 2008, 「수빈강 선춘령에 서린 천년한」, 『북한』.

이인철, 2012, 「일제의 한국사 왜곡이 국사교과서에 미친 영향에 관한 연구」, 국제뇌교육종합

　　대학원대학교 박사학위논문.

이정신, 2012, 「고려·조선시대 윤관9성 인식의 변화」, 『한국중세사연구』 32, 한국중세사학회.

정해은, 1983, 『고려의 북방정책-여진정벌의 평가와 윤관9성 고찰을 중심으로』, 세계문화사.

조성을, 1992, 「《我邦彊域考》에 나타난 丁若鏞의 歷史認識」, 『奎章閣』 15.

최규성, 2006, 「고려 초기의 북방영토와 구성의 위치비정」, 『백산학보』 제76호.

최규성, 2002, 「선춘령과 공험진비에 대한 신고찰」, 『한국사론』 34, 국편.

허인욱, 2001, 『고려 중기 동부계의 범위에 대한 고찰』, 전남대석사학위논문.

허태용, 2007, 「17세기 말~18세기 초 中華繼承意識의 형성과 正統論의 강화」, 『震檀學報』 103.

## ❖ Abstract

# A Study on the Location of Northeast 9 Fortresses Pioneered by Yun Gwan of Koryo Dynasty

Lee, In-chul

There are not many Korean research results on location investigation of 9 Fortresses of the Northeast. After restoration of Korean national independence, although Korean Studies scholars had to renew the location, they recorded in Korean history textbook that the location of 9 Fortresses of the Northeast(東北9城) was located in the Hamheung Plain(咸興平野) region, which was located by Japanese scholars. in a textbook recently published, it is written that the location of 9 Fortresses of the Northeas is not yet identified, It has conflicting claims with three theories ' the Hamheung Plain theory(咸興平野說)', 'Gilju south theory(吉州 以南說)', 'Duman River north theory(豆滿江 以北說)'

First, 'Gilju south theory' that emerged after the postmid-Joseon Dynasty, reflects medieval and feudal historical perspective of those days which needs critical acceptance in accordance with the reference. This claim was described by the perspective called 'Orthodoxy(正統論)' at that time. It was written under the stereotype of limiting historical domain from the ancient history to the history of the day. Gilju south theory started as a misunderstanding by Han Baek-gyeom(韓百謙), the founder of Korean historical and geographical studies the middle of the Joseon Dynasty, presuming that Seokchugugi(石樞舊基) and a stone pillar found in Hamgyeongnam-do Maullyeong(摩雲嶺) were stood as Seonchullyeong(先春嶺) Jeonggyebi(national boundary monument, 定界碑) by Yun Gwan(尹瓘).

The headstone, mistakenly known as Seonchullyeong Jeonggyebi(先春

嶺 定界碑) by Han Baek-gyeom was found out that it was Jinheungwang(眞興王) Sunsubi(monument of trip royal, 巡狩碑)[Maullyeongbi, 摩雲嶺碑] by Choe Nam-seon(崔南善) in 1929. However, Gilju south theory of 9 Fortresses of the Northeast, claimed by Han Baek-gyeom was followed by many scholars afterwards. This is the essence of Gilju south theory

Second, during Daeilhangjaenggi(period of struggle toward Japan, 對日抗爭期), Japanese government scholars 'the Hamheung Plain theory' claim was a created as a historical perspective for a purpose to turn the Korean Peninsula and Manju into permanent colonies. Therefore the claim was based on the colonial view of history(植民史觀) which should have been overcome critically after the Independence. However, it is very sad reality that the Japanese Empire's creation, 'Logic by the colonial view of history' is still partially dominated in Korean history description.

Third, The theory, emerged from historical materials from the early days of the Joseon Dynasty is 'Duman River north theory'. By examining the records thoroughly from 『Goryeosa(History of Goryeo, 高麗史)』·『Goryeosajeoryo (importantly abridged History of Goryeo, 高麗史節要)』·『Joseonwangjosillok(the Annals of the Joseon Dynasty, 朝鮮王朝實錄)』·『Yongbieocheonga(Songs of flying dragons, 龍飛御天歌)』· 『Sinjeungdonggugyeojiseungnam(newly Increased books for a great role model of Dongkuk geography, 新增東國輿地勝覽)』 and others, there would have been so many difficulties to have 9 Fortresses of the Northeast in (Duman River north region to be located, It is historically appropriate to claim that 9 Fortresses of the Northeast was more likely to be located in Duman River north region. Examining these written records in historical-geographical view, A definite conclusion can be drawn that 9 Fortresses of the Northeast was located in Duman River north region.

On the basis of Gongheomjin·Seonchullyeong related records from 『Sejongsillok』 「Jiriji」 and 『Yongbieocheonga』 and 『Sinjeungdonggugyeojiseungnam』 and others, if one explore the site personally, it is clear that those records are based on materials acquired from field research. The results of doing the field exploration on the basis of streets and geographical names from written materials are that Gongheomjin is located in Obaesanseong(mountain fortress of Obae, 五排山城) north from Duman River and Seonchullyeong is located in Goryeoryeong(高麗嶺) thoroughout this site exploration, the location of Gongheomjin(公嶮鎭) and Seonchullyeong(先春嶺) can be figured out and it is confirmed cleary that 9 Fortresses of the Northeast was actually located in 700-lis(里) north from Duman River in accordance to the recorded materials.

By doing more in-depth study in 9 Fortresses of the Northeast, firm up th facticity of the recorded descriptions from 『Sejongsillok』「Jiriji」 and 『Yongbieocheonga』 and 『Sinjeungdonggugyeojiseungnam』, The fact that 9 Fortresses of the Northeast existed in Duman River north 700-lis(里) has to be recorded precisely in Korean history textbook .

After the reunification of North and South Korea, the boundary issue will be a very crucial problem with neighbour countries from now on. In our academic world, an important matter, that is related to the boundary issue, should be established scientifically and logically.

■■ Key words: 9 Fortresses of the Northeast, Seonchullyeong(先春嶺), Gongheomjin(公嶮鎭)

# 서희 개척 8주의 위치에 대한 재고찰

남주성 (한양대학교 겸임교수, 행정학 박사, 한국수력원자력(주) 상임감사위원)

## 국문초록

고려는 서북쪽으로 압록강하류 지역까지 진출하였고, 동북쪽은 두만강 이남 지역을 경계로 하였다는 것이 학계의 통설이다. 한편 993년 거란의 1차 침략시 고려 서희 장군은 거란과 담판하여 모두 8주를 개척하였으나 귀화진과 장흥진을 특별한 사유도 없이 오기로 보아 제외하고 흥화진, 용주, 철주, 통주, 곽주, 귀주 등 6주를 이른바 '강동 6주'라 이름 붙여 압록강과 청천강 사이 지역으로 설명하여 왔다. 그러나 이를 근거로 거란의 3차에 걸친 침략시의 군사 이동 상황과 평안도의 지명 지리를 비교하여 보면 서로 부합되지 않는다. 그런데 압록강 남쪽의 지명 다수가 요령성 요양과 개원 사이에서 같은 이름으로 있는데, 고려와 거란군의 군사행동을 요령성으로 옮겨 보면 지리적으로 상당부분 부합된다. 따라서 서희 장군이 개척한 8주는 현재의 압록강 남쪽이 아니라 요령성 요하 상류의 남쪽 개원시 일대와 요양시 이북 일대에 위치하였다고 추정된다.

■■ 주제어: 8주, 거란, 서희, 흥화진, 요양

# I. 머리말

고려 초기의 북방경계에 관한 학계의 통설은 다음과 같다. 즉 태조(太祖)대에 동북방으로는 대체로 안변(安邊)·영흥(永興) 지대에 머무는 선이었고, 서북방에서는 통일신라(統一新羅) 때보다 다소 북진한 청천강(淸川江)선에 이르렀다.[1] 그 뒤 북진정책의 추진으로 서북쪽으로는 멸망할 때까지 압록강하류 지역까지만 진출하였고, 동북쪽은 문종 대에 이르러 두만강 이남지역을 경계로 하였다.[2] 고려 초기의 북계를 추정함에 있어서 982년(성종 원년) 최승로가 작성한 시무 28조상의 기록이 많이 인용된다. 제1조에는 "대체로 마헐탄(馬歇灘)을 국경으로 삼은 것은 태조의 뜻이요, 압록강가의 석성(石城)을 국경으로 삼자는 것은 대조(大朝:景宗)[3]에서 정한 바입니다. 앞으로 두 곳을 전하께서 판단하시어 요해처를 선택하여 국토의 경계로 결정하시기를 바랍니다"라고 기록되어 있다.[4]

마헐탄(馬歇灘)의 위치에 관해서는 대체로 청천강으로 보는 견해가 다수이고, 압록강 중류 초산(楚山), 강계(江界) 방면으로 보는 견해, 압록강안(鴨綠江岸)으로 보는 견해, 평양부 동쪽 40리에 있는 마탄으로 비정하는 연구가 있다.[5]

고려 성종대의 국경을 청천강으로 보았기에 993년 거란[6]의 1차 침략 종전 강화협상에

---

1) 朴賢緒, 1981, 「고려-고려 귀족사회의 성립」, 『한국사』4.

2) 羅鍾宇, 2002, 「고려전기의 사회와 대외관계」, 『신편한국사』15권.

3) 정약용, 「我邦疆域考」其四, 『여유당전서(定本 與猶堂全書)』, 西北路沿革續.
   대조는 경종을 가리킨다. 광종의 아들, 성종의 형이다.
   大朝指景宗也. 光宗之子, 成宗之兄

4) 『고려사』권93, 열전6 최승로전.

5) 마헐탄을 청천강으로 보는 견해(이병도, 『한국사』중세편, 1961, 58쪽; 강성문, 「고려초기의 북계개척에 대한 연구」, 『백산학보』27, 1983; 서성호, 「고려 태조대 대거란 정책의 추이와 성격」, 『역사와 현실』34, 1997, 36쪽), 전경숙, 「고려 성종대 거란의 침략과 군사제도 개편」, 『군사』제91호, 2014. 235-236쪽. 압록강 중류의 楚山, 江界방면으로 보는 견해(김상기, 「단구와의 항쟁」, 『국사상의 제문제』, 1959), 鴨綠江岸으로 보는 견해(박현서, 「북방민족과의 항쟁」, 『한국사』4, 1974, 258쪽; 허인욱, 『고려 거란의 압록강 지역 영토 분쟁 연구』, 고려대학교 박사학위논문, 2012), 평양부 동쪽 40리에 있는 마탄으로 비정하는 연구(김순자, 「고려 전기의 영토 인식 -서희와 성종대를 중심으로」, 『고려 실용외교의 중심 서희』, 서해문집, 2010, 129쪽)등이 있다.

6) 허인욱, 2008, 「고려 성종대 거란의 1차 침입과 경계 설정」『전북사학』제33호, 전북사학회, 35쪽.
   거란의 국호는 거란과 遼가 혼용되었는데, 거란이 遼보다 전체적으로 좀 더 오래 사용되었다. 이 때문에 거란을 사용해야 한다. [金在滿, 『契丹民族發展史의 硏究』(독서신문사 출판국, 1974), 99쪽, 註:4]; 『契丹·高麗關係史 研究』(국학자료원, 1999), 22-23쪽]는 견해가 있다. 이 논문에서 다루는 고려 성종대에는 『고려사』등의 기록에 '契丹'이 사용되었으므로 '거란'을 대표 국명으로 사용하였다.

따라 서희 장군이 994년(성종 13) 개척한 6주는 이제까지 압록강 동쪽에 개척된 곳이라는 뜻으로 일반적으로 이른바 '강동 6주'라는 통칭으로 부르고 있다.

993년 거란[7]이 고려에 1차로 침략하였을 때에 서희장군이 거란의 소손녕과 담판하여 압록강 동쪽 280리 지역의 흥화진(興化鎭:의주義州)·용주(龍州:용천龍川)·철주(鐵州:철산鐵山)·통주(通州:선천宣川)·곽주(郭州:곽산郭山)·귀주(龜州:귀성龜城)등을 영유하게 되었다고 하였다.[8]

한편 『고려사절요(高麗史節要)』와 조선 후기의 실학자 안정복(安鼎福)이 지은 『동사강목(東史綱目)』에는 서희장군이 994년과 996년 사이에 장흥진(長興鎭)·귀화진(歸化鎭)·곽주(郭州)·귀주(龜州)·안의진(安義鎭)·흥화진(興化鎭)·선주(宣州)·맹주(孟州) 등 8개 지역에[9] 성을 쌓았다고 되어 있다. 우리 사학계에서는 『고려사절요』나 『동사강목』의 기록에 대하여 오기이거나 다른 이칭 중복기재 등으로 보고, 중국 『宋史』의 기록을 근거로 6州를 정하였다. 그런데 뒤에 자세히 다루거니와 우리나라의 기록을 부인할 특별한 증거도 없는 상태에서 『宋史』를 근거로 6주로 축소한 것은 문제가 있다. 이 글에서는 『고려사절요』와 『동사강목』을 근거로 서희장군이 개척한 지역을 8개로 보아 그 위치를 고찰하고 명칭도 편의상 8주로 부르고자 한다.

한편 최근 학계의 일각에서, "평양성과 따라다니는 고대 압록수(鴨綠水) 또는 압록강(鴨淥江)은 현재의 압록강이 아니라 모두 요하를 지칭하고,[10] 고구려 장수왕이 천도한 평양성은 북한의 평양이 아니라 요동 요양에 있었으며, 이 요동의 평양성이 고려의 서경이며 원대의 동녕로가 되었다"는 주장이 제기되고 있다.[11] 나아가 993년부터 1018년 사이 거

---

7) 거란(契丹)의 또 다른 국호는 요(遼)이다. 두 국호가 번갈아 사용되었기에 이 글에서는 편의상 거란(契丹)으로 통일하여 사용한다.

8) 羅鍾宇, 위의 책.

9) 『고려사절요』 권2, 성종 13년 미상, 성종 14년 7월 미상; 『고려사』 권94, 열전 권제7, 제신(諸臣), 서희. 『동사강목』 제6하, 갑오년 성종13년 6월, 을미년 성종14년 추9월.

10) 남의현. 2017, 「장수왕의 平壤城, 그리고 鴨綠水와 鴨淥江의 위치에 대한 시론적 접근」, 『고구려의 평양과 그 여운』, 인하대고조선연구소 연구총서2, 116쪽.

11) 남의현, 위 논문 97-98쪽.
복기대, 2016, 「한국역사학계의 평양인식」, 『고구려의 평양과 그 여운』, 인하대학교 고조선연구소 평양연구팀. 232-236쪽.
윤한택, 2017, 「고려국 북계 봉강(封疆)에 대하여」, 『고구려의 평양과 그 여운』, 인하대고조선연구소 연구총서 2, 154쪽, 169쪽.

란의 3차에 걸친 고려침략 당시의 주요 전쟁지역인 통주(通州)와 귀주(龜州) 등이 평안북도 지역이 아니라 요령성 철령(鐵嶺)과 개원(開原) 일대였다는 연구도 발표되었다.[12]

　본 연구에서는 이러한 최근의 연구결과를 바탕으로 하여 서희 장군이 개척한 8주가 현재의 압록강 남쪽에서 청천강에 이르는 지역에 있었다는 기존의 인식을 벗어나서 '서희 개척 8주'[13]는 고려의 서경인 요령성 요양시 이북에서 개원시 일대에 위치하였다는 것을 검증하고자 하는 데 그 목적이 있다.

　연구방법으로는 고려와 조선 및 중국의 문헌자료를 근거로 하여 먼저 서희장군이 개척한 지역과 밀접한 관련이 있는 당시의 압록강, 평양성(平壤城)과 패강(浿江), 거란의 동경(東京), 보주(保州)와 내원성(來遠城), 요나라 신주(信州), 통일신라의 북방 경계 등을 종합적으로 분석하여, 압록강은 현재의 요하이고, 서경을 설치한 평양성은 요양, 보주와 내원성 또한 요하의 중류일대임을 검증하고자 하였다. 다음으로는 이와 같은 검증결과를 바탕으로 하여 서희장군이 개척한 지역 또한 고려 초기 서경인 요양의 북쪽 개원과 철령 일대로 추정하고 그 지리적 특성과 고대의 지명 연혁 등이 서로 부합하는지 비교 검증하는 방법을 사용하였다.

---

12) 남주성, 2017, 「고려와 거란 간 전쟁지역에 대한 재고찰-주요 전투장소 지명을 중심으로-」, 『고구려의 평양과 그 여운』, 인하대고조선연구소 연구총서2, 202-204.

13) '강동 6주'라는 표현은 압록강 동쪽 즉 한반도로 위치를 한정하는 것이다. 본 연구에서는 서희 장군이 개척한 8주의 위치가 압록강 동쪽이 아니라 요령성 철령시와 개원시 일대였을 것으로 추정하고 있으므로 '서희 개척 8주'라는 이름으로 부르고자 한다.

# II. 서희의 8주 개척 경위

## 1. 고려의 북진정책과 거란의 팽창

### 1) 고려의 북진정책 추진

고려가 건국할 무렵(918) 중국대륙에서는 '5대 10국'의 혼란기(907-960)가 시작되었다. 대륙의 혼란기를 틈타서 북방의 유목민족인 거란족이 흥기하였다. 야율아보기는 뛰어난 무공을 바탕으로 907년 초 거란 8부족의 대칸(大汗)으로 실질적인 통수권을 갖게 되었다. '5대 10국'의 혼란은 宋의 건국(960)으로 중원이 통일되면서 종식되었다.[14]

고려 태조 왕건은 건국 이래 궁예가 표방하였던 고구려의 옛 강토를 회복한다는 북진정책을 계승하여 추진하였다. 평양을 서경으로 고쳐 부르고 대도호부를 두어서 서북 개척의 중심지로 삼았다. 919년 서경을 보수하고 용강현에 성을 쌓는 것을 시작으로 930년(태조 13)에는 안북부(安北府:안주)에 성을 쌓았다. 이후 왕들도 북진정책에 관심을 가졌고 성종 대에 이르러서 고려의 영토는 박천(博川)·영변(寧邊)·운산(雲山)·태천(泰川) 등지와 압록강 하류 일부 지역에까지 이르게 되었다는 것이 현재의 통설이다. 거란 또한 지리적으로 인접한 만주에 대하여 고려 못지않게 관심을 가지고 진출하였다. 자연히 고려와 거란은 그들이 차지하고 뻗어가려는 목표가 서로 맞닿아 좋은 관계보다 적대관계가 될 수밖에 없었다.[15]

고려 성종은 984년 형관어사(刑官御事) 이겸의(李謙宜)에게 명하여 압록강(鴨綠江)가에[16] 성을 쌓아 관문(關門)으로 삼고자 하였으나 여진(女眞)이 군사를 동원하여 그것을 막고 이겸의를 사로잡아 돌아감으로써 실패하였다.[17] 985년에는 宋에서 연주(燕州)와 계주(薊州)를 수복하려는 목적으로 거란을 치는데 고려가 협공할 것을 요청하는 조서를 보내왔으나

---

14) 『요사』권1, 太祖紀 上.

15) 나종우, 2002, 「10세기 동아시아의 국제정세 속에서 고려와 거란 관계」, 『군사』(46), 191-193쪽.

16) 『宋史』「外國列傳」高麗에는 梅河로 되어 있다.
   女眞又勸當道控梅河津要, 築治城壘, 以爲防遏之備

17) 『고려사』권3, 세가 권제3, 성종(成宗) 3년 5월.

고려는 이에 응하지 아니하였다.[18]

## 2) 거란의 팽창

거란의 태조 야율아보기는 唐 말에서 5대에 이르는 혼란기에 실위(室韋)·우궐(于厥)·여진(女眞) 등 주변 부족과 만리장성을 넘어 북중국을 공략하고 정복전쟁을 통해 거란 부족들을 통합하여 916년 나라를 세워 거란이라 하였다(937년 '遼'라 고쳤다). 야율아보기는 장차 중원으로 진출하는데 배후의 위협을 제거하고자 발해를 공격하여 926년 멸망시켰다. 936년 후당(後唐)이 멸망하고 거란 태종의 도움으로 후진(後晉)이 건국되었다. 거란은 그 대가로 후진(後晉)으로부터 연운(燕雲)지방의 16개 주를 할양받음으로써 중원진출의 발판을 마련하였다. 이후 947년에는 후진마저 멸망시켰다.[19]

한편 중원에서는 960년 조광윤이 宋을 건국하여 남방의 여러 나라를 합병하고 979년 거란과 사이에 있던 북한(北漢)을 멸망시키고 중원을 통일하면서 거란과 직접 국경을 맞대고 대결하게 되었다.

980년대에 들어서 고려의 대외관계에 긴장을 가져올 중요한 움직임이 나타났는데 그것은 거란이 요동지역 여진을 토벌한 일이었다.[20] 거란은 성종(聖宗:983-1031)이 즉위하자 동정(東征)을 추진하여 여러 차례에 걸쳐 빈해여진(濱海女眞)과 정안국(定安國)을 치고, 마침내는 990년 압록강(鴨綠江)변의 요지에 3책(위구威寇·진화振化·내원來遠)을 세워 여진과 宋의 통교를 완전히 봉쇄하였다. 이에 따라서 거란은 압록강을 사이에 두고 고려와 접하게 되었다.[21] 성종(聖宗) 통화(統和) 9년(991)경 宋이 감행했던 대요(對遼)전쟁에서 송을 대패시켰다. 이로써 송·여진 모두로부터 후고(後顧)의 염려가 없게 된 거란은 마침내 고려 문제에 전념할 수 있게 되었다.

거란 성종은 먼저 고려에 사신을 보내서 화의를 요청하였으나 고려의 반응이 없자 고려 원정을 단행하는 쪽으로 정책을 결정하였다.[22]

---

18) 『고려사』권3, 세가 권제3 성종(成宗) 4년 5월.

19) 나종우, 위 논문, 197-203쪽.

20) 육정임, 2011, 「고려·거란 '30년 전쟁'과 동아시아 국제질서」, 『동북아역사논총』34호, 16쪽.

21) 나종우, 위 논문, 204-205쪽.

22) 羅鍾宇, 위의 책.

## 2. 거란의 침략과 8주 개척

### 1) 거란의 침략 경과

성종 12년(993) 5월에 고려와 통하고 있던 서북계의 여진이 거란의 침략계획을 미리 탐지하고 고려조정에 그 사실을 알려주었다. 하지만 고려조정은 여진의 보고를 의심하여 방어책을 세우지 않았다.[23] 여진이 8월에 거란병의 진격사실을 재차 알리자 그제야 대비책을 세우게 되었다. 성종은 각 지방에 병마제정사(兵馬齊正使)를 보내어 군사를 징집하게 한 다음, 10월 시중(侍中) 박양유(朴良柔)를 상군사로 임명하여 북계(北界)로 나가 거란을 막도록 하고 성종 자신도 서경으로 나가서 정세를 관망하였다.[24]

993년 10월에 거란은 동경유수(東京留守) 소손녕(蕭遜寧)을 총지휘관으로 호칭 80만 대군으로[25] 고려를 침략하였다. 이 때 거란이 고려를 침범한 이유는 두 가지였다. 첫째는 宋과 중국대륙을 놓고 결전을 함에 앞서 고려와 宋과의 동맹관계를 단절하고, 한걸음 나아가 고려를 거란에 복속시킴으로써 宋 정벌에 전념하기 위함이었다. 둘째는 고구려의 계승권을 가진 거란이 고구려의 옛 땅을 모두 장악해야 한다는 명분하에 고려가 개척해 차지하고 있던 압록강 하류 동쪽지역 일대의 땅을 장악해서 고려의 도전을 사전에 봉쇄하겠다는 이유에서였다.[26]

거란은 봉산군(蓬山郡)을 함락하고 고려의 항복을 요구하였다. 『고려사』에 의하면 고려조정은 항복하고 화친을 구걸하자는 측과 서경 이북의 땅을 떼어주고 황주로부터 절령까지를 국경으로 삼자는 주장으로 나뉘었다. 이 둘 어디에도 외적과 맞서 싸우려는 적극적인 의지는 보이지 않는다. 성종 또한 이에 동조하는 태도를 취하였다. 고려는 태조때부터 북진정책을 국시로 내걸었지만 성종대에 이르면 그 의미가 많이 약화된 것 같다.[27] 그러자 중군사(中軍士) 서희는 이에 반대하면서 "거란의 동경(東京)으로부터 우리 안북부(安北

---

23) 『고려사』 권3, 세가 권제3, 성종(成宗) 12년 5월.

24) 『고려사절요』 권2, 성종(成宗) 12년 10월.

25) 당시 침략을 80만이라 한 것은 과장된 것이고 15만 정도로 보는 견해도 있다.
　　(安周燮, 2001, 「高麗-契丹 戰爭史 硏究」, 명지대학교대학원 박사학위논문, 182쪽)

26) 羅鍾宇, 위의 책.

27) 李貞信, 2003, 「江東 6州와 尹瓘의 9城을 통해 본 고려의 대외정책」, 『軍史』 제48호, 280쪽.

府)까지 수백 리 땅은 모두 생여진(生女眞)이 살던 곳인데, 광종(光宗)이 그것을 빼앗아 가주(嘉州)·송성(松城) 등의 성을 쌓았습니다. 거란이 침공한 것은 이 두 개의 성을 뺏고자 하는 것인데, 저들이 한없는 욕심을 부린다면 국토를 다 줄 수 있겠습니까? 땅을 떼어 적에게 주는 것은 만세(萬世)의 치욕입니다"라고 진언하였다.[28]

즉, 서희는 거란군의 침략 목적이 고려와 전면전을 벌이기보다는 거란의 동경과 가까운 가주(嘉州)와 송성(松城)을 점령하는 것에 본뜻이 있다는 것을 간파하고, 이 기회에 고려의 북진정책을 발전시켜 압록강을 넘어가서 고구려 영토의 수복을 추진하려는 의도를 갖고 있었음을 알 수 있다.[29]

## 2) 거란과 고려의 강화 교섭

이후에 소손녕은 고려를 압박할 목적으로 안융진(安戎鎭)을 공격하였으나 실패하였다. 이를 계기로 거란 또한 강화를 원하게 되어 서희는 화해사(和解使)로서 거란의 소손녕과 담판하게 되었다. 서희와 소손녕의 회담 내용은 『고려사』「열전」서희편에 다음과 같이 기록되어 있다.

소손녕이 서희에게 말하기를, "너희 나라는 신라(新羅) 땅에서 일어났고, 고구려 땅은 우리 소유인데, 너희들이 침범해 왔다. 그리고 우리와 국경을 접하고 있는데도 바다를 넘어 송(宋)을 섬기기 때문에, 오늘의 출병이 있게 된 것이다. 만약 땅을 분할해 바치고 조빙(朝聘)에 힘쓴다면, 무사할 수 있을 것이다"라고 하였다. 서희가 말하기를, "그렇지 않다. 우리 나라가 바로 고구려의 옛 땅이기 때문에, 국호를 고려(高麗)라 하고 평양(平壤)에 도읍하였다. 만일 국경 문제를 논한다면, 요(遼)의 동경(東京)도 모조리 우리 땅에 있는데, 어찌 〈우리가〉 침범해 왔다고 말하는가? 게다가 압록강(鴨綠江) 안팎 또한 우리 땅인데, 지금 여진(女眞)이 그 땅을 훔쳐 살면서 길을 막고 있다. 조빙이 통하지 않는 것은 여진 때문이니, 만약 여진을 쫓아내고 우리의 옛 영토를 돌려주어 성과 보루를 쌓고 도로를 통하게 해준다면, 어찌 감히 조빙을 잘 하지 않겠는가?"라고 하였다. 거란의 황제 또한 회담결과를 보고 들

---

28) 『고려사』권94, 열전 권 제7, 제신(諸臣), 서희.

29) 최규성, 1999, 「서희의 북방정책」, 『서희와 고려의 고구려의 계승의식』, 학연문화사, 119-120쪽.

고, "고려가 이미 강화를 요청해 왔으니, 마땅히 군사 행동을 중지하라"라고 하였다.

이와 같은 회담결과에 성종이 박양유(朴良柔)를 예폐사(禮幣使)로 삼아 입근(入覲)하게 하였다. 서희가 아뢰어 이르기를, "제가 소손녕과 약속하기를 여진을 깨끗이 평정하고 옛 땅을 수복한 뒤에야 조근(朝覲)이 행하여질 것이라고 하였는데 이제 겨우 강 안쪽을 수복하였으니, 요청하건대 강 밖의 〈영토까지〉 획득하고 나서 빙례(聘禮)를 행하더라도 늦지 않을 것입니다"라고 하였다. 성종은 오래 수교하지 않으면 후환이 생길까 두려워하여 마침내 박양유를 보냈다.[30]

994년 봄 2월에는 거란의 소손녕(蕭遜寧)이 고려 성종에게 압록강 서쪽에는 거란이, 동쪽에는 고려가 각각 성을 쌓도록 하자는 글을 다음과 같이 보냈다.

황제가 '요충지가 되는 길목에 성(城)과 해자(垓子)를 조성하도록 하라'고 하였습니다. (거란은) 압록강(鴨綠江) 서쪽 마을에 5개의 성을 축조하면 좋을 듯하여, 3월 초에 축성을 시작하고자 합니다. 대왕께서는 먼저 안북부(安北府)에서부터 압록강 동쪽에 이르는 280리 사이에 적당한 곳을 답행(踏行)하여 거리의 멀고 가까움을 헤아리시고, 아울러 성을 쌓도록 명하여 역부(役夫)들을 징발해 보내어 동시에 시작하게 하시며, 쌓아야 할 성의 총 수를 빨리 회신하여 주십시오.[31]

이에 따라서 994년 고려는 평장사 서희로 하여금 군사를 거느리고 압록강 지역의 여진을 공격하여 쫓아내고, 장흥진(長興鎭)·귀화진(歸化鎭) 두 진과 곽주(郭州)·귀주(龜州) 두 주에 성을 쌓도록 하였다.[32] 이어서 995년에도 평장사 서희에게 명하여, 군사를 거느리고 안의진(安義鎭)·흥화진(興化鎭) 두 진에 성을 쌓게 하였고, 거란 또한 소손녕이 압록강 서리(西里)에 5개의 성을 쌓았다.[33] 고려는 또 그 이듬해 선주(宣州)·맹주(孟州)에 성을 쌓았

30) 『고려사』 열전, 권제7 제신(諸臣) 서희.

31) 『고려사절요』 권2, 성종(成宗) 13년 2월.

32) 『고려사절요』 권2, 성종 13년 미상.
    命平章事徐熙, 率兵攻逐女眞, 城長興歸化二鎭, 及郭龜二州.

33) 『고려사절요』 권2, 성종 14년 미상.
    是歲, 命平章事徐熙, 帥兵, 城安義興化二鎭.

다.[34)]

청나라의 필원(畢沅)이 편찬한 『속자치통감(續資治通鑑)』에는 요나라가 고려에 왕의 입조를 요구한데 대하여 고려가 이를 거부하자, 요나라 황제가 노하여 고려의 흥화(興化), 통주(通州), 용주(龍州), 철주(鐵州), 곽주(郭州), 귀주(龜州) 등 여섯 개의 城을 취하도록 명하였다고 기록되었다.[35)]

이 전쟁의 결과를 보면, 고려는 ① 거란의 정삭(正朔)을 사용하고 ② 거란으로부터 고구려 계승권을 승인받고 ③ 즉 압록강 동쪽 280리에 있는 흥화진(興化鎭)·용주(龍州)·철주(鐵州)·통주(通州)·곽주(郭州)·귀주(龜州) 등 6주를 영유하게 되었다고 하였다. 한편 거란은 ① 형식적이나마 고려를 복속시켰으며 ② 고려와 송과의 외교단절에 성공하고 ③ 거란과 송이 결전을 할 경우 배후에서 고려가 기습할 걱정을 덜게 되었다. 따라서 거란은 제1차 침략결과 고려의 송(宋)에 대한 사대(事大) 및 여·송 동맹(麗·宋 同盟)을 붕괴시켰으나, 고구려 계승의 명분을 빙자하여 고구려 옛 영토를 점유하려는 의도는 실패하였다고 볼 수 있다. 즉 고려는 실리를 얻었고 거란은 명분을 얻게 되었다.[36)]


## 3. 현행 강동 6州 위치 추정의 문제점

안정복은 『동사강목(東史綱目)』에서 994년 서희가 쌓은 성에 대하여, "이때에 서희가 군사를 거느리고 가서 여진을 쫓고 장흥진(長興鎭)·귀화진(歸化鎭)(두 진 지금은 모두 미상) 과 귀주(龜州)·곽주(郭州)의 두 주(지금의 귀성(龜城)과 곽산(郭山)에 성을 쌓았다"라고 기록하여 장흥진과 귀화진은 위치가 미상이고 귀주[37)]는 귀성, 곽주는 곽산이라고 하였다. 이어서 995년에 "서희가 서북계 깊숙이 들어가서 여진을 쫓아내고 안의진(安義鎭)·흥화진(興化鎭) 두 진(안의는 지금의 귀성부(龜城府) 남쪽 1백 70리 지점에 있었고, 흥화는 지금의 의주(義

---

34) 『고려사』권2, 성종 15년 미상.
　　是歲 , 徐熙 , 城宣孟二州。

35) 『속자치통감』卷第三十, 宋紀三十
　　己未, 高麗王詢遣刑部侍郎田供之奉表於遼, 稱病不能朝. 遼主怒, 命取興化, 通州, 龍州, 鐵州, 郭州, 龜州六城.

36) 羅鍾宇, 위의 책.

37) 박광성·신지현, 1986, 『대학국사』, 교학연구사, 103쪽.

州) 남쪽 55리 지점에 있었다)과 선주(宣州)·맹주(孟州) 두 주(지금의 선천(宣川)과 맹산(孟山)에 성을 쌓았다"고 하여 모두 8개 城을 쌓은 것으로 되어 있다.[38]

이행 홍언필 등이 편찬한 『신증동국여지승람(新增東國輿地勝覽)』의 기술에 근거하여 우리나라 한국사 관련 서적에서는 서희가 개척한 6州에 대하여 흥화진(興化鎭)은 의주(義州), 통주(通州)는 선천(宣川), 용주(龍州)는 용천(龍川), 철주(鐵州)는 철산(鐵山), 곽주(郭州)는 곽산(郭山), 귀주(龜州)는 귀성(龜城)으로 기술하고 있다.

한치윤은 『해동역사(海東繹史)』에서 『宋史』를 인용하여 고려에서 쌓은 여섯 城이 흥주(興州)·철주(鐵州)·통주(通州)·용주(龍州)·구주(龜州)·곽주(郭州) 등이라고 하였다.[39] 宋末 元초에 마단림(馬端臨)이 지은 『문헌통고(文獻通考)』「고려전(高麗傳)」에는 흥원(興元)·철주(鐵州)·통주(通州)·용주(龍州)·귀주(龜州)·곽주(郭州)라고 되어 있다.[40]

정약용 또한 「아방강역고(我邦疆域考)」에서, 『宋史』의 기록대로 6성이 옳다고 하였는데, "초년의 장흥·귀화 두 성은 다음 해 합쳐서 하나가 되면서 흥화로 이름을 바꾸었다. 다만 『고려사』의 안의·맹주는 『宋史』에서 용주·철주가 되는데 장소가 서로 맞지 않는다. 『宋史』가 맞다"고 하였다.[41]

즉, 우리 사학계에서는 『고려사절요』나 『동사강목』의 기록에 대하여 오기이거나, 설치 간지의 오독에 따른 오해이거나 다른 이칭 중복기재 등으로 보고, 중국의 『속자치통감』, 『宋史』의 기록을 근거로 6州를 정하고 있다.[42]

위 6州의 위치 중 『신증동국여지승람』에서는 의주(義州)의 남쪽 55리에 있는 고영주(古靈州)가 고려의 흥화진(興化鎭)이라고 하였다.[43] 철주(鐵州)가 철산군(鐵山郡)이라고 하였는

---

38) 『동사강목』 제6하, 성종13년 6월, 성종14년 추9월.

39) 한치윤, 『해동역사(海東繹史)』 제12권, 세기(世紀) 12, 고려(高麗) 1.

40) 안정복, 『동사강목』 제6하, 신해년 현종 2.

41) 정약용, 「我邦疆域考」 其四, 『여유당전서(定本 與猶堂全書)』, 西北路沿革續,
《宋史·高麗傳》契丹旣襲高麗, 築六城曰興州【卽興化鎭, 後改爲靈州. 今合于義州】·曰鐵州【今鐵山】·曰通州【今宣川】·曰龍州【今龍川】·曰龜州【今龜城】·曰郭州【今郭山】于境上. ○案《麗史》則徐熙所築八城, 《宋史》則六城而已. 然《遼史》及《麗史》他篇【如〈顯宗世家〉】皆稱六城, 當以六城爲正也. 初年所築長興·歸化二城, 明年合之爲一城, 【毁其一】改稱爲興化, 非卽六城乎? 但《麗史》之安·義【龜之南】·孟州, 【宣則是通州】《宋史》爲龍州·鐵州, 是其所不合也. 當以《宋史》爲正. ○按 此六城皆在沿路. 自安州赴義州之大路也. 【唯龜州在內】只通朝貢之路, 俾無中梗而已. 雲山·泰川之北至于鴨水之沿猶爲女眞所據

42) 尹京鎭, 2011, 「고려 성종-현종초 북방 개척과 州鎭 설치」, 『역사문화연구』 제38집, 韓國外國語大學校歷史文化研究所, 66-70쪽.

43) 『신증동국여지승람』 제53권, 평안도(平安道), 의주목(義州牧).

데, 『신증동국여지승람』에서는 철산군이 본래는 고려의 장녕현(長寧縣)인데 일명 동산(銅山)이라고 하였다.[44]

『신증동국여지승람』에서 용주는 용천군(龍川郡)으로서, 북쪽으로 의주의 경계까지 19리, 남쪽은 철산군(鐵山郡) 경계까지 22리 이며, 본래는 고려의 안흥군(安興郡)이었는데, 현종 5년에 용주 방어사(龍州防禦使) 고을로 일컬었으며, 고용주(古龍州)가 군의 서쪽 20리에 있다고 하였다.[45]

귀주는 귀성(龜城)으로서, 『신증동국여지승람』에 귀성도호부(龜城都護府)는 본래 고려의 만년군(萬年郡)이었는데, 성종 13년에 평장사(平章事) 서희(徐熙)에게 명하여 여진(女眞)을 공격하여 쫓고 성을 쌓아서 귀주(龜州)라고 불렀다고 하였다.[46]

통주는 선천(宣川)으로서, 『신증동국여지승람』에서는 선천군(宣川郡)은 본래 안화군(安化郡)이었는데, 고려 초기에 통주(通州)라고 고쳤고, 현종 21년에 선주 방어사(宣州防禦使) 고을이라 일컬었으며, 군의 북쪽 62리에 동림성(東林城)이 있는데 곧 옛 선주성(宣州城)이라고 하였다.[47]

곽주는 곽산(郭山)으로서, 『신증동국여지승람』에서는 '본래 고려의 장리현(長利縣)이었는데, 성종 13년에 평장사(平章事) 서희(徐熙)에게 명하여 여진(女眞)을 공격하여 쫓고 성을 쌓게 하고서 곽주(郭州)라 이름지었'고 하였다.[48]

한편 거란의 1차 침략 시에 거란에 서경 이북의 땅을 떼어 주고 강화를 맺자는 고려 조정 일부의 할지론(割地論)을 중군사(中軍士) 서희가 반대하였는데, 그의 발언 중에 "거란의 동경(東京)으로부터 우리 안북부(安北府)까지 수백 리 땅은 모두 생여진(生女眞)이 살던 곳인데, 광종(光宗)이 그것을 빼앗아 가주(嘉州)·송성(松城)[49] 등의 성을 쌓았다"[50]는 내용이 있다. 그런데 위 가주(嘉州)에 대하여 청나라 양동계(楊同桂)가 편찬한 『성경강역고(盛京疆

---

44) 『신증동국여지승람』 제53권, 평안도(平安道), 철산군(鐵山郡).

45) 『신증동국여지승람』 제53권, 평안도(平安道), 용천군(龍川郡).

46) 『신증동국여지승람』 제53권, 평안도(平安道), 귀성도호부(龜城都護府).

47) 『신증동국여지승람』 제53권, 평안도(平安道), 선천군(宣川郡).

48) 『신증동국여지승람』 제53권, 평안도(平安道), 곽산군(郭山郡).

49) 정약용은 「아방강역고」에서 가주(嘉州)는 평안도 嘉州, 송성(松城)은 義州에 있다고 하였다.
「我邦疆域考」其四, 『여유당전서(定本 與猶堂全書)』, 西北路沿革續,
至我安北府數百里之地皆爲生女眞所據, 光宗取之, 築嘉州【今嘉州】·松城【在義州】等城

50) 『고려사』권94, 열전 권제7, 제신(諸臣), 서희.

域考)』에서 가주(嘉州)는 봉천(奉天:현 심양) 경내에 있다고 하였다.

『盛京疆域考』卷4, 遼
　　가주(嘉州)는 奉天경내에 있다. 『이씨지리운편(李氏地理韻編)』에 가주(嘉州)가 조선경
　내에 있다고 하였으나 가주(嘉州)가 이미 현주(顯州)에 예속되었고, 광녕(廣寧)과 멀지 않
　으니 운편(韻編)의 설은 믿기 어렵다.[51]

　　그런데 최근 이제까지의 통설과 다르게, 이인철(2014)은 "강동 6주는 일제가 아무런 근
거도 제시하지 않은 채 압록강 남쪽지방, 즉 조선시대의 평안도라고 확정하여 기록하였는
데[52] 압록강은 요령성 중부로, 패수 또한 그렇게 보여진다"고 하였다. 남의현(2017)은 "옛
평양성은 현재의 요양(遼陽)이며 요양은 당나라가 안동도호부를 처음 설치한 지역이고, 원
나라 동령(東寧) 또한 요양이다. 고려 태조 왕건(王建)은 서경(西京), 곧 요양을 평양(平壤)으

---

51) 『盛京疆域考』卷4, 遼
　　嘉州【當在奉天境】原志嘉平軍下刺史隸顯州【李氏地理韻編以嘉州在朝鮮境按嘉州旣隸顯州自當去廣寧不遠韻
　　編說恐未確】
52) 서희가 개척한 6주가 오늘날 압록강 동쪽이라고 한 것은 일제식민사학의 영향이라기 보다는 그 이전 조선조에
　　서 저술된 『신증동국여지승람』, 안정복의 『東史綱目』, 한치윤의 『海東繹史』 정약용의 「아방강역고」등에 이미
　　서희가 개척한 6주는 평안도 지역이라고 기술하고 있다.
　　『東史綱目』
　　이때에 서희가 군사를 거느리고 가서 여진을 쫓고 장흥진(長興鎭)·귀화진(歸化鎭) 두 진 지금은 모두 미상 과
　　귀주(龜州)·곽주(郭州)의 두 주 지금의 귀성(龜城)과 곽산(郭山)에 성을 쌓았다(동사강목 제6하 갑오년 성종 13
　　년 6월).
　　『해동역사』 해동역사 속집 제10권, 지리고(地理考) 10 고려(高麗) 1
　　서북계(西北界)의 연혁(沿革)
　　《송사》 고려열전에는 다음과 같이 되어 있다.
　　거란이 고려를 습격하자, 고려에서는 흥주(興州) -삼가 살펴보건대, 바로 흥화진(興化鎭)으로 지금의 의주(義
　　州)에 병합되었다-, 철주(鐵州), 통주(通州) -삼가 살펴보건대, 지금의 선천(宣川)이다-, 용주(龍州), 구주(龜
　　州), 곽주(郭州) 등 여섯 성을 국경에 쌓았다.
　　《송사》에서 이른바 흥주(興州), 철주(鐵州), 통주(通州), 용주(龍州), 구주(龜州), 곽주(郭州)는 바로 새로 쌓은
　　여섯 성이다. 그러므로 《요사》 및 《고려사》 현종세가(顯宗世家)에도 여섯 성이라고 칭하였다. 그런데 지금 서
　　희가 쌓은 것은 여덟 성이며, 명호(名號)도 또 같지 않은바, 왜 그런지는 상세히 알 수가 없다. 대개 서희가 개
　　척한 바는 바로 박천강(博川江) 서쪽에서 의주에 이르는 지역이다. 그런즉 운산(雲山) 북쪽 지역은 여전히 여
　　진이 차지하고 있었던 것이다.
　　위와 같이 조선시대의 사서가 기록된 배경에는 태조 이성계의 위화도 회군으로 만주지역을 상실하고 한반도
　　로 영토가 축소된데 대하여 조선왕조에서 태조의 책임을 회피하고, 또한 명나라와 철령위 설치 문제로 명과
　　국경 협상을 하면서 명의 위세에 눌려서 강역이 한반도로 축소되자 지명도 개정한 것으로 보이나 이에 관해서
　　는 별도의 연구가 필요하다.

로 삼고 평양 요양 서북쪽 압록강(鴨淥江) 곧 요하를 경계로 동쪽을 차지하였으며 서쪽 곧 요하 서쪽은 차지하지 못하였다. 고려 초기의 서경 곧 평양은 요양(遼陽)이었으며 고려의 판도에 있었다"고 하였다.[53]

윤한택(2017) 또한 "고려국 북계 봉강(封疆)은 고려 태조 왕건 시기부터, 조선 태조 이성계 시기까지 일관되게 요좌(遼左), 요동(遼東) 등으로 표현되는 지역의 경계, 그 자연물로서의 요수, 요하였고, 그 지역적 거점으로서 요양, 심양, 철령, 개원 등에 걸치고 있었다. 고려의 북쪽 국경 인식이 시종일관 요하까지였던 것에는 변함이 없었다"고 하였다.[54]

복기대(2017)는 "요하는 고구려나 고려에서는 요하로 부르지 않고 압록강으로 불렀다. 고려시대에는 안민강(安民江)으로 불렀다. 고구려 장수왕이 옮기고, 평원왕이 옮긴 장안성의 위치는 오늘날 중국 요령성 '요·심 일대'로서, 곧 고구려 평양은 요하의 북쪽지역 곧 요양일대"라고 추정하였다.[55]

고려 초기의 서경인 평양이 요령성 요양(遼陽)이고, 고려초기의 압록강이 요하라는 최근의 연구결과는 서희장군이 개척한 8주의 위치 또한 평안북도 지역에서 요령성 요양 이북 지역으로 옮겨서 고찰할 필요가 있음을 알 수 있다.


## III. 고려의 북방 경계 관련 분석

신라의 북방 경계에 대한 학계의 통설은 다음과 같다. 즉 신라는 하대에 이르러 북방의 발해와 말갈족(후대 女眞)의 남침에 대비하고자 서북쪽에 패강진(浿江鎭)을, 동북쪽에 북진(北鎭:강릉)을 설치하였는데, 패강진은 예성강 이북에서 대동강 이남의 넓은 지역을 관할하였다. 즉 고려는 건국 초기에 평양과 영흥(永興)을 잇는 선의 남쪽을 확보하였다. 고려는 전란으로 황폐해진 평양에 남쪽의 주민을 이주시켜 북방진출의 발판으로 삼아 태조 당대

53) 남의현, 2017, 「장수왕의 평양성, 그리고 압록수와 압록강의 위치에 대한 시론적 접근」, 『고구려의 평양과 그 여운』, 인하대 고조선연구소 연구총서2, 115쪽.

54) 윤한택, 2017, 「고려국 북계 封疆에 대하여」, 『고구려의 평양과 그 여운』, 인하대 고조선연구소 연구총서2, 172쪽.

55) 복기대, 2017, 「고구려 후기 평양위치 관련 기록의 검토」, 『고구려의 평양과 그 여운』, 인하대 고조선연구소 연구총서2, 73-82쪽.

에 서북방은 청천강까지 진출하였다. 동북면은 통일신라의 경계를 벗어나지 못하였는데 거란과의 대립에서 전략적으로 서북면이 우선시 되었기에 국가 역량을 서북면 개척에 집중하였기 때문이라고 하였다.[56]

위와 같이 통일신라와 고려 초기의 북방 경계는 대동강과 영흥을 잇는 선이라는 것이 사학계의 통설이다. 그런데 신라의 북방경계가 요령성과 길림성에 이르렀다는 『흠정만주원류고』의 기록, 신라는 발해와 해주 임명현을 경계로 하였다는 『요사』의 기록, 고구려의 평양이 요령성 요양이었다는 신채호의 주장, 고구려와 고려 때의 압록강은 오늘날의 요하라는 최근의 연구 등은 신라와 고려의 북방 경계가 현 압록강을 넘어 만주지역에 이르렀음을 알 수 있다.

## 1. 압록강

압록강은 고려와 거란 간 경계를 이루는 중요한 강이다. 고대부터 청대(淸代)까지 사료들에서는 현재의 압록과 고대의 압록이 혼재되어 나타난다. 명청(明淸) 시기의 사료들은 현재의 압록강에 초점을 두면서 고대 압록에서 그 시원을 찾다보니 고대의 압록과 현재의 압록을 뒤섞어 구분이 모호한 경우가 많다. 후대로 올수록 고대의 지명들이 사라지면서 두 곳에 존재한 지명을 하나로 혼동하는 경우가 많다. 남의현(2016)은 최근 고대 압록강에 대한 연구에서, "명청 이전에는 지금의 압록강은 압록강으로 불리지 않았다. 요하에 비하여 현재의 압록강은 그 지명의 역사가 분명하지 않고 평야가 없으며 자유롭게 항행할 수도 없어서 요하에 비하여 강의 활용가치도 높지 않다. 제반 기록을 검토할 때 고구려와 고려 시대의 압록강/압록수는 현재 한반도 북부의 압록강이 아니라 중국 만주 지역의 요하의 한 지류 또는 요하의 한 구간에 대한 명칭으로 볼 수 있다"고 하였다.[57]

고구려의 평양성이 현재의 평양이 아니라 요령성 요양이라는 여러 문헌을 근거로 보면 거란과 경계를 짓던 고려 당시의 압록강으로 불리던 강은 당연히 현재의 압록강이 아닌

---

56) 羅鍾宇, 위의 책.

57) 남의현, 2016, 「동녕과 평양성, 그리고 압록의 위치에 대한 시론적 접근」, 『고구려의 평양과 그 여운』, 인하대학교 고조선연구소 평양연구팀. 265-267쪽, 282-283쪽.

것으로 추정해 볼 수 있다. 고구려와 고려 시대에 압록수로 기록된 강이 요하라는 것을 몇 가지 자료를 통해 검증해 본다.

『요사』에는 태조(야율아보기)가 천복(天復) 九年(909년)[58] 겨울 10월에 압록강(鴨淥江)에서 낚시를 하였다고 되어 있다.[59]

야율아보기가 낚시를 한 압록강을 현재의 압록강으로 보면 거란으로서는 적국인 발해의 깊숙한 후방에 있는 강이다. 거란 태조가 압록강에서 낚시를 할 수 있으려면 적국인 발해의 중심부를 지나서 압록강 부근을 충분히 확보한 이후라야 가능하다. 그런데 거란의 요동진출 경과를 살펴보면, 거란 태조는 요동으로 진출하기에 앞서 먼저 북여진(北女眞)을 복속시키기 위해서 903년과 906년 두 차례에 걸쳐 요하(遼河) 상류를 정벌하였다. 그리고 908년에 진동(鎭東)의 바닷가에 장성을 쌓아 요동 남쪽으로 진출하기 시작하였고, 909년에는 태조가 직접 요동에 행차하였다. 911년에 奚(해)와 霫(습)을 멸하면서 마침내 요동으로 통하는 교통로가 완전히 확보되었다. 919년 2월에는 태조가 옛 요양성을 수리하고 한인(漢人)과 발해인(渤海人) 포로를 옮기고 동평군(東平郡)으로 삼아 방어사(防禦使)를 두었다. 그렇지만 거란은 요동지방을 완전히 장악하지는 못하였다. 발해는 926년 정월 수도 홀한성(忽汗城)이 함락되면서 멸망하였다.[60]

위에서 살펴본 바와 같이 거란 태조가 압록강에서 낚시를 한 909년은 거란이 겨우 요하의 상류를 확보한 이후이고 옛 요양성에 동평군을 설치하기 10년 전의 일이다. 적대국인 발해의 후방에 있는 압록강에서 가서 여유 있게 낚시를 할 상황이 아니므로 거란 태조가 낚시를 한 압록강은 거란이 장악하고 있던 요하의 상류를 가리키는 것으로 추정해 볼 수 있다.

『삼국유사』에서는, "고구려 때의 도읍은 안시성(安市城) 일명 안정홀(安丁忽)로서 요수(遼水)의 북쪽에 위치해 있었고, 요수는 일명 압록(鴨淥)으로 지금은 안민강(安民江)이라고 부

---

58) 천복 9년은 아직 요나라 태조가 건원 칭제하기 이전에 당나라 연호를 사용하던 때이며, 9년은 당나라 天復(901-903년)을 기준한 것이다. 당은 천복(天復) 이후 천우(天佑: 904-907, 907년 당 멸망)의 연호를 사용하였으나, 요사에서는 신책(神冊: 916-921)이라는 독자적 연호를 사용하기 전까지 천복을 기준으로 기록하였다.

59) 『遼史』卷一, 本紀第一, 太祖上
天復 九年 冬十月戊申, 鉤魚於鴨淥江.

60) 韓圭哲, 2002, 『신편 한국사』 10, 발해.

른다"고 되어 있다.[61]

『흠정만주원류고』에는, 『遼史』를 인용하여 동경 익주(益州)에는 관찰(觀察)을 두었으며 황룡부(黃龍府)에 속한다고 하였고, 『거란국지』에 기재된 "송 정화(政和) 5년(1115)에 금나라 태조가 요나라를 쳐서 빈(賓) 상(祥) 위(威) 세 주를 빼앗고 익주로 진군하였다"는 기사에 관하여, "압록강은 일명 익주강(益州江)이다. 곧 익주는 실제 압록강과 가깝다. 요나라에서 고쳐서 황룡부(黃龍府)에 속하게 하였는데 곧 발해의 황룡부이다"라고 하였다.[62]

그런데, 익주의 위치에 관하여 『금사』「본기」를 보면 "수국(收國) 원년(1115년) 1월 5일에 황상은 친히 황룡부를 공격하기 위하여 익주에 이르렀다. 익주 사람들이 황룡부를 지키려고 달아나서 익주의 잔여 주민을 취하여 돌아왔다. 요나라는 도통 야율와리타를 파견하여 기병 20만 명, 보병 7만 명으로 변경을 수비토록 하였다. 황상은 누실 은출가를 남겨두어 황룡을 지키도록 하였고, 병을 이끌고 달로고성(達魯古城)으로 향하는 길에 영강주(寧江州) 서쪽에서 숙영하였다"고 되어 있다.[63]

위 내용은 1114년 10월, 11월 金 태조가 요나라와 영강주(寧江州)와 압자하(鴨子河) 빈주(賓州) 함주(咸州)에서 싸우고 나서 계속하여 요나라 동쪽 변경을 공격하자 요나라가 군사를 파견해 방어하는 상황을 설명한 것이다. 1115년 금나라 태조는 도읍을 상경 회령부에 두고 있었다. 『중국고대지명대사전』에는 금나라 상경(회령부)은 흑룡강성 아성현(阿城縣, 하얼빈시 남쪽) 남쪽 4리에 있는 백성(白城)이라고 하였다. 또 황룡부에 대하여 청나라 유기범(劉起凡)이 지은 개원현지(開元縣志)에는 요나라 황룡부의 치소와 그 관할 익주(益州)[64] 위주(威州) 청주(淸州) 옹주(雍州) 안원주(安遠州) 등 다섯 주와 황룡(黃龍) 천민(遷民) 영평(永平)의 세현이 개원현의 치소와 그 관할 지역에 있었다고 하였다.[65]

---

61) 『삼국유사』
　　按麗時都安市城, 一名安丁忽在遼水之北, 遼水一名鴨淥今云安民江
62) 남주성 역주, 2010, 『흠정만주원류고』, 글모아출판, 상권 416쪽.
　　遼史 東京益州 觀察 屬黃龍府
　　契丹國志 宋政和五年 金太祖攻遼 取賓祥威三州 進薄益州(按鴨綠江 一名益州江 則益州實與鴨綠江近 當在長白山西南 遼改屬黃龍府 遼史 不言仍渤海之舊 或因其名 而不必卽其故地也)
63) 윤명수 역, 2006, 『금사』, 완안출판사. 65~66쪽.
64) 兵臨益州(今吉林省農安北小城子(百度百科)
65) 劉起凡, 『開元縣志』「古迹志」
　　古黃龍府 卽扶余府遼太祖平渤海還至此有黃龍見更名龍州黃龍府開泰中遷其城于東北領益威淸雍安遠五州黃龍遷民永平三縣金廢府改屬隆州今按其地在今縣界內其五州三縣地不可考然皆黃龍所轄亦今縣治所及之地也

즉, 익주가 개원 부근 이므로 익주강인 압록강은 당연히 개원 부근의 요하상류를 가리키고 있는 것으로 추정할 수 있다.

『신당서(新唐書)』「동이열전(東夷列傳)」 고구려(高句麗) 정관(貞觀) 19년(645) 4월 기사에는 다음과 같이 기록되어 있다.

> 이적(李勣)이 요수(遼水)를 건너니, 고구려가 모두 성을 에워싸고 지켰다. 太宗은 군사를 크게 호궤(犒饋)한 다음 유주(幽州) 남쪽에 장막을 치고, 장손무기(長孫无忌)에게 조서(詔書)하여 서사(誓師)를 행한 뒤, 군사를 이끌고 동쪽으로 향했다. 이적(李勣)이 개모성(蓋牟城)을 쳐 함락시켜 2만 戶와 식량 1십만 石을 얻고, 그 땅을 개주(蓋州)로 삼았다.
>
> 정명진(程名振)은 사비성(沙卑城)을 공격하는데, 밤에 그 서쪽으로 침입하자 城이 궤멸(潰滅)되었다. 8천명을 사로잡아, 군사를 이끌고 압록수(鴨淥水) 위에서 대기하고 있었다. 李勣이 드디어 요동성(遼東城)을 포위하였다. 고구려(高句麗)가 신성(新城)과 국내성(國內城)의 기병(騎兵) 4만을 동원하여 遼東城을 구원하였다. 도종(道宗)이 기병을 이끌고 달려가자, 노병(虜兵)이 놀라서 패주(退走)하였다.[66]

위 기사는 당 태종이 고구려를 공격할 때의 상황으로 이적은 개모성을 치고, 정명진은 사비성을 쳤다. 이적은 이어서 요동성을 공격하고 정명진은 사비성을 친 다음 압록수 위에서 고구려의 지원군을 차단하고, 요동성을 돕기 위하여 대기하고 있었다. 사비성은 오늘날 대련시 대흑산 위에 있었다고 하였다.[67] 요동성은 요하 부근에 있었다. 따라서 압록수는 요동성과 곧바로 연결되는 강이다. 고구려 당시의 압록수는 대련반도 사비성(沙卑城)에서 개주를 거쳐 요동성으로 진출할 수 있는 요하일 가능성이 높은 이유이다.

서긍(徐兢)의 『선화봉사고려도경(宣和奉使高麗圖經)』에서는 고려의 봉경(封境)에 대하여 다음과 같이 "남쪽은 요해(遼海)로 막히고 서쪽은 요수(遼水)와 맞닿았다. 압록강 서쪽 백랑(白浪)·황암(黃嵓) 두 강이 합류하여 남쪽으로 흐르는데 이것이 요수(遼水)"라고 하였다.

> 남쪽은 요해(遼海)로 막히고 서쪽은 요수(遼水)와 맞닿았으며 북쪽은 옛 거란 땅과 연속

---

66) 국사편찬위원회, 1990, 「新唐書·東夷列傳·高句麗」『중국정사조선전』역주2, 552-553쪽.

67) 沙卑城 實爲卑沙城, 位于遼宁省大連市金州區大黑山上(백도백과)

되고 동쪽은 금(金) 나라와 맞닿았다. 압록강 서쪽에 또한 백랑(白浪)·황암(黃嵒) 두 강이 있는데, 파리성(頗利城)에서 2리쯤 가다가 합류하여 남쪽으로 흐른다. 이것이 요수(遼水)이다. 당(唐) 나라 정관(貞觀) 연간(627~649)에 이적(李勣)이 남소(南蘇)에서 고구려를 이기고, 강을 건너가서 그 강물이 매우 얕고 좁은 것을 괴이하게 여겨 물으니, '이것이 요수(遼水)의 근원'이라고 했다.[68] 이로써 전고(前古)에는 일찍이 이 강을 믿어 요새로 여기지 않았음을 알 수 있고, 이래서 고려가 물러 들어가 압록강의 동쪽을 지키는 것이 아니겠는가?"[69]

이에 대하여 한진서(韓鎭書)가 지은 『해동역사속(海東繹史續)』에서는 "고려 태조가 신라(新羅), 궁예(弓裔), 견훤(甄萱)의 땅을 통합하여 그 강역이 동쪽, 서쪽, 남쪽은 모두 바다에 닿았고, 북쪽 경계는 서쪽으로는 청천강(淸川江)에서부터 동쪽으로 도련포(都連浦)에 이르기까지를 경계로 삼았다. 그 뒤에 서쪽 경계를 조금 더 개척하여 압록강까지 이르렀다. 그러니 《고려도경》에서 서쪽 경계는 요수(遼水)까지라고 한 것은 잘못된 것이다"고 비판하였다.[70]

그러나 『성경강역고』에서는 남소주(南蘇州)를 설명하면서 "백랑(白浪)·황암(黃嵒) 두 강이 만나서 요수(遼水)가 되는데 백랑수는 곧 대릉하"라고 하였다.

정관 21년 이적이 고려를 정벌하고 남소에서 군사를 돌려서 파리성에 이르러서 백랑 황암 두 강을 건너게 되었다. 그 강이 얕고 폭이 좁은 것을 이상하게 여겨 거란 요하의 근원을 물었다. 대답하기를, 이 강은 다시 수 리를 가서 합쳐지고 남류하는데 요수라 부른다고 하였다. 살펴보건대 백랑수는 곧 대릉하이다.[71]

---

68) 『宣和奉使高麗圖經』에 실린 요수에 관한 설명은 『通典』 권186, 邊防二, 東夷下에 실려 있다.

69) 徐兢 지음·한국고전번역원 역, 『宣和奉使高麗圖經』 제3권, 성읍(城邑), 봉경(封境).

70) 한진서 지음·한국고전번역원 역, 『海東繹史 續』 제10권, 지리고(地理考) 10, 고려(高麗) 1.

71) 盛京疆域考/卷3 唐
南蘇州【 今海龍廳大圍場內 文獻通考貞觀二十一年李勣破高驪於南蘇班師至頗利城渡白狼黃巖二水怪其淺狹間契丹遼源所在云此水更行數里合而南流卽稱遼水按白狼水卽大淩河.

72) 『遼史』 卷三十九, 志第九, 地理志三, 中京道.
中京大定府 秦郡天下, 是爲遼西. 漢爲新安平縣. 漢末步奚居之, 幅員千里, 多大山深谷, 阻險足以自固. 魏武北征, 縱兵大戰, 降者二十餘萬, 去之松漠. 其後拓拔氏乘遼建牙於此, 當饒樂河水之南, 溫渝河水之北
統州十, 縣九 : 長興縣. 本漢賓從縣. 以諸部人居之. 歸化縣. 本漢柳城縣地.

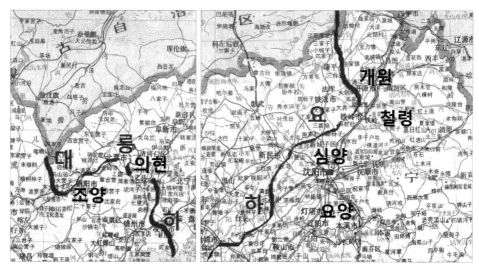

[그림 1] 대릉하와 요하

즉 위 [그림 1]과 같이 고구려 당시에 요수(遼水)는 강물의 폭이 좁고 얕은 대릉하로 인식하고 있었다. 반면 압록강은 강폭도 넓고 깊은 강으로 인식하고 있었음을 알 수 있다. 따라서 당시의 압록강은 오늘날의 요하를 가리키는 것으로 추정된다. 『해동역사속(海東繹史續)』을 편찬한 한진서(韓鎭書)는 고려 당시의 압록강을 현재의 압록강으로 잘못 인식하여 『선화봉사고려도경(宣和奉使高麗圖經)』의 기록이 잘못된 것이라고 반박한 것으로 생각된다.

『宣和奉使高麗圖經』의 기록으로 보면 고려가 요하(즉 압록강)를 넘어 요수(즉 대릉하)까지 진출하였음을 잘 보여준다. 서희가 개척한 8개 城 중에서 장흥진(長興鎭)·귀화진(歸化鎭)이 6주에서 제외되고 그 위치도 미상이라고 하였는데, 두 진의 명칭이 『遼史』「지리지」 중경도(中京道) 중경대정부(中京大定府) 관할 9개 현 중 장흥현(長興縣)과 귀화현(歸化縣)으로 실려 있다. 漢의 유성현 지역(요령성 조양)이라고 하였는데 이는 요서 지역이다.[72] 이것은 『宣和奉使高麗圖經』『성경강역고』『遼史』의 기록이 서로 일치하고 정확함을 보여준다. 이에 관해서는 다음 장에서 상술한다.

## 2. 요(遼) 신주(信州)의 위치

『요사』에서, 요나라 동경도 관할 신주(信州)는 본래 옛 월희성(越喜城)의 땅으로서 고려(高麗)와 이웃해 있다고 하였다.[73] 『흠정만주원류고』에서는 "이곳이 곧 발해 회원부 치소로서 『원일통지(元一統志)』[74]에 따르면, 빈주(濱州)의 서쪽으로 지금의 개원(開原) 동쪽이다. 요나라 때 발해가 쇠약해지고 고려가 다시 일어나면서 서로 가깝게 되었다"고 하였다. 즉 고려가 신주(信州)와 인접한다고 하였다.[75] 한편 이 신주(信州)에 대하여 『성경강역고(盛京疆域考)』에서는 회덕현(懷德縣) 서쪽 40리로서 현 창도부(昌圖府)의 동북쪽 팔면성(八面城)이 신주 고성이라고 하였다.[76] 『백도백과(百度百科)』에서는 사평시(四平市) 동부의 공주령시(公主嶺市)가 회덕현 지역이라고 하였다.[77] 또한 宋나라 허항종(許亢宗)의 『선화을사봉사금국행정록(宣和乙巳奉使金國行程錄)』에서는, "황룡부 북쪽 60리에 탁철패근채(托撒孛菫寨)가 있는데 거란의 동채(東寨)가 되었다. 남쪽에 발해가 있고, 북쪽에 철리와 토혼, 동남쪽에 고려 말갈, 동쪽에 여진과 실위, 북쪽에 오사, 서북쪽에 거란 회흘 당항, 서남쪽에 해(奚)가 있어서 이곳은 여러 나라의 풍속이 섞여 있다"고 하였다.[78]

이와 같은 기록은 다음 [그림 2]와 같이 고려와 거란이 동요하를 경계로 하였음을 추정해 볼 수 있고, 동요하가 곧 당시의 압록강(익주강)으로 보인다.

---

73) 『遼史』卷三十八 志第八 「地理志」二 / 東京道.
　　信州, 彰聖軍, 下, 節度. 本越喜故城. 渤海置懷遠府, 今廢. 聖宗以地鄰高麗, 開泰初置州, 以所俘漢民實之. 兵事屬黃龍府都部署司.

74) 『元一統志』: 원나라 世祖 至元二十三年(1286)에서 至元二十二年(1285年)사이 편찬된 官撰 지리지.

75) 남주성 역주, 위의 책 上, 359쪽.

76) 『盛京疆域考』卷4 遼
　　信州【今懷德縣西四十里】統縣二原志彰聖軍下節度渤海置懷遠府
　　【按今昌圖府東北之八面城蓋卽遼信州故城】

77) 『百度百科』 懷德縣爲公主嶺市前身, 位于吉林省四平市東部

78) 『宣和乙巳奉使金國行程錄』第三十三程
　　自黃龍府六十裏至托撒孛菫寨. 府爲契丹東寨. 當契丹强盛時, 虜獲異國人則遷徙雜處於此. 南有渤海, 北有鐵離, 吐渾, 東南有高麗, 靺從韋從末) 鞨, 東有女眞, 室韋, 東北有烏舍, 西北有契丹, 回紇, 黨項, 西南有奚, 故此地雜諸國風俗
　　第三十五程 : 自漫七離行六十裏卽古烏舍寨, 寨枕混同江湄, 其源來自廣漢之北, 遠不可究. 自此南流五百裏, 接高麗鴨綠江入海. 江面闊可半裏許

[그림 2] 창도 팔면성(신주 고성)(지도출처: onegreen.net)

## 3. 고구려 평양성(平壤城)과 패강(浿江)의 위치

### 1) 고구려 평양성(平壤城)의 위치

『원사』「지리지」요양등처행중서성(遼陽等處行中書省) 동녕로(東寧路)조에서는 "당나라가 고구려를 정벌하여 평양성을 함락하자 동쪽으로 옮겨갔다(고려가 일어났다). 압록수 동남의 평양은 옛 평양이 아니다. 왕건이 평양을 서경으로 하였고, 원나라는 서경을 동녕부로 고쳤다"고 되어 있다.

동녕로는 본래 고구려 평양성으로 장안성이라고도 한다. 한나라가 조선을 멸하고 낙랑 현토군을 두었는데 이곳에 낙랑을 두었다. 진나라 의희 연간 이후 고구려 왕 고련(장수왕)이 처음으로 평양성에 거하였다. 당나라가 고구려를 정벌하여 평양성을 함락한 이후 그 나라는 동쪽으로 옮겨갔다. 압록수 동남 천여 리에 있는 것은 옛 평양이 아니다. 왕건에 이르러 평양을 서경으로 하였다. 원나라 지원 6년, 이연령, 최탄, 현원열 등이 부주현진 60성을 들어 항복하였다. 8년 서경을 동녕부로 고쳤다. 13년 동녕로총관부로 승격하였다. 녹사사(錄事司)를 설치하고, 정주(靜州) 의주(義州) 인주(麟州) 위원진(威遠鎭)을 떼어 내어 파사부(婆娑府)에 예속시켰다. 본 로에는 영사(領司)가 하나 있고, 나머지 성은 막히어 폐하여 司를 설치한 곳이 없으나 지금도 옛 이름이 남아 있다(今姑存舊名).[79]

『요사』「지리지」에서는 다음과 같이 동경요양부가 곧 고구려 평양이고 요나라 동경이며 동평군이었다고 기록하고 있다.

한나라 말에 공손도(公孫度)가 점거하였고, 원위(元魏)의 태무제(太武帝)[80]가 그 왕 고련(高璉)[81]이 사는 평양에 사신을 보냈는데 요나라 동경이 본래 이곳이다. 당나라 고종이 고구려를 평정하고 이곳에 안동도호부(安東都護府)를 설치하였다. 뒤에 발해 대씨가 차지하였다. 신책(神冊) 四年(919년)에 요양 고성에 발해와 漢의 민호들로써 동평군(東平郡)을 설치하고 방어주(防禦州)로 삼았다. 천현(天顯) 三年(928년)에 남경(南京)으로 승격되고, 천현(天顯) 十三年(938년)에 南京을 東京으로 고치고 府의 이름을 요양(遼陽)으로 하였다'고 되어 있다.[82]

---

79) 『元史』志第十一「地理」二/遼陽等處行中書省/東寧路
　　東寧路, 本高句驪平壤城, 亦曰長安城. 漢滅朝鮮, 置樂浪, 玄菟郡, 此樂浪地也. 晉義熙後, 其王高璉始居平壤城. 唐征高麗, 拔平壤, 其國東徙, 在鴨綠水之東南千餘里, 非平壤之舊. 至王建, 以平壤爲西京. 元至元六年, 李延齡, 崔坦, 玄元烈等以府州縣鎭六十城來歸. 八年, 改西京爲東寧府. 十三年, 升東寧路總管府, 設錄事司, 割靜州, 義州, 麟州, 威遠鎭隷婆娑府. 本路領一, 餘城堙廢, 不設司存, 今姑存舊名.

80) 원위(元魏)는 북위(北魏)를, 태무제(太武帝)는 3대 황제 탁발도(拓跋燾)(재위: 423년~452년)

81) 고구려 20대 장수왕(長壽王)의 휘(諱)

82) 『遼史』卷三十八 志第八 地理志二 東京道
　　東京遼陽府...漢末爲公孫度所據, 傳子康；孫淵, 自稱燕王, 建元紹漢, 魏滅之. 晉陷高麗, 後歸慕容垂；子寶, 以勾麗王安爲平州牧居之. 元魏太武遣使至其所居平壤城, 遼東京本此. 唐高宗平高麗, 於此置安東都護府；後爲渤海大氏所有...神冊四年, 葺遼陽故城, 以渤海, 漢戸建東平郡, 爲防禦州. 天顯三年, 遷東丹國民居之, 升爲南京...天顯十三年, 改南京爲東京, 府曰遼陽.

『원사』「지리지」요양등처행중서성 요양로조에는 다음과 같이 요양의 고성에 동평군을 설치하였다고 기록되어 있다.

요양로는 唐나라 이전에는 고구려와 발해의 대씨가 소유하였다. 양나라 정명 기간(915-921)에 야율아보기가 요양의 고성을 동평군(東平郡)으로 삼았다. 후당(後唐) 때에 남경으로 승격되고 석진(石晉) 때에 동경으로 고쳤다. 금나라가 요양부를 설치하고 요양(遼陽) 학야(鶴野) 2현은 거느렸다. 뒤에 다시 동경이라 고치고 의풍(宜豐) 징(澄) 복(復) 개(蓋) 심(瀋) 귀덕주(貴德州) 광녕부(廣寧府) 내원군(來遠軍) 등을 관할하였다.[83]

청 건륭12년(1747)에 편찬된 『흠정속문헌통고(欽定續文獻通考)』에는 원나라 동녕은 요양인데 원래 고구려 평양성이고 요나라 동경이라고 기술하고 있다.[84]

동녕로는 본래 고려의 땅으로 지원(至元) 6년(1269)에 동녕부를 설치하고, 8년(1271)에 로(路)로 승격시켰다. 현(縣) 2곳과 진(鎭) 1곳을 거느렸는데, 토산(土山), 중화(中和), 철산진(鐵化鎭)이다. 신등이 ≪원지≫를 검토해 보니 동녕로는 본래 고구려 평양성으로 한나라 때 낙랑군을 설치했던 땅입니다. 당나라가 고려를 원정하여 평양을 함락시키자, 그들은 동쪽으로 천여 리나 옮겨 갔습니다. 至元 6년에 고려의 이연령 등이 그 땅 60여 성을 바쳐 귀순하자, 동녕부를 세우고 나중에는 路로 승격시켰습니다. 이러한 사실에 따르면 동녕은 바로 요양입니다. 요양을 동녕이라 부르게 된 것을 상고해 보면, 요나라 태조가 요양을 격파한 뒤 동란국(東丹國)이라 하고 요양에 자리 잡았습니다. 그래서 그 성(城)에 동평군을 설치하고 동란국의 백성들을 이주시켜 거주하게 하였는데 이곳이 바로 요양입니다. 예전에 있던 동평을 분석해 본 바에 의하면, 훗날 동경(東京)을 건립하여 성(省)이라 하며 동평을 요양에 편입시켰기 때문이라는 것을 알 수 있습니다. 원나라는 요양을 통치하면서 이

83) 『元史』卷五十九 志第十一 地理二
　　遼陽等處行中書省, 爲路七, 府一, 屬州十二, 屬縣十. 徒存其名而無城
　　邑者, 不在此數. 本省計站一百二十處.
　　遼陽路, 上. 唐以前爲高句驪及渤海大氏所有. 梁貞明中, 阿保機以遼陽
　　故城爲東平郡. 後唐升爲南京. 石晉改爲東京. 金置遼陽府, 領遼陽, 鶴
　　野二縣 ; 後複改爲東京, 宜豐, 澄, 複, 蓋, 沈, 貴德州, 廣寧府, 來遠軍並屬焉.
84) 『欽定續文獻通考』卷一百三十, 與地考, 古翼州下. (欽定續文獻通考는 淸 乾隆十二年 奉敕撰)

곳에 로(路)를 설치하여 고려에서 귀순한 백성들을 관할하게 하였습니다. 이로 볼 때 반드시 연(燕)의 남쪽에 동평로가 있었기에 이곳을 동녕이라 한 것이며 이러한 논리는 명확한 것입니다.[85]

1488년 제주도 앞바다에서 풍랑을 만나 중국에 표착하여 절강 산동 북경 만주 등을 두루 둘러본 최부(崔溥)의 『표해록(漂海錄)』에는 요양의 동쪽에 동녕위성(東寧衛城)이 있다고 하였다.

요동은 곧 옛날 우리 고구려의 도읍이었는데, 당 고종(唐高宗)에게 멸망을 당하여 중원에 소속되었다가 오대(伍代) 시대에는 발해(渤海) 대씨(大氏: 대조영大祚榮)의 소유가 되었더니, 후일에는 또 요(遼)·금(金)·호원(胡元 원(元) 나라)의 병탄(倂呑)한 바가 되었던 것입니다....성 동쪽에는 또 동녕위성(東寧衛城)을 별도로 쌓았고, 수산(首山)·천산(千山)·목장산(木場山)·낙타산(駱駝山)·태자산(太子山)·행화산(杏花山) 등 여러 산들이 성 서쪽·남쪽·동쪽에 빙 둘러 있었으며, 그 북쪽은 편편하고 툭 트여서 끝이 없는 들판이었습니다.[86]

1832년 淸나라 사신단의 일원으로 중국을 다녀온 김경선(金景善)이 기록한 『연원직지(燕轅直指)』에도 압록강을 건너서 요양에 이르기 전에 동녕위 옛터가 있는데 고려사람들이 살던 곳이라고 하였다.

고려총기(高麗叢記)
왕보대에서 산 골짜기를 따라 내려가면 요동의 들에 이르는데, 들 첫머리에 촌가(村家) 수십 호가 있으니 고려총이라 한다. 즉 동녕위(東寧衛)의 옛터로서 고려 사람들이 살던 곳이다. 인재(訒齋) 최현(崔晛)의 기록에는, "고려촌의 아동들은 어려서부터 고려 말을 하고, 차차 자라면서 의상과 관복(冠服)은 고려 것을 많이 쓴다"하였다.[87]

---

85) 남의현, 위 논문, 260쪽(재인용).

86) 최부, 『漂海錄』무신년(1488, 성종 19) 5월 28일(한국고전번역원 고전종합DB).

87) 金景善, 『燕轅直指』제1권, 출강록(出疆錄) 임진년(1832, 순조 32) 11월 28일.

1700년대 후반 이긍익(李肯翊)이 저술한 『연려실기술(燃藜室記述)』에도 동녕위는 일찍이 우리나라 사람들이 사는 곳이라고 하였다.

병진년 11년에 가뭄으로 흉년이 들자, 요동 도사가 백호(百戶) 2인을 우리나라에 보내 양식을 구하려고 왔는데 의주 목사 유중영(柳仲郢)이 통역관을 시켜 백호에게 묻기를, "자네들은 어느 땅에 사는가?" 하자, 답하기를, "동녕위(東寧衛)에 삽니다." 하니, "동녕위가 일찍이 우리나라 땅이었던 것을 아는가?" 하니, "압니다." 하였다. "그러면 고국의 한 잔 술을 어찌하여 마시려 하지 않는가." 하니, 두 사람이 서로 돌아보며 웃고 사례하며 기뻐하였다. 수일을 묵게 하고 후대하여 돌려보냈다.《서애집》〈행장〉[88]

또한 1369년 지용수((池龍壽) 등이 친원파 기철(奇轍)의 아들로서 요양의 동녕부에 있는 기새인첩목아(奇賽因帖木兒, 기사인테무르)를 치러 갈 때 압록강에 부교를 놓고 건너갔으며, 금주(金州)와 복주(復州) 요심(遼瀋)의 사람들에게 방을 붙였는데 "무릇 요하 동쪽의 우리나라 강역 안의 민과 크고 작은 두목 등으로 속히 스스로 내조(來朝)하면 모두 관직을 받을 수 있을 것이다. 만약 조정으로 오지 않는다면 동경(東京)에서 처벌할 것이다"라고 하였다.[89]

또한 이듬해(1390년) 고려 조정에서 동녕부(東寧府)에 기새인첩목아를 체포해 보낼 것을 요청하는 자문(咨文)을 보냈는데, 그 글에서도 요심(遼瀋) 지역이 고려의 강역임을 강조하였다.

도평의사사(都評議使司)에서 동녕부(東寧府)에 자문(咨文)을 보내 말하기를, "기새인첩목아는 자기 아버지가 반란을 모의하다가 처형당한 뒤부터 복수심과 깊은 원한을 가지고 항상 반역할 생각을 가지고 있었습니다. 또한 생각하건대 요심(遼瀋) 지역은 원래 우리나라의 옛 국경 경계 지역인데, 사대를 한 이래로 인척관계를 맺고 사위와 장인의 관계가 되어 행성(行省)이 관할하도록 맡겼는데, 기새인첩목아가 차지하여 소굴로 삼고는 위로는 조정을 위해 충성을 다하지 않고 아래로는 우리나라에 사단을 낳고 있으므로, 이 때문에 지난

---

88) 이긍익, 『연려실기술』제11권, 명종조 고사본말 유중영(柳仲郢), (한국고전번역원 고전종합DB).
89) 『고려사』권114 「열전」 권제27, 제신(諸臣) 지용수.

해에 군대를 파견하여 쫓아가 공격하게 하였습니다. 그가 만약 혹시 몰래 도망쳐 그곳에 있다면 즉시 체포해서 보내도록 하십시오.[90]

한편 복기대(2016)는 동천왕이 천도한 평양과 고국원왕이 천도한 평양 동황성은 오늘날 요령성 환인지역이라고 주장한다.[91] 위의 자료들을 종합하여 보면, 요령성 요양 심양지역은 옛 조선의 땅이고, 漢나라 양평현(襄平縣)이며, 고구려 평양성이고 당나라 안동도호부 치소, 발해의 요양, 고려의 서경, 원나라 동녕부가 있던 자리였음을 알 수 있다. 고려와 조선 중기까지도 요하 이동 요양 심양 지역이 원래 고려의 강역이었음을 인식하고 있었으며 아울러 당해 지역 주민들도 그러한 사실을 잘 알고 있었던 것으로 보여진다.

## 2) 고구려 패강(浿江)의 위치

고대사에서 평양과 함께 거론되는 것이 패수(浿水)이다. 패수는 패강(浿江)으로도 썼다. 『수서(隋書)』「동이열전(東夷列傳)」과 『신당서(新唐書)』「동이열전(東夷列傳)」에는, "고구려 국도(國都)는 평양성(平壤城)으로 장안성(長安城)이라고도 하는데 동북 6리 이며, 산을 따라 굴곡이 지고 남쪽은 패수에 닿아 있다. 또 국내성과 한성이 있는데, 모두 도회지로서 그 나라에서는 三京이라 불렀다"고 하였다.[92]

위의 패수에 대한 국내의 통설은, 신라가 삼국통일전쟁에서 唐軍을 물리쳤을 때의 북경(北境)은 임진강에서 함경남도 덕원(德源)에 이르렀다. 그 뒤 서북쪽 국경 확장을 추진하던 중 당나라가 발해를 견제할 목적으로 735년 신라에게 패강(浿江) 이남의 영유권을 공인함으로써[93] 성덕왕(聖德王) 34년(735)부터 대동강에서 원산만을 연결하는 북경이 설정되었는데,[94] 여기서의 浿江은 대동강(大同江)이라고 하였다.

---

90) 『고려사』세가 권제42, 공민왕(恭愍王) 19년(1370년) 12월 2일(음).

91) 복기대, 2016, 「고구려 '황성' 시대에 대한 시론」, 『예술인문사회 융합 멀티미디어 논문집』 6호, 394쪽.

92) 국사편찬위원회, 1990, 「隋書·東夷列傳·高句麗」, 『중국정사조선전』역주2, 123, 134쪽.
　　都於平壤城 亦曰長安城 東北六里 隨山屈曲 南臨浿水. 復有國內城漢城
　　並其都會地所其國中呼爲三京

93) 『삼국사기』권8, 新羅本紀 第八, 성덕왕(聖德王) 三十四年.

94) 李昊榮, 2002, 「통일신라」, 『신편 한국사』9, 국사편찬위원회 한국사데이터베이스.

한편 신채호(申采浩)는 『조선사연구초(朝鮮史研究草)』 「평양 패수고(平壤浿水考)」에서 "낙랑과 평양이 다 펴라의 가자(假字)이나 그러나 낙랑국이 멸망한 뒤에는 낙랑이라 쓰지 않고 평양이라 써 요동의 낙랑군과 구별한 고로 대무신왕 이후 삼국사기에 쓰인 낙랑 곧 신라 본기 기림 3년의 낙랑이 지금 평양을 가리킨 것인 이외에는 모두 요동의 漢 낙랑군을 가리킨 것이요, 평양은 모두 지금 평양을 가리킨 것이다"고 하여 고려 시대의 평양과 패수는 현재의 평양과 대동강으로 보았다.[95]

그런데 『遼史』 지리지 동경요양부의 관내 江에는 패수(浿水)가 있는데 이하(泥河) 또는 헌우락(蓒芋濼)이라고도 불렀다고 되어 있다.[96] 위 평양의 위치에서 살펴본 바와 같이 고려 시대까지도 서경인 평양은 요양지역이고 이에 따라서 패수(浿水)와 신라의 패강진(浿江鎭) 또한 요양 심양 부근일 것으로 추정해 볼 수 있다.


## 4. 요나라 동경(東京)과 동경요양부(東京遼陽府)

『요사』 「지리지」에서 동경요양부에 관하여 고조선 위만의 수도이고 고구려 평양이며 당나라의 안동도호부, 발해의 홀한주(忽汗州) 그리고 요나라 동경이라고 하였다.

옛 조선의 땅으로서 주(周)나라 무왕(武王)때에 기자(箕子)를 봉(封)하고, 한(漢)나라 초에 위만(衛滿)이 王이 되었고, 한(漢) 무제(武帝)가 조선(朝鮮)을 멸망시키고 四郡을 설치하였다. 漢말에 공손도(公孫度)가 점령하였다가 위(魏)에 멸망하였다. 晉나라 시기에 고구려가 점령하였다가 뒤에 후연의 모용수(慕容垂)에게 복속되었는데, 그 아들 모용보(慕容寶)는 구려왕(勾麗王) 안(安)[97]을 평주목(平州牧)으로 임명하여 살게 하였다. 북위(北魏)

---

95) 申采浩, 1929, 「平壤 浿水考」, 『朝鮮史研究草』, 朝鮮圖書株式會社, 73-84쪽.

96) 『遼史』 卷三十八, 志第八, 地理志二 東京道
    東京遼陽府 浿水, 亦曰泥河, 又曰蓒芋濼, 水多蓒芋之草

97) 勾麗王 安은 광개토대왕을 가리킨다. 요나라 동경을 설명하면서 조선 위만의 도읍이고 광개토대왕을 평주목으로 삼았다는 기록을 검토해 보면, 이 논문 31쪽의 증공이 저술한 『융평집』에 기록된 平州와도 연관이 있다고 보여 진다. 즉 평주는 명나라 때 영평부(永平府 : 현 진황도시)이고, 고대 고죽국이었으며, 『독사방여기요(讀史方興紀要)』에, "영평부(永平府)에 조선성(朝鮮城)이 있는데, 漢 낙랑군 속현이다"고 되어 있다. 즉 『요사』에서는 고조선의 수도를 요양으로 설명하고 있으나, 『독사방여기요』에서는 영평부로 다르게 기록하고 있다. 『독사방여기요(讀史方興紀要)』 권17, 북직(北直) 八 영평부(永平府)

태무제(太武帝)가 사신을 평양성에 보냈는데 遼나라 동경이 본래 이곳이다. 唐이 고구려를 평정하고 안동도호부(安東都護府)를 설치하였다. 뒤에 발해의 대씨가 차지하였고, 발해시대에 중종(中宗)이 홀한주(忽汗州)라는 수도 이름을 내려주고 발해군왕으로 임명하였다. 홀한주가 곧 옛 평양성(平壤城)인데 중경현덕부(中京顯德府)라 불렀다. 요나라가 발해수도 忽汗城을 공격해 멸망시키고 발해왕 대인선(大諲譔)을 동란왕(東丹王)으로 임명하였다가 뒤에 요나라 太子 도(圖)를 인황왕(人皇王)으로 이름하여 이를 다스리도록 하였다. 天顯 三年(928년)에 南京으로 승격되고, 天顯 十三年(938년)에 南京을 東京으로 고치고 府의 이름을 요양(遼陽)이라고 하였다.[98]

중국과 우리나라 학계에서는 요나라 동경요양부를 오늘날 요령성 요양시로 인식하는데 별다른 이견이 없는 듯하다. 그런데 宋나라 인종(仁宗)의 명으로 증공량(曾公亮) 정도(丁度) 등이 1044년에 완성한 『무경총요(武經總要)』에는 요나라 동경이 다음과 같이 두 곳으로 기록되어 있다.[99]
먼저 기록된 동경은 다음과 같다.

동경, 안동도호부 치소이다. 주성(州城)은 옛 연군성(燕郡城)이다.[100] 본래 요서(遼西) 지역이다. 한(漢) 위(魏) 연간에 오환(烏桓) 선비(鮮卑)가 점거하였고 영주(營州)의 동쪽에 있다. 거란이 숭의군절도사(崇儀軍節度)를 두었다. 예전에 江南의 水軍이 있었는데, 통오군(通嗚軍)이라 불렀으며 營을 두고 거주하였다. 동쪽으로 의무려산(醫巫閭山)이 있고,

---

新昌城, 即今府治……隋改曰盧龍縣. 又朝鮮城, 在府北四十里, 漢樂浪郡屬縣也.
98) 『遼史』卷三十八, 志第八 地理志二, 東京道
東京遼陽府, 本朝鮮之地. 周武王釋箕子囚, 去之朝鮮, 因以封之. 作八條之敎, 尙禮義, 富農桑, 外戶不閉, 人不爲盜. 傳四十餘世. 燕屬眞番, 朝鮮, 始置吏, 築障. 秦屬遼東外徼. 漢初, 燕人滿王故空地. 武帝元封三年, 定朝鮮爲眞番, 臨屯, 樂浪, 玄菟四郡. 後漢出入靑, 幽二州, 遼東, 玄菟二郡, 沿革不常. 漢末爲公孫度所據, 傳子康; 孫淵, 自稱燕王, 建元紹漢, 魏滅之. 晉陷高麗, 後歸慕容垂; 子寶, 以勾麗王安爲平州牧居之. 元魏太武遣使至其所居平壤城, 遼東京本此. 唐高宗平高麗, 於此置安東都護府; 後爲渤海大氏所有. 大氏始保挹婁之東牟山. 武后萬歲通天中, 爲契丹盡忠所逼, 有乞乞仲象者, 度遼水自固, 武后封爲震國公. 傳子祚榮, 建都邑, 自稱震王, 倂呑海北, 地方五千里, 兵數十萬. 中宗賜所都曰忽汗州, 封渤海郡王. 十有二世至彛震, 僭號改元, 擬建宮闕, 有五京, 十五府, 六十二州, 爲遼東盛國. 忽汗州卽故平壤城也, 號中京顯德府. 太祖建國, 攻渤海, 拔忽汗城, 俘其王大諲譔, 以爲東丹王國, 立太子圖欲爲人皇王以主之. 神冊四年, 葺遼陽故城, 以渤海, 漢戶建東平郡, 爲防禦州. 天顯三年, 遷東丹國民居之, 升爲南京...天顯十三年, 改南京爲東京, 府曰遼陽.
99) 『武經總要』前集, 卷二十二, 中京四面諸州

　　　　　　　　　압록과 고려의 북계

서쪽으로 패주(霸州)까지 2백리이며, 남쪽으로 금주(錦州)[101]까지 9십리이다."

당시의 영주(營州)는 현 요령성 조양(朝陽)이다. 즉 위에 기록된 동경은 다음 [그림 3]과 같이 현재의 요령성 의현(義縣)이다.

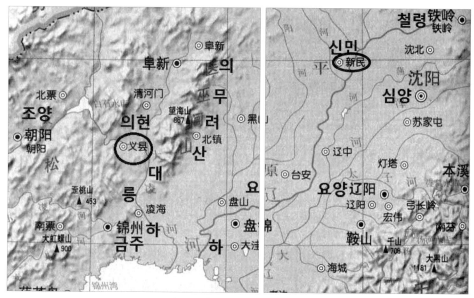

[그림 3] 요령성 의현과 요양

다음으로 기록된 동경은 다음과 같다.

동경, 요동 안시성이다. 성의 동쪽은 대요하(大遼河)이고 성의 서쪽은 소요하(小遼河)이다. 진대에는 요동군(遼東郡)에 속하고, 漢대에는 유주(幽州)에 속하였다. 당태종이 고

---

100) 『新唐書』 卷四十八 志第三十三下 地理七下
　　　營州百東八十里至燕郡城又經汝羅守捉渡遼水至安東都護府五百里府故漢襄平城也東南至平壤城八百里
　　　영주 동쪽 180리에 연군성, 여라수착을 지나고 요수를 건너면 안동도호부까지 500리, 부는 옛 양평성 동남으로 평양성 800리
　　　당시의 燕郡城은 현재 요령성 義縣이라고 한다(百度百科).
101) 당시의 錦州는 현재 요령성 錦州시라고 한다(百度百科)

구려 평정시 주둔했던 주필산이 동북에 있다. 발해국을 거쳐서 거란이 요주(遼州)[102]를 세웠는데, 그 땅을 얻어서 동경이 되었다. 『황화사달기(皇華四達記)』[103]에는 안동도호부에서 동남쪽 평양성까지 8백리, 서남쪽 도리해구(都理海口)까지 약 6백리, 서북쪽 건안성(建安城)까지 약 3백리, 정남에서 약간 동쪽 압록강 북박(北泊)까지 약 7백리이다. 이제 거란의 지형도를 참고로 비교하여 보면, 건안성[104]의 위치는 알지 못하겠으나 기타 지형의 원근의 비율은 같다. 동쪽 숙여진(熟女眞) 경계까지 약 5백리, 서쪽 요하까지 150리, 또 880리 거리에 중경이 있다....북쪽 심주(沈州)까지 120리, 동남쪽 압록수까지 9백리, 서남쪽 금주(錦州)까지 4백리, 동북쪽 황룡부(黃龍府)까지 7백리, 서북쪽 현주(顯州)[105]까지 3백리이다.[106]

위 두 번째로 설명한 동경 중 앞에 설명한 요주(遼州)는 오늘날 요령성 신민시로 보인다. 동쪽에 대요가 있고, 서쪽에 소요하로 볼 수 있는 유하(柳河)가 있기 때문이며, 당대의 중요한 나루터라고 설명되고 있다. 遼州에 동경을 세웠다는 기록과도 부합한다. 당시의 요주 치소는 신민현(新民縣) 공주둔진(公主屯鎭)지역으로 비정된다.[107]

그런데 『황화사달기(皇華四達記)』를 인용하면서 설명한 뒷부분은 앞부분과 달리 오늘날

---

102) 요나라 遼州의 치소는 요령성 新民縣 동북 29킬로미터 떨어져 있는 公主屯鎭 遼濱塔촌이라고 한다(百度百科).

103) 『황화사달기(皇華四達記)』: 당나라 관리 가탐(賈耽, 730~805)이 편찬한 지리지

104) 원문은 達安城으로 되어 있는데, 建安城의 오기로 보인다.

105) 당시의 顯州는 현재 요령성 北鎭시라고 한다(百度百科).

106) 『武經總要』前集, 卷二十二, 中京四面諸州
　　東京, 卽安東都護治所, 州城卽古之燕郡城是也. 本遼之西地, 漢魏間烏桓鮮卑所據, 在營州之東, 契丹置崇儀軍節度. 舊有江南水軍, 號通吳軍, 置營居之. 東至醫巫閭山, 西至霸州二百里, 南至錦州九十里.
　　東京, 遼東安市城也. 城之東卽大遼河, 城之西卽小遼河. 秦屬遼東郡, 漢屬幽州, 唐太宗平高麗, 因名所幸山爲駐蹕山, 山在東北. 後爲渤海國, 契丹建爲遼州, 得其地爲東京. 巖州在其東, 卽李勣所平白巖州也.
　　《皇華四達記》曰：自安東府東南至平壤城八百里, 西南至都裏海口約六百里, 西北至建安城約三百里, 正南微東至鴨綠江北泊約七百里. 今以契丹地形圖參校, 惟建安城不知處也, 其他地形遠近率同也. 東至熟女眞界約五百里, 西至遼河百五十里, 又八百八十里至中京, 西六十里至鶴柱館, 又九十里至遼水館, 又七十里至閭山館, 在醫巫閭山中, 又九十里至獨山館, 又六十里至唐葉館, 又五十里至乾州; 微北六十里至楊家寨館, 又五十里至遼州; 北六十里至宜州, 又百里至牛心山館, 在牛心山北中, 又六十里至霸州, 又七十里至建安館, 又五十里至富水, 會安至中京三驛程, 各去七十里; 南至平州五十里, 自平州至幽州五百五十里; 北至沈州百二十里; 東南至鴨綠水九百里; 西南至錦州四百里; 東北至黃龍府七百里; 西北至顯州三百里.

107) 遼州 ①遼陽曾名遼州, 見"遼東"條. ②山西左權縣旧名遼縣, 隋始設遼州, 治樂平(今昔陽西南), 唐移治今址. 民國改遼縣. 1942年改左權縣. ③遼亦有遼州, 治遼濱(今遼宁新民東北)(中國古今地名對照)

요양의 위치와 부합된다.

한편 송나라 문인 曾鞏(증공)의 문집 『융평집(隆平集)』에는 거란 동경을 다음과 같이 기술하고 있다.[108]

> 거란의 국경은 유주(幽州)에서 동쪽으로 오백오십 리를 가면 평주(平州)[109]에 이르고 또 오십 리를 가면 옛 요성(遼城)에 이르는데 동경(東京)이라 부른다.

아래 [그림 4] 대청광여도와 같이 당시 유주(幽州)의 치소는 오늘날 북경이고, 요나라·금나라 시기 평주(平州)는 명나라 영평부(永平府) 치소가 있던 현재 진황도시이다. 『명사(明史)』「지리지」에도 영평부에서 경사(京師)까지 오백 오십리라고 하여 거리도 일치한다.[110] 『융평집』에 기록된 거란 동경은 명나라 시기 영평부(永平府) 치소(현 하북 진황도시)로 추정된다. 즉, 동경의 위치를 평주(平州)의 요성(遼城), 연군성(燕郡城) 요주(遼州:신민) 요양(遼陽) 네 곳으로 기록되고 있다. 이러한 이유는 요나라 동경이 이동되었거나, 또 다른 이유

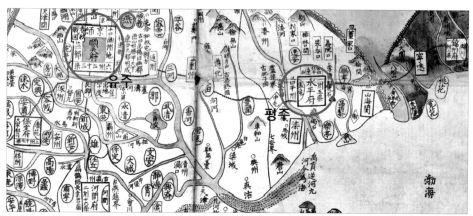

[그림 4] 유주 평주 (대청광여도)[111]

---

108) 『隆平集』卷二十 外國(宋 曾鞏 : 1019~1083 撰)
   契丹國境自幽州東行五百五十里至平州又五十里至古遼城謂之東京, 北六百里至烏惹國東南接高麗北至女眞 東踰鴨綠江卽 新羅也

109) 唐代 幽州의 치소는 하북성 薊縣(현 북경)이고, 平州 치소는 하북성 노룡이다(백도백과).

110) 『明史』卷四十, 志第十六 地理一
   永平府元永平路, 直隸中書省。洪武二年改爲平灤府。四年三月爲永平府。領州一, 縣五。西距京師五百五十里

즉, 요나라 동경은 이전한 일이 없는데, 당이 고구려를 멸망시키고 설치한 안동도호부[112] 위치에 요나라 동경이 있었다는 이유로 인하여 안동도호부의 위치 변경에 그대로 요나라 동경의 위치를 붙였을 가능성이다.

그런데 요나라 초기 동경이 평주(平州)의 요성(遼城) 또는 연군성(燕郡城)에 있었고 다음에는 신민으로 이전하였을 가능성이 있다. 요양은 고려의 서경으로 유지되고 있었기 때문이다. 요나라 동경이 평주의 요성(하북성 진황도시) 또는 연군성(요령성 의현)에 있었다는 하나의 방증은 거란 태조 야율아보기의 장자 인황왕(人皇王) 야율배(耶律倍)의 행적이다. 야율아보기는 발해를 멸망시키고 그 땅에 동란국을 세운뒤 태자인 큰아들 야율배를 인황왕으로 삼아 통치하게 하였다.

인황왕은 성품이 책을 좋아해서 수만 권의 책을 구하여, 의무려산(醫巫閭山) 꼭대기에 망해당(望海堂)을 지어서 보관하였다.[113] 그는 사후에도 현주(顯州:요령성 북녕시北寧市)[114]에 묻혔다. 즉 인황왕의 치소가 의무려산 가까운 곳에 있었다는 증거이니 곧 의무려산과 가까운 평주(平州)의 요성(진황도시) 또는 연군성(요령성 의현)이 거란의 고려 침략 당시 요나라 동경으로 추정된다.


## 5. 保州(보주)와 來遠城(내원성)

고려와 거란의 경계로 자주 거론된 곳은 압록강 부근에 있었다는 保州(보주)와 來遠城(내원성) 및 정주(定州)이다. 『요사』「지리지」에는 보주(保州)가 다음과 같이 기록되어 있다.

보주(保州) 선의군(宣義軍)에는 절도(節度)를 두었고 고려가 주를 설치하였다. 옛 현은 내원(來遠)현 하나이다. 고려의 왕순(王詢:현종)이 마음대로 왕위에 올랐으므로 성종이 죄

---

111) 대청광여도(大淸廣輿圖): 淸 康熙年間때 사람인 채방병(蔡方炳)이 刻한 原圖를 1785년 일본 長久保赤水(나가쿠보 세키스이)가 교정, 지도출처 : 다음 블로그 항고도)

112) 안동도호부는 평양(平壤): 668년-676년, 요성(遼城): 676년-677년, 신성(新城): 677년-699년, 유주(幽州): 705년-714년, 평주(平州): 714년-743년, 요서고성(遼西故城): 743년-758년 등으로 이전되었다(위키백과).

113) 『遼史』第三十八卷, 志第八, 地理志二, 東京道 顯州.

114) 遼在今遼宁北鎭一帶置顯州, 治奉先(今北鎭西南). 金升广宁府(百度百科), 북녕시는 2006년에 北鎭市로 개칭

를 물어서 보주(保州) 정주(定州) 두 주를 빼앗았다. 통화 말에 고려가 항복하자 이 곳에 각장(権場:시장)을 두었다. 동경통군사 예하에 두었으며 관할 현은 내원현(來遠縣) 하나이다. 초에 요서의 여러 현민들을 옮겨서 채웠으며, 또 해(奚)와 한(漢)병 7백 명으로 하여금 지키도록 하였다. 호는 1천이다. 선주(宣州)와 회화군(懷化軍)을 개태 3년(1014년)에 설치하였다가 보주(保州)에 예속시켰다.[115]

『고려사』에는 1117년(예종 12) 3월, 금나라가 개주와 내원성을 공격하자 내원성을 지키던 요나라 관리들이 내원성과 포주성(抱州城) 두 개 성을 고려에 돌려주고 바다를 건너 도망갔다. 고려에서는 포주를 의주방어사(義州防禦使)로 고치고 압록강[鴨江]을 국경으로 삼아 관방(關防)을 설치하였다고 하였다.[116]
『신증동국여지승람』에서는 의주목에 대하여 다음과 같이 기술하였다.

> 본래 고려의 용만현(龍灣縣)인데, 화의(和義)라고도 불렀다. 처음에는 거란(契丹)이 압록강 동쪽 기슭에 성을 두고 보주(保州)라고 일컬었고, 문종 때에 거란이 또 궁구문(弓口門)을 설치하고 포주(抱州: 일명 파주把州)라고 일컬었는데, 예종 12년에 요(遼)의 자사(刺史) 상효손(常孝孫)이 도통(都統) 야율녕(耶律寧) 등과 금(金)의 군사를 피하여 바다를 건너 도망해 와서 우리 영덕성(寧德城)에 문서를 보내어 내원성(來遠城) 및 포주를 가지고 우리에게 귀속하므로 의주 방어사(義州防禦使)로 고치고 남계(南界)의 인호(人戶)를 덜어다가 채웠다.[117]

위와 같이 종래는 보주(保州)와 내원성(來遠城) 및 정주(定州) 등이 압록강 연변 의주부근에 있었던 것으로 인식되어왔다. 그런데 다른 증거를 보면 내원성이 요주(遼州:요령성 신민시)와 가까운 요하의 중류에 있었다는 것을 알 수 있다. 즉, 거란이 내원성을 설치할 때 요서(遼西)지역 백성과 해(奚)와 한(漢)의 병사 700명을 옮겨서 지키게 하였다. 내원성이

---

115) 遼史 保州 宣義軍 節度 高麗置州 故縣一 曰來遠 聖宗以高麗王詢擅立
　　問罪 取其保定二州 統和末 高麗降 於此置権場 隷東京統軍司 縣一 來遠縣 初徙遼西諸縣民實之又徙奚 漢兵
　　七百防戍焉 戶一千 宣州 定遠軍 刺史 開泰三年 徙漢戶置 隷保州 懷化軍 下 刺史 開泰三年置 隷保州
116) 『고려사』 권14, 세가 예종(睿宗), 12년 3월 3일 신묘.
117) 『신증동국여지승람』 제53권, 평안도(平安道), 의주목(義州牧).

요서지역과 해(奚)족의 거주와 가깝다는 의미이다. 해(奚)족은 거란족과 같이 선비(鮮卑)의 우문부(宇文部)에서 나온 일파인데 요 태조에게 정복된 후 거란 중경(中京:대정부大定府, 내몽골 영성寧城) 일대에 산거하였다고 한다.[118]

또한 원나라 세조(世祖)때 편찬된 『원일통지(元一統志)』에 따르면, 거란 성종이 고려를 침공하였다가 퇴각하는 상황(거란 2차 침략)을 다음과 같이 설명하였다.

> 이전에 요나라가 고려를 침공하였으나 패하고 겨울철이라 눈이 열흘 동안이나 그치지 아니하여 인마가 많이 죽었다. 군사가 압록강(鴨綠江)에 모였으나 많이 빠져 죽었다. 遼主가 내원(來遠) 경계로 들어갔을 때 변경을 방비하는 날랜 군사 수십 명과 마주쳤는데, 이들이 황제 일행을 붙잡아서 어디서 왔는지 심문을 하였다. 遼主가 옷깃을 열어서 금갑옷을 보여주자 무리들이 놀라서 흩어졌다. 遼主가 요성(遼城)에 도착하여 영내를 떠나 있던 자들을 모으게 한 뒤 모두 죽였다.[119]

황제가 화급하게 도망가느라고 변복을 하였고 수행군사도 겨우 몇 명에 불과했던 것을 알 수 있다. 요주의 치소인 요성(遼城)의 군사들이 내원 경계로 순찰을 나온 것으로 보아서 내원성은 요주와 멀지 않다. 요성은 요령성 신민현 동북 공주둔진 요빈촌으로 알려져 있다.[120] 요하의 서쪽으로서 거란의 동경이 있었다고 알려진 요양보다 후방이므로 압록강을 건넌 황제가 심문당하는 것은 있을 수 없다. 즉, 내원성이 압록강 부근 의주가 아니라 요하의 인근 요주의 치소인 요령성 신민현과 멀지 않고, 당시의 압록강이 요하의 중류를 가리킨다는 것을 알 수 있다.

『요사』에서는, "성종이 회군할 때에 귀주(貴州)에서 큰 비를 만나서 갑장을 버리고 겨우 강을 건너서 압록강으로 갔다. 황후와 황제 동생이 내원성에서 맞이하였다. 내원성에 도착한 2일 뒤 군사를 해산하고 동경으로 갔다"고 하였다.[121] 거란 동경은 『용평집』에서

---

118) 百度百科

119) 남주성 역주, 위의 책 上, 58쪽.

120) 遼亦有遼州, 治遼濱(今遼宁新民東北)(百度百科)

121) 남주성 역주, 위의 책, 58쪽.
　　遼史卷十五 本紀第十五 聖宗六
　　二十九年春正月乙亥朔, 班師, 所降諸城復叛. 至貴州南峻嶺谷, 大雨連日, 馬皆疲, 甲仗多遺棄, 霽乃得渡. 己丑, 次鴨淥江. 庚寅, 皇后及皇弟楚國王隆祐迎于來遠城. 壬辰, 詔罷諸軍. 己亥, 次東京.

는 명나라 영평부(진황도시), 『무경총요』에서는 연군성(의현) 일대로 기록하였다.

위와 같은 정황 증거를 결정적으로 뒷받침하는 기록은 『무경총요』이다. 『무경총요』에는 보주와 내원성의 위치에 관하여 다음과 같이 기술하고 있는데, 보주 북쪽으로 대릉하까지 이십 리라고 하여 요서 지역임을 밝히고 있다.

> 보주는 발해고성으로 동으로 압록강 신라국(역자주: 고려) 경계까지를 관장하는데 각장(榷場)을 두어 서로 교역하게 하였다. 동남쪽으로 선화군(宣化軍)까지 사십리, 남쪽으로 바다까지 오십리, 북쪽으로 대릉하까지 이십리이다.
>
> 내원성은 거란이 중국의 경술년에 신라국(역자주: 고려)을 쳐서 그 요해지를 얻어 성을 쌓아 방어하였는데 곧 宋 대중상부 3년(1010년)이다. 동쪽으로 신라(역자주: 고려) 흥화진까지 4십리, 남쪽 바다까지 3십리, 서쪽 보주까지 4십리이다.
>
> 개주는 발해 고성으로 거란이 동쪽 신라국(고려)을 쳐서 그 요해지를 얻어 성을 쌓고 州를 세웠는데 개원군(開遠軍)이라 하였다. 서쪽 내원성까지 일백 이십리, 서남쪽 길주(吉州)까지 칠십리, 동남쪽 석성(石城)까지 육십리이다.[122]

위의 기록을 종합하여 보면 요주-보주-내원성은 모두 가까이 있으며, 요주의 위치를 요령성 신민현 일대로 본다면, 곧 보주 내원성 또한 현 요하의 중류를 연하고 있었으며, 그 부근을 흐르는 강이 곧 압록강임을 추정해 볼 수 있다.

---

122) 『武經總要』前集, 卷二十二, 東京四面諸州
　　保州, 渤海古城, 東控鴨綠江新羅國界, 仍置榷場, 通互市之利. 東南至宣化軍四十裏, 南至海五十裏, 北至大陵河二十裏. 來遠城, 虜中庚戌年討新羅國, 得要害地, 築城以守之, 即中國大中祥符三年也. 東至新羅興化鎮四十裏, 南至海三十裏, 西至保州四十裏. 開州, 渤海古城也虜主東討新羅國, 都其城要害, 建爲州, 仍曰開遠軍. 西至來遠城百二十裏西南至吉州七十裏東南至石城六十裏.

## 6. 고려의 신라 승계와 여진복속

### 1) 통일신라의 북방 경계

신라의 삼국통일 후 북방경계에 관한 학계의 일반적인 평가는 다음과 같다. 발해를 견제시키려는 당이 신라에게 평양(平壤) 이남의 영유권을 공인함으로써 성덕왕(聖德王) 34년(735)부터 대동강에서 원산만을 연결하는 북방 경계가 설정되었다.[123] 신라(新羅)가 이루어 놓은 통일이라는 것은 영토상으로는 만주(滿洲) 지역과 한반도(韓半島) 북부를 상실케 하여 민족생활권(民族生活圈)의 2차적 축소를 보게 한 것이었다.[124]

즉 통일신라의 북방 경계는 대동강과 원산만을 연결하는 선이라는 것이다. 그런데 『요사(遼史)』「지리지(地理志)」동경도조에는 요주(耀州)의 암연현(巖淵縣) 동쪽 경계는 신라이며, 옛 평양성이 현의 서남쪽에 있다고 하였다.[125]

『요사』에는 태종 천현(天顯) 3년(928년)에 동란(東丹) 주민을 동평(東平)으로 옮기니 그 백성 가운데 일부가 신라(고려를 가리킴)와 여진으로 도망쳐 갔다[126]고 되어 있는바, 동평과 고려가 인근에 있었음을 알 수 있다.

『요사』「지리지」동경도조에는, '당 원화(元和) 연간(806~820)에 발해왕 대인수(大仁秀: 선왕)가 남쪽의 신라를 정벌하여 군현을 개설하였으며, 해주(海州) 동쪽 경계는 신라'라고 하였다.[127] 唐나라 문인 장구령(張九齡)의 문집인 『장구령집(張九齡集)』에 실린 「여신라왕김흥광칙(與新羅王金興光勅)」에는, 신라 성덕왕이 패강(浿江)에 군영을 설치하려는 계획에 대하여, 唐 현종은 "그 곳은 발해를 대응할 수 있는 요충이고, 또 녹산(祿山)과도 서로 마주 바라보고 있는 곳이므로 아주 좋은 계책"이라고 평가하였다.[128] 예성강 또는 대동강 지역으로 알려진 패강진의 위치에 관해서도 재해석이 필요하다.

123) 李昊榮, 2002, 『신편 한국사』 9, 통일신라.

124) 金哲埈, 1976, 『한국사』3, 고대 - 민족의 통일.

125) 『遼史』 卷三十八, 志第八, 地理志二, 東京道, 東京遼陽府.
　　　耀州, 刺史. 本渤海椒州 ; 故縣五, 椒山, 貉嶺, 澌泉, 尖山, 巖淵, 皆廢. 戶七百. 隸海州. 東北至海州二百里. 統縣一: 巖淵縣. 東界新羅, 故平壤城在縣西南

126) 남주성 역주, 위의 책, 193쪽.

127) 남주성 역주, 위의 책 上, 193쪽, 263쪽.

128) 남주성 역주, 위의 책 上, 185쪽.

송의 서긍이 지은『고려도경』에는 "고려는 이미 신라를 아울러서 동북쪽이 조금 넓어졌고, 그 서북쪽은 거란과 닿았다. 이전에 요수(遼水)를 경계로 하였다가 뒤에 침략과 핍박을 받아 압록(鴨綠)으로 물러나 험한 것을 의지하여 지켰다"고 되어 있다. 송의 허항종(許亢宗)이 지은『봉사행정록(奉使行程錄)』에는 "함주(咸州)에서 90리를 가서 동주(同州)에 이르기까지는 계속 북쪽으로 갔는데, 동쪽에 큰 산이 바라다 보였다. 金나라 사람들은 이것을 신라산이라 불렀다. 산이 깊숙하였으며 길이 없다. 계곡 깊은 곳은 고려와 접경을 이루고 있다"고 되어 있다.[129]

『흠정만주원류고』에서는 "신라는 서북쪽으로 길림오라(현 길림시)에 이르고 또한 서쪽으로는 개원(開元)과 철령(鐵嶺)에 가깝다. 왕건이 고구려를 다시 일으켰는데 신라의 변두리 읍을 점령하고 송악(松岳)에 도읍을 세웠다. 『원사』에 '압록강 동쪽 천여 리에 있는 곳은 옛 평양(平壤)이 아니다'고 한 것이 바로 이것이다. 그리하여 고려는 겨우 해성(海城)의 동쪽과 조선의 여러 도를 차지하고 있었고, 당나라 때의 지역을 회복하지는 못하였다. 계림(鷄林)에 관해서 보면, 곧 길림(吉林)으로서 계(鷄:ji)와 길(吉:ji)의 발음이 서로 부합하고 여러 지리를 조사해 보아도 또한 모두 부합한다"고 하였다.[130]

신라의 북계에 관해서『三國史記』신라본기(新羅本紀)에 "왕은 하슬라(河瑟羅) 지역이 말갈(靺鞨)과 접해 있어 사람들이 편안할 수가 없으니 京을 파해 주로 삼고 도독(都督)을 두어 지키게 하였다. 또 실직(悉直)으로서 북진(北鎭)을 삼았다"고 하였다.[131]

학계에서는 하슬라주(何瑟羅州)가 강릉(江陵)일대로서 신라의 영토가 삼국통일의 결과로 대동강에서 원산만선으로 북상함에 따라 말갈 住地의 상당한 지역이 신라의 영토로 편입되었고 이 지역의 말갈족은 신라에 복속된 뒤 신라에 편입되었거나 혹은 원산만 이북지역으로 쫓겨났을 것으로 보고 있다.[132]

하슬라주가 말갈과 인접해 있다는 지리위치와 그 발음으로 비추어 보면『금사(金史)』지리지의 합라로(合懶路)와 부합한다.[133]『흠정만주원류고』에서 해란로는 길림 영고탑 일대

---

129) 남주성 역주, 위의 책 上, 191쪽.

130) 남주성 역주, 위의 책 上, 196-197쪽.

131)『三國史記』권 5, 新羅本紀 5, 태종무열왕 5년 춘3월(국사편찬위원회 한국사데이터베이스).

132) 羅鍾宇, 위의 책.

133) 합라(合懶), 해란(海蘭)은 갈라(曷懶), 해라(孩懶)로도 썼다고 되어 있다(남주성 역주, 위의 책 下, 114쪽, 125쪽). 또한 합라(合懶)는 해란(海蘭) 갈라(曷懶) 야라(耶懶) 압라(押懶)로도 썼는데 모두 한자로 옮기면서 변화

에서 조선의 도문강(圖們江) 경계까지라고 하였고,[134] 淸대의 경방창(景方昶)이 편찬한 『동북여지석략(東北輿地釋略)』에서는 영고탑 일대에서 조선의 단천부(瑞川府) 일대까지가 합라로(合懶路) 지역이라고 하였다.[135]

당시 여진인은 만주 내지의 여러 강들이 흑수(Kara;Hara)에 합류하는 것으로 생각하여 만주 내지의 여러 강에 해란(海蘭:Hairan)河·해랑(海浪:Hairan)河 등의 명칭을 붙였고, 이러한 강 유역에 사는 사람을 흑수인(黑水人)이라 하였으며, 합라(哈羅:Haran)라는 지명이나 갈라전(葛懶甸:Karran)이라는 관부 명칭도 여기에서 나온 것이라 할 수 있다.[136]

신라는 북계인 하슬라주에 두 차례에 걸쳐 장성을 쌓았고(468년 자비 마립간 11년, 720년 성덕왕 20년), 고려가 1119년(고려 예종 14년)에 장성(長城)을 3척(尺) 증축할 때에 금(金)의 갈라전(葛懶甸) 발근(孛董) 호라고습현(胡剌古習顯)이 병사를 출동시켜 제지하자, 고려에서는 "옛 성을 보수하는 것이다"[137]라고 대답하고 증축을 강행한 사실을 보아도 이와 부합한다.


## 2) 신라의 여진 복속

한편 신라 군사편제인 9서당(九誓幢) 중 말갈족으로 구성된 흑금서당(黑衿誓幢)이 있었고[138], 936년 고려 태조가 일선군(一善郡 : 선산善山) 일리천(一利川)에서 후백제 신검군과 최후의 대결전을 펼쳤을 때에 고려의 총병력은 8만 7천 5백 명이 동원되었다. 그 중에 대상 유금필(庾黔弼)과 원윤 관무(官茂)·관헌(官憲) 등에게 흑수(黑水)·달고(達姑)·철륵(鐵勒) 등 여러 번(蕃)의 정예 기병 9,500명을 거느리게 하여 승리하였다.[139] 즉 고려는 말갈 부족 들을 기미지배하는 번(蕃)으로 여겼음을 알 수 있다. 흑수말갈(黑水靺鞨)은 元史의 개원로지역(오늘날 흑룡강성 일대)이고, 『구당서』「철륵전」에 "철륵(鐵勒)은 동쪽으로 말갈과 닿고 서

한 것이라고 하였다(景方昶撰, 『東北輿地釋略』 卷二, 金史上京路屬地釋略).

134) 남주성 역주, 위의 책 下, 124-125쪽.

135) 景方昶撰, 『東北輿地釋略』 卷二, 金史上京路屬地釋略.

136) 羅鍾宇, 위의 책.

137) 『고려사』 권14, 세가 권제14, 예종(睿宗) 14년 12월 미상.

138) 『三國史記』 卷第四十, 雜志 第九, 무관(武官), 구서당의 흑금서당.

139) 『高麗史』 권 2, 世家 2, 태조 19년 9월.

쪽은 섭호(葉護)에 이른다"[140]고 하였고, 宋나라 허항종(許亢宗)이 1125년 지은 『선화을사봉사금국행정록(宣和乙巳奉使金國行程錄)』에서는 황룡부 북쪽에 있는 여러 종족 중에 철리(鐵離)가 있는데 철리(鐵離)가 철륵(鐵勒)으로 보인다.[141]

또한 발해가 멸망하기 전후에 수많은 발해인이 고려에 내투하였는데, 934년에는 발해국 세자 대광현(大光顯)이 무리 수 만을 이끌고 내투하였고,[142] 979년에도 발해인 수만 명이 내투하는 등 수십 회에 걸쳐 수많은 발해인이 고려에 내투하였다.[143]

또한 송말 원초에 마단림(馬端臨)이 지은 『문헌통고(文獻通考)』에는 "대중상부 3년(1010)에 거란이 고려를 침공할 때에 여진을 경유하여 진군하였는데, 이때 여진이 고려와 함께 군사를 합하여서 항거하여 거란은 많은 군사를 잃어버리고 돌아갔다"고 되어 있다.[144]

993년 5월에 거란이 침공하려는 계획을 탐지한 서북계(西北界)의 여진(女眞)에서 "거란(契丹)이 군사를 동원하여 침략하려 계획 한다"고 고려에 알려 왔으나, 조정(朝廷)에서 의논하기를 그들이 우리를 속이는 것으로 오해하여 방비태세를 갖추지 않았다"고 하였다.[145]

『문헌통고』에는 여진은 거란에 조공을 할 때에 독자적으로 행동하지 아니하고 항상 고려의 사신을 따라서 갔다고 다음과 같이 기록되어 있다.

여진의 장군(將軍) 대천기(大千機)를 파견하여 고려의 사신을 따라 들어와서 조공을 바쳤고, 이때에 이르러서 고려의 사신과 함께 오자, 숙소와 음식 및 잔치를 베풀어 주는 예를 고려의 사신에게 해 주는 것과 똑같이 하였다. 8년에 다시 사신을 보내왔는데, 고려의 사신을 따라 함께 왔다."[146]

---

140) 남주성 역주, 위의 책 上, 220쪽.

141) 羅鍾宇는 위의 책에서 고려사의 철리(鐵利)를 철륵(鐵勒)으로 보았는데, 이로 보아서 鐵離 또한 다른 표기로 보인다.
『盛京疆域考』卷3, 渤海전에는 발해의 鐵利府는 승덕현(심양) 서남 60리에 치소가 있었고, 6개 주(廣州, 汾州, 蒲州, 海州, 義州, 歸州)를 거느린다고 되어 있다.

142) 『고려사』권2, 세가, 태조 17년 7월.

143) 『고려사』권2, 세가, 경종 4년 6월.

144) 『文獻通考』卷三百二十七, 四裔考四.

145) 『고려사』세가, 권 제3, 성종(成宗) 12년 5월 미상

146) 『海東繹史』제12권, 세기(世紀) 12, 고려(高麗) 1.

통일신라는 만주지역의 고구려 영토 상당부분을 흡수하였으나 이후 발해의 건국과 남진으로 일부를 상실한 것으로 보인다.

위의 기록을 종합하여 보면 고려는 건국 초기에 이미 신라가 기미지배하던 말갈족에 대한 지배권을 확보한 것으로 보이고 이후 발해의 멸망 전후에 대량의 주민이 고려에 귀부하였는데 유민형태로 이주한 사람도 있을 것이고, 수만 명이 고려에 내부한 것으로 보아서 거주 지역에 그대로 살면서 귀부한 사람들도 있을 터인데 이에 대한 자료와 연구는 부족한 실정이다.


# Ⅳ. 서희개척 8주 위치 재고찰


## 1. 장흥진(長興鎭) 귀화진(歸化鎭)

『고려사』에는 993년 거란의 1차 침략 강화회담(고려의 서희장군과 거란의 총사령관 소손녕) 결과에 따라 994년 서희장군이 여진을 쫓아내고 장흥진(長興鎭)과 귀화진(歸化鎭)을 설치하였다고 되어 있다.[147] 안정복이 지은 『동사강목』에서는 장흥진(長興鎭)과 귀화진(歸化鎭)의 위치가 모두 미상이라고 하였으며, 현재 우리나라 사학계에서는 『고려사』나 『동사강목』의 기록에 대하여 오기이거나, 설치 간지의 오독에 따른 오해이거나 다른 이칭 중복 기재 등으로 보아서 서희장군이 개척한 6주에서 제외되어 있다.[148]

그런데 『고려사』의 기록을 부인할 근거도 명확히 없는 상태에서 중국의 기록을 근거로 주를 정하였다. 『고려사』「지리지」나 『동국여지승람』 등에서도 장흥진과 귀화진의 위치에 대한 기록을 찾아 볼 수가 없다. 이것은 두 진의 위치가 조선초 『고려사』나 『동국여지승람』 편찬 당시 조선의 강역에서 찾을 수 없기 때문이고, 이는 역설적으로 두 진의 위치가

---

147) 『高麗史』 권82, 지 권제36, 兵 二, 城堡.

148) 尹京鎭. 2011, 「고려 성종-현종초 북방 개척과 州鎭 설치」, 『역사문화연구』 제38집, 韓國外國語大學校歷史文化研究所, 66-70쪽.

『고려사』나 『동국여지승람』을 기록할 당시 조선의 관할 밖에 있었음을 시사한다고 하겠다. 김부식도 『삼국사기』를 기록하면서 한반도에서 찾을 수 없는 지명은 별도로 미상지명으로 분류하여 기록한 바 있다.

그런데 『고려사』나 『동국여지승람』에서 찾을 수 없는 두 진의 명칭이 『요사』「지리지」중경도(中京道) 중경대정부(中京大定府) 관할 9개 현 중 장흥현(長興縣)과 귀화현(歸化縣)으로 실려 있다. 중경대정부(中京大定府)는 요서지역이고 장흥현은 漢의 빈종현(賓從縣)이었고, 귀화현(歸化縣)은 漢의 유성현(柳城縣) 지역이라고 하였다.

> 『요사』卷三十九, 志第九,「지리지」三, 중경도(中京道).
>
> 중경대정부. 진나라가 천하를 군으로 나누었을 때에 이곳은 요서군이 되었다. 漢나라 때에 신안평현이 되고 한 말에 해(奚)족이 살았다. 위(魏) 무제(曹操)가 북정하여 큰 전쟁을 치뤘는데 항복한 이십여 만을 송막(松漠)으로 옮겼다. 그 후 척발씨가 遼의 지원으로 이곳에 아장을 세웠는데, 요락하수(饒樂河水)의 남쪽, 온유하수(溫渝河水)의 북쪽이다. 열 개 州 아홉 개 縣을 관할한다. 장흥현(長興縣)은 본래 한의 빈종현(賓從縣)[149]인데 여러 부의 사람이 살았다. 귀화현(歸化縣)은 본래 漢의 유성현(柳城縣) 땅이다.[150]

즉 두 진을 『요사』의 장흥현과 귀화현으로 보면 요서지역이 된다. 고려 광종(光宗)이 거란의 동경으로부터 안북부(安北府)까지 수백 리 땅을 빼앗아 가주(嘉州)·송성(松城) 등의 성을 쌓았는데, 『성경강역고』에서는 가주(嘉州)는 봉천(奉天: 현 심양) 경내에 있고 요서지역인 현주(顯州)에 예속되어 광녕(廣寧: 현 北鎭市)과 멀지 않다고 하였다. 필자는 귀화진(歸化鎭)을 조양(朝陽) 부근으로, 장흥진(長興鎭)은 빈종현 위치가 분명치 않으므로 귀화진

---

149) 百度百科에 따르면, 빈종현(賓從縣)은 당 무덕5년(622년) 현 하북 난하 상류에 설치, 뒤에 영주(치소 요령 조양시)에 교치되어 선주의 치소가 됨, 만세통천 원년에 청주(산동 청주시)로 이동 설치, 신룡 초에 다시 유주 노현 옛 현성(하북 삼하현 서남)으로 이동 설치, 5대 晉에 폐지되었다.
  賓從縣, 古縣名. 唐武德五年(622年)置, 在今河北省灤河上游一帶, 后僑治營州(治今遼宁朝陽市)境, 爲鮮州治. 万歲通天元年隨州移治青州(治今山東青州市)境, 神龍初又移治幽州潞縣之古縣城(今河北三河縣西南). 五代晋廢(百度百科)

150) 『遼史』卷三十九, 志第九, 地理志三, 中京道.
  中京大定府 秦郡天下, 是爲遼西. 漢爲新安平縣. 漢末步奚居之, 幅員千里, 多大山深谷, 阻險足以自固. 魏武北征, 縱兵大戰, 降者二十餘萬, 去之松漠. 其後拓拔氏乘遼建牙於此, 當饒樂河水之南, 溫渝河水之北
  統州十, 縣九：長興縣. 本漢賓從縣. 以諸部人居之. 歸化縣. 本漢柳城縣地

과 멀지 않은 것으로 보아 의현(義縣) 일대로, 가주(嘉州)는 북진(北鎭) 일대로, 송성(松城)은 금주시 松山 부근으로 비정해 본다. 가주와 송성, 귀화진 장흥진 등은 요서 지역에 설치되었다가 일찍이 거란에 병합됨에 따라 고려사에 더 이상 기록되지 아니한 것으로 보이기 때문이다.


## 2. 철주(鐵州), 용주(龍州), 통주(通州)

한편 『高麗史』「지리지」에는 "철주(鐵州)는 본래 고려의 장령현(長寧縣)으로 동산(銅山)이라고도 하였으며 현종(顯宗) 9년에 철주 방어사(鐵州防禦使)를 칭하였다"고 되어 있다.[151]

『성경강역고』에서는 "흥주(興州)의 위치는 철령현 남쪽 60리에 있으며, 발해에서 州를 설치하였고 옛 현은 셋으로서 성길(盛吉) 산산(蒜山) 철산(鐵山)이 있는데 모두 폐지하였다"고 하였다.[152]

『성경강역고』에서는 요나라 함주(咸州)와 금나라 함평부(咸平府)는 철령현(鐵嶺縣) 동북 사십리 지점이라고 하였으므로 철령시와 개원시 사이가 된다.


『盛京疆域考』卷四
　　요나라 함주는 지금의 철령현 동북 四十里 지점으로 발해가 동산군을 설치하였다. 金나라 咸平府는 지금의 철령현 동북 四十里 지점으로 고구려 동산현(銅山縣)이고 요나라때 함주가 되고 금나라 초에 함주로가 되어 도통사(都統司)를 두었고, 천덕(天德) 2년(二年)에 함평부(咸平府)로 승격하였다.[153]

---

151) 『고려사』권57, 志, 권제12, 地理 三, 북계, 안북대도호부 영주.
152) 『盛京疆域考』卷4, 遼 東京遼陽府
　　興州【今鐵嶺縣南六十里】原志興中軍節度渤海置州故縣三盛吉蒜山鐵山皆廢
　　이에 대하여 『요사』「지리지」동경도조에는 동경요양부 괄할의 흥주(興州)는 속현이 셋이 있는데 성길(盛吉) 산산(蒜山) 철산(鐵山)으로서 동경의 서남쪽 3백리에 있다고 하였다.
　　『遼史』卷三十八 志第八 地理志二 東京道
　　東京遼陽府 興州, 中興軍, 節度. 本漢海冥縣地. 渤海置州, 故縣三:
　　盛吉, 蒜山, 鐵山, 皆廢. 戶二百. 在京西南三百里.
153) 淸·楊同桂 孫宗翰 輯, 『盛京疆域考』卷四
　　遼 咸州【今鐵嶺縣東北四十里】統縣一原志安東軍下節度渤海置銅山郡地在渤海龍泉府多山險初號和掄台布

『盛京疆域考』卷伍 上京路【今混同江外】

금나라 상경로 함평부(철령현 동북 40리)는 본래 고려 동산현지(高麗銅山縣地)로서 요나라 때 함주가 되고, 금나라 초에 함주가 되었으며, 뒤에 함평부가 되고 또 총관부가 되었다. 금 태조가 이미 영강주(寧江州)를 격파하고 다시 군사를 이끌고 나와 요군을 압자하(鴨子河)에서 쳐부수고 빈주(賓州)를 함락하였다. 오릉고(烏楞古)가 다시 요군을 함주(咸州)의 서쪽에서 이기고 비로소 함주(咸州)를 정복하다고 하였는데, 이를 미루어 보면, 금나라 때의 함평부 속현 여럿이 범하(范河) 시하(柴河) 사이에 있었다. 즉, 요나라 함주(咸州)는 확실하게 철령(鐵嶺) 개원(開原) 두 현 지경에 있었다는 것을 의심할 바 없다.

함평부의 동산(銅山)현은 개원현 남쪽 3십리 지점이다. 요의 동주진안군(同州鎭安軍)은 요태조 때에 동평채(東平寨)를 설치한데 유래한다. 동평군은 진동(鎭東)으로 부르는데 세종 대정 29년에 동평과 중복되므로 고쳤다. 남쪽에 시하(柴河) 북쪽에 청하(淸河) 서쪽에 요하(遼河)가 있다.[154]

『高麗史』 지리지에서는 '철주(鐵州) 또한 동산(銅山)이라고 불렀다'[155]고 하였으므로 철주를 『요사』「지리지의」 흥주 속현인 철산과 같은 곳으로 보아 『성경강역고』의 위치 비정을 근거로 보면 철주 또한 요령성 철령시 부근이 된다.

서희장군이 설치한 8주 중 용주(龍州)가 있는데, 『신증동국여지승람』에서는 용주는 용천군이라고 하였다. 북쪽으로 의주의 경계까지 19리, 남쪽은 철산군(鐵山郡) 경계까지 22리 이며, 본래는 고려의 안흥군(安興郡)이었는데, 현종 5년에 용주 방어사(龍州防禦使) 고을로 일컬었으며, 고용주(古龍州)가 군의 서쪽 20리에 있다고 하였다.[156]

---

城開泰八年置州【詳見金地理志咸平府下】
咸平【附郭】
金 咸平府【今鐵嶺縣東北四十里】縣八原志下總管府安東軍節度使本高驪銅山縣地遼爲咸州國初爲咸州路置都統司天德二年升爲咸平府後爲總管府

154) 金 咸平府【今鐵嶺縣東北四十里】縣八原志下總管府安東軍節度使本高驪銅山縣地遼爲咸州國初爲咸州路置都統司天德二年升爲咸平府後爲總管府
【按本紀太祖旣破寧江州再出師破遼兵於鴨子河拔賓州烏楞古又敗遼兵於咸州西遂克咸州考金時咸平府屬縣多在范河柴河之開則遼之咸州確在鐵嶺開原兩縣境更無疑義】
銅山【今開原縣南三十里】原注遼同州鎭安軍遼太祖時以東平寨置因名東平軍曰鎭東世宗大定二十年以與東平重故更南有柴河北有淸河西有遼河

155) 『고려사』권57, 志 권제12, 地理 三 북계, 안북대도호부 영주.

용주 또한 『요사』 「지리지」 동경도조에 있는데, 용주에 대하여 다음과 같이 설명하고 있다.

용주는 황룡부(黃龍府)로서 본래 발해 부여부(扶餘府)인데 태조가 발해를 평정하고 이곳에 이르러 죽을 때에 황룡이 나타났기에 이름을 고쳤다. 관할하는 州는 다섯이고 縣은 셋인데 황룡현(黃龍縣) 천민현(遷民縣) 영평현(永平縣)이다.[157]

용주의 위치에 대하여 『중국고대지명대사전』에는 요령성 개원현[158]이라고 되어 있어서 서희장군이 설치한 곳과 지리상으로 부합된다고 보인다.

앞에서 살펴본 것과 같이 고구려 동산현(銅山縣), 발해의 동산군(銅山郡), 고려의 통주(通州) 철주(鐵州) 용주(龍州), 요나라의 동주(同州) 함주(咸州) 동평채(東平寨), 금나라의 함평부(咸平府) 동산현(銅山縣)이 모두 요령성 철령과 개원 지역으로 추정된다.


## 3. 귀주(龜州)

1018년, 12월 거란은 동평군왕(東平郡王) 소배압(蕭排押) 도통으로 고려를 침략하였다가 철군할 때에 귀주에서 강감찬에게 대패하였다. 『요사』에서는 소배압이 철군하면서 다하(茶河)·타하(陀河)의 두 개 강 사이에서 추격해 오는 고려군과 싸워서 크게 패배하였다고 다음과 같이 기록하였다.

소배압(蕭排押) 등이 고려와 다하(茶河)·타하(陀河) 두 강에서 싸웠다. 요군이 피해를

---

156) 『신증동국여지승람』 제52권, 평안도(平安道), 용천군(龍川郡).

157) 『遼史』卷三十八, 志 第八, 「地理志」二, 東京道
　　龍州, 黃龍府. 本渤海扶餘府. 太祖平渤海還, 至此崩, 有黃龍見, 更名 保寧七年, 軍將燕頗叛, 府廢. 開泰九年,
　　遷城于東北, 以宗州, 檀州 漢戶一千復置. 統州五, 縣三：黃龍縣. 本渤海長平縣, 併富利, 佐慕, 肅愼置. 遷民
　　縣. 本渤海永寧縣, 併豐水, 扶羅置. 永平縣. 渤海置.

158) 中華博物編輯, 『中國古代地名大詞典』
　　遼置, 卽今遼宁開原縣治

압록과 고려의 북계

입어서 천운(天雲) 우피실(右皮室)[159] 두 軍에서 빠져 죽은 자가 많았다. 요련장상온(遙
輦帳詳穩) 아과달(阿果達), 객성(客省) 사작고(使酌古), 발해상온(渤海詳穩) 고청명(高淸
明), 천운군상온(天雲軍詳穩) 해리(海裡) 등이 모두 죽었다.[160]

거란군이 대패한 다하(茶河)와 타하(陀河)의 위치는 『요사』 「지리지」 동경도(東京道) 귀덕
주(貴德州)에 다음과 같이 기록되어 있다.

> 귀덕주(貴德州)는 영원군(寧遠軍)인데 본래 漢 양평현 지역이다. 한나라 시기 공손도(公
> 孫度)가 점거하였으며 태종 때에 찰할(察割)이 포로로 잡은 한민(漢民)을 살게 하여 설치
> 하였다. 성종 때에 귀덕군을 세웠다가 뒤에 이름을 바꾸었다. 타하(陀河) 대보산(大寶山)
> 이 있으며 두 현을 관할한다. 귀덕현(貴德縣)은 발해의 숭산현이었고, 봉덕현(奉德縣)은
> 발해의 녹성현이었는데 일찍이 봉덕주를 두었다.[161]

위 귀덕주(貴德州)와 관련하여서 『성경강역고(盛京疆域考)』에서는 다음과 같이 기술하
였다.

> 요의 귀덕주는 지금의 철령현(鐵嶺縣) 동남에 있다. 관할 현이 두 개다. 태종 때에 설치하
> 고 성종이 귀덕군을 세웠는데 뒤에 이름을 바꾸었다. 타하(沱河)[162] 대보산(大寶山)이 있
> 다. 『遼史』에는 '성종 통화 28년(1010)에 황제가 고려를 친정하였다. 11월 압록강(鴨淥
> 江)을 건너서 고려군을 물리치고 개경을 불사르고 청강(淸江)에 이르렀다. 다음해 군사를
> 이끌고 돌아올 때에 이르러 비를 만났다. 날씨가 개기를 기다려 강을 건넜다. 기축일에 압

---

159) 우피실(右皮室)군은 태종이 천하의 정병을 선발하여 친위군으로 삼았다는 御帳親軍 예하의 정예병이었다
(『遼史』권35, 병위지: 안주섭, 위 논문, 284쪽 재인용).

160) 『遼史』第十六卷「本紀」第十六 聖宗七
開泰 七年 十二月丁酉, 宋遣呂夷簡, 曹璋來賀千齡節. 是月, 蕭排押等與高麗戰於茶, 陀二河, 遼軍失利, 天雲,
右皮室二軍沒溺者衆, 遙輦帳詳穩阿果達, 客省使酌古, 渤海詳穩高淸明, 天雲軍詳穩海裡等皆死之.

161) 『遼史』卷三十八, 志第八, 「地理志」二, 東京道, 貴德州
貴德州, 寧遠軍, 下, 節度. 本漢襄平縣地, 漢公孫度所據. [一五]太宗時察割以所俘漢民置. 後以弑逆誅, 沒入
焉. 聖宗建貴德軍, 後更名. 有陀河, 大寶山. 隸崇德宮, 兵事屬東京都部署司. 統縣二: 貴德縣. 本漢襄平縣,
渤海爲崇山縣. 奉德縣. 本渤海緣城縣地, 嘗置奉德州.

162) 『성경강역고』에서는 요사의 陀河와 다르게 沱河로 기록하였으나 같은 강을 다르게 표기한 것이다.

록강으로 갔다'고 하였다.

살펴보건대, 이 귀덕주는 당연히 압록강의 동안에 있어야 한다. 그런데 『금사』 「지리지」 귀덕주의 연혁을 고찰해 보면 확실하게 철령(鐵嶺)과 승덕(承德)[163] 두 현의 경계 안에 있다. 혹자는 압록강 밖 고려에 또한 귀덕주가 있다고 한다. 『요사』가 본래 오류가 많고 믿기에 증거가 부족한 점이 있다. 金의 귀덕주를 참고해 보라.[164]

『성경강역고』 저자들도 고려-거란 전쟁 당시의 압록강을 淸과 조선의 경계인 압록강으로 인식하고 있었기에 『요사』의 기록과 지리가 부합하지 않는 것에 의문을 가졌던 것이다. 그런데 『성경강역고(盛京疆域考)』 金의 상경로(上京路) 귀덕주(貴德州)를 보면 더 분명해 진다.

귀덕주는 지금의 철령현 동남에 있다. 관할 현이 둘이다. 요나라 귀덕주 영원군(貴德州寧遠軍)은 금나라 초에 폐지하고 자군(刺郡)으로 낮추었다. 귀덕현(貴德縣)에 범하(范河)가 있다. 봉집현(奉集縣)은 승덕현 동남 45리에 있다. 요나라 집주회원군(集州懷遠軍) 봉집현(奉集縣)은 발해의 현으로 혼하(渾河)가 있다.[165]

즉 遼 귀덕주(貴德州) 타하(陀河: 성경강역고에는 沱河로 기록)가 金 귀덕주(貴德州) 범하(范河)로 표기 되었다는 것을 알 수 있다. 다하(茶河: cha he)는 지리위치와 글자 모양으로 보아서 철령시 북쪽 시하(柴河: chai he)로 보인다.

이로 보아서 귀주(龜州) 또한 철령현 지역에 있었던 것으로 추정된다. 서희 장군이 개척한 8주 중 곽주는 『요사』 『금사』 등에서 지명을 고찰할 수 없는데, 곽주는 통주와 인접하므로 통주와 가까운 철령 지역에 있었을 것으로 추정된다.

---

163) 청나라에는 두 개의 승덕이 있는데 하나는 奉天府치소인 승덕현으로 지금의 요령성 瀋陽, 또 하나는 承德府로서 하북성 승덕시이다(古今地名對照總表, 中國國學網). 따라서 이곳의 승덕현은 심양을 가리킨다.

164) 淸·楊同桂 孫宗翰 輯, 『盛京疆域考』卷四, 遼
貴德州 【今鐵嶺縣東南】統縣二原志寧遠軍下節度太宗時置聖宗建貴德軍後更名有沱河大寶山 【遼史聖宗統和二十八年親征高驪十一月渡鴨淥江敗其兵遂焚開京至淸江次年班師還至貴德州遇雨霽乃得渡己丑次鴨淥江按此則貴德州當在鴨淥江東岸然以金地理志貴德州沿革考之則又確在鐵嶺承德二縣界內或者鴨淥江外高驪亦有貴德州耶遼史本多紕繆不足徵信當與金貴德州參看】

165) 『盛京疆域考』卷五 上京路 【今混同江外】
金 貴德州 【今鐵嶺縣東南】縣二原志刺史下遼貴德州寧遠軍國初廢軍 降爲刺郡
貴德 【附郭】原注倚有范河 奉集 【今承德縣東南四十五里】原注遼集州懷遠軍奉集縣本渤海舊縣有渾河

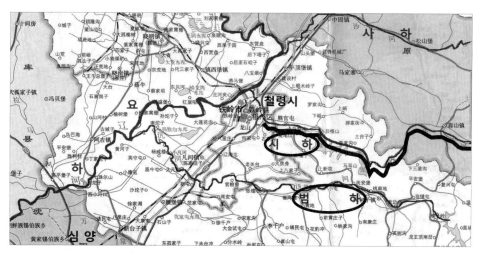

[그림 5] 철령 시하와 범하 (지도출처 : guang.net)

위의 기록을 종합하여 거란 동경을 진황도시(명나라 영평부), 고려 서경을 요양, 당시의 압록강을 요하 또는 요하의 상류지류로 보면, 가주는 북진일대로, 송성은 해안 주요 접근로인 금주시 松山으로 추정해 본다. 이를 바탕으로 서희 개척 8주 중, 귀화진은 조양 부근, 장흥진은 의현 부근, 흥화진은 창도시 부근, 용주는 개원부근, 귀주는 개원과 철령 사이, 철주와 곽주는 철령 부근으로 비정해 본다. 이에 따라 안주는 심양 부근으로 비정해 보았으며 이를 지도상에 표시해 보면 대체로 [그림 6]과 같다.

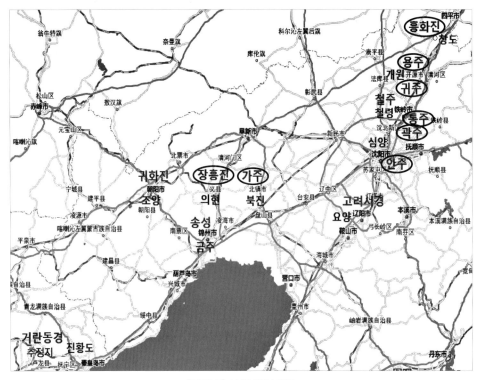

[그림 6] 서희 개척 8주

## V. 결 론

통일신라와 고려 초기의 북방경계에 관한 학계의 통설은, 통일신라의 북방경계는 대동 강과 원산만을 연결하는 선이었고, 후삼국을 통일한 고려 또한 통일신라의 강역을 그대로 승계하여 초기에는 대동강과 원산만을 북방경계로 하였다. 고려는 그 뒤 북진정책을 추진 하여 서북쪽은 멸망할 때까지 압록강 하류지역까지 진출하였고, 동북쪽은 문종대에 이르 러 두만강 이남 지역을 경계로 하였다는 것이다.[166]

위와 같은 관점에 근거하여 993년 거란이 고려를 침공하였을 때에 서희장군이 거란의

---

166) 羅鍾宇, 위의 책, Ⅱ-3-1)-(2) 여진정벌과 9성.

장수 소손녕과 담판하여 확보한 압록강으로부터 280리 지역의 6주의 위치 또한 압록강 동쪽 평안도 지역에 있었던 것으로 보고 있다. 즉 흥화진(興化鎭)은 의주(義州)에 용주(龍州)는 용천(龍川)에 철주(鐵州)는 철산(鐵山)에 통주(通州)는 선천(宣川)에 곽주(郭州)는 곽산(郭山)에 귀주(龜州)는 귀성(龜城)에 설치하였다고 설명하고 있다.[167]

그 결과 거란의 1차, 2차, 3차 침공 시의 주요 전쟁지역 또한 현재의 압록강에서 평양 사이 즉 평안북도와 평안남도 일대에서 벌어진 것으로 보고 있다.

그런데 신라와 고려의 북방경계가 만주지역에 이르렀다는 기록이 중국과 조선의 사서에 산재하여 보인다. 즉 『遼史』「地理志」동경도조에는 요주(耀州)의 암연현(巖淵縣) 동쪽 경계는 신라이며 옛 평양성이 縣의 서남쪽에 있다고 하였고, 唐 元和 연간(806-820)에 발해 선왕이 신라를 정벌하여 군현을 개설하였으며, 해주(海州) 동쪽 경계는 신라라고 하였다.[168] 또한 『흠정만주원류고』에서는 신라의 북방 경계가 서쪽으로는 개원(開元)과 철령(鐵嶺)에 가깝고 서북쪽으로 길림오라(현 길림시)에 이른다고 하였다.[169]

한편 신라 군사편제인 9서당(九誓幢)에는 말갈족으로 구성된 흑금서당(黑衿誓幢)이 있었는데 이로 보아서 신라가 만주지역 말갈족을 지배하고 있었던 것으로 보인다.[170] 936년 고려 태조가 일선군(一善郡:선산善山) 일리천(一利川)에서 후백제 신검과 전투를 하였을 때에 고려의 총병력 8만 7천 5백 명 중에는 흑수(黑水)·달고(達姑)·철륵(鐵勒) 등 말갈의 정예 기병 9,500명이 참가하였다.[171] 흑수와 달고 철륵은 모두 만주 지역에 있던 여진의 부족들인데 고려가 신라를 계승하여 만주의 여진족들을 기미지배하고 있었던 것으로 추정할 수 있다. 또한 발해가 멸망하기 전후에 수 만 명의 발해인이 고려에 내투하였고,[172] 송말 元초에 마단림이 지은 『문헌통고(文獻通考)』에는 1010년 거란이 고려를 침공하였을 때에 여진을 경유하여 진군하였는데, 이때 여진이 고려와 군사를 합하여 대항함으로써 거란군이 크게 패하였다고 기록되어 있다.[173]

---

167) 羅鍾宇, 위의 책, II-3-1)-(1)거란의 침입과 그 항쟁.

168) 남주성 역주, 위의 책, 193쪽. 263쪽.

169) 남주성 역주, 위의 책. 196~197쪽.

170) 『三國史記』卷第四十, 雜志 第九 , 무관(武官), 구서당의 흑금서당.

171) 『高麗史』권 2, 世家 2, 태조 19년 9월.

172) 『고려사』권2, 세가, 태조 17년 7월.

173) 『文獻通考』卷三百二十七, 四裔考四.

특히 宋나라 『무경총요』에는 거란의 동경이 현 요양이 아니라 요서의 연군성(燕郡城:현의현)이라고 기록되어 있고, 宋의 문인 증공(曾鞏)의 문집 『융평집(隆平集)』에도 거란 동경이 평주(平州)의 요성(遼城:하북성 진황도시)으로 기록하고 있다. 고구려 고려 당시의 압록강은 현재의 압록강이 아니라 오늘날의 요하나 요하지류이고, 고려는 고구려의 평양을 서경으로 삼았는데 그 위치가 현재의 평양이 아니라 요령성의 요양일 것이라는 최근의 연구 등을 종합하여 보면, 거란의 1차 침략 강화회담 결과에 따라 고려의 서희장군이 개척한 8주 또한 압록강 남쪽 평안북도 일대가 아니라 고려의 서경으로 비정되는 요령성 요양 이북 지역과 일부 요서지역을 포함하였을 것이라는 추론이 가능하다.

『삼국사기』나 『삼국유사』『고려사』『고려사절요』『신증동국여지승람』『동사강목』『해동역사』『아방강역고』 등 기존의 우리 역사 지리서 또한 신라나 고려의 만주 지역에 대한 영유권을 거의 다루지 아니하여, 신라나 고려의 만주지역의 통제에 대한 전말을 자세히 알기 어렵다. 『삼국사기』나 『고려사』 등 우리나라의 고대사서의 기술 태도는 신라 고려 조선이 기미지배하던 말갈 여진 지역을 우리의 강역에서 제외한 반면, 중국의 역대 사서는 기미지배하던 북방 이민족의 지역도 중국의 주군(州郡)에 포함시킨 점이다. 이에 따라서 『요사(遼史)』『금사(金史)』『원사(元史)』『성경강역고(盛京疆域考)』와 기타 중국의 사서 등에서는 遼 金 元나라의 만주 지역에 대한 영유권과 부·주군현(府州郡縣)을 자세히 기록하고 있다. 본 연구를 바탕으로 고려 서희장군이 만주지역에 개척한 8주의 구체적 위치와 상실한 시기, 그 원인 등에 대하여는 앞으로 계속 연구 발전시켜 나가야 할 과제이다.

# ❖ 참고문헌

## 1. 국내문헌

### 1) 단행본

『高麗史』국사편찬위원회.

『高麗史節要』국사편찬위원회.

국방군사연구소, 1993, 『한민족전쟁통사』Ⅱ.

국방부전사편찬위원회, 1990, 『여요전쟁사』.

국사편찬위원회, 1990, 『중국정사조선전』역주2.

金景善, 『燕轅直指』, 한국고전번역원.

金庠基, 1985, 『高麗時代史』, 서울大出版部.

박광성·신지현, 1986, 『대학국사』, 교학연구사.

박지원 지음, 고미숙·김진숙·김풍기 옮김, 2013, 『열하일기』

申采浩, 1929, 『朝鮮史硏究草』, 朝鮮圖書株式會社.

『신증동국여지승람』, 한국고전번역원.

안정복, 『東史綱目』, 한국고전번역원.

尹乃鉉, 1986, 『한국고대사신론』, 一志社.

이용범, 1989, 『한만교류사연구』. 서울: 동화출판공사.

한치윤, 『海東繹史』, 한국고전번역원.

『治平要覽』, 한국고전번역원.

崔溥, 『漂海錄』, 한국고전번역원.

### 2) 논문

강봉룡, 1997, 「신라하대 패강진(新羅下代 浿江鎭)의 설치(設置)와 운영(運營)」, 『韓國古代史硏究』제11집, 신서원.

고광진·최원호·복기대, 2012, 「시론 '장백산'과 '압록수'의 위치 검토」, 『선도문화』 13.

구산우, 2010, 「고려 현종대의 대거란전쟁과 그 정치·외교적 성격」, 『역사와경계』, 부산경남사학회.

김대연, 2007, 「고려 현종(高麗 顯宗)의 즉위(卽位)와 거란(契丹)의 침략원인(侵略原因)」, 『한국중세사연구』22권, 한국중세사학회.

김상기, 1959, 「단구와의 항쟁」, 『국사상의 제문제』 2집. 국사편찬위원회.

김순자, 2006. 6, 「10~11세기 高麗와 遼의 영토 정책 : 압록강선 확보 문제 중심으로」, 『북방사논총』제11호, 고구려연구재단.

김우택, 2009, 「11세기 대거란(對契丹) 영역 분쟁과 고려(高麗)의 대응책」, 『한국사론』, 서울대학교 국사학과 .

김희윤, 2014, 「고려 현종대 나성 축조 과정에 관한 연구」, 『韓國史學報』제55호.

羅鍾宇, 2002, 「고려 전기의 사회와 대외관계」, 『신편한국사』15, 국사편찬위원회.

나종우, 2002, 「10세기 동아시아의 국제정세 속에서 고려와 거란관계」, 『군사』46, 국방부 군사편찬연구소.

남의현, 2017, 「장수왕의 평양성, 그리고 압록수와 압록강의 위치에 대한 시론적 접근」, 『고구려의 평양과 그 여운』, 인하대 고조선연구소 연구총서2.

남주성, 2017, 「고려와 거란 간 전쟁지역에 대한 재고찰-주요전투장소 지명을 중심으로-」, 『고구려의 평양과 그 여운』, 인하대 고조선연구소 연구총서2.

朴南守, 2013, 「신라 聖德王代 浿江鎭 설치 배경」, 『사학연구』제110호, 한국사학회.

박종기, 2010, 「고려와 거란의 영토분쟁과 그 의미」, 『정치와평론』제7집, 한국정치평론학회.

朴賢緖, 1981, 「고려 - 고려 귀족사회의 성립」, 『한국사』4, 국사편찬위원회.

복기대, 2010, 「철령위 위치에 대한 재검토」, 『선도문화』제9집, 국제뇌교육종합대학원대학교 국학연구원.

복기대, 2011, 「거란성에 대한 초보 연구」, 『동아시아고대학』제26집, 동아시아고대학회.

복기대, 2013, 「중국학계의 거란 東쪽 국경에 인식에 對하여」, 『仙道文化』제14집, 국제뇌교육종합대학원대학교 국학연구원.

복기대, 2016, 「고구려 '황성' 시대에 대한 시론」, 『예술인문사회 융합 멀티미디어 논문집』6호.

복기대, 2016, 「한국역사학계의 평양인식」, 『고구려의 평양과 그 여운』, 인하대학교 고조선연구소 평양연구팀.

복기대, 2017, 「고구려 후기 평양위치 관련 기록의 검토」, 『고구려의 평양과 그 여운』, 인하대 고조선연구소 연구총서2.

徐日範, 1999, 「徐熙가 築城한 城郭과 淸川江 以北 防禦體系」, 『徐熙와 高麗의 高句麗 繼承意識』, 高句麗硏究會.

安周燮, 2001, 「高麗-契丹 戰爭史 硏究」, 명지대학교대학원 박사학위논문.

육정임, 2011, 「고려 거란 '30년 전쟁' 과 동아시아 국제질서」, 『동북아역사논총』.

尹京鎭, 2011, 「고려 성종-현종초 북방 개척과 州鎭 설치」, 『역사문화연구』제38집, 韓國外國語大學校歷史文化硏究所.

尹武炳, 1953, 「高麗北界地理考」上, 『歷史學報』第四輯, 歷史學會.

尹武炳, 1953, 「高麗北界地理考」下, 『歷史學報』第五輯, 歷史學會.

윤한택, 2016, 「고려국 북계 봉강(封疆)에 대하여」, 『고구려의 평양과 그 여운』, 인하대학교 고조선연구소 평양연구팀.

윤한택, 2017, 「고려국 북계 封疆에 대하여」, 『고구려의 평양과 그 여운』, 인하대 고조선연구소 연구총서2.

李基白, 1980, 「高麗의 北進政策과 鎭城」, 『군사』, 국방부 군사편찬연구소.

이덕일, 1999, 「서희와 거란의 강동6주 담판」, 『월간중앙』5월호, 중앙일보.

이미지, 2003, 「고려 선종대 각장 문제와 대요 관계」, 『한국사학보』14권, 고려사학회.

李美智, 2008, 「고려 성종대 地界劃定의 성립과 그 외교적 의미」, 『한국중세사연구』제24호, 한국중세사학회.

이용범, 1955, 「여단무역고(麗丹貿易考)」, 『동국사학(東國史學)』3. 동국대학교사학회.

이인철, 2014, 「강동 6주 위치에 대한 재 고찰」, 『고조선연구』제2호, 지식산업사.

李貞信, 2003, 「江東6州와 尹瓘의 9城을 통해 본 고려의 대외정책」, 『軍史』제48호, 국방부 군사편찬연구소.

이정훈, 2010, 「고려 현종대 거란과의 전쟁과 지배체제 개편」, 『한국 중세사연구』제29호, 한국중세사학회.

李孝衍, 2006, 「高麗前期의 北方認識 – 발해·거란·여진 인식 비교 – 」, 『지역과 역사』19, 부경역사연구소.

전경숙, 1994, 「고려 성종대 거란의 침략과 군사제도 개편」, 『군사』91, 국방부 군사편찬연구소.

전덕재, 2013, 「新羅 下代 浿江鎭의 設置와 그 性格」, 『大丘史學』제113집, 大丘史學會.

정약용, 「我邦疆域考」其四, 『여유당전서(定本 與猶堂全書)』.

정요근, 2005, 「7~11세기 경기도 북부지역에서의 간선교통로 변천과 '장단도로(長湍渡路)'」, 『한국사연구』131, 한국사연구회.

최규성, 1995, 「거란 및 여진과의 전쟁」, 『한국사』15, 국사편찬위원회.

최덕환, 2012, 「993년 고려-거란 간 갈등 및 여진 문제」, 『역사와 현실』통권85호, 한국역사연구회.

허인욱, 2008, 「고려 성종대 거란의 1차 침입과 경계 설정」, 『전북사학』제33호, 전북사학회.

허인욱, 2012, 「고려·거란의 압록강 지역 영토분쟁 연구」, 고려대학교 대학원 박사학위논문.

허인욱, 2013, 「고려·거란의 境界帶 변화와 그 운용에 관한 연구」, 『역사학연구(구 전남사학) 』52권, 호남사학회(구 전남사학회).

홍경남, 2008, 「고려초 대거란정책의 추진과 그 성격」, 『학림』29, 연세사학연구회(구 연세대학교 사학연구회).

## 2. 외국문헌

### 1) 단행본

『金史』臺灣 中央研究院 歷史語言研究所 漢籍電子文獻資料庫.

『明史』臺灣 中央研究院 歷史語言研究所 漢籍電子文獻資料庫.

『宋史』臺灣 中央研究院 歷史語言研究所 漢籍電子文獻資料庫.

『遼史』臺灣 中央研究院 歷史語言研究所 漢籍電子文獻資料庫.

『元史』臺灣 中央研究院 歷史語言研究所 漢籍電子文獻資料庫.

『淸史稿』臺灣 中央研究院 歷史語言研究所 漢籍電子文獻資料庫.

顧祖禹 撰, 『讀史方輿紀要』國學導航.

景方昶 撰, 「東北輿地釋略」『遼海叢書』, 國學導航

金毓黻 主編, 『遼海叢書』, 國學導航.

남주성 역주, 2010, 『欽定滿洲源流考』, 서울: 글모아.

馬端臨 撰, 『文獻通考』國學導航.

李輔等 纂修, 「全遼志」『遼海叢書』國學導航.

楊同桂 孫宗翰 輯, 『盛京疆域考』, 維基文庫, 自由的圖書館.

嵇璜(혜황), 劉墉(유용) 等撰, 『欽定續通典』, 國學導航.

徐兢, 『宣和奉使高麗圖經』, 국사편찬위원회 한국사데이터베이스.

劉起凡, 「開元縣志」 『遼海叢書』, 國學導航.

윤명수 역, 2006, 『金史』, 완안출판사.

任洛等纂修, 「遼東志」 『遼海叢書』 國學導航.

曹廷杰 撰, 『東三省輿地圖說』, 維基文庫, 自由的圖書館.

曾公亮·丁度, 『武經總要』, 維基文庫, 自由的圖書館.

許亢宗, 『宣和乙巳奉使金國行程錄』, 國學導航.

洪皓 撰, 「松漠記聞」 『遼海叢書』, 國學導航.

2) 논문

王民信, 2010, 「高麗契丹關係研究」 『王民信高麗史研究論文集』, 國立臺灣大學出版中心.

❖ Abstract

## Study on the location of eight Garrison Settlement secured by General Seo Hui of Goryeo

Nam, Joo-sung

It is the commonly shared view in the academic circle that Goryeo stretched to the lower part of the Yalu River to the North West, and to the South of the Tumen River to its North East. Based on such views, it is also explained that the so-called Six Garrison Settlements that General Seo Hui secured in the negotiation with the Kitan after its first invasion to Goryeo in 993, would refer to the regions between Chongchon and Yalu Rivers, namely Heunghwa Fortress, Yongju, Cheolju, Tongju, Kwakju, and Guiju. Meanwhile, on 『Goryeosacheolyo』 and 『Dongsagangmok』 (written by An, Jeongbok), it is written that General Seo Hui secured Eight Garrison Settlements. those were jangheung Fortress, Guiwha Fortress, Kwakju, Guiju, Aneui Fortress, Heunghwa Fortress, Sunju and Maingju, So in this study, I hope to find out ancient locations of the Eight Garrison Settlements.

Recently a few researchers insist that, 'in ancient times Liao-ho River in Liaoning was called Yalu River, and Pyeongyang(the West Capital of Goryeo) was located in Liaoyang, in Won dynasty the Pyeongyang in Liaoyang became Dongryeongro, and when the Kitan invaded Goryeo from 993 to 1018, the combat areas Tongju and Guiju were located North of Liaoyang.'

Given that, when we move the Eight Garrison Settlements to the area of Liaoyang, we can significantly find the matches in a geographical sense. Therefore, unlike the current view that the settlements were located in the south of current Yalu River, it is assumed that the Eight Garrison Settlement that the General Seo Hui had found back might exist between the Kaiyuan, south of the upper Liao-ho

압록과 고려의 북계

River in Liaoning and the North of Liaoyang.

■■ Key words: Eight Garrison Settlements, Kitan Liao Dynasty, Seo Hui, Heunghwa Fortress, Liaoyang

# 『고려도경』, 『허항종행정록』, 『금사』에 기록된 고려의 서북계에 대한 시론

박시현 (인하대학교 고조선연구소 연구교수)

복기대 (인하대학교 대학원 융합고고학전공 교수)

국문초록

지금까지 고려의 국경선에 관한 연구는 주로 동북계를 중심으로 이루어졌다. 그 핵심은 고려의 동북9성의 위치가 어디인가 하는 것이고, 그 위치는 현재 함경도 남부지역으로 고증되어있다. 하지만 『고려사』를 비롯한 각종 사서의 기록을 바탕으로 지리 고증을 한다면, 특히 고려의 동북 국경선이 선춘령이었다는 『고려사』의 기록과 그 선춘령이 두만강 너머 700여리에 있었다는 『조선왕조실록』의 기록을 고증하면 동북9성이 현재 두만강 너머에 있었음을 확인할 수 있다.

이와 더불어 필자는 고려의 서북계에 대한 연구가 절대적으로 미흡했다는 것을 알게 되었고, 오랜 고민 끝에 『고려사』 속에서 이 문제를 풀 수 있는 실마리를 찾았다. 바로 고려의 국경선은 지금의 압록강이 아니라는 점을 찾게 된 것이다. 결론부터 말하자면 고려 전기의 압록강은 지금의 요하를 말하고 있었던 것이다. 바로 지금의 차이나 요하부근에서 시작하여 북으로 갈라(曷懶)로 올라가서 동으로 선춘령으로 이어지는 고려 서북계 지도가 만들어 지는 것이다. 이렇게 되면 고려 국경선의 지도가 전혀 이상하지 않고, 누가 봐도 이해할 수 있는 고려의 국경선이 그려지는 것이다. 그러나 아직 문제가 남아있다. 고려나 요나라 입장에서 그려진 고려 국경선은 파악되었지만, 금나라와 송나라에서 이 문제를 어떻게 보았는지 구체적으로 확인할 필요가 있다는 점이다. 왜냐하면 송나라와 금나라의 고려 서북계에 대한 인식은 국내학계에 거의 알려지지 않았기 때문이다. 그래서 필자는 송나라 입장에서 고려의 서북계를 어떻게 인식하였는지를 보완하기 위해서 1125년에 쓰인 서긍(徐兢)의 『선화계묘봉사고려도경(宣和癸卯奉使高麗圖經)』, 그리고 같은 시기에 쓰인 허항종(許亢宗)의 『선화을사봉사금국행정록(宣和乙巳奉使金國行程錄)』를 소개하고 그 내용에 대한 설명을 하여 독자들이 고려 국경선을 이해하는데 편의를 제공하고자 한다. 그리고 원나라 때 쓰인 『금사(金史)』에 기록된 금나라와 고려의 국경관련 기록을 참고하도록 하여, 제공한 자료들의 신뢰성을 높이도록 하고자 한다.

필자는 앞에서 세 편의 당대 글을 참고로 하여 고려의 서북계를 비정해보았다. 그 결과 고려의 서변은 현재 중국 요하유역이었던 것을 확인할 수 있었고, 북계는 현재 중국 흑룡강성 동남지역이나 혹은 현재 길림성 서북부지역까지 이른 것이 아닌가 추측할 수 있었다. 이런 결과는 당시 문헌기록을 근거로 한 것이다.

이런 결과는 『고려사』 「지리지」의 기록과 일치한다. 이 글은 그동안 연구한 결과들을 종합적으로 정리하여 구성한 것이다. 그러므로 앞으로 더 촘촘하게 연구를 하다 보면 시기적으로 약간의 차이는 있을 수 있겠지만 기회가 되는 대로 심도 있는 연구를 진행토록 할 것이다.

■■ 주제어: 『고려도경』, 『허항종행정록』, 『금사』, 압록, 윤관 9성

# I. 머리말

지금까지 고려의 국경선에 관한 연구는 주로 동북계를 중심으로 이루어졌는데, 그 핵심은 고려 예종 때 직할지로 만든 동북 9성의 위치가 어디인가 하는 것이다. 그간 많은 논쟁이 있었고 아직도 진행 중이기는 하지만, 현재는 함경도 남부지역에 설치했다는 설이 가장 영향력이 있는 것으로 받아들여지고 있다. 하지만 필자는 예종 때 설치한 동북 9성이 현재의 두만강 너머에 있었던 것이 확실하다고 본다. 이러한 확신은 『고려사』를 비롯한 각종 사서의 기록에 바탕을 둔 것이다. 그 기록들을 확인해보면 다음과 같다.

①『高麗史』권58,「지리지」

고려 태조는 고구려 땅에서 일어나 신라에게서 항복받고 백제를 멸한 뒤 개경에 도읍을 정하였다. 서북은 당나라 이후로 압록을 경계로 하였고, 동북은 선춘령을 경계로 하였다. 서북은 고구려의 지역에 못 미쳤으나, 동북은 고구려 영토보다 더하였다.[1]

②『高麗史』권58,「지리지」, 東界

예종 2년(1107년)에 평장사 윤관(尹瓘)을 원수(元帥)로 삼고, 지추밀원사(知樞密院事) 오연총(吳延寵)으로 하여금 그를 보좌하도록 하여 군사를 거느리고 여진을 쳐서 쫓아내고 9성(城)을 설치했으며, 공험진(公嶮鎭)의 선춘령(先春嶺)에 비석을 세워 경계로 삼았다. 명종 8년(1178년)에 연해명주도(沿海溟州道)라고 칭하였다.[2]

③『世宗實錄』권 155,「地理地」,「咸吉道」, 吉州牧, 慶源都護府

---

1)『高麗史』권58,「지리지」
　高麗太祖 興於高句麗之地 降新羅滅百濟 定都開京. 其四履 西北 自唐以來 以鴨綠爲限 而東北 則以先春嶺爲界, 蓋西北四至 不及高句麗 而東北過之.
2)『高麗史』권58,「지리지」, 東界
　睿宗二年, 以平章事尹瓘, 爲元帥, 知樞密院事吳延寵, 副之, 率兵擊逐女眞置九城立碑于公嶮鎭之先春嶺以爲界 至 明宗八年 稱沿海溟州道.

수빈강(愁濱江). 【두만강 북쪽에 있다. 그 근원은 백두산 아래에서 나오는데, 북쪽으로 흘러서 소하강(蘇下江)이 되어 공험진(公險鎭)·선춘령(先春嶺)을 지나 거양성(巨陽城)에 이르고, 동쪽으로 1백 20리를 흘러서 수빈강이 되어 아민(阿敏)에 이르러 바다로 들어간다.】사방 경계〔四境〕는 동쪽으로 바다에 이르기 20리, 서쪽으로 경성(鏡城) 두롱이현(豆籠耳峴)에 이르기 40리, 남쪽으로 연해(連海) 굴포(堀浦)에 이르기 12리, 북쪽으로 공험진에 이르기 7백 리, 동북쪽으로 선춘현(先春峴)에 이르기 7백여 리, 서북쪽으로 오음회(吳音會)의 석성기(石城基)에 이르기 1백 50리이다.

거양에서 서쪽으로 60리를 가면 선춘현(先春峴)이니, 곧 윤관이 비(碑)를 세운 곳이다. 그 비의 4면에 글이 새겨져 있었으나, 호인(胡人)이 그 글자를 깎아 버렸는데, 뒤에 사람들이 그 밑을 팠더니, '고려지경(高麗之境)'이라는 4자가 있었다. 선춘현(先春峴)에서 수빈강(愁濱江)을 건너면 옛 성터〔城基〕가 있고, 소다로(所多老)에서 북쪽으로 30리를 가면 어두하현(於豆下峴)이 있으며, 그 북쪽으로 60리에 동건리(童巾里)가 있고, 그 북쪽으로 3리쯤의 두만강탄(豆滿江灘)을 건너서 북쪽으로 90리를 가면 오동 사오리참(吳童沙吳里站)이 있으며, 그 북쪽으로 60리에 하이두은(河伊豆隱)이 있고, 그 북쪽으로 1백 리에 영가 사오리참(英哥沙吳里站)이 있으며, 그 북쪽으로 소하강(蘇下江) 가에 공험진(公險鎭)이 있으니, 곧 윤관(尹瓘)이 설치한 진(鎭)이다. 남쪽으로 패주(貝州)·탐주(探州)와 인접(隣接)하였고, 북쪽으로 견주(堅州)와 접(接)해 있다. 영가 사오리(英哥沙吳里)에서 서쪽으로 60리를 가면 백두산(白頭山)이 있는데, 산이 대개 3층으로 되었다. 꼭대기에 큰 못이 있으니, 동쪽으로 흘러 두만강(豆滿江)이 되고, 북쪽으로 흘러 소하강(蘇下江)이 되고, 남쪽으로 흘러 압록(鴨綠)이 되고, 서쪽으로 흘러 흑룡강(黑龍江)이 된다.[3]

기존 개념에 얽매이지 않고 위의 기록을 바탕으로 지리 고증을 한다면 동북9성이 현재

---

3) 『世宗實錄』 권 155, 「地理地」, 「咸吉道」, 吉州牧, 慶源都護府
　　愁濱江.【在豆滿江北, 源出白頭山下, 北流爲蘇下江, 歷公險鎭, 先春嶺, 至巨陽城, 東流一百二十里, 爲愁濱江, 至阿敏入海.】四境, 東距海二十里, 西距鏡城豆籠耳峴四十里, 南距連海堀浦十二里, 北距公險鎭七百里, 東北距先春峴七百餘里, 西北距吾音會石城基一百五十里.
　　自巨陽西距六十里先春峴, 卽尹瓘立碑處. 其碑四面有書, 爲胡人剝去其字, 後有人堀其根, 有高麗之境四字. 自先春峴越愁濱江, 有古城基. 自所多老北去三十里, 有於豆下峴, 其北六十里有童巾里, 其北三里許越豆滿江灘, 北去九十里有吾童沙吾里站, 其北六十里有河伊豆隱, 其北一百里有英哥沙吾里站, 其北蘇下江邊有公險鎭, 卽尹瓘所置鎭. 南隣貝州, 探州, 北接堅州. 自英哥沙吾里西去六十里, 有白頭山, 山凡三層, 頂有大澤, 東流爲豆滿江, 北流爲蘇下江, 南流爲鴨綠, 西流爲黑龍江.

　　　　　　압록과 고려의 북계

두만강 너머에 있었음을 확인할 수 있을 것이다. 그럼에도 불구하고 함경도 남부지역으로 고증되었던 이유는 크게 다음 두 가지일 것이다.

첫째, 이 설은 문헌기록을 충실히 따라서 비정한 것이 아니다. 이미 폐기되어야 할 1900년대 초반에 설정된 한국사의 지리 범역은 한반도 내에서 이뤄졌다는 개념이 가장 큰 암묵적인 근거가 되었던 것이다.

둘째, 고려의 압록강을 현재 압록강으로 이미 결론을 내려놓은 상태에서 두만강 너머 동북 9성의 위치를 그리려고 하면 그림이 성립이 되지 않는다. 그 그림을 그려 보면 다음과 같다.

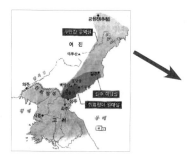

**동북 9성의 위치** 윤관이 개척한 동북 9성의 위치는 아직 분명하게 밝혀지지 않았다. 함흥평야 일대설, 길주 이남설, 두만강 유역설 등 여러 주장이 대립하고 있는 상황이다.

[지도 1] 고등학교 국사교과서 동북 9성의 위치

이 지도를 보면 고려의 북계를 현재 압록강에서 원산만으로 비정하고 여기서 다시 동해안 연선을 지나서 두만강을 넘어 가는 선을 그린 것인데 누가 봐도 설득력이 없는 지도이다. 그러므로 그림으로 그나마 설득력이 있는 현재 압록강에서 원산만 선에서 약간 올라간 고려 국경선이 설정한 것이다. 물론 이런 지도를 만드는데 큰 역할을 하였던 연구자 중의

한 사람은 정약용이다. 현재 그 고려 국경선을 우리는 아직까지 사용하고 있는 것이다.

그러나 앞의 사료에 나오는 고려의 동북 국경선이 선춘령이었다는 『고려사』의 기록과 그 선춘령은 두만강 너머 700여리에 있었다는 『조선왕조실록』의 기록은 절대로 무시해서는 안된다.[4]

그것은 대부분이 당대의 기록을 바탕으로 한 것이기 때문이다. 그렇다면 이 문제를 어떻게 풀어 볼 것인가. 필자는 이 부분에 대해 너무나 오랫동안 고민을 해왔다. 그 결과 국경선의 연구는 한정된 일부 지역만 해서는 안 되며 사방을 같이 연구해야 한다는 것이었다. 그 과정에서 한국학계에서 전체적으로 고려 국경선 연구가 부족했지만, 그 중에서도 고려의 서북계에 대한 연구가 절대적으로 미흡했다는 것을 알게 되었다. 필자가 고려 서북계 관련 문제를 접근하는 과정에서 몇몇 사료, 특히 『고려사』 속에서 이 문제를 풀 수 있는 실마리를 찾았다. 바로 고려가 명나라를 공격하는 계기가 되었던 철령위 위치문제,[5] 고려와 거란의 국경분쟁,[6] 그리고 압록강의 위치[7] 문제를 연구하면서 고려의 국경선은 지금의 압록강이 아니라는 점을 찾게 된 것이다. 그 후 관련 자료들을 참고하여 위에 언급한 세 편의 글을 엮어 보았다.

그럼에도 불구하고 아직도 부족한 부분이 있었다. 이런 저런 자료를 찾는 과정에서 파악한 가장 큰 문제점은 바로 압록강의 위치 문제였다. 최근 이 문제가 윤한택[8] 남의현[9]에 의해 풀어지면서 그동안 고려 서북계와 관련한 크나큰 난제가 어느 정도 해결되었다. 결론부터 말하자면 고려전기의 압록강은 지금의 요하를 말하고 있었던 것이다. 이렇게 비정이 되고 나니 문제는 쉽게 풀려 나갔다. 바로 지금의 차나 요하부근에서 시작하여 북으로 갈라(曷懶)로 올라가서 동으로 선춘령으로 이어지는 고려 서북계 지도가 만들어 지는 것이다.

---

4) 이인철은 동북9성을 함흥 일대에 고착시킨 것은 일제 관학자들이며 이들이 견해가 현재 국사교과서에까지 이어진 점을 지적하였다.
　　참조. 이인철, 2012, 『일제의 한국사 왜곡이 국사교과서에 미친 영향에 관한 연구: 조선사(1938)의 역사지리 비정에 대한 몇 가지 사례를 중심으로』, 국제뇌교육종합대학원 박사 학위 논문.

5) 복기대, 2009, 「시론 철령위 위치에 대한 재검토」, 『선도문화』 9.

6) 복기대, 2013, 「중국학계의 거란 동쪽 국경선 인식에 대하여」, 『선도문화』 14.

7) 고광진 최원호 복기대, 2012, 「시론 '장백산'과 '압록수'의 위치 검토」, 『선도문화』 13.

8) 윤한택, 2017, 「고려북계의 封疆에 대하여」, 『고구려의 평양과 그 여운』, 인하대 고조선연구소 연구총서2, 주류성.

9) 남의현, 2017, 「장수왕의 平壤城, 그리고 鴨淥水와 鴨綠江의 위치에 대한 시론적 접근」, 『고구려의 평양과 그 여운』, 인하대 고조선연구소 연구총서2, 주류성.
　　복기대, 2009, 「고구려 도읍지 천도에 대한 재검토」, 『백산학보』 84호.

이렇게 되면 고려 국경선의 지도가 전혀 이상하지 않고, 누가 봐도 이해할 수 있는 고려의 국경선이 그려지는 것이다.

　이런 그림에 대한 결과는 앞에서 말한 연구자들의 연구결과를 바탕으로 한 것이다. 하지만 아직 문제가 남아있다. 고려나 요나라 입장에서 그려진 고려 국경선은 파악이 되었지만, 금나라와 송나라에서 이 문제를 어떻게 보았는지 구체적으로 확인할 필요가 있다는 점이다. 그 이유는 이 두 왕조 시대, 특히 송나라와 금나라의 고려 서북계에 대한 인식은 국내학계에 거의 알려지지 않았기 때문이다. 그래서 필자는 송나라 입장에서 고려의 서북계를 어떻게 인식하였는가에 대한 보완을 위해서 그 당시 쓰여진 두 건의 자료를 소개해보기로 한다. 이 두 자료는 당대의 자료를 기반으로 작성한 것으로 1125년에 쓰여진 서긍(徐兢)의 『선화계묘봉사고려도경(宣和癸卯奉使高麗圖經)』, 그리고 같은 시기에 쓰여진 허항종(許亢宗)[10]의 『선화을사봉사금국행정록(宣和乙巳奉使金國行程錄)』이다. 필자는 이들 자료를 소개하고 그 내용에 대한 설명을 하여 독자들이 고려 국경선을 이해하는데 편의를 제공하고자 한다. 그리고 원나라 때 쓰여진 『금사(金史)』에 기록된 금나라와 고려의 국경관련 기록을 참고로 하도록 하여, 제공한 자료들의 신뢰성을 높이도록 하고자 한다. 정리하는 순서는 책들이 발간된 순서에 따랐다.

---

10) 『선화을사봉사금국행정록(宣和乙巳奉使金國行程錄)』의 저자는 전통적으로 허항종으로 알려져있다. 하지만 진락소(陳樂素) 등의 연구를 통해 사행의 수행원이었던 종방직(鍾邦直)이 작성한 것이 확인되었다. 하지만 사행의 공식 보고서인 '어록'은 작성자와 별도로 사행의 대사(大使)가 조정에 보고하는 것이므로, 이 책의 저자는 허항종이라고 보는 것이 타당하다는 견해가 아직 유효하다. 따라서 본고에서는 저자를 허항종으로 기록하였다.

# II. 자료의 분석

## 1. 선화계묘봉사고려도경(宣和癸卯奉使高麗圖經) (고려 인종 원년, 송 선화 5년, 1123년)

이 책은 차이나 송 선화(宣和) 5년(1123), 고려 인종(仁宗) 원년에 고려에 사신으로 온 서긍(徐兢)의 견문록으로 그림을 그리고 설명을 붙인 것이다. 사신단이 송나라 수도인 변경(汴京- 지금의 중국 하남성 개봉시-)에서 출발해 고려 도성 개경(開京)에 이르기까지의 항로를 해도(海道) 1부터 6까지로 나누어 일지 형식으로 상세히 기술하고 있다.

이 보고서에서 다루는 기간은 1123년 3월 14일 변경을 떠나 6월 13일 개경에 도착했으므로 모두 약 90일에 달한다. 일정 중에서 해로에 해당하는 여정은 5월 16일 명주(明州, 현재 중국 절강성 영파(寧波))에서 출발하여 6월 12일 예성항(禮成港)에 도착했으므로 26일간이었다. 귀국 노정은 왔던 항로에 비슷하나 소요기간이 44일간(7월 13일~8월 27일)이었다. 이 기간 중 고려에서 보고 들은 것을 보고서 형식으로 만들었던 것이다. 당시는 그림도 같이 있어 '고려도경(高麗圖經)'이라는 이름을 붙인 것이다. 조선시대의 왕이 어디를 행차하면 화공들이 현장에서 그림을 그려서 보관하는 것과 같은 형식이다. 현재 남아있는 것은 원래 보고서가 전란 과정에서 없어져 1260년 그의 조카가 글만을 다시 복간한 것으로 아쉽게도 그림이 남아있지 않다.

이 책에는 고려의 당시 상황을 잘 표현하고 있는데, 본 글에서는 고려와 금나라의 국경선에 대한 부분을 발췌하여 분석해보도록 하겠다. 고려도경의 고려 강역에 대한 기록은 권3 봉경(封境)이 가장 자세하다.

## 『고려도경』「봉경」

| 연번 | 제목 | 원문 | 번역문 | 비고 |
|---|---|---|---|---|
| | 봉경 | ① 高麗南隔遼海 西距遼水北接契丹舊地 東距大金 | ① 고려의 남쪽은 요해(遼海)와 서쪽은 요수(遼水)와 북쪽은 거란의 옛 지역과, 동쪽은 금(大金)과 접해 있다. | |
| | | 又與日本琉球聘羅黑水毛人等國 犬牙相制 惟新羅百濟 不能自固其圍 為麗人所幷 今羅州廣州道是也. | 또 일본 유구(琉球) 빙라(聘羅) 흑수(黑水) 모인(毛人) 등의 나라와 개의 어금니처럼 서로 맞물려있다. 오직 신라와 백제가 자신들의 영토를 스스로 지키지 못하여 고려 사람들에게 병합되었으니 현재의 나주 광주도(廣州道)가 그것이다. | |
| | | ② 其國 在京師之東北 自燕山道 陸走渡遼 而東之其境 凡三千七百九十里 若 | ② 그 나라는 송의 수도(京師)의 동북쪽에 위치하고 있으며 연산도(燕山道)에서 육로를 거친 다음 요수를 건너 동쪽으로 그 국경까지 가는데 약 3,790리이다. | |
| | | 海道則河北京東淮南兩浙廣南福建皆可往 今所建國 正與登萊濱 棟相望 自元豐以後 每朝廷遣使 皆由明州定海 放洋絕海而北 舟行皆乘夏至後南風 風便不過五日即抵岸焉 | 해로(海道)로는 하북(河北) 경동(京東) 회남(淮南) 양절(兩浙) 광남(廣南) 복건(福建) 등으로 모두 갈 수 있다. 지금 세워진 나라는 등주(登) 내주(萊) 빈주(濱) 예주(棟)와 정확히 마주보는 위치에 있다. 원풍(元豐) 연간 이후 우리 조정에서 사신을 보낼 때에는 모두 명주(明州)의 정해(定海)에서 먼 바다로 길을 잡아 북쪽으로 갔다. 배를 출항하는 것은 모두 하지 다음의 남풍을 탔는데 바람이 순조로우면 닷새가 되지 않아 해안에 도착할 수 있었다. | |
| | | ③ 舊封境 東西二千餘里 南北一千五百餘里 今旣幷新羅百濟 東北稍廣 其西北與契丹接連 昔以大遼為界 後為所侵迫 乃築來遠城 以為阻固 然亦恃鴨綠 以為險也. | ③ 옛날에는 그 영토가 동서로 2,000여리, 남북으로 1,500여리였는데 지금은 이미 신라 백제를 병합하여 동쪽과 북쪽이 약간 넓어졌고 그 서북쪽으로는 거란과 접해 있다. 예전에는 대요(大遼)를 (양국의) 경계로 하였는데 후에 침범을 당하자 내원성(來遠城)을 쌓아 견고하게 하였다. 하지만 역시 압록을 믿어 요새로 삼으려 하였다. | |
| | | 鴨綠之水 源出靺鞨 其色如鴨頭 故以名之 去遼東五百里 經國內城 又西與一水合 即鹽難水也 二水合流 西南至安平城入海 高麗之中 此水最大 波瀾清徹 所經津濟 皆艤巨艦 其國特此 以為天塹 水濶三百步 在平壤城西北四百五十里 遼水東南四百八十里 自遼已東 即舊屬契丹 今契丹已亡 大金以其地不毛 不復城守 徒為往來之道而已. 鴨綠之西 又有白浪黃嵓二水 自頗利城行數里 合流而南 是為遼水 唐貞觀間 李勣來破高麗於南蘇 旣渡 怪其水淺狹陋之 云是遼源 以此知前古未嘗恃此水以為固 此高麗所以退保鴨綠之東歟 | 압록의 물은 말갈에서 발원하는데 그 빛깔이 오리의 머리 빛과 같아서 그렇게 이름을 붙였다. 요동(遼東)과는 500리 떨어져 있는데 국내성(國內城)을 거쳐 또 서쪽으로 한 줄기 강물과 합치는데 바로 염난수(鹽難水)이다. 두 물줄기가 합쳐 흐르다가 서남으로 안평성(安平城)에 이르러 바다로 들어간다. 고려에서는 이 물이 가장 크다. 물결이 맑고 지나가는 나루터에는 모두 큰 배를 댈 수 있다. 그 나라에서는 이를 믿어 천혜의 요새[天塹]라고 여기는데 폭이 300보에 이를 정도로 넓다. 평양성에서 서북으로 450리이며 요수(遼水)의 동남쪽으로 480리이다. 요수의 동쪽은 즉 옛 거란에 속했는데 지금은 거란이 이미 망하고 금나라는 그 땅을 불모지라 여겨 다시 성을 세워 지키지 않아 한갓 왕래하는 길로 삼을 뿐이다. 압록의 서쪽으로는 또 백랑(白浪) 황암(黃嵓) 두 강이 있는데 피리성(頗利城)에서 몇 리를 흘러 합류하여 남쪽으로 흐르니 이것이 바로 요수(遼水)이다. 당 정관(唐貞觀) 연간 이적(李勣)이 와서 고려를 남소(南蘇)에서 격파하고 도강하면서 그 물이 얕고 좁은 것을 괴이하게 여겨 물으니 이곳이 요수의 시원이라고 대답하였다고 한다. 이로써 옛날에는 이 강을 믿어 견고하다고 여기지 않았음을 알 수 있다. 이것이 바로 고려가 물러나 압록의 동쪽을 지키는 이유이다. | |

이 기록을 보면 ①과 ③에서는 '고려는 남쪽으로 요해(遼海)와 서쪽으로는 요수(遼水)와 북쪽으로는 거란의 옛 지역과, 동쪽으로는 금(大金)과 접해 있다.'라고 되어 있다. 이것을 분석해보면 고려의 국경이 뚜렷하게 그려질 수 있다. 여기서 먼저 확인해볼 것은 남쪽 부분이다. 고려의 남쪽은 요해라고 기록해놓고 있다. 이 요해라는 것은 현재 발해를 말하는 것이다. 그렇다면 고려는 발해의 북쪽에 위치하였다는 말과 같다. 그러면서 고려의 서쪽 국경선은 요수라고 하였다. 이 기록은 현재 요수가 고려의 서계라는 것인데 얼핏 보면 생뚱맞은 것처럼 보일지도 모른다. 하지만 다른 기록들에도 이와 유사한 언급이 많이 보인다는 점에서 매우 신빙성이 있는 기록이다.[11] 다만 기존 연구에서는 그 기록들을 간과하였을 뿐이다. 오히려 그 기록들과 비교 검토를 해보면 바로 요하가 고려의 서계라는 기록이 합리적으로 해석이 된다.

그 다음의 기록으로 주목해야 할 것은 ②이다. 이 기록은 지금의 중국 하남성 개봉에서 출발하여 고려의 서계까지 오는 이정인데, 지금의 요하의 동쪽에 있는 고려의 국경까지 3790리라고 구체적으로 기록하고 있다. 이런 구체적인 기록은 함부로 무시하기는 어렵다. 그 이유는 3000리라는 식으로 대략적인 수치를 말한 것이라면 그 표현상 가감이 가능하겠으나, 이렇게 구체적으로 설명을 하고 있는 것은 이를 뒷받침할 근거가 있을 가능성이 높기 때문이다. 이 거리는 얼핏 보면 지금의 압록강지역까지 이르는 것으로 착각할 수도 있다. 그런데 여기서 몇 가지 고민을 해보아야 하는 것이 있다.

첫째, 당시의 고려 국경은 지금의 요하 동쪽 어딘가에 있는 것으로 보인다. 따라서 이 기록은 얼핏 ①의 내용과는 약간 차이가 있는 것처럼 보인다. 하지만 이런 차이는 보기와 달리 거리상 큰 차이가 있지는 않을 것으로 보인다. 그 이유는 거리를 확인해보면 된다. 현재 중국 하남성 개봉에서 요녕성 요양까지는 고속도로로 약 1350킬로미터가 된다. 이 거리를 송척(宋尺)으로[12] 계산하여 보면, 당시 송척은 1리가 570미터 정도이므로 2360여리가 된다. 그리고 450미터로 계산을 해보면 2900리 정도가 나온다. 하지만 이것은 순수하게 고

---

11) 윤한택, 2017, 「고려북계의 封疆에 대하여」, 『고구려의 평양과 그 여운』, 인하대 고조선연구소 연구총서2, 주류성.

12) 당시 송척은 1리가 570에서 420미터까지 다양하게 사용되었다.
거란에서 사용하던 척수는 이보다 훨씬 짧았던 것으로 보여진다. 거란에서는 300킬로미터 정도되는 거리를 860리로 기록하는 것으로 보아 1리가 약 300미터 내외로 사용되지 않았나 한다.
참조: 『요사』 「지리지」 '동경도' 참조.
복기대, 2013, 「중국학계의 거란 동쪽 국경선 인식에 대하여」, 『선도문화』 14.

속도로로 움직이는 것을 가정했을 때이다. 지금부터 1000년 전에는 지금과 같은 도로 사정이 아니었다. 당시 통행로는 현재 중국의 요녕성 의무려산 북쪽으로 올라갔다가 다시 무순, 심양 쪽으로 내려온다. 당시는 현재 심양의 서남쪽이 늪지와 비슷한 땅이어서 수레나 말이 쉽게 다니지 못하였다. 그러므로 늪지를 피해 수레와 말이 지나다닐 수 있는 길로 가야하기 때문에, 바로 현재 의무려산 북록으로 돌아서 가는 것이 일반적인 통행로가 되었다.

또한 교통수단의 한계로 인해 모든 언덕길, 나루, 산을 돌아서 다녀야 하므로 실질적으로 거리는 더욱 늘어난다. 그 늘어나는 거리는 가늠하기 쉽지 않지만 반드시 계산에서 고려해야 하는 것이다. 더구나 말이나 수레를 타게 되면 매우 많은 거리가 늘어나게 된다. 말이나 수레는 조금이라도 질퍽한 길은 거의 갈 수 없다고 보아야 하는 것이고, 수레는 작은 언덕길이라 해도 통행이 쉽지 않기 때문에 항상 평평한 길로 이동해야 하기 때문이다. 그 거리 역시 고려해야 한다. 왜냐하면 당시 거리 표시는 직선거리가 아닌 이렇게 이동한 거리의 합산이기 때문이다. 이러한 상황을 고려해보면 개봉에서 시작하여 지금의 요하까지 거리가 3790리라는 표현은 충분히 가능한 것이라 보아야 할 것이다.[13] 더구나 같은 글에서 위 부분에서는 고려의 국경선을 충분히 표시해놓고 아래에서 착오를 일으킨다는 것은 쉽게 납득이 가지 않기도 하다.

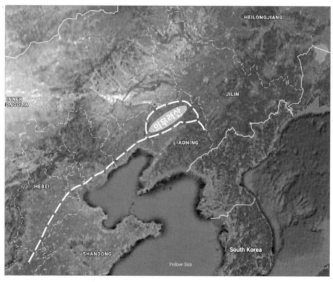

[지도 2] 개봉에서 고려 국경까지의 이동경로 추측도

## 2. 선화을사본사금국행정록(宣和乙巳奉使金國行程錄) (고려 인종 3년- 송 선화 7년, 금 태종 3년1125년)

　말갈족의 후예인 여진족들은 일찍이 고려, 요나라와 투쟁하면서 생존하다가 고려계였 던 아골타를 중심으로 금나라를 건국하였다. 비록 그들이 나라를 세우는 것에는 성공하였 지만 여전히 많은 문제들이 존재하였다. 그 가운데 가장 해결하기 어려웠던 것은 기후 문 제였다. 금나라가 건국한 지역은 현재 중국 흑룡강성 하얼빈 동남쪽에 있는 아성(阿城)시이 다. 이곳은 드넓은 평원지대이지만 문제는 날씨에 있었다. 북위 50도 가까운 고위도 지역 으로 무상일수가 적을 뿐만 아니라 겨울이 길며 혹한의 추위가 이어지는 곳이었으므로 농 업 생산력이 낮고, 상업은 더더욱 발전을 기대하기 어려운 지역이다. 이러한 자연 환경은 자연히 사람들의 생활도 위축시켰기 때문에 금나라로는 여기에 대한 대책 마련이 절실하 였다. 따라서 호시탐탐 남진할 기회를 엿보고 있었다.

　이런 금나라의 정책에 가장 큰 압박을 받았던 나라는 북송이었다. 북송은 과거 요나라와 대치할 때와는 전혀 다른 국제 정세에 직면하였다. 주지하다시피 송나라는 내적으로 휘종 의 방만한 통치와 '방랍(方臘)의 난'[14]을 겪으면서 겉으로 보이는 번영과는 달리 국력이 매 우 약화된 상태였다. 대외적으로는 국초 이래 계속되었던 요나라와의 굴욕적 관계를 끊고 그 압박으로부터 벗어나기 위하여 신생국이었던 금나라를 활용하고자 하였다. 하지만 송 나라 자체가 워낙 정치 군사적으로 약세였기에 오히려 금나라를 키워주는 결과를 가져오 고 말았다. 그 결과 휘종과 흠종 두 황제를 비롯한 종실과 고위 관료 대부분이 금나라로 끌 려갔을 뿐만 아니라 국도 개봉을 비롯한 국토의 상당 부분을 빼앗기는 이른바 '정강의 변 (靖康의 變)'[15]을 겪게 된다. 이에 흠종의 동생인 조구는 수도를 임안(臨安-지금의 중국 절강

---

13) 앞에서 말한바와 같이 서긍이 기록한 내용은 그가 직접 가보지 않고 누군가가 남겨 놓은 기록을 토대로 한 것 인데 어쩌면 거란척으로 기록해놓은 거리일 수도 있다. 거란척은 송척보다 짧은 것으로 추정된다.

14) 민간종교집단 우두머리 출신인 방랍이 화석강(花石綱) 등으로 민심이 흉흉한 강남 지역에서 일으킨 농민 반란 이다. 경제 중심지인 강남 지역에서 일어났으므로 진압을 위해 요를 정벌하기 위해 준비한 서북 지역의 정예 병을 투입해야 했다. 반란 진압에는 성공했지만 송의 주력 부대도 큰 타격을 받아 요와의 전투에서 참패하게 되고, 결국 연운16주 지역을 되찾기 위해 금에게 도움을 요청하는 상황이 벌어지게 되었다.

15) 북송은 금나라와 연합해 요나라로부터 연운 16주를 탈환할 계획을 세웠다. 이를 위해 양국은 해상 동맹 조약 을 체결했으나 송나라는 금나라와 약속한 전비를 지불하기는커녕 요나라 천조제와 비밀 동맹을 맺고 금나라 를 치려 한다. 이를 눈치 챈 금나라가 먼저 10만 병력을 이끌고 공격하자 송 흠종은 금나라와 굴욕적인 화약을 체결한다. 그러나 송 흠종이 화약을 이행하지 않자 금 태종은 남침을 감행하고, 결국 송나라는 멸망했다. 이로

성 항주)로 옮기고 남송을 건국하지만, 금에게 국토의 거의 절반을 넘기고 군신 관계를 맺는 굴욕적인 조약을 맺고서야 생존할 수 있게 되었다.

북송은 건국 이후 지속적으로 가장 위협적 존재였던 요나라에 대한 수모를 벗어나기 위하여 갖은 노력을 다하였다. 갓 건국한 금나라 역시 같은 처지에 있었기에 두 나라는 공동의 목표와 목적을 가지고 있었고 이를 달성하기 위하여 상호 협력하고 있었다. 그러나 이런 협력 관계는 요 정벌 과정에서 서서히 금이 가게 되었고, 결국 북송의 배신이 발각되면서 양국은 적대 관계로 접어들게 되었다. 이런 상태에서 금태조 아골타가 사망하고 동생인 오걸매(吳乞買)가 즉위하자, 금나라의 요구에 따라 정강의 변이 일어나기 1년 전인 선화 7년에 즉위 축하 사절을 보내게 된다. 이 때 정사(正使)인 허항종이 사신단의 일정과 견문한 내용을 정리해서 기록해 놓은 것이 오늘날 전해져 오는 이 행정록이다.

이 행정록은 8개월에 걸친 허항종의 사행 여정 중 총 45일 간의 일정을 기록한 것이다. 주로 사행길의 풍경과 풍습, 그리고 특기할 만한 일들을 기록해 놓고 있다. 이 기록이 우리에게 중요한 것은 역시 고려 국경선 관련 기록이 나오기 때문이다. 이 기록은 당대의 기록이므로 고려 국경선을 연구하는데 있어서 더 없이 중요하다. 서긍의 『고려도경』보다도 더 중요한 가치를 가지고 있다고 할 수 있다. 왜냐하면 서긍은 육로는 고려를 가보지 않았으나 허항종은 직접 지나가 본 것을 날짜 별로 기록한 것이기 때문이다.

그러나 이 글에는 약간의 문제가 있다. 먼저 하남성 개봉에서 흑룡강성 하얼빈까지는 현재 고속도로로 계산하면 약 1800킬로미터가 되는 거리이다. 이 거리를 4270리로 기록하면 안된다.[16] 앞서 서긍의 『고려도경』에서도 말한 것처럼 당시 이 사행 노선에는 지금과 같은 고속도로를 이용한 직선길이 존재하지 않는다. 이 점을 고려해보면 그 이정은 매우 많이 늘어날 것이다.[17]

또 허항종은 현 중국 하남성 개봉에서 시작하여 흑룡강성 아성시에 이르는 4270리 중 송나라의 국경을 벗어난 후인 3120리를 기록하였다. 이 송나라 국경을 벗어난 지점이 어디인가는 구체적으로 알 수 없다. 어림잡아 개봉에서 북쪽으로 약 500여 킬로미터 지점으

써 흠종을 비롯해 황족, 관료 등 3천여 명이 포로로 잡혔으니 이를 정강의 변이라 한다.

16) 송대의 1리에 대한 기록은 420미터부터 570미터까지 매우 다양하게 사용되었다. 그러므로 무엇을 기준을 잡아야 할지 확실하지는 않다.

17) 필자가 한 곳을 직접 확인해본 결과 짧은 거리인데도 불구하고 현재 거리로 10킬로미터가 착오가 나는 것을 볼 수 있었다.

로 볼 때 현재 중국 하북성 중부 지역 어디로 추정을 할 뿐이다. 이 노선에서 하나 고려할 것은 북쪽 지역 즉 북경을 넘어서기 보다는 굴곡이 적다는 것이다. 그러므로 직선으로 봤을 때는 현재 하북성 중부지역 어디로 볼 수 있을 것이다.

이처럼 정확도라는 면에서 약간의 문제가 있지만 여기서 중요한 것은 고려 국경 관련이다. 그러므로 그 부분에 대한 집중을 해보기로 한다. 다만 행정록은 전문을 모두 실어 놓는 것으로 하였다. 이 글은 삼부로 나누어 정리하도록 하였다. 1부는 허항종이 가기 싫은 길을 떠나기 전 준비과정을, 2부는 전체 행정과정과 금 상경에서 활동하였던 며칠을 포함한 기록을 정리하였다. 3부는 송나라 영역에 들어오면서 금나라 사람들과 이별하는 장면을 실었다.

## 1부 - 전문(前文)

| | 내용 | 비고 |
|---|---|---|
| 본문 | 金人既滅契丹, 遂與我爲敵國, 依契丹例, 以講和好。每歲遣使, 除正旦, 生辰兩番永爲常例外, 非常慶弔別論也。甲辰年, 阿骨打忽身死, 其弟吳乞買嗣立, 差許亢宗充奉使賀登位, 並關取奉使契丹條例案牘, 參詳增減, 遵守以行。兼行人所須, 皆在京諸司百局應辦, 纖悉備具, 無一缺者, 蓋祖宗舊制也。隨行三節人, 或自朝廷差, 由本所辟。除副外, 計八十人:都輜一, 醫一, 隨行指使一, 譯語指使二, 禮物祇應二, 引接祇應二, 書表司二, 習馭司二, 職員二, 小底二, 親屬二, 龍衛虞候六, 宣撫司十, 將一, 察視二, 節級三, 翰林司二, 鸞儀司一, 太官局二, 馳務槽頭一, 教駿三, 後院作匠一, 鞍轡庫子虎翼兵士五, 宣武兵士三十。冗仗則有雜載車三, 雜載駝十, 粗細馬十二。禮物則有御馬三, 塗金銀作鞍轡副之;象牙, 玳瑁各一;塗金半鈒八角飲酒斛二隻, 蓋杓全;塗金半鈒八角銀瓶十隻, 蓋全;塗金大渾銀香獅三隻, 座全;著色繡衣三襲;果子十籠;蜜煎十甕;芽茶三斤。于乙巳年春正月戊戌陛辭, 翌日發行, 至當年秋八月甲辰回程到闕。其行程:本朝界內一千一百五十里, 二十二程, 更不詳敍。今起自白溝契丹舊界, 止于虜廷冒離納鉢, 三千一百二十里, 計三十九程。 | |
| 번역문 | 금나라 사람들이 거란을 멸망시키더니 마침내 우리와 적국이 되어 거란의 전례에 따라 강화를 맺었다. 매년 사신을 보내는 것은 원단(正旦)·생신 두 차례는 영구히 상례(常例)로 하되, 특별한 경조사는 별도로 논의하기로 하였다. 갑진(甲辰)년 아골타(阿骨打)가 갑자기 사망하고 그 동생 오걸매(吳乞買)가 그를 계승하자 허항종(許亢宗)을 선발하여 어명을 받들어 사신의 소임을 맡아 등극을 축하하도록 하였다. 아울러 봉사거란조례(奉使契丹條例) 문안(案牘)를 수령하여 상세히 참조하여 더할 것은 더하고 뺄 것은 뺀 후 준수하여 진행하도록 하였다. 겸하여 사행 일행이 필요로 하는 것은 모두 경사의 각 관서에서 응대 및 처리하여 세세한 것까지 모두 갖추어 하나도 빠진 것이 없었던 것은 아마도 선대의 제도가 갖추어져 있었기 때문일 것이다. 사행에 수행한 세 명의 절인(節人)은 혹은 조정에서 선발하거나 해당 관서에서 뽑도록[辟] 하였다. 부사 외에 80명을 헤아렸다: 도복(都輜) 1인, 의(醫) 1인, 수행지사(隨行指使) 1인, 역어지사(譯語指使) 2인, 예물지응(禮物祇應) 2인, 인접지응(引接祇應) 2인, 서표사(書表司) 2인, 습어사(習馭司) 2인, 직원(職員) 2인, 소저(小底) 2인, 친속(親屬) 2인, 용위우후(龍衛虞候) 6인, 선무사(宣撫司) 10인, 장(將) 1인, 찰시(察視) 2인, 절급(節級) 3인, 한림사(翰林司) 2인, 난의사(鸞儀司) 1인, 태관국(太官局) 2인, 치무조두(馳務槽頭) 1인, 교준(教駿) 3인, 후원작장(後院作匠) 1인, | |

안비고자호익병사(鞍轡庫子虎翼兵士) 5인, 선무병사(宣武兵士) 30인이었다. 의장(冗仗)으로는 잡화를 실은 수레 3량, 잡화를 실은 낙타 10마리, 조세마(粗細馬) 12마리가 포함되었다. 예물로는 곧 어마(御馬) 세 필에, 금은으로 도금하여 만든 안장과 고삐를 더하였다. 상아와 대모(玳瑁)로 만든 채찍이 각 하나씩이었다. 도금반삽팔각음주곡(鍍金半鈒八角飮酒斛) 2쌍은 뚜껑과 국자를 모두 갖추었다. 도금반삽팔각은병(鍍金半鈒八角銀瓶) 10쌍은 뚜껑을 모두 갖추었다. 도금대혼은향사(鍍金大渾銀香獅) 3쌍은 올려놓는 자리까지 모두 갖추었다. 색깔을 입혀 수 놓은 예복(繡衣) 3습(襲), 과자(果子) 10통, 꿀전병(蜜煎) 10단지, 어린 싹으로 만든 차(芽茶) 3근이 있었다. 을사(乙巳)년 봄 정월 무술(戊戌)일에 폐하께 하직 인사하고 다음날 출발하여 그 해 가을 8월 갑진일에 귀환하여 대궐에 이르렀다. 그 여정[行程]은 송나라[本朝] 경계 내에서 1,150리 22구간임은 따로 상세하게 기술할 필요도 없으리라. 지금 백구(白溝)의 거란 옛 국경에서 시작하여 오랑캐 조정의 모리나발(冒離納鉢)에 이르기까지 3,120리로 39일 이었다.

1부에서 주목할 것은 허항종 일행이 송나라 경내인 1150리에서는 22일이 걸린 반면, 나머지 3120리는 39일이 걸린 것으로 되어 있는 점이다. 즉 송나라 영역 내에서는 하루에 50리 정도를 이동하였고, 송나라를 벗어나면서부터는 하루에 평균 80리를 이동한 셈이다. 길의 조건으로 볼 때 송나라 경내가 훨씬 좋은데 하루에 50리 길이고, 길의 사정이 좋지 않은데서 하루에 80리 길을 걸었다는 것이 이해가 되지 않는다. 이 거리는 송대의 척도법에 상당한 차이가 있기는 하지만 1리가 450미터라 하더라도 80리이면 거의 40킬로미터이다. 말을 타고 달리는 수준으로 가면 가능할 것이나 걸어서는 도저히 불가능한 거리이다. 물론 기록에는 말을 타고 달렸다고 하지만 전체 사행단이 말을 탄 것인지 그것은 알 수 없다. 통상적으로 고위급들은 말을 타지만 일반 시종들은 걷거나 수레를 밀며 가기 때문에 고위급이나 시종들의 속도는 같다고 봐야 할 것이다. 이런 부분은 행정록의 작성자가 착오를 일으킨 것이 아닌가 한다. 다음에 좀 더 세밀한 검토를 할 필요가 있다.

| 일차 | | 내용 | |
|---|---|---|---|
| 1<br>일<br>차 | | 웅주[雄州: 하북성(河北省) 보정(保定)시 웅현(雄县)]에서 60리를 이동하여 신성현[新城縣: 보정의 고비점(高碑店)시 신성진(鎭) 옛 신성(新城)]에 이름. | |
| | 본<br>문 | 離州三十里至白溝拒馬河, 源出代郡淶水, 由易水界至此合流, 東入于海。河闊止十數丈, 南宋與契丹以此為界。舊容城縣附雄州歸信縣寄里, 自壬寅年冬于河北岸創築容城縣新壘。過河三十里到新城縣。契丹阿保機入寇, 唐莊宗以鐵騎五千敗之于新城, 即此地。舊為契丹邊面, 自與宋朝結好, 百餘年間, 樓壁僅存。 | |
| | 번<br>역<br>문 | (웅)주를 떠나 30리를 가서 백구(白溝)의 거마하(拒馬河)에 이르렀다. 거마하는 대군(代郡)의 내수(淶水)에서 발원하는데, 역수(易水) 경계를 거쳐 이 곳에 이르러 합류하여 동으로 흘러 바다로 들어간다. 강의 너비는 겨우 10수 장(丈)인데 남쪽의 송과 거란은 이를 국경으로 삼았다. 옛 용성현(容城縣)은 웅주 귀신현(歸信縣) 근처에 부속되어 있었는데 임인(壬寅)년 겨울 황하 북안에 용성현 새 보루를 만들어 쌓았다. 강을 건너 30리를 가니 신성현(新城縣)에 이르렀다. 거란의 (야율)아보기(阿保機)가 들어와 노략질하자 (후)당 장종(莊宗)이 철기(鐵騎) 5천을 동원하여 신성에서 패배시켰으니 바로 이 땅이다. 예전에는 거란의 변경 지대로 송 왕조와 우호를 맺으면서부터 100여 년 사이에 망루 성벽만이 남았다. | |
| 2<br>일<br>차 | | 신성현에서 60리를 이동하여 탁주[涿州: 보정의 탁주시]에 이름. | |
| | 본<br>문 | [涿州古涿郡], 黃帝與蚩尤戰于涿鹿之野即此地。昔為契丹南寨邊城, 樓壁並存。及郭藥師舉城內屬, 不經兵火, 人物富盛, 井邑繁庶。近城有涿河、劉李河, 合範河東流入海, 故謂之範陽。 | |
| | 번<br>역<br>문 | [탁주(涿州)는 옛 탁군(涿郡)이니] 황제(黃帝)가 치우(蚩尤)와 탁록(涿鹿)의 들판에서 싸운 곳이 바로 이곳이다. 옛날에는 거란의 남쪽 성채였으며 망루와 성벽이 모두 남아 있다. 곽약사(郭藥師)가 성을 들어 투항하여 전쟁의 화화를 겪지 않은 까닭에 사람과 물산이 풍부하고 도시들이 번영하고 있다. 성 가까이에 있는 탁하(涿河)·유이하(劉李河)는 범하(范河)와 합류하여 동으로 흘러 바다로 들어가기 때문에 '범양(范陽)'이라고 불렸다. | |
| 3<br>일<br>차 | | 탁주에서 60리를 이동하여 양향[良鄕: 북경시 방산구(房山區) 양향진(良鄕鎭)]현에 이름. | |
| | 본<br>문 | 良鄕乃唐德宗時趙德鈞鎭邊幽州, 歲苦契丹侵鈔轉餉, 乃于鹽溝置良鄕, 即此地, 隸燕山府。經兵火之後, 屋舍居民靡有孑遺。帥臣複加築, 樓壁煥然一新, 漸次歸業者數千家。離城三十里過盧溝河, 水極湍激, 燕人每候水淺, 深置小橋以渡, 歲以為常。近年, 都水監輒於此兩岸造浮梁, 建龍祠宮, 仿佛如黎陽三山制度, 以快耳目觀睹, 費錢無慮數百萬緡。 | |
| | 번<br>역<br>문 | 양향은 바로 당 덕종 시기 조덕균(趙德鈞)이 변경 유주(幽州)를 지키던 곳으로 해마다 거란의 침입 약탈과 군량 운송에 고생하자 이에 염구(鹽溝)에 양향을 설치하였으니 바로 이 땅으로 연산부(燕山府)에 예속하였다. 전란을 겪은 후 집과 거주민이 남은 것이 없게 되었다. 수신(帥臣)이 다시 성을 고쳐 쌓아 망루와 성벽이 완전히 새롭게 바뀌매 점차 돌아오는 자가 수천 가족이었다. 성을 떠나 30리를 가면 노구하(盧溝河)를 지나는데 물살이 거칠기 때 | |

---

18) 이 기록들에서 현대 지명고증은 연구단에서 한 것이 아니라 중국에서 고증을 한 것을 참고로 하였다. 그러나 중국의 고증은 신뢰하기 어려운 점이 있다. 왜냐하면 그들이 고증한 거리를 다시 확인해봤을 때 적지 않은 착오가 있는 것을 확인하였다. 그러므로 이를 전체 신뢰 할 수는 없다. 그러므로 중국학계의 이 지리 고증은 참고를 하기 바란다.

<table>
<tr>
<td colspan="2"></td>
<td>문에, 연(燕) 지역 사람들은 매번 물이 얕아질 때까지 기다리곤 했으며 「수심이」 깊을 때는 작은 다리를 놓아 건너는 것을 해마다 상례로 삼았다. 근래에 도수감(都水監)에서 자주 이곳 양쪽 기슭에 부교(浮梁)을 만들고 용사궁(龍祠宮)을 건립하였는데, 마치 여양(黎陽)의 삼산(三山) 제도와 흡사하여 지켜보는 이들의 눈과 귀를 즐겁게 하였지만 쓴 돈이 무려 수백만 민(緡)이었다.</td>
</tr>
<tr>
<td colspan="2"></td>
<td>양향현에서 60리를 이동하여 연산부[燕山府: 연경(燕京)으로 요의 남경(南京) 석진부(析津府)이며 북경시 선무구(宣武區)]에 이름.</td>
</tr>
<tr>
<td rowspan="2"></td>
<td>본<br>문</td>
<td>　府乃冀州之地, 舜以冀州南北廣遠, 分置幽州, 以其地在北方, 取其陰幽肅殺之義, 杜牧言之略矣。東有朝鮮、遼東, 北有樓煩、白檀, 西有雲中、太原, 南有滹沱、易水。唐置範陽節度, 臨制奚、契丹。自晉割畧北虜, 建為南京析津府。壬寅年冬, 金人之師過居庸關, 契丹棄城而遁。金人以朝廷營遣使海上, 約許增歲幣, 以城歸我, 遷徙者尋皆歸業, 戶口安堵, 人物繁庶, 大康陌皆有條理。州宅用契丹舊內, 壯麗夐絕。城北有三市, 陸海百貨萃於其中。僧居佛宇, 冠於北方;錦繡組綺, 精絕天下。膏腴蔬蔌, 果實、稻粱之類, 靡不畢出;而桑柘麻麥, 羊豕雉兔不問可知。水甘土厚, 人多技藝, 民尚氣節。秀者則向學讀書, 次則習騎射、耐勞苦。未割麾以前, 其中人與夷狄斗, 勝負相當。城後遠望, 數十年間, 宛然一帶回環繚繞, 形勢雄傑, 真用武之國, 四明四鎮皆不及也。癸卯年春歸我版圖, 更府名曰燕山, 軍額曰永清。城周圍二十七里, 樓壁共四十丈, 樓計九百一十座, 地塹三重, 城開八門。</td>
</tr>
<tr>
<td>번<br>역<br>문</td>
<td>(연산)부는 바로 기주(冀州) 땅이다. 순(舜)이 기주가 남북으로 넓고 멀다고 여겨 그 땅을 나누어 유주(幽州)를 설치하였다. 그 땅이 북방에 있다 하여 그늘지고 어둡고 소슬하고 살벌하다는 의미를 취한 것임은 두목(杜牧)이 대략을 말한 바 있다. 동으로 조선·요동, 북으로 누번(樓煩)·백단(白檀), 서로 운중(雲中)·태원(太原), 남으로 호타(滹沱)·역수(易水)가 있다. 당은 범양(范陽)절도사를 설치하여 그곳을 지키며 해·거란을 통제하도록 하였다. (후)진(晉)이 북쪽 오랑캐에게 쪼개어 뇌물로 주면서 남경 석진부(析津府)가 세워졌다. 임인년 겨울 금나라 군대가 거용관(居庸關)을 지나자 거란은 성을 버리고 달아났다. 금나라 사람들은 조정에서 일찍이 사신을 해상으로 보내어 세폐(歲幣)를 늘려 주면 성을 우리에게 돌려주기로 약속하매 옮겨갔던 자들이 얼마 뒤 모두 돌아와 호구(戶口)들이 안도하고 사람과 물자가 번성해 졌으니 크게 편안하고 부유한 것은 모두 이유가 있는 것이다. 주의 주택은 거란의 예전 것들을 사용하여 웅장하고 대단히 높다. 성의 북쪽에 세 개의 시장이 있어 육지와 바다의 갖가지 재화들이 그 속에 모여 있다. 승려들이 거주하는 불당은 북방에서 으뜸이다; 화려한 무늬를 수놓은 비단은 정교함이 천하에서 가장 뛰어나다. 기름진 야채·과일·곡물류는 산출되지 않는 것이 없다; 뽕·마·보리, 양·돼지·꿩·토끼는 묻지 않아도 알 수 있다. 물이 달고 토지가 비옥하며 사람들은 재주가 많고 백성들은 기개와 절조를 숭상한다. 우수한 자들은 학문에 전념하여 독서를 하고 그 다음가는 자들은 기사(騎射)를 익히며 (그 다음은) 일하는 수고로움을 견딘다. 아직 쪼개어 버려지기 전에는 그 안의 사람들이 이적(夷狄)과 싸워 승부가 엇비슷하였다. 성 뒤에서 멀리 바라보면 수십년 간 완연히 하나의 띠처럼 감아 돌고 형세가 웅대하여 참으로 재능과 포부를 발휘할 수 있는 땅이니, 사명(四明)·사진(四鎮)조차 미치지 못할 정도이다. 계묘(癸卯)년 봄 우리 판도로 돌아와 부의 이름을 연산(燕山)으로, 군대의 명칭을 영청(永清)으로 고쳤다. 성은 주위가 27리, 누벽은 모두 46장(丈)이며, 망루는 총 911좌이고, 해자를 3중으로 파고 성은 문이 8개 나 있다.</td>
</tr>
</table>

좌측 세로: 4일차일정

| | | |
|---|---|---|
| 5일차<br>일정 | | 연산부에서 80리를 이동하여 노현[潞縣: 북경시 통주구(通州區)]에 이름. | |
| | 본문 | 是歲, 燕山大飢, 父母食其子, 至有肩死尸插紙於市, 售以為食. 錢糧金帛率以供「常勝軍」, 牙兵皆骨立, 戍兵飢死者十七八. 上下相蒙, 上弗聞知. 宣撫司王安中方獻羨餘四十萬緡為自安計, 後奉朝廷令, 支太倉漕粳米五十萬石, 自京沿大河由保, 信, 沙塘入潞河, 以瞻燕軍. 回程至此, 已見舳艫銜尾, 艤萬艘於水. 潞河在縣東半里許, 曹操征烏丸, 蹋頓, 袁尚等鑿渠自滹沱由涿水入潞河即此地. |
| | 번역문 | 이 해에 연산에 큰 기근이 들어 부모가 그 자식을 잡아먹고 시장에서는 죽은 시체에 (가격을 적은) 종이를 끼워 팔아서 먹는 지경에 이르렀다. 전량과 금백은 대부분 '상승군(常勝軍)'에게 공급하는 바람에 아병(牙兵)은 모두 뼈만 앙상하고 수비병(戍兵)은 굶어 죽은 자가 10에 7-8명이나 되었지만, 위아래가 서로 (실상을) 감추어 황상은 알지 못하였다. 선무사(宣撫司) 왕안중(王安中)이 막 선여(羨餘) 40만 민(緡)을 바쳐 스스로 안정시킬 계책으로 삼았으며, 후에 조정의 명령을 받들어 태창(太倉)에서 운반해 온 갱미(粳米) 50만석(石)을 지급하여 경사에서 황하를 따라 보(保)·신(信)·사당(沙塘)에서 노하(潞河)로 들어가 연 지역 군대를 돌보게 하였다. 귀환 길에 여기에 들렀을 때에는 이미 배들이 꼬리를 물고 있고, 강에 1만여 척이 출항할 준비를 하고 있었다. 노하(潞河)는 현 동쪽 반리 즈음에 있는데, 조조가 오환(烏丸)의 답돈(蹋頓)을 정벌할 때 원상(袁尚) 등이 도랑을 뚫어 호타(滹沱)에서 탁수(涿水)를 따라 입하로 들어가게 하였던 곳이 바로 여기이다. |
| 6일차<br>일정 | | 노현에서 70리를 이동하여 삼하[三河: 하북성 삼하시 연교진(燕郊鎭)]현에 이름. | |
| | 본문 | 三河縣隸薊州, 後唐趙德鈞於幽州東置三河縣以護轉輸即此. |
| | 번역문 | 삼하현(三河縣)은 계주(薊州)에 예속된 곳으로, 후당의 조덕균이 유주 동쪽에 삼하현을 설치하여 물자 수송 행렬을 보호했다는 곳이 바로 여기이다. |
| 7일차 | | 삼하현에서 60리를 이동하여 계주[薊州: 천진시 계현(薊縣) 어양진(漁陽鎭) 계주(薊州)고성]에 이름. | |
| | 본문 | 薊州乃漁陽也. 因問天寶祿山舊事, 人無能知者. |
| | 번역문 | 계주는 바로 어양(漁陽)이다. 그래서 천보(天寶) 연간 (안)록산(祿山)의 옛 일을 물어보았지만 제대로 아는 자가 없었다. |
| 8일차 | | 계주에서 70리를 이동하여 옥전[玉田: 하북성 옥전현]현에 이름. | |
| | 본문 | 縣之東北去景州一百二十里, 自甲辰年金人雜奚人入城劫虜, 每邊人告急, 宣撫司王安中則戒之曰: 「莫生事.」四月之內凡三至, 盡屠軍民, 一火而去. 安中則創新築, 此城改為經州. |
| | 번역문 | 현의 동북쪽에서 경주(景州)까지는 120리이다. 갑진(甲辰)년 금나라 사람들이 해인(奚人)들과 뒤섞여 성에 들어와 노략질을 했는데, 변경 사람들이 위급함을 고할 때마다 선무사(宣撫司) 왕안중(王安中)은 경계하여 "일을 만들지 마라"고 하였다. 4월만 해도 3번이나 들이닥쳐서 군인과 백성을 모두 학살하고 불을 지르고 가버렸다. (왕)안중은 바로 새로 만들어 쌓고 이 성을 경주(經州)로 고쳐 불렀다. |

| | | |
|---|---|---|
| 9<br>일<br>차 | | 옥전현에서 90리를 이동하여 한성진[韓城鎮: 하북성 풍윤(豐潤)현 한성진]에 이름. | |
| | 본문 | 鎮有居民可二百家, 並無城。 | |
| | 번역문 | (한성)진에는 거주민 200여 가구가 있는데 성이 없다. | |
| 10<br>일<br>차 | | 한성진에서 50리를 이동하여 북계(北界) 청주[淸州: 하북성 당산(唐山)시 개평구(開平區) 개평진(開平鎮)]에 이름. | |
| | 본문 | 出鎮東行十餘里, 至金人所立新地界, 並無溝塹, 惟以兩小津堠高三尺許。其兩界地東西闊約一里, 內兩界人戶不得耕種。行人並依『奉使契丹條例』, 所至州備車馬, 護送至界首。前期具國信使, 副職位姓名關牒虜界, 備車馬人夫以待。虜中亦如期差接伴使, 副於界首伺候。兩界備有幕次。行人先令引接齎國信使, 副門狀過彼, 彼亦令引接以接伴使, 副門狀回示, 仍請過界。於例, 三請方上馬, 各於兩界心對立馬, 引接互呈門狀, 各舉鞭虛揖如儀, 以次行焉。四十里至淸州, 會食, 各相勞問。州元是石城縣, 金人新改是名。兵火之後, 居民萬餘家。<br>是晚, 酒五行, 進飯, 用粟, 鈔以匕; 別置粥一盂, 鈔一小杓, 與飯同下。好研芥子, 和醋伴肉食, 心血鱄淪羹, 芼以韭菜, 穢污不可向口, 虜人嗜之。器無瓷埴, 惟以木刷為盂楪, 糅以漆, 以貯食物。自此以東, 每遇館頓, 或止宿, 其供應人並於所至處居民漢兒內選衣服鮮明者為之。每遇迎送我使, 則自彼國給銀牌入, 名曰「銀牌天使」。 | |
| | 번역문 | 진(鎮)을 나가 동쪽으로 10여 리를 가자 금나라 사람들이 세운 새로운 경계(地界)에 이르렀는데 모두 도랑이나 구덩이가 없고 오직 두 개의 작은 나루터 봉화가 있을 뿐인데 높이는 3척 남짓이었다. 그 두 경계의 지역은 동서로 너비가 약 1리였고 두 경계 안의 인호(人戶)들은 농사를 지을 수 없었다. 사행 일행은 모두 「봉사거란조례(奉使契丹條例)」에 의거하여 행동했으며 이르는 주마다 거마를 준비하여 경계의 끝(界首)까지 호송해 주었다. 그에 앞서 국신사와 부사의 직위·성명이 쓰인 관첩(關牒)을 갖추어 오랑캐 땅 경계로 보내고 거마와 인부를 준비하여 기다렸다. 오랑캐 측에서도 때 맞춰 접반사와 부사를 경계 끝에 파견하여 대기하고 있었다. 양측 경계에는 머무를 장막이 준비되어 있었다. 사행 일행은 먼저 국신사·부사의 문장(門狀)을 챙겨서 저들에게 넘기도록 명하였고, 저들 역시 접반사·부사의 문장을 챙겨 회람하게 한 후 경계를 넘게 해 주었다. 전례에 따라 상대방에게 말에 오르기를 세 차례 청하고 각각 두 나라의 경계 복판에서 마주보고 말을 세운 후 맞이하면 똑같이 문장을 보이고 각각 채찍을 든 채 읍을 하는 시늉을 의례대로 하고 차례로 나아갔다. 40리를 가서 청주(淸州)에 도착하였데 함께 식사하면서 서로 노고를 치하하였다. (청)주는 원래의 석성현(石城縣)으로, 금나라 사람들이 새로 이 이름으로 바꾼 것이다. 전란 후 거주민이 1만여 가였다.<br>이날 저녁 술 다섯 순배를 돌리고 식사를 했는데 조(粟)로 지은 것을 숟가락으로 떠먹었다. 별도로 죽 한 사발을 갖다 놓고 작은 국자로 떠서 밥과 함께 먹었다. 잘 간 겨자를 식초와 같이 고기와 밥에 곁들였는데, 염통의 피를 씻지 않은 채로 국을 끓이고 부추를 나물로 곁들였는데 더러워서 입에 댈 수조차 없었지만 오랑캐들은 그것도 좋아라 하는 것이었다. 그릇에는 질그릇이 없고 오직 나무를 깎아 사발(盂楪)로 쓰고 옻칠하여 먹거리를 저장하였다. 여기에서부터 동쪽으로는 매번 객사(館頓)를 만나거나 멈춰 숙박할 때 음식을 공급하는 사람이 모두 도착한 지역의 한족(漢兒) 거주민 가운데 의복이 깨끗한 자를 선발하여 식사를 준비하게 하였다. 우리 사신을 영접하거나 배웅할 때마다 그 나라의 은패(銀牌)를 주고 들어가는데 이름을 '은패천사(銀牌天使)'라고 하였다. | |

| | | 청주에서 90리를 이동하여 난주[灤州: 하북성 난현(灤縣)고성]에 이름. | |
|---|---|---|---|
| 11<br>일<br>차 | 본<br>문 | 灤州古無之。唐末天下亂, 阿保機攻陷平、營, 劉守光據幽州, 暴虐, 民不堪命, 多逃亡依阿保機爲主, 築此以居之。州處平地, 負麓面岡。東行三里許, 亂山重疊, 形勢險峻。河經其間, 河面闊三百步, 亦控扼之所也。水極淸深, 臨河有大亭, 名曰濯淸, 爲塞北炎絶郡。守將迎於此, 回程錫宴是州。 | |
| | 번<br>역<br>문 | 난주는 옛날에는 없었다. 당나라 말 천하가 혼란하자 (야율)아보기가 평(平)·영(營)주를 공격하여 함락시킬 즈음, 유수광(劉守光)이 유주를 점거하고 있었는데 포악하여 백성들이 명령을 감당할 수 없자 아보기에게 도망쳐 주인으로 섬기면서 여기에 성을 쌓고 거주하는 사람이 많았다. 주는 평지에 위치하였는데 산기슭을 등지고 산등성이를 향해 있었다. 동쪽으로 3리 정도를 가니 산들이 어지러이 중첩되어 산세가 험준하였다. 강은 그 사이를 경유하는데 강의 수면은 너비가 300보나 되니 역시 요충지라 할 만 하였다. 물이 극히 맑고 깊은데 강에 임하여 큰 정자가 있어 이름을 탁청(濯淸)이라 하였으며 새북(塞北)의 더위를 식힐 수 있는 군(郡)이다. 지키는 장수가 여기에서 영접하였고 귀환 길에도 잔치를 베푼(錫) 것도 이 주였다. | |
| 12<br>일<br>차 | | 난주에서 40리를 이동하여 망도[望都: 하북성 진황도(秦皇島)시 창려(昌黎)현 안산진(安山鎭)]에 이름. | |
| | 본<br>문 | 民旣入契丹依阿保機, 卽於所居處創立縣名, 隨其來處鄕里名之, 故有「望都」、「安喜」之號。唐莊宗以鐵騎五千退保望都, 卽此縣也。 | |
| | 번<br>역<br>문 | 백성들이 거란에 들어가 아보기에 의지하면 바로 거처하는 곳에 현의 이름을 만들어 세웠는데 자신들 출신지의 이름을 따라 이름을 짓다 보니 '망도(望都)'·'안희(安喜)'같은 칭호가 있었다. (후)당 장종이 철기 5천으로 망도로 퇴각하여 지켰다는 곳이 바로 이 현이다. | |
| 13<br>일<br>차 | | 망도현에서 60리를 이동하여 영주[營州: 옛 유성(柳城)현. 하북성 진황도시 창려현성 약간 남쪽 50리]에 이름. | |
| | 본<br>문 | 營州, 古柳城, 舜築也。乃殷之孤竹國, 漢唐遼西地。金國討張覺, 是州之民屠戮殆盡, 存者貧民十數家。是日, 行人館於州宅, 古屋十數楹, 庭有大木十數株。枯腐蔽野, 滿目淒涼, 使人有吊古悼亡之悲。州之北六七里間, 有大山數十, 其來甚遠, 高下皆石, 不產草木。峙立州後, 如營衛然。恐州以此得名, 而前人謂地當營室, 故名營。 | |
| | 번<br>역<br>문 | 영주는 옛 유성(柳城)으로 순(舜)이 쌓은 것이다. 바로 은(殷)나라의 고죽국(孤竹國)이며 한·당나라의 요서(遼西) 지역이다. 금나라가 장각(張覺)을 토벌하면서 이 주의 백성을 거의 다 도륙하는 바람에 살아남은 것은 빈민 십여 가구뿐이다. 이 날 사행은 주의 관저에 머물렀는데 오래된 건물 10여 채, 뜰에는 큰 나무 10여 그루가 있었다. 마르고 썩은 것이 들에 가득하여 시야에 들어오는 것이 모두 처량하여 사람으로 하여금 옛 것을 회상하고 망자를 애도하는 비감이 들게 하였다. 주의 북쪽 6-7리 사이에 큰 산 수십 개가 있는데 그 유래가 매우 오래되었으며 위아래가 모두 돌로 초목이 자라지 않는다. 주의 뒤에 우뚝 서 있어 병영이 지키고 있는 듯 하였다. 아마 주는 이로 인해 이름을 얻었을 터이지만 이전 사람들은 그 땅이 영실(營室)에 해당하므로 이름을 '영'이라 하였다고 한다. | |

| | | 영주에서 100리를 이동하여 윤주[潤州: 진황도시 해항구(海港區) 해양진(海陽鎭)]에 이름. | |
|---|---|---|---|
| | 본문 | 離州東行六十里至楡關, 並無堡障, 但存遺址, 有居民十數家. 登高回望, 東自碣石, 西徹五台, 幽州之地沃野千里. 北限大山, 重巒複嶺, 中有五關:居庸可以行大車, 通轉糧餉;松亭, 金坡, 古北口止通人馬, 不可行車. 外有十八小路, 盡兔徑鳥道, 止能通人, 不可走馬. 山之南, 地則五穀百果, 良材美木無所不有. 出關來才數十里, 則山童水濁, 皆瘠鹵. 彌望黃雲白草, 莫知互極, 蓋天設此限華夷也. 夷狄自古為寇, 則多自雲中, 雁門, 未嘗有自漁陽, 上谷而至者. 昔自石晉割棄, 契丹以此控制我朝, 第以社稷威靈, 祖宗功德, 保守信誓, 而禽獸無得以肆其毒蕪. 前此經營邊事, 與金人歲幣加契丹之倍, 以買幽, 薊五州之地, 而平, 灤, 營三州不預其數, 是五關我得其三, 而金人得其二也. 愚謂天下視燕為北門, 失幽, 薊五州之地, 則天下常不安. 幽, 燕視五關為襟喉, 無五關則幽, 燕不可守, 五關雖得其三, 縱藥師不叛, 而邊患亦終無寧歲也. 比來言者論列當時主議大臣, 有云, 以營, 平, 灤要害扼之地捐之金人, 蜂蠆遷窠, 虎兕出柙, 蓋指此也. 出楡關以東, 山川風物與中原殊異. 所謂州者, 當契丹全盛時, 但土城數十里, 民居百家, 及官舍三數椽, 不及中原一小鎮, 強名為州. 經兵火之後, 愈更蕭然. 自茲以東, 類皆如此. | |
| 14일차 | 번역문 | 주를 떠나 동쪽으로 60리를 가서 유관(楡關)에 이르렀는데 성과 성벽(堡障)이 전혀 없고 단지 터(遺址)만 남았는데 거주민 10여 집이 있었다. 높은 곳에 올라가 되돌아 보니 동으로는 갈석(碣石)으로부터 서로는 오대(五台) 끝까지 유주의 땅은 기름진 들판이 1,000리나 이어져 있었다. 북으로는 큰 산에 막히고 산봉우리들이 겹겹이며 고개들도 첩첩인데 그 안에 다섯 개의 관문이 있다: 거용(居庸)은 큰 수레가 다닐 수 있어 군량을 조달할 수가 있다; 송정(松亭)·금파(金坡)·고북구(古北口)는 사람과 말은 다닐 수 있지만 수레는 다닐 수가 없다. 그 바깥에는 18개의 작은 길이 있기는 하지만 모두가 토끼나 새 따위가 다니는 길이다 보니 사람만 다닐 수 있지 말은 달릴 수 없다. 산의 남쪽은 땅에서 오곡·백과가 나고 좋은 목재와 멋진 나무가 없는 곳이 없다. 관문을 나가면 몇 십리를 못 가서 산은 민둥산이고 물은 탁한 것이 모두가 척박하고 개펄이었다. 멀리 바라보면 누런 구름과 흰 풀 뿐으로 그 끝을 알 수 없을 정도이니, 아마도 하늘이 이런 곳을 만들어 중국과 오랑캐[華夷]를 나누었나 보다. 오랑캐들의 경우 예로부터 노략질을 할 때에는 운중(雲中)·안문(雁門) 쪽으로 출몰한 일이 많았지 어양(漁陽)·상곡(上谷)으로 들어온 경우는 없었다. 옛날 후진(石晉)이 「연운16주」를 할양해 넘기매 거란도 이를 계기로 우리 왕조를 제어하기 시작했지만, 사직의 영령과 조상들의 공덕으로 신용과 맹세를 보전하고 지키니 금수같은 그들조차 그 독랄함을 거리낌 없이 자행할 수 없었다. 이보다 앞서 변경 관련 업무를 다루면서 금나라 사람들에게 세폐를 줄 때 거란보다 갑절을 주고 유(幽)·계(薊)의 5개 주를 사들였지만 평(平)·난(灤)·영(營) 세 주는 그 안에 포함되지 않는 바람에 이 다섯 관문의 경우 우리는 그 중 셋을 얻고 금나라 사람들은 그 중 둘을 얻었다. 내 이르기를, "천하가 연(燕) 땅을 북문(北門)으로 여기고 있는데 유·계의 5개 주를 잃어버린다면 천하는 내내 불안해 할 것이다. 유·연 두 지역에서는 다섯 관문을 목구멍으로 여기는데 이 다섯 관문이 없다면 유·연은 지킬 수 없게 되는 바, 다섯 관문 중에서 3개를 얻어서 (곽)약사가 반란을 일으키지는 않게 되었다지만 변경의 우환 또한 끝내 평안할 날이 없을 것이다"라고 하였다. 근래 이 일을 의론하는 자들이 당시 일을 주관한 대신들을 열거하면서 어떤 이가 "영·평·난주 같은 요충지를 금나라 사람들에게 주어 벌·전갈 같은 자들이 소굴을 옮기고 범과 뿔소가 우리를 벗어나게 만들었다"고 한 것은 아마 이를 가리키는 말이었으리라. 유관(楡關)을 나와 동쪽으로 가면 산천이나 풍물이 중원과 완전히 다르다. 이른바 '주(州)'라고 하는 것도 거란의 전성기에조차 토성만 수십 리이지 거주민은 100집 정도이며 관사(官舍)는 서넛 정도여서 중원 왕조의 작은 진(鎭) 하나에도 미치지 못하는 것을 억지로 '주'라고 이름 붙인 것들이었다. 그렇다 보니 전란이 끝난 후에는 더욱 더 스산하였다. 여기서부터 동쪽으로 가는 동안은 비슷하기가 이와 같았다. | |

| | | |
|---|---|---|
| 15<br>일<br>차 | 윤주에서 80리를 이동하여 천주[遷州: 진황도시 산해관구(山海關區)]에 이름. | |
| | 본<br>문 | 彼中行程並無里堠, 但以行徹一日即記為里數。是日行無慮百餘里。金人居常行馬率皆奔軼, 此日自早飯罷, 行至瞑方到。道路絶人煙, 不排止頓, 行人飢渴甚。自茲以東, 類皆如此。 |
| | 번<br>역<br>문 | 그들 땅에서의 여정 중에는 리를 표시하는 봉화가 없었지만 하루 종일 간 거리를 리수로 기록하였다. 이 날은 얼추 100여 리를 갔다. 금나라 사람들이 거주하는 곳에서는 항상 말을 탈 때 거의 어김없이 바꿔 타며 달렸다. 이 날은 아침 밥을 먹고 나서 부터 이동하기 시작하여 명방(瞑方)에 이를 때까지 갔다. 도중에는 인적이 끊겨서 점심을 챙기지 않은 탓에 사행 일행은 굶주림과 목마름이 심하였다. 여기서부터 동쪽으로 가는 동안은 비슷하기가 모두 이와 같았다. |
| 16<br>일<br>차 | 천주에서 90리를 이동하여 습주[習州: 요녕성 수중현(綏中縣) 고태진(高台鎮) 요고성채촌(腰古城寨村) 최가하연촌(崔家河沿村) 고성으로 왕보하(王寶河)와 육고하(六股河)가 교차하여 모이는 곳]에 이름. | |
| | 본<br>문 | 遷州東門外十數步即古長城, 所築遺址宛然。 |
| | 번<br>역<br>문 | 천주 동문 밖으로 열 몇 걸음을 가니 바로 옛날의 장성이 나타났는데, 성을 쌓은 옛 터가 완연하였다. |
| 17<br>일<br>차 | 습주에서 90리를 이동하여 내주[來州: 요녕성 호로도(葫蘆島)시 수중현(綏中縣) 전위진(前衛鎮) 고성]에 이름. | |
| | 본<br>문 | 無古跡可云。 |
| | 번<br>역<br>문 | 고적이라 할 만한 것이 없었다. |
| 18<br>일<br>차 | 내주에서 80리를 이동하여 해운사[海雲寺: 요녕성 호로도시 용항구(龍港區) 쌍천사(雙泉寺)]에 이름. | |
| | 본<br>문 | 離來州三十里海東岸, 俯挹滄溟, 與天同碧, 窮極目力, 不知所際。寺去海半里許, 寺後有溫泉二池。望海東有一大島, 樓殿、□(上穴下辛)堵波、之上有龍宮寺。見安僧十數人。是夜, 行人皆野盤。 |
| | 번<br>역<br>문 | 래주를 떠나 30리를 가서 바다의 동쪽 기슭에 이르렀다. 고개를 숙여 푸른 바닷물은 뜨려하니, 하늘처럼 푸른 것이 눈길이 닿는 곳까지 바라보아도 (하늘과 바다의) 끝을 알 수 없었다. 절은 바다에서 반 리 남짓 떨어져 있고 절 뒤에는 온천이 두 곳 있었다. 바다를 바라보니 동쪽에 큰 섬이 하나 있고 누각과 불전, 불탑(스투파)이 있는데 그 위에 용궁사(龍宮寺)가 있었다. 절의 승려 십여 명이 보였다. 이날 밤 사행 일행은 모두 야영(野盤)을 하였다. |
| 19<br>일<br>차 | 백운사에서 100리를 이동하여 홍화무[紅花務: 요녕성 호로도시 고교진(高橋鎮)]에 이름. | |
| | 본<br>문 | 此一程盡日行海岸。紅花務乃金人煎鹽所, 去海一里許。至晚, 金人饋魚數十枚, 烹作羹, 味極珍。 |
| | 번<br>역<br>문 | 이 날 하루 여정은 온종일 해안을 따라 갔다. 홍화무는 바로 금나라 사람들이 소금을 굽는 곳으로 바다에서 1리 남짓 떨어져 있었다. 저녁이 되자 금나라 사람들이 물고기 수십 마리를 보냈길래 삶아 죽을 만들었는데 맛이 대단히 좋았다. |

| | | |
|---|---|---|
| 20<br>일<br>차 | | 홍화무에서 90리를 이동하여 금주[錦州: 요녕성 금주(錦州)시]에 이름. |
| | 본<br>문 | 自出榆關東行, 路平如掌, 至此微有登陟。經由十三山下, 歐陽文忠敍胡嶠所說十三山即此。 |
| | 번<br>역<br>문 | 유관을 나와 동쪽으로 가는 동안은 길이 손바닥처럼 평탄하더니 여기에 이르니 약간 오르막이 있었다. 십삼산 아래를 경유했는데 구양문충[구양수]이 호교(胡嶠)가 말한 십삼산이라 서술한 곳이 바로 여기이다. |
| 21<br>일<br>차 | | 금주에서 80리를 이동하여 유가장[劉家莊]에 이름. |
| | 본<br>문 | 是後, 行人俱野盤。 |
| | 번<br>역<br>문 | 여기서부터 사행 일행은 모두 들에서 야영을 하였다. |
| 22<br>일<br>차 | | 유가장에서 100리를 이동하여 현주[顯州: 요녕성 북진(北鎭)시 광녕향(廣寧鄕) 상둔촌(常屯村) 북진묘유지(北鎭廟遺址)]에 이름. |
| | 본<br>문 | 出榆關以東行, 南瀕海, 而北限大山, 盡皆粗惡不毛。至此, 山忽峭拔摩空, 蒼翠萬仞, 全類江左, 乃醫巫閭山也。成周之時, 幽州以醫巫閭作鎭, 其遠如此。契丹兀欲葬於此山, 離州七里別建乾州以奉陵寢, 今盡爲金人毁掘。 |
| | 번<br>역<br>문 | 유관(榆關)을 나와 동쪽으로 이동하는데 남으로는 바닷가이고 북으로는 큰 산에 막고 있었으며, 땅이 한결같이 척박하고 풀 한 포기 없었다. 여기에 이르자 산이 갑자기 하늘에 닿을 듯이 높고 험준해지고 푸른 초목이 만 길이나 되어 전부가 강남[江左]와 유사한데 바로 의무려산(醫巫閭山)이었다. 성주[서주] 때 유주(幽州)는 의무려를 진산(鎭山)으로 삼았으니 그 멀기가 이와 같았다. 거란의 올욕[세종]을 이 산에 장례지냈는데 주에서 7리 떨어진 곳에 따로 건주(乾州)를 세워 능침을 모시게 하였지만, 지금은 금나라 사람들에게 모조리 훼손되고 도굴되었다. |
| 23<br>일<br>차 | | 현주에서 90리를 이동하여 토아와[兔兒渦: 흑산(黑山)현 동공오(东公廠)촌(방산진(芳山镇)에 속함)·서공오(西公廠)촌(태화진(太和镇)에 속함)고성]에 이름. |
| 24<br>일<br>차 | | 토아와에서 60리를 이동하여 양어무[梁魚務: 양어와(梁魚渦)라고도 쓰며 요녕성 금주(錦州)시 흑산(黑山)현 강둔진(姜屯鎭) 토성촌(土城村)고성]에 이름. |
| | 본<br>문 | 離兔兒渦東行, 即地勢卑下, 盡皆萑荇沮洳積水。是日, 凡三十八次渡水, 多被溺。[有河] 名曰遼河。瀕河南北千餘里, 東西二百里, 北遼河居其中, 其地如此。隋唐征高麗, 路皆由此。秋夏多蚊虻, 不分晝夜, 無牛馬能至。行以衣包裹胸腹, 人皆重裳而披衣, 坐則蒿草薰煙稍能免。務基依水際, 居民數十家環繞。彌望皆荷花, 水多魚。徘徊久之, 頗起懷鄕之思。 |
| | 번<br>역<br>문 | 토아와(兔兒渦)를 떠나 동쪽으로 가니 바로 지세가 낮아지면서 한결같이 모두 귀목풀(萑荇)이고 강이 막혀 물이 고여 있었다. 이날 38번이나 강물을 건넜는데 대부분 물에 빠졌다. (강이 있어) 이름을 요하(遼河)라고 하였다. (요)하 강변은 남북으로 1천여 리, 동서로 200여 리로, 북요하가 그 가운데에 자리잡고 있는데 그 땅은 이와 같았다. 수-당대에 고(구)려를 정벌할 때 길이 모두 여기를 경유하였다. 여름, 가을에는 모기나 등에가 많아 밤낮을 가리지 않아 (그 등살에) 소와 말이 길을 제대로 갈 수조차 없을 정도였다. 길을 갈 때는 옷으로 가슴과 배를 덮어 주었다. 사람들은 모두 치마를 겹으로 입고 옷을 머리에 뒤집어 썼으며, |

| | | |
|---|---|---|
| | | 앞을 때에는 쑥을 태워 연기를 내야 (물리는 낭패를) 조금이라도 면할 수 있었다. (양어)무의 기단은 물 사이에 기대어 있고 주민은 수십 집이 빙 둘러서 지어져 있었다. 두루 바라보니 온통 연꽃이었고 물에는 물고기가 많다. 한참을 배회하다 보니 고향 생각이 많이 났다. |
| 25일차 | | 양어무에서 103리를 이동하여 몰돌채[沒咄[패근(孛菫)]寨]에 이름. |
| 26일차 | | 몰돌채에서 80리를 이동하여 심주[瀋州: 심양(瀋陽)시 심하구(瀋河區) 성경로(盛京路) 심양고궁 및 남으로 뻗어 남순성가(南順城街)에 이르는 지역]에 이름. |
| 27일차 | | 심주에서 70리를 이동하여 흥주[興州: 요녕성 철령(鐵嶺)시 철령현 신태자진(新台子鎭) 의로촌(懿路村)]에 이름. |
| | 본문 | 自過遼河, 以東即古之遼東地. 金人方戰爭之際, 首得遼東五十一州之地, 乃契丹阿保機渤海國建爲東京路地也. |
| | 번역문 | 요하를 건널 때부터 그 동쪽은 바로 옛 요동 땅이었다. 금나라 사람들이 막 전쟁을 시작했을 때 처음에 얻은 '요동 51주'의 땅이 바로 거란의 (야율)아보기가 발해국을 멸망시키고 '동경로(東京路)'로 삼은 땅이다. |
| 28일차 | | 흥주에서 90리를 이동하여 함주[咸州: 요녕성 개원(開原)시 금나라 함평부(咸平府) 유지]에 이름. |
| | 본문 | 未至州一里許, 有幕屋數間, 供帳略備, 州守出迎, 禮儀如制. 就坐, 樂作, 有腰鼓、蘆管、笛、琵琶、方響、箏、笙、箜篌、大鼓、拍板, 曲調與中朝一同, 但腰鼓下手太闊, 聲逐下, 而管、笛聲高. 韻多不合, 每拍聲後繼一小聲. 舞者六七十人, 但如常服, 出手袖外, 回旋曲折, 莫知起止, 殊不可觀也. 酒五行, 樂作, 迎歸館. 老幼夾觀, 填溢道路. 次日早, 有中使撫問, 別一使賜酒果, 又一使賜宴. 赴州宅, 就坐, 樂作, 酒九行. 果子惟松子數顆. 胡法, 飯酒貨肉不隨盞下, 俟酒畢, 隨粥飯一發致前, 鋪滿幾案. 地少羊, 惟豬、鹿、雁. 饅頭、炊餅、白熱、胡餅之類最重油煮. 麥食以蜜塗拌, 名曰「茶食」, 非厚意不設. 以極肥豬肉或脂潤切大片一小盤子, 虛裝架起, 間插青蔥三數莖, 名曰「肉盤子」, 非大宴不設, 人各攜以歸舍. 虜人每賜行人宴, 必以貴臣押伴. 是日, 押伴貴臣被酒, 輒大言詫金人之强, 控弦百萬, 無敵於天下. 使長掎之曰:「宋有天下二百年, 幅員三萬里, 勁兵數百萬, 豈爲弱耶? 某銜命遠來, 賀大金皇帝登寶位, 而大金皇帝止令太尉來伴行人酒食, 何嘗令大臣以相詎也?」辭色俱厲, 虜人氣懾, 不複措一辭. 及賜宴畢, 例有表謝, 有曰「祗造鄰邦」, 中使讀之曰:「使人輕我大金國.『論語』云『蠻貊之邦』, 表辭不當用『邦』字. 請重換方肯持去. 使長正色而言曰:「『書』謂『協和萬邦』、『克勤于邦』, [『詩』]謂『周雖舊邦』,『論語』謂『至於他邦』、『問人於他邦』、『善人爲邦』、『一言興邦』, 此皆『邦』字, 而中使何獨祗誦此一句以相詆也? 表不可換! 須到闕下, 當與會讀書人理會, 中使無多言!」虜人無以答. 使長許亢宗, 饒之樂平人, 以才被選. 爲人醞藉似不能言者, 臨事敢發如此, 虜人頗壯之. |
| | 번역문 | 주에서 1리가 채 되지 않은 곳에 이르니 장막(幕屋) 몇 칸이 있는데 휘장이 대략 갖추어져 있었고 주의 수령이 나와 맞이하였는데 제도에 정해진 대로 예의를 갖추었다. 착석하자 음악이 연주되었는데 요고(腰鼓)·노관(蘆管)·적(笛)·비파(琵琶)·방향(方響)·쟁(箏)·생황(笙)·공후(箜篌)·대고(大鼓)·박판(拍板)이 포함되어 있었다. 곡조는 중원의 왕조와 완전히 같았지만, 요고는 손동작이 늦어 간격이 너무 크다 보니 소리가 마침내 낮아지는 반면에 관(管)·적 소리는 높았다. 운율이 대체로 맞지 않아서 매번 박판 소리가 난 다음에 더 작은 소리가 한 번씩 이어지곤 하였다. 춤추는 자는 6-7명이었는데, 평상복과 같은 차림에 손을 소매 밖 |

으로 낸 채 돌거나 구부릴 때 동작이 시작되고 끝나는 곳을 제대로 알지 못하여 특별히 볼 만한 수준이 아니었다. 술이 다섯 순배 돌고 음악 연주가 끝난 후 배웅을 받으면서 객사로 돌아오는데, 남녀노소가 연도에 늘어서서 우리 일행을 구경하느라 길을 채우고도 넘칠 지경이었다. 다음날 아침, 중사(中使)가 와서 문안 인사를 하고 다른 신하 하나는 술과 과일을 내왔으며 또다른 사신은 연회를 베풀었다. 주의 관저로 가니 착석하자 음악이 연주되고 술이 아홉 순배나 돌았다. 과자는 잣 몇 알이 고작이었다. 오랑캐의 법도로는 밥과 술을 먹을 때 고기를 먹으면서도 술잔을 내려놓는 법이 없어서, 술이 다 돌고 나면 그 다음에 죽과 밥을 한 번에 앞에 차렸는데 소반에 가득 차려 내었다. 그 지역에는 양은 적고 돼지·사슴·기러기만 있었다. 만두·취병(炊餅)·백열(白熱)·호병(胡餠) 종류가 가장 기름을 많이 써서 요리한 것이었다. 맥류 음식의 경우 꿀을 발라 버무린 것을 '다식(茶食)'이라고 부르는데 후하게 대접하는 경우가 아니면 내놓지 않았다. 아주 살져 기름진 돼지고기나 비계를 작은 둥근 접시 하나에 크게 썰어 담아 시렁에 걸어두고 속에 쪽파를 서너 줄기 끼워서 '육반자(肉盤子)'라고 불렀는데, 큰 연회 자리가 아니면 내놓지 않는 것인지라 사람들은 저마다 그것을 챙겨서 집으로 돌아갔다. 오랑캐들은 사행 일행을 위한 연회를 베풀 때마다 반드시 지체가 높은 신하가 동석하곤 하였다. 이 날 동석한 대신은 술에 취하여 금나라 사람들이 강성하여 활쏘는 자가 백만이나 되어서 천하에 적이 없다는 둥 하면서 몇 번이나 큰 소리로 자랑하였다. 정사(使長)가 그를 끌어당기더니 "송나라는 천하를 가진 지가 200년이나 되었고 강역이 3만 리나 되며 강병이 수백만이나 되니 어찌 약하다 하겠소이까? 나는 어명을 받들어 멀리 와서 대금 황제께서 보위에 오르시는 것을 축하드리러 왔소이다. 대금 황제께서는 단지 태위께 사행 일행과 동석하여 술과 음식을 대접하라는 명령만 내리셨을 뿐 언제 (양국의) 대신끼리 서로 속이라고 하셨습니까?"하면서 말과 표정을 험하게 하니 오랑캐들이 주눅이 들어서 다시는 그런 소리를 하지 않았다. (금나라 측에서) 베풀어 준 연회가 끝나자 관례대로 표를 써서 감사의 뜻을 전하는데 그 중에 '이웃 나라를 공경하여 지었다(祗造鄰邦)'라는 구절이 있었다. 중사가 그것을 읽고 "사인께서는 우리 대금국을 경시하고 있소.『논어』에서 '만맥지방(蠻貊之邦)'이라 했으니 표에서 쓰는 표현에는 '방(邦)'자를 쓰는 것은 부당하오. (표현을) 다시 바꾸셔야 가지고 갈 수 있소"라고 하였다. 정사는 정색을 하더니 "『서경』에는 '협화만방(協和萬邦)·극근어방(克勤於邦)'이라 하였고 『시경』에는 '주수구방(周雖舊邦)'이라 하였으며 『논어』에서는 '지어타방(至於他邦)·문인어타방(問人於他邦)·선인위방(善人為邦)·일언흥방(一言興邦)'이라 했으니 그 모두가 '방'자입니다. 그런데도 중사께서는 어째서 유독 그 한 구절만 들먹이면서 따지십니까? 표는 바꿀 수 없습니다. 반드시 대궐 아래에 이르러 일찍이 글공부를 한 분들에게 확인해야 할 것입니다. 중사께서는 여러 말 하지 마십시요!" 하니 오랑캐들도 더 이상 할 말이 없었다. 정사 허항종(許亢宗)은 요지(饒之) 낙평(樂平) 사람으로 재능으로 선발되었는데, 사람됨이 관대하면서도 말솜씨는 별로 없어 보였지만, 일단 상황이 닥치면 감연히 이 같은 발언을 하니 오랑캐들도 그를 자못 장하게 여겼다.

| | | 함주에서 40리를 이동하여 숙주[肅州: 요녕성 철령시 창도(昌圖)현 마중하진(馬仲河鎭) 고성]에 이르고 또 50리를 이동하여 동주[同州: 요녕성 개원시 중고진(中固鎭) 신둔촌고성(新屯村古城) 동선관(銅善館) 유지]에 이름. |
| 29 일 차 | 본 문 | 離咸州即北行, 州地平壤, 居民所在成聚落。新稼殆遍, 地宜種黍。東望天山, 金人云彩, 此新羅山, 山內深遠, 無路可行。其間出人參、白附子, 深處與高麗接界。山下至所行路可三十里。 |
| | 번 역 문 | 함주를 떠나자마자 바로 북으로 향하였다. 이 주는 땅이 평탄하고 기름져 거주민이 있는 곳이면 어김없이 마을을 이루고 있다. 새로운 경작지가 두루 펴져있고 땅은 수수를 심기에 적합하였다. 동으로 멀리 바라보니 천산(天山)이 있는데 금나라 사람들은 이를 '채(彩)'라고 하였다. 그것은 '신라산'으로 산 안이 깊고 먼 데다가 다닐 수 있는 길이 없었다. 그 곳에서 |

| | | |
|---|---|---|
| | 는 인삼과 백부자(白附子)가 나는데 깊숙한 곳은 고려와 경계가 맞닿아 있다. 산 아래에서 다닐 만한 길까지는 (거리가) 30리 정도이다. | |
| 30일차 | 동주에서 30리를 이동하여 신주[信州: 길림성(吉林省) 공주령(公主嶺)시 진가둔진(秦家屯鎭) 진가둔고성]에 이름. | |
| | 본문 回程錫宴於此 | |
| | 번역문 귀환 길에 여기에서 연회를 베풀었다. | |
| 31일차 | 신주에서 90리를 이동하여 포리패근채[蒲里孛堇寨: 요나라 계위주(季威州)로 농안(農安)현 농안진(農安鎭) 보성촌(寶城村) 소성자둔(小城子屯) 소성자고성]에 이름. | |
| 32일차 | 포리에서 40리를 이동하여 황룡부[黃龍府: 길림성 농안현 농안진 후황룡부(後黃龍府)고성]에 이름. | |
| | 본문 契丹阿保機初攻渤海, 射黃龍於此地, 即建爲府. 是日, 州守迎迓如儀. 有中使撫問, 賜酒果, 錫宴一如咸州制. 自此東行. | |
| | 번역문 거란의 (야율)아보기가 당초 발해를 공격할 때 여기에서 황룡(黃龍)을 쏘고 즉시 부(府)를 세웠다. 이 날은 주의 수령이 의례에 맞게 영접하였다. (금나라의) 중사(中使)가 문안 인사를 와서 술과 과일을 내리고 연회를 베풀었는데 함주의 격식과 똑같았다. 여기에서부터는 동쪽으로 갔다. | |
| 33일차 | 황룡부에서 60리를 이동하여 탁철패근채[托撤孛堇寨: 덕혜(德惠)시 곽가진(郭家鎭) 향양촌(向陽村) 후양둔(後陽屯)고성]에 이름. | |
| | 본문 府爲契丹東寨. 當契丹强盛時, 虜獲異國人則遷徙雜處於此. 南有渤海, 北有鐵離, 吐渾, 東南有高麗, 靺鞨, 東有女眞, 室韋, 東北有烏舍, 西北有契丹, 回紇, 黨項, 西南有奚, 故此地雜諸國風俗. 凡聚會處, 諸國人語言不能相通曉, 則各以漢語爲証, 方能辨之, 是知中國被服先王之禮儀, 而夷狄亦以華言爲証也. | |
| | 번역문 (황룡)부는 거란의 동쪽 요새이다. 거란이 강성했을 때에는 오랑캐들이 외국 사람을 붙잡으면 이주시켜 이 곳에서 섞여 살도록 하였다. 남으로는 발해, 북으로는 철리(鐵離)·토혼(吐渾), 동남으로는 고려·말갈, 동으로는 여진·실위(室韋), 동북으로는 오사(烏舍), 서북으로는 거란·회흘(回紇)·당항(黨項), 서남으로는 해(奚)가 있다. 그렇다 보니 이 지역에는 여러 나라의 풍속이 섞여 있었다. 사람들이 모이는 곳에서 여러 나라 사람들의 언어가 서로 통하지 않을 때에는 각자 한어(漢語)를 근거로 삼아야 비로소 분간할 수 있었다. 이를 통하여 중국이 선대 임금들의 예의에 감화를 받았고 이적 역시 중화의 언어[화언]를 근거로 삼았음을 알 수 있는 셈이다. | |
| 34일차 | 탁철에서 90리를 이동하여 만칠리패근채[漫七離孛堇寨: 덕혜시 대방신진(大房身鎭) 이수원자(梨樹園子)촌 성자하둔(城子下屯)고성]에 이름. | |
| | 본문 道旁有契丹舊益州, 賓州空城。 | |
| | 번역문 길 가에 거란의 옛 익주(益州)[19]빈주(賓州)의 빈 성이 있었다. | |

| | | |
|---|---|---|
| | | 만칠리패근채에서 100리를 이동하여 화리간채[和里間寨: 길림성 덕혜시 조양향(朝陽鄕) 성자후(城子後)촌 쌍성자(雙城子)고성]에 이름. |
| 35일차 | 본문 | 自漫七離行六十里即古烏舍寨, 寨枕混同江湄, 其源來自廣漢之北, 遠不可究。自此南流五百里, 接高麗鴨綠江入海。江面闊可半里許, 寨前高岸有柳樹, 沿路設行人幕次於下。金人太師李靖居於是, 靖累使南朝。此排中頓, 由是飮食精甜絶佳。時當仲夏, 藉樹陰俯瞰長江, 涼颸拂面。盤礴少頃, 殊忘鞍馬之勞。過江四十里, 宿和裡間寨。 |
| | 번역문 | 만칠을 떠나 60리를 가면 바로 옛날의 오사(烏舍)의 요새이다. (이 오사의) 요새는 혼동강의 물가에 자리 잡고 있는데, 그 (하천의) 물줄기는 광한(廣漢)의 북쪽에서 비롯되는데 너무 멀어서 정확히 알 수는 없다. 이곳으로부터 남으로 500리를 흘러 고려 압록강과 맞닿은 상태에서 바다로 들어간다. 강폭은 너비가 반 리 남짓 되는데, 이 요새 앞의 높다란 기슭에는 버드나무가 있고, 연도에는 사행 일행들을 위한 장막이 설치되었다. 금나라의 태사(太師) 이정(李靖)이 여기에 사는데 (이)정은 여러 차례 남조[송나라]에 사신으로 온 바 있다. 여기서는 점심을 준비하였다. 여기서부터는 음식에 공을 많이 들이고 맛도 뛰어났다. 때가 한여름인지라 나무 그늘에 기대어 긴 강을 굽어보노라니 시원한 회오리바람이 얼굴을 스쳤다. 잠시 책상다리를 하고 있노라니 말 타는 수고로움을 금새 잊을 수가 있었다. 강을 넘어 40리를 가서 화리간채에서 묵었다. |

19) ① 『만주원류고』 권15: 『고려도경』 압록수는 말갈에서 발원하는데 그 빛깔이 오리머리와 같다고 하여 이름이 지어졌다. 요동에서 5백 리 떨어져 있고 그 서쪽에서 강 하나와 합쳐지는데 곧 염난수(鹽難水)이다. 두 강이 합류하여 서남쪽으로 흘러 안평성(安平城)에 이르러 바다로 들어간다. 고려에서 이 강이 가장 크다. 물결이 맑고 깨끗하며 그 나라는 이곳을 천연의 해자로 믿는다. 강의 너비는 3백 보이며 평양성(平壤城)의 서북 450리, 요수(遼水)의 동남 480리에 있다. 요수(遼水)의 동쪽은 거란에 속하는데 대금에서 그 땅이 불모지이므로 다시 성을 두어 방비하지 않았다. 단지 걸어 다니는 길로 사용될 뿐이었다. {살펴보면, 압록강의 색깔이 오리머리와 같다고 한 것은 사가들의 견강부회이다. 자세한 것은 완안부조 참조}. 『명통지』 압록강은 요동도사성(遼東都司城) 동쪽 560리에 있다. {살펴보면, 압록강은 길림오랍(吉林烏拉)의 남쪽 970리에 있는데 장백산에서 발원한다. 서남쪽으로 흘러 조선과의 경계를 따라 봉황성(鳳凰城) 동남에 이르러 바다로 들어간다. 곧 옛 마자수(馬訾水)이다. 또 익주강(益州江)이라고도 하는데 아마도 발해 익주(益州)의 치소일 것이다(高麗圖經 鴨綠之水源出靺鞨 其色如鴨頭 故以名之 去遼東五百里 又西與一水合 即鹽難水也 二水合流 西南至安平城入海 高麗之中 此水最大 波瀾淸澈 其國恃此 以爲天塹 水濶三百步 在平壤城西北四百五十里 遼水東南四百八十里 自遼水印即屬契丹 大金以其地不毛 不復城守 徒爲往來之道而已[按 鴨綠水其色如鴨頭 乃史家傅會之論 詳見完顔部條]). 明統志 鴨綠江在遼東都司城東五百六十里 [按 鴨綠江在吉林烏拉南九百七十里源出長白山 西南流與朝鮮分界 至鳳城東南入海 即古馬訾水 亦名益州江 蓋渤海益州所治也 見前疆域門);

② 『만주원류고』 권10: 『요사』 동경 익주(益州)에는 관찰(觀察)을 두었으며 황룡부에 속한다. 『거란국지』에는 宋 정화 5년(1115) 金 태조가 요나라를 쳐서 빈(賓) 상(祥) 위(威) 세 주를 빼앗고, 익주(益州)로 진군하였다. (살펴보면, 압록강(鴨綠江)은 일명 익주강(益州江)이다. 곧 익주(益州)는 실제 압록강과 가깝다. 그러므로 당연히 장백산(長白山) 서남쪽에 있다. 요나라에서 고쳐서 황룡부(黃龍府)에 속하게 하였다. 『요사』에서는 발해의 것을 그대로 썼다는 말을 하지 않았으나, 그 이름을 썼기 때문에 그 옛 지역이라는 것을 말할 필요가 없었을 것이다.)('益州'『遼史』東京益州 觀察 屬黃龍府 『契丹國志』宋政和五年 金太祖攻遼取賓 祥 威三州 進薄益州 (按 鴨綠江 一名益州江 則益州實與鴨綠江近 當在長白山西南 遼改屬黃龍府 遼史 不言仍渤海之舊 或因其名 而不必即其故地也);

③ 楊賓 撰, 『柳邊紀略』: 압록강 '즉 익주강 또는 호애강이라 한다. 당서에는 마자수가 장백산에서 발원한다고 하였다. 명 만력 19년 대청에 의해 병합되었다(鴨綠江即益州江或呼靉江唐書作馬訾水源出長白山明萬歷十九年爲大淸所倂).

| 36<br>일<br>차 | | 화리간채에서 90리를 이동하여 구고패근채[句孤孛菫寨: 하얼빈 오상(五常)시 시 구역의 반리성(半里城)고성]에 이름. |
|---|---|---|
| | 본<br>문 | [自和裡間寨行五里, 即有潰堰斷塹], 自北而南, 莫知遠近, 界隔甚明, 乃契丹昔與女真兩國古界也。界八十里, 直至淶流河。行終日之內, 山無一寸木, 地不產泉, 人攜水以行。豈天地以此限兩國也, 豹狼互相吞噬, 終為強者所並耳。淶流河闊二十餘步, 以船渡之, 五里至句孤寨。自此以東, 散處原隰間盡女真人, 更無異族。無市井買賣, 不用錢, 惟以物相貿易。 |
| | 번<br>역<br>문 | [화리간채로부터 5리를 더 가면 무너진 제방과 끊어진 참호가 나온다.] 북에서 남으로 원근을 알 수는 없으나 경계가 떨어져 있다는 것은 매우 분명하니, 바로 거란이 과거 여진과 맞닿아 있던 두 나라의 옛 경계이다. 경계에서 80리를 가면 바로 내류허(淶流河)에 이른다. 하루 종일 가는 동안에 산에는 1촌 크기의 나무도 없고 땅에는 샘이 없다 보니 사람들은 물을 휴대하고 다녔다. 어찌 천지가 이로써 두 나라를 가를 수 있겠는가. 표범과 늑대가 서로 삼키려다가 끝내는 강한 자에게 합쳐진 것이 아니겠는가. 내류하는 너비가 20여보로 배로 건너 5리를 가면 구고채(句孤寨)에 이른다. 여기서부터 동쪽에는 평원 사이에 흩어져 사는 것은 모두 여진인 뿐으로, 다른 종족들은 더 이상 없다. 물건을 사고 팔 시장도 전혀 없어서 돈을 쓸 필요가 없으며 오직 물건으로 서로 교역하였다. |
| 37<br>일<br>차 | | 구고채에서 70리를 이동하여 달하채[達河寨: 하얼빈 오상시 영성자(營城子) 만족항(滿族鄉)고성]에 이름. |
| 38<br>일<br>차 | | 달하채에서 40리를 이동하여 포달채[蒲撻寨: 하얼빈 오상시 랍림만족진(拉林滿族鎮) 북토(北土)촌 북성자(北城子)고성]에 이름. |
| | 본<br>문 | 是日, 金使前來排辦祗候。 |
| | 번<br>역<br>문 | 이날 금나라 사신이 미리 와서 모실[祗候] 준비에 힘썼다. |
| 39<br>일<br>차 | | 포달채에서 20리를 이동하여 올실낭군택[兀室郞君宅: 하얼빈 오상시 흥륭항(興隆鄉) 고성촌(古城村)고성]에 이르고 다시 30리를 이동하여 관[館: 상경(上京) 회녕부(會寧府) 성 밖의 역으로 아성구(阿城區) 쌍풍가도(雙豊街道) 신민(新民)촌]에 이름. |
| | 본<br>문 | 行二十里, 至兀室郞君宅, 接伴使、副具狀辭, 館伴使、副於此相見如接伴禮。虜中每差接伴、館伴、送伴、省客使必於女真、渤海、契丹、奚內人物白晳詳緩能漢語者為之, 副使則選漢兒讀書者為之。複有中使撫問, 賜酒果、賜宴如常儀。畢, 又行三十里至館。館惟茅舍三十餘間, 牆壁全密, 堂室如帟幕, 寢榻皆土床, 鋪厚氈褥及錦繡貂鼠被, 大枕頭等。以女真兵數十佩刀、執弓矢, 守護甚嚴。此去虜廷尚十餘里。次日賜酒果, 至晚, 合門使躬來說議, 約翌日赴虜廷朝見。 |
| | 번<br>역<br>문 | 20리를 가서 올실랑군택(兀室郞君宅)에 이르자, 접반사·부사가 장계를 갖추어 보내고 관반사·부사는 여기에서 접반의 의례에 따라 서로 만났다. 오랑캐 측에서는 접반·관반·송반(送伴)·객성사(客省使)를 파견할 때마다 반드시 여진·발해·거란·해족 출신자로 얼굴이 희고 느긋하며 한어에 능통한 자에게 그 일을 맡겼으며, 부사는 한족[漢兒] 출신으로 글공부를 한 자들 중에서 선발하여 그 일을 맡겼다. 다시 중사가 찾아와 일상적인 의례에 따라 안부 인사를 하고 술과 과일을 내리고 연회를 베풀었다. (그 절차가) 끝나자 또 30리를 가서 객사에 이르렀다. 객사는 초가 30여 칸 뿐으로 담장이 전부 막혀 있고 집과 방은 장막 같았 |

| | | |
|---|---|---|
| | | 으며 침상은 모두 흙으로 만든 침상이었는데 두터운 양털로 만든 요, 비단 자수가 놓인 담비 가죽 이불, 큰 베개 등이 깔려 있었다. 여진 병사 수십 명이 칼을 차고 활과 화살을 들고 매우 삼엄하게 호위를 하였다. 이곳은 오랑캐 조정으로부터 아직 10여 리 떨어져 있었다. (금나라 측에서는) 다음날 술과 과일을 내렸고 저녁이 되자 합문사(合門使)가 직접 와서 의논한 끝에, 다음날 오랑캐 조정으로 가서 황제를 알현하기로 약속하였다. |
| 40일차 | 상경에 도착한 다음날 일정. | |
| | 본문 | 次日, 館伴同行可五七里, 一望平原曠野, 間有居民數十家, 星羅碁布, 紛揉錯雜, 不成倫次。更無城郭, 里巷率皆背陰向陽。便於牧放, 自在散居。又一二里, 命撤傘, 雲近闕。複北行百餘步, 有阜宿圍繞三四頃, 並高丈餘, 云皇城也。至於宿圍門, 就龍台下馬, 行入宿圍。西設氈帳四座, 各歸帳歇定, 客省使、副使相見就坐, 酒三行。少頃, 聞鞞鼓聲入, 歌引三奏, 樂作, 合門使及祗坐班引入, 即捧國書自山棚東入, 陳禮物於庭下, 傳進如儀。贊通拜舞抃蹈訖, 使副上殿, 女真酋領數十人班於西廂, 以次拜訖, 近貴人各百餘人上殿, 以次就坐, 餘並退。其山棚左曰桃源洞, 右曰紫極洞, 中作大牌, 題曰翠微宮, 高五七尺, 以五色彩間結山石及仙、佛、龍、象之形, 雜以松柏枝, 以數人能為禽鳴者吟叫山內。木建殿七間, 甚壯, 未結蓋以瓦仰鋪及泥補之, 以木為鴟吻, 及屋脊用墨, 下鋪帷幕, 榜曰乾元殿。階高四尺許, 階前土壇方闊數丈, 名曰龍墀。兩廂旋結架小韋屋, 冪以青幕, 以坐三節人。殿內以女真兵數十人分兩壁立, 各持長柄小骨朵以為儀衛。日役數千人興築, 已架屋數十百間未就, 規模亦甚侈也。虜主所坐若今之講坐者, 施重茵, 頭裹皂頭巾, 帶後垂, 若今之僧伽帽者;玉束帶、白皮鞋, 薄髯, 可三十七八許人。前施朱漆銀裝鍍金幾案, 果楪以玉, 酒器以金, 食器以玳瑁, 匙筋以象齒。遇食時, 數胡人台舁十數鼎鑊致前, 雜手旋切割飣餖以進, 名曰「御廚宴」。所食物與前敘略同, 但差精細而味和耳。食餘, 頒以散三節人。樂如前所敘, 但人數多至二百人, 云乃舊契丹教坊四部也。每樂作, 必以十數人高歌以齊管也, 聲出眾樂之表, 此為異爾。酒五行, 食畢, 各賜襲衣袍帶, 使、副以金, 餘人以銀, 謝畢, 歸館。 |
| | 번역문 | 다음날 관반사(館伴)와 함께 5-7리 정도 동행하였다. 평탄하고 드넓은 들판이 끝없이 펼쳐져 있었다. 그 사이에 민가 수십 집이 바둑돌처럼 늘어서 있는데 어지럽게 뒤섞여서 두서가 없었다. 더구나 성곽이 없었고, 마을의 골목은 거의 모두 그늘을 등지고 양지로 향해 있었고, 방목하기에 편리하도록 되는 대로 흩어져 거주하였다. 또 1-2리를 더 가니 양산을 치우게 하더니 대궐 근처까지 왔다고 이르는 것이었다. 다시 북으로 100여 걸음을 가니 언덕위에 숙위(宿圍)가 3-4경(頃) 정도 빙 둘러서 있고 높이가 1장 남짓인데 '황성'이라는 것이었다. 숙위 문에 이르러 바로 용대(龍臺)에서 말에서 내려 걸어서 숙위로 들어갔다. 서쪽에 양털로 짠 장막〔氈帳〕을 네 곳 설치하고 각자 장막으로 가서 휴식을 취하게 한 후 객성사(客省使)와 부사가 만나 착석하고 나서 술이 세 순배 돌았다. 잠시 후 말에는 치는 북〔鞞鼓〕소리를 듣고 들어가니 이끄는 노래가 세 차례 연주된 후 음악이 연주되면서 합문사(合門使) 및 지좌반(祗坐班)이 맞아 들였다. 바로 국서를 받들고 산붕(山棚) 동쪽으로 들어와서 예물을 뜰 아래에 늘어 놓은 후 의례에 따라 고하고 진상하였다. 전례를 돕는 자〔贊通〕가 절하고 춤추기를 마친 후 정사와 부사가 궁전에 올라가니 여진 추장 수십 명이 서쪽 행랑에 줄을 지어 차례대로 절을 했고, 측근 귀인들이 100여 명씩 궁전에 올라 순서에 따라 착석하고 나머지는 모두 물러갔다. 그 산붕 왼쪽을 '도화동'이라 하고 오른쪽을 '자극동'이라 하는가 하면, 복판에는 큰 패를 만들고 '취미궁'이라고 이름을 붙였는데 높이가 5-7척으로 오색채실로 산석(山石) 및 신선·부처·용·코끼리의 형상을 사이사이에 엮고 소나무·잣나무 가지를 섞어 놓은 후 날짐승의 우는 소리를 잘 내는 사람 몇 명에게 그 산 속에서 소리를 내게 하였다. 나무로 궁전 7칸을 지었는데 매우 웅장하였다. 아직 덮지 않은 곳은 기와를 늘어놓고 진흙으로 채웠으며 나무로 치문(鴟吻)을 만들고 건물의 등성마루에는 묵을 사용하였으며 아래에는 휘장을 깔고 '건원전(乾元殿)'이라는 이름을 붙여 놓았다. 계단은 높이가 4척 |

남짓이었고 계단 앞의 토단(土壇)은 사방 너비가 몇 장이나 되는데 '용지(龍墀)'라고 불렀다. 양쪽 행랑에는 금새 작은 초가집을 엮고 푸른 막을 덮어 세 절인(節人)이 앉게 하였다. 궁전 안에는 여진 병사 수십 명이 양쪽 벽에 나뉘어 서 있는데 각각 긴 자루가 달린 작은 골타(骨朶)를 들고 의장대 역할을 하였다. 하루에 수천 명을 부려 공사를 하였는데 이미 얼개를 짠 건물 수십 칸도 아직 낙성되지는 않았지만 규모 역시 매우 사치스러웠다. 오랑캐 군주가 앉은 곳은 지금의 강의용 좌석(講座) 같아서, 무거운 자리를 깔고 머리에는 검은 두건을 쓰고 띠를 뒤로 드리운 것이 지금의 승려들의 모자 같았다. 옥대를 매고 흰 가죽신을 신고 얇은 수염이 난 것이 37-8세 정도 돼 보이는 사람이었다. 그 앞에는 붉은 칠을 하고 은으로 장식하고 도금을 한 소반이 놓여 있었다. 과일 접시는 옥으로, 술그릇은 금으로, 식기는 대모거북 등딱지로, 수저는 상아로 만들어져 있었다. 밥 먹을 때가 되자 몇 명의 오랑캐가 십여 개의 크고 작은 솥을 져서 그 앞에 놓더니 손을 섞어 즉석에서 썰고 쌓아서 바치면서 '어주연(御廚宴)'이라고 불렀다. 먹는 것들은 앞서 언급한 것과 대체로 같았으나 공을 들이고 맛이 어우러짐에 있어서는 다소 차이가 있는 듯 하였다. (그는) 먹는 동안 (음식들을) 내려서 3명의 절인에게 나누어 주기도 하였다. 음악은 앞서 소개한 것과 같았으나 인원이 200명에 이르렀는데 바로 옛 거란의 '교방 4부(教坊四部)'라고 하는 것이었다. 음악이 연주될 때마다 반드시 십여 명이 큰소리로 노래를 하여 피리 반주에 맞추었는데 그 소리가 뭇 음악을 선도하는 것이 (우리와는) 달랐다. 술이 다섯 순배가 돌고 식사가 끝나자 각자에게 습의(襲衣)와 포대(袍帶)를 하사했는데 정사와 부사에게는 금으로 된 것을, 나머지 사람들에게는 은으로 된 것을 내렸다. 감사의 인사를 마친 후 객사로 돌아왔다.

| | | |
|---|---|---|
| 41일차 | 본문 | 상경에 도착한 2일째 일정. |
| | | 次日, 有中使賜酒果, 複賜饌。賜饌以絹帛折充, 使・副百餘匹, 餘人十餘匹。 |
| | 번역문 | 다음날 (금나라 측) 중사가 술과 과일을 내리는 한편 또 다른 음식을 내렸다. 그 음식은 비단[絹帛]으로 대신했는데 정사와 부사에게는 100여 필, 나머지 사람들에게는 10여 필이 주어졌다. |
| | | |
| 42일차 | 본문 | 次日, 詣虜庭赴花宴, 並如儀。酒三行則樂作, 鳴鉦擊鼓, 百戲出場, 有大旗・獅豹・刀牌・研鼓・踏索・上竿・斗跳・弄丸・擲簸旗・築毬・角抵・鬥雞・雜劇等, 服色鮮明, 頗類中朝; 又有五六婦人塗丹粉, 艷衣, 立於百戲後, 各持兩鏡, 高下其手, 鏡光閃爍, 如祠廟所畫電母, 此為異爾。酒五行, 各起就帳, 戴色絹花, 各二十餘枝。謝罷, 複坐。酒三行, 歸館。 |
| | 번역문 | 다음날 오랑캐 조정을 예방하고 '화연(花宴)' 자리에 갔는데 모든 절차가 의례에 따라 이루어졌다. 술을 세 순배 돌리고 나서 음악이 연주되어 징을 치고 북을 두드리더니 백희(百戲) 예인들이 등장하였다. 대기(大旗)・사표(獅豹)・도패(刀牌)・아고(研鼓)・답삭(踏索)・상간(上竿)・두도(斗跳)・농환(弄丸)・과파기(擲簸旗)・축구(築球)・각저(角抵)・투계(鬥雞)・잡극(雜劇) 등이 포함되어 있었는데, 복색이 선명한 것이 우리 나라[中朝]와 꽤나 비슷하였다. 이어서 부녀 5-6명이 붉은 화장을 하고 화사한 옷을 입은 채 백희 예인들 뒤에 서서 각각 거울 두 개를 들고 그 손을 올렸다 내렸다 하니 거울 빛이 번쩍거리는 것이 마치 사당이나 사찰에 그려진 전모(電母)와 같았는데 이것도 이채로웠다. 술이 다섯 순배가 돌자 각기 일어나 천막으로 가서 색을 입힌 비단 꽃을 머리에 꽂았는데 각각 20여 가지는 되는 것 같았다. (금나라 측) 감사의 인사를 한 후 다시 앉아 술이 세 순배 더 돈 후에야 관사로 돌아왔다. |

압록과 고려의 북계

| | | |
|---|---|---|
| 43<br>일<br>차 | | 상경에 도착한 후 3일째 일정. | |
| | 본<br>문 | 次日回程, 起發至兀室郎君宅, 館伴使副展狀辭, 送伴使副於此相見如儀. 有中使撫問, 賜酒果如來時. 至信州、瀎州同此. 回程在路, 更不再敍. | |
| | 번<br>역<br>문 | 다음날 귀환 길에는 출발한 후 올실랑군택(兀室郎君宅)에 이르러 관반사와 부사가 장계를 펼쳐 하직인사를 하고 (금나라 측) 송반사와 부사도 당초 처음 만났을 때의 의례에 따랐다. (이어서 금나라 측) 중사가 안부 인사를 하고 당초 (사행 일행이) 도착했을 때와 마찬가지로 술과 과일을 내렸다. 신주(信州)·난주(瀎州)에 이르렀을 때에도 이와 마찬가지였다. 귀환 길의 상황은 반복해서 다시 서술하지 않겠다. | |
| 44<br>일<br>차 | | 상경에 도착한 후 4일째 일정. | |
| | 본<br>문 | 次日, 又有中使賜酒果, 複有貴臣就賜宴, 兼伴射於館內. 庭下設垜, 樂作, 酒三行, 伴射貴臣、館伴使副、國信使副離席就射. 三矢, 弓弩從使用之. 勝負各有差, 就賜襲衣鞍馬. 是日, 虜人名王貴臣多微服隱稠人中以觀射. | |
| | 번<br>역<br>문 | 다음날 또 중사가 술과 과일을 내렸고, 거기다가 고위 대신도 하사한 연회에 참석하는 한편 관사 안에서 함께 활쏘기를 하였다. 뜰 아래에 단을 설치하고 음악을 연주하더니 술이 세 순배 돌자 동석한 고위 대신, 관반사 및 부사, 국신사 및 부사가 자리에서 나와 활을 쏘았다. 3대를 쏘았는데 일반 활과 노궁 중에서 편한 것을 골라 썼다. 승부에는 각각 차이가 있었는데 (잘 쏜 자에게) 습의와 안장을 얹은 말이 내려졌다. 이 날 오랑캐 측의 왕공과 대신들 중에는 미복 차림으로 사람들 속에 몰래 숨어서 (사람들이) 활을 쏘는 것을 구경하기도 하였다. | |
| 45<br>일<br>차 | | 상경에 도착한 후 5일째 일정. | |
| | 본<br>문 | 次日, 朝辭如見時. 酒食畢, 就殿上請國書, 捧下殿, 賜使副襲衣, 物帛, 鞍馬, 三節人物帛各有差. 拜辭歸館, 鋪挂彩燈百十餘, 為芙蓉、鵝、雁之形, 蠟炬十數, 雜以弦管, 為堂上樂. 館伴使副過位, 召國信使副為惜別之會, 名曰「換衣燈宴」. 酒三行, 各出衣服三數件, 或幣帛交遺. 常相聚, 惟勸酒食, 不敢多言. 至此夜, 語笑甚款, 酒不記巡, 以醉為度, 皆舊例也. | |
| | 번<br>역<br>문 | 다음날, (금나라) 조정에서 당초 알현할 때와 똑같이 하직 인사를 올렸다. 술과 음식을 다 먹은 후 바로 궁전으로 올라가 국서(國書)를 내려줄 것을 청하여 (그것을) 받들고 궁전을 내려왔다. (황제는) 정사와 부사에게 습의(襲衣)·물건과 비단(物帛)·안장을 얹은 말을 하사하고 삼절(三節) 인물에게도 물건과 비단을 각각 차등을 두어 하사하였다. 절을 하고 사직 인사를 하고 관사로 돌아오니 채등(彩燈) 110여 개가 내걸려 있는데 부용꽃·거위·기러기의 형상이었으며 밀랍 횃불 십여 개가 있고 현악기와 관악기가 혼성으로 당(堂) 위에서 연주되고 있었다. 관반사 및 부사는 지위를 넘어 국신사 및 부사를 불러 이별을 아쉬워 하는 자리를 마련하고 '환의등연(換衣燈宴)'이라고 이름 지었다. 술이 세 순배 돌자 각각 옷을 서너 점씩 내거나 폐백을 (기념품 삼아) 교환하여 남겼다. 늘상 서로 모여 오직 술과 음식을 권할 뿐 함부로 여러 말을 할 수 없었다. 이 날 밤이 되자 이야기와 웃음이 무척 화기애애해졌고 술도 순배를 따지지 않고 취할 때까지 마시니 이 모두가 예전 관례를 따른 것이었다. | |

1) 1일차: 거마하는 송나라와 거란의 국경선으로 보인다.

2) 3일차: 이곳은 당나라 때 유주가 있었던 곳이다.

3) 4일차: 연산부가 이 곳이라면 지금의 연산과는 북으로 200킬로미터 이상 떨어져 있는데 지금의 연산이 옛 연산이 아니라는 것이 된다. 그렇게 되면 우리가 알고 있는 고대 역사지리는 심각한 문제가 있다는 것이 된다. 반드시 다시 고증을 해봐야 한다.

4) 5일차: 송나라와 북방의 나라인 거란이나 금나라가 전쟁을 하고 있는 상황을 설명하고 있다. 조조가 북방의 오환과 원소의 아들 원상을 처단한 장소로 설명하고 있다. 아마도 이곳은 고래로 북방국가들이 차이나의 제국들과 싸우던 최전방전선이 아니었나 한다.

5) 7일차: 고대의 어양이 이곳에 있었다는 고증이다.

6) 10일차: 개봉을 떠난지 10일 만에 금나라의 경계에 들어 온 것이다. 이곳에서 금나라에 입국하는 절차를 밝으면서 본격적으로 금나라에 접어든 것이다. 서로 풍습이 달라 고생하는 장면을 볼 수 있다.

7) 11일차: 현재 난하가 흐르는 난주라는 행정구역은 고대에는 없었다. 당나라 말 유수광이 평주와 영주를 점령하고 포악한 짓을 하자 많은 사람들이 거란의 아보기에게로 도망을 와서 보호받기를 청하면서 아보기가 새로운 성을 쌓고 백성들을 돌봤던 것이 난주의 시작이라는 것이다. 즉 10세기 무렵에 설치된 것이다. 오늘날 난하라는 이름도 이때 처음 생긴 것으로 봐야 할 것 같다.

8) 13일차: 흔히 고대 역사지리에서 자주 등장하는 요서의 위치에 대한 고증이다. 한당 시기에 요서지역이고, 이곳은 곧 고대 유성이었고 고죽국이었다는 것이다.

9) 14일차: 이곳은 지금의 갈석산에서 시작하여 거용관까지를 설명하고 있는 것으로 보인다. 즉 흔히 말하는 만리장성을 말하고 있는 것이다. 이 성을 넘으면 풍속이 너무 다르고 사람도 많지 않다는 것을 설명하고 있으며 이른바 문명지역과 미개한 지역을 나누는 기준이 되는 곳으로 설명하고 있다.

10) 24일차: 이곳은 현재의 요하를 말하고 있는데 하루에 38차례의 물을 건넜다고 되어 있다. 강의 남북이 1천여리이고, 동서가 200리는 말은 이 지역은 바로 늪지이거나 혹은 거의 쓸모없는 땅이라는 것을 말하고 있다. 더구나 허항종이

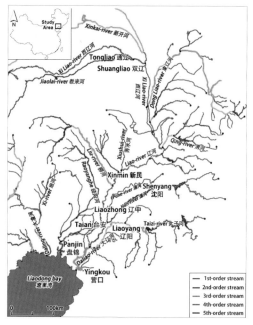

[지도 3] 고대 요하 상류 수계도

건넌 곳은 요하의 하구가 아니라 지금의 신민시 일대였을 것인데도 불구하고 이런 지형이면 현재 요하는 금나라 때도 거의 못 쓰는 땅이었다고 봐야 할 것이다.[20] 이런 현황은 앞으로 이 지역을 연구하는데 중요한 자료가 될 것이다. 이에 대한 연구는 다음의 연구를 참조하면 될 것이다.[21]

11) 25일차: 일정에서 보면 사행단이 굳이 지금의 심양에 가야할 필요가 없다. 왜냐하면 바로 신민시와 철령을 걸쳐 북상하면 되는 길이다. 그러므로 굳이 동남쪽으로 내려가 심양으로 가야 할 일이 없는 것이다.

12) 27일차: 여기서 말하는 요동은 요나라 때를 말하는 것으로 보인다.

13) 29일차: 이 길은 요녕성 중부지역에서 길림성 중부지역으로 올라가는 여정이다. 이

---

20) 이 날에 대한 중국 학자들의 고증은 착오가 있는 것으로 보인다. 그것은 금주시 흑산현부근에는 그렇게 많은 늪지가 형성되는 곳이 아니다. 그러므로 이 지역에 대한 고증은 착오가 있어 보인다.

21) 윤순옥·김효선·지아지엔칭·복기대·황상일, 2017, 「중국 요하 하류부 고대 요택의 공간 분포와 Holocene 중기 이후 해안선 변화」, 『한국지형학회지』 제24권 제1호(2017) 51~62.

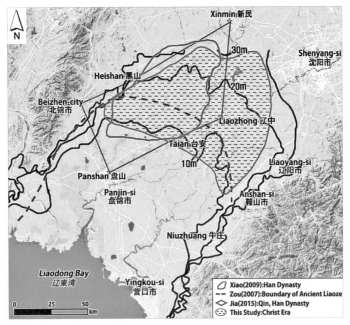

[지도 4] 고대의 요하 상류 늪지 분포도

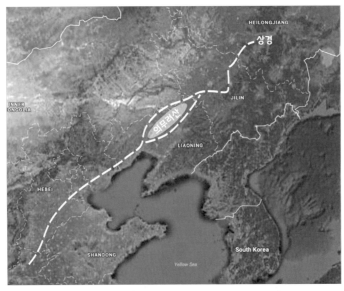

[지도 5] 허항종 이동경로 추측도

압록과 고려의 북계

길에서 동쪽으로 보면 신라산이라는 산이 있고, 그 산중에 고려와 금나라 의 국경선이 있다는 것이다. 그렇다면 신라산은 허항종이 육안으로 본 산이 므로 개원에서 북쪽으로 올라가는 도중의 동쪽에 있는 산으로 보면 될 것 이다. 이 산은 아마도 길림 합달령의 서록을 말하고 있는 것으로 보인다. 그 산중에 금나라와 고려의 국경이 있다는 것을 말하는 것으로 볼 수 있다. 이 는 고려의 북계를 연구하는데 매우 중요한 자료로 볼 수 있다. 이곳에 평양 이라는 말이 나오는데 고유명사로 지역 이름을 쓴 것인지 아니면 넓고 기름 진 곳을 의미하는 보통명사로 쓴 것인지 분명하지 않다.

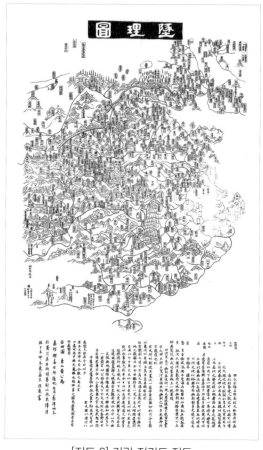

[지도 6] 거란 지리도 전도

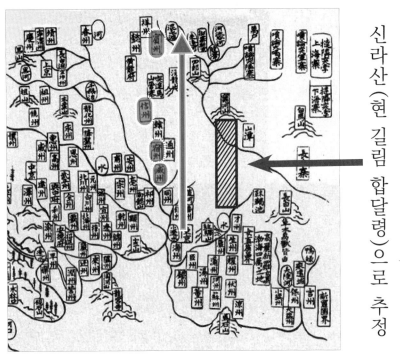

신라산(현 길림 합달령)으로 추정

[지도 7] 허항종이 지났던 북방지역의 노선도
(이 지도에는 허항종의 행정록에 기록된, 함주, 신주, 빈주 등이 기록되어 있다.)

14) 34일차: 익주(益州)라는 곳을 지나고 있는데 이 주는 요나라 때 설치한 것이다. 후대
의 기록에는 이 익주 부근에 압록강이 있다는 기록이 있다.

15) 35일차: 이 노정은 바로 익주 지역이다. 허항종의 사행길에서 만난 물길은 대부분이
동쪽에서 서쪽으로 흐르거나 혹은 서쪽에 흘러와 동쪽에서 흘러온 물과 합
쳐진다. 혼동강 역시 그런 강이다. 그런 강 중에 하나가 고려에서 내려오는
압록강과 합쳐져 바다로 들어간다고 하였다. 이 말은 현재 동요하를 고려의
압록강으로 보았고, 서쪽 혹은 서북쪽에서 내려온 강이 합쳐져서 지금의 요
하로 들어가는 것을 설명하고 있는 것으로 보인다. 허항종도 고려의 압록강
이 현재의 압록강이 아닌 것을 알고 있었던 듯하다. 29일차 내용과 연관성
이 있는 것으로 보인다.

압록과 고려의 북계

| | 내 용 | 비고 |
|---|---|---|
| 본문 | 　至淸州, 將出界, 送伴使副夜具酒食, 爲惜別之會。亦出衣服三數件, 或幣帛交遣, 情意甚歡。次早發行, 至界內幕次, 下馬而望, 我界旗幟, 甲馬, 車輿, 帟幕以待, 人皆有喜色。少頃樂作, 酒五行, 上馬, 複同送伴使副過我幕次。作樂, 酒五行, 上馬, 複送至兩界中, 彼此使副回馬對立, 馬上一杯, 換所執鞭, 以爲異日之記。引接展辭狀, 擧鞭揖別, 各背馬回顧, 少頃進數步, 躊躇爲不忍別之狀。如是者三乃行。虜人情皆淒惻, 或揮淚, 吾人無也。<br>　是行回程, 見虜中已轉糧發兵, 接跡而來, 移駐南邊, 而漢兒亦累累詳言其將入寇。是時, 行人旦暮憂虜有質留之患, 偶幸生還, 旣回闕, 以前此有御筆指揮:「敢妄言邊事者流三千里, 罰錢三千貫, 不以赦蔭減。」繇是無敢言者。是秋八月初五日到闕。 | |
| 번역문 | 　청주(淸州)에 도착하여 장차 경계를 나가려고 하니 송반사와 부사가 밤에 술과 음식을 갖춰 석별의 자리를 만들었다. 역시 의복 3건을 내어 혹은 예물(幣帛)로 교환하여 남기니 인정상[情意] 매우 기뻐하였다. 다음날 아침 출발하여 경계 안에 이르러 장막을 치고 머물러 말에서 내려 멀리 바라보니, 우리 경계에 기치(旗幟)·갑마(甲馬)·거여(車輿)·장막(帟幕)을 가지고 기다리고 있어 사람마다 모두 기쁜 기색이 있었다. 얼마 뒤 음악이 연주되고 술 다섯 순배를 돌리고 말에 올라 다시 송반사 부사와 함께 우리 장막을 지나 머물렀다. 음악이 연주되고 술 다섯 순배를 돌리고 말에 올라 다시 환송하여 두 나라 경계 가운데 이르러, 피차의 사신 부사가 말을 돌려 마주 서서 말 위에서 술 한 잔을 마시고 가지고 있던 말채찍을 교환하여 다른 날의 기억으로 삼았다. 부르고 만나(引接)면서 이별 상황을 전개하고 채찍을 들어 읍을 하고 이별하여 각각 말 등에서 몸을 돌려 바라보면서 얼마 뒤에 몇 걸음을 나아가 머뭇거림이 이별을 견디지 못하는 모습이었다. 이와 같이 하기를 세 번 하고 나서야 이에 행하였다. 오랑캐의 인정은 모두 쓸쓸하였고 혹은 눈물을 뿌렸지만 우리 사람 중에는 없었다.<br>　이날 돌아오는 일정에서 오랑캐 속에서는 이미 군량을 운반하고 병사를 동원하여 줄줄이 이어져 와 남쪽 변경으로 이동하여 주둔하였고, 한인(漢兒)들도 역시 여러 차례 그들이 장차 들어와 노략질할 것을 상세하게 말하였다. 이 때 사행 일행은 아침저녁으로 오랑캐가 인질로 억류할 근심이 있어 우울하였는데 요행히 살아 돌아올 수 있었다. 얼마 뒤 대궐로 돌아왔는데 앞서 이러한 어필(御筆) 지휘가 있었다: "감히 망령되이 변경의 일을 말하는 자는 유형 3천리에 벌금 3천관에 처하며, 사면이나 문음(蔭)으로 감면받을 수 없다." 이 때문에 감히 말하는 자가 없었다. 이 해 가을 8월 초5일에 궐에 도착하였다. | |

　돌아오는 여정에는 특별한 것이 없으나 장차 금나라와 일어날 일에 대한 고민을 하고 있고, 백성들은 공포에 떨고 있는 사실들이 담겨져 있다. 개봉으로 돌아와 보니 변경에 상황을 발설하는 자는 3천리에 밖으로 유형을 가거나 벌금으로 3천관을 물게 되며 죄를 사면받을 수 없다는 황제의 명령이 내려져 있었다. 그 이듬해 송나라는 처참하게 무너졌다.

## 3. 『금사』의 고려 국경관련 기록

『금사』는 중국의 25사 중 하나이다. 원나라 말엽 중서우승상 탈탈(脫脫)이 도총재관 겸 감수국사를 맡고 철목아탑식(鐵木兒塔識) 장기암(張起岩) 구양현(歐陽玄) 여사성(呂思誠) 갈혜사(揭傒斯) 등이 편찬을 맡았다. 이 『금사』는 『송사』 『요사』와 더불어 편찬되었다.

『금사』에는 고려와 관련된 기록들이 종종 나타나는데 금나라 조상들이 고려에서 왔다는 것이나 고려 예종 때 설치한 동북 9성과 같은 국경문제, 그리고 사신 교류 관련한 내용이 많이 남아 있다. 그 중에 고려와의 국경선과 관련하여 구체적으로 지명을 거론하였기 때문에 고려의 북계를 연구하는데 좋은 자료가 될 것이다. 그러므로 간단하게 고려와 금나라의 국경선 관련 기록과 이 국경선을 유추 할 수 있는 내용만 간추려 정리해보고자 한다.

| | 서 명 | 본문 | 번 역 문 |
|---|---|---|---|
| 1 | 『금사(金史)』권 135 열전(列傳) 제 73 외국(外國) 하(下) 고려(高麗) | 高麗國王, 王楷. 其地鴨綠江以東, 曷懶路以南, 東南皆至於海. 自遼時, 歲時遣使修貢, 事具《遼史》. | 고려(高麗)<br>고려의 왕은 왕해(王楷)이다. 고려 영토는 압록강(鴨綠江) 이동과 갈라로(曷懶路) 이남이며 동쪽과 남쪽은 모두 바다에 다다른다. 요(遼)나라 때부터 세시(歲時)마다 사신을 파견하여 공물을 바쳤으니 그 사실이 『요사(遼史)』에 실려 있다. |
| 2 | 『금사(金史)』권 7 본기(本紀) 제 7 세종(世宗) 중(中) | 十五年正月. 此下闕. 九月戊子, 至自金蓮川. 辛卯, 高麗西京留守趙位寵叛其君, 請以慈悲嶺以西, 鴨淥江以東四十餘城內附, 不納. 丙申, 幸新宮. | 15년 정월(이하는 내용이 빠졌다)9월 무자일 금련천(金蓮川)에서 출발하여 도성에 도착하였다. 신묘일 고려 서경유수(西京留守) 조위총(趙位寵)이 임금을 모반하고 자비령(慈悲嶺) 서쪽과 압록강(鴨綠江) 동쪽 40여 성을 가지고 내부(內附)를 청하였으나 받아들이지 않았다. 병신일 신궁(新宮)으로 행차하였다. |
| 3 | 『금사』권 3 본기(本紀) 제 3 태종(太宗) | (天會十年四月)庚寅, 聞鴨綠, 混同江暴漲, 命脈徙戍邊戶在混同江者. | (천회 10년 4월) 경인일에 압록강(鴨綠江)과 혼동강(混同江)의 물이 갑자기 불어났다는 보고를 받고 혼동강 주변에 거주하는 변방 지역 주민들을 구휼하고 이주시키라고 명하였다. |
| 4 | 『금사』권 24 지(志) 제 5 지리(地理)상(上) | 會寧府, 下. 初為會寧州, 太宗以建都, 升為府. 天眷元年, 置上京留守司, 以留守帶本府尹, 兼本路兵馬都總管. 後置上京曷懶等路提刑司. 戶三萬一千二百七十. 蓋歲貢秦王魚, 大定十二年罷之, 又貢豬二萬, 二十五年罷之. 東至胡里改六百三十里, 西到肇州五百五十里, 北至蒲與路七百里, 東南至恤品路一千六百里, 至 | 회령부(會寧府)는 하등(下等)의 부(府)이다. 처음에는 회령주(會寧州)였으나 태종(太宗)이 도읍을 세우고 부로 승격시켰다. 천권 원년에 상경유수사(上京留守司)를 두었고, 유수로 본부(本府) 부윤(府尹)을 대리하면서 본로병마도총관을 겸임하도록 하였다. 후에 상경갈라(上京曷懶) 등로의 제형사를 두었다. 호수는 3만 1천 2백 70호이다. [예전에는 매년 진왕어(秦王魚)를 공물로 바치도록 하였는데 대정 12년(1172)에 폐지하였다. 멧돼지 2만 마리를 바치도록 하다가 25년(1185)에 폐지하였다. 동쪽으로 호리개(胡里改)까지 거리가 6백 30리이고, 서쪽으로 조주(肇州)까지 |

압록과 고려의 북계

| | |
|---|---|
| 曷懶路一千八百里縣三 | 의 거리가 5백 50리이며, 북쪽으로 포여로(蒲與路)까지 거리가 7백리이며, 동남쪽으로 휼품로(恤品路)까지 거리가 1천 6백리이며, 갈라로(曷懶路)까지는 1천 8백리다.] 3현(縣)이다. |

　1) 1번 기사는 분명하게 고려의 영토를 말하고 있는데 북으로는 갈라(曷懶)의 남쪽이라 하였다. 이 갈라는 당시 금나라 당시 상경이 위치하였던 회녕부의 동남쪽에 위치한다. 지금의 길림성 중부지역으로 추정된다. 이 갈라의 동남쪽이 고려의 북쪽이라는 말이다. 그리고 압록강의 동쪽이라고 하였는데 갈라라는 곳의 남쪽이라고 하면, 앞서 말한 바와 같이 갈라가 지금의 길림성 중부지역이라고 보면 여기의 압록강을 현재의 압록강으로 비정하는 것은 불가능하다. 그러므로 여기서 말하는 압록강은 현재 동요하 부근이거나 그 남쪽의 강들 중 하나를 말하고 있는 것으로 보아야 한다.

　2) 두 번째 기사는 서경유수 조위총이 자비령 서쪽과 압록강 동쪽의 40여 성을 가지고 금나라에 귀부하겠다고 한 것이다. 이 기록에 대하여 학계에서는 자비령은 현재 황해도 서쪽을 말하고, 압록강은 현재 압록강을 말한다고 본다. 하지만 이 기록을 잘 분석해볼 필요가 있다. 현재 자비령의 서쪽이라는 지역 문제이다. 이 자비령은 황해도와 평안도를 오고가는 길목에 있다고 한다. 고려시대에 개경에서 서경을 가려면 반드시 이 자비령을 넘어야 한다고 하였는데, 조선시대에 들어와서는 더 이상 이 자비령으로 다니지 않았다. 그 이유는 개경에서 평탄하게 평양을 오갈 수 있는데 굳이 이 고개를 넘어 다녀야 할 이유가 없었던 것이다. 아마 고려시대도 그랬을 것이다. 그런데 이 고개는 황해도에 있는 고개이다. 즉 조위총이 자비령 서쪽을 들고 귀부하겠다고 하였는데, 그렇다면 바다를 들고 들어가겠다는 것이고, 결국 고려의 수도인 개경을 둘러싼 바다를 갖다 바치겠다는 말과 같은 것이다. 이것은 절대로 가능한 일이 아니다. 압록강 동쪽의 40여성이라 하였는데, 이곳에 대한 구체적인 이해가 필요하다. 통상적으로 학계에서는 압록강 하구인 신의주 부근에서 원산만까지 이어지는 선이 고려와 금나라의 국경이라 하였는데, 그렇다면 압록강 동쪽의 모든 땅은 금나라에 귀속이 되어 있는 상태에서 어디에 40개의 성이 남아 있다는 것인가?

　만약 압록강의 남쪽에 있는 지금의 평안남도 지역이라면 압록강의 동쪽이 아니라 압록강의 남쪽이다. 이것은 전혀 다른 방향을 말하고 있다.

　이렇게 지리적인 고증을 해 볼 때 이 말은 자비령 서쪽에서 압록강 동쪽 사이의 40여 개

성을 가지고 항복을 하겠다는 말인 것이다. 그렇다면 여기서 말하는 압록강은 현재 압록강을 말하는 것이 아닌 것이고, 자비령 역시 지금의 자비령을 말하는 것이 아니라고 볼 수 있다. 현재로서는 자비령이 어디인지 아직 정확히 알 수 없지만, 여기에 언급되는 압록강은 지금의 요하나 혹은 동요하를 말한다고 보는 것이 합리적이다.

3) 3번 기사는 허항종의 행정록에 나와 있는 압록강으로 보이는데 혼동강과 압록강은 멀리 떨어져 있는 강이 아니다. 이 압록강(鴨淥江)에 대해 윤한택은 현재 중국 요하라는 주장을 하였다. 필자 역시 동의하는 바이다. 혼동강은 그 수계 흐름이 북으로 흐르는 강인데, 현재 송화강지역으로 추정된다. 즉 압록강과 혼동강은 그 시원은 거의 같은 지역에서 시작하나 그 방향은 압록강은 남으로 흐르고, 혼동강은 북으로 흐르는 강인 것이다. 그러므로 같은 지역에 많은 비가 내렸기 때문에 두 지역에서 동시에 홍수가 난 것이다.

위에서 말한 세 기사는 동일하게 압록강을 쓰고 있다는 것을 알 수 있다. 그러므로 고려와 금나라의 국경선은 지금 우리가 이해하고 있는 현재 압록강이 아니라는 것을 알 수 있다.


# III. 맺음말

필자는 앞에서 세 편의 당대 글을 참고로 하여 고려의 서북계를 비정해보았다. 그 결과 고려의 서변은 현재 중국 요하유역이었던 것을 확인할 수 있었고, 북계는 현재 중국 흑룡강성 동남지역이나 혹은 현재 길림성 서북부지역까지 이른 것이 아닌가 추측을 할 수 있었다. 이런 결과는 누누이 강조하였지만 당시 문헌기록을 근거로 한 것이다. 그렇기 때문에 약간의 차이는 있을지 모르나 큰 차이는 없을 것으로 본다.

필자가 이렇게 추측을 한 결과를 대입하여 본다면 그동안 고려의 동북계를 연구하면서 줄곧 제기되어 왔던 두만강 너머 칠백리와 연결되는 국경선이 그려 질 수 있는 것이다. 앞에서 참고로 넣은 지도를 근거로 하여 고려시대 국경선 지도를 그려 보면 다음과 같은 지도가 나오게 된다.

[지도 8] 『고려사』에 기록된 고려 영역

　이 지도가 『고려사』「지리지」의 기록과 맞다. 앞서 말한 바와 같이 이 글은 그동안 연구한 결과들을 종합적으로 정리하여 구성된 것이다. 그러므로 앞으로 더 촘촘하게 연구를 하다보면 시기적으로 약간의 차이는 있을 수 있을 것이라 본다. 앞으로 기회가 되는 대로 심도 있는 연구를 진행하도록 할 것이다.

# ❖ 참고문헌

## 1. 원전자료

『高麗史』

『高麗史節要』

『新增東國輿地勝覽』

『我邦疆域考』

『高麗圖經』

『宋史』

『遼史』

『新唐書』

『金史』

王寂, 『鴨江行部志』

王寂, 『遼東行部志』

## 2. 단행본

김위현, 2004, 『契丹社會文化史論』, 서울, 景仁文化史.

한규철, 1994, 『발해의 대외관계사』, 신서원.

李治亭 主編, 『東北通史』 鄭州, 中州古籍出版社.

張碧波 等 主編, 1993, 『中國古代北方民族文化史』, 哈爾濱, 黑龍江人民出版社.

譚其驤編, 『中國歷史地圖集』 5冊, 地圖出版社.

金渭顯, 1981, 『契丹的東北政策』, 臺北, 華世出版社.

漆俠 主編, 2010, 『遼宋西夏金代通史』 1, 北京, 人民出版社.

李唐(金渭顯 譯), 1996, 『遼太祖』 서울, 藝文春秋館.

葉隆禮, 『契丹國志』 卷20, 『澶淵誓書』, 契丹聖宗誓書.

楊樹森, 1984, 『遼史簡編』, 瀋陽, 遼寧人民出版社.

馮繼欽 等, 1994, 『契丹族文化史』, 哈爾濱, 黑龍江人民出版社.

王民信, 1973, 『契丹史論叢』, 臺北, 學海出版社.

❖ Abstract

## Study about Northwestern side of Goryeo recorded on 『Goryeodogyeong』『Heohangjonghaengjeongrok』『Geumsa』

Park, Si-hyun · Bokh, Gi-dae

Until now the study about borderlines of Goryeo has been done with the northeastern side as the core, such as locating the location of northeast 9 fortresses, and the location was found to be southern region of Hamgyeong Province. But if we do research geographically with several history recording books including 『Goryeosa』, and especially with the record of 『Goryeosa』 telling that the northeast border was Seonchullyeong. and with the record of 『Chosunwangjosillok』 telling the location of Seonchullyeong was over 700 lis beyond Duman River, we can confirm the location of Northeast 9 fortresses as the region beyond current Duman River.

Along with this, author found out that the research about northwestern border was poorly done for sure, and after long periods of thinking, found the keystone to solve this problem inside 『Goryeosa』. To put forth the conclusion first, the Amnok River of early period of Goryeo was meaning Liaoha of present date. The map of northwestern Goryeo is started near Chinese Liaoha, goes north to Galla(曷懶) and connects to Seonchullyeong on east. If it is done this way, there is no question of the map of borderline of Goryeo, and the map of borderline of Goryeo is traced in a way anyone can easily understand. A problem still remains though. The borderline drawn in perspectives of Liao and Goryeo is found, but there is need to find out how Song dynasty or Jin dynasty saw this problem. Reason for this is because the study about perception of Song or Jin dynasty about the northwestern border of Goryeo was nearly blank. So in order to complement the study of perception of Son dynasty on northwestern border of Goryeo, author will introduce Seogung(徐兢)'s 『Seonhwagyemyobongsagoryeo dogyeong(宣和癸卯奉使高麗圖經)』 written on 1125 and Heohangjong(許亢宗)'s 『Seonh waeulsabongsageumgukhaengjeongrok(宣和乙巳奉使金國行程錄)』(written in the same period) to make it easy for readers to understand borders of Goryeo. And also Jin/Goryeo border-related records on 『Geumsa(金史)』 will be utilized to enhance the reliability of the data.

With records previously said up above, author set northwestern borders of Goryeo. Author confirmed that the western boundary of Goryeo was current Chinese Liaoha region, and was also able to guess northern boundary as southeast area of current Chinese Heilongjiang Sheng or northwest area of current Jilin Sheng. The conclusion was made by documental records of the period.

This research data corresponds with the record of 『Goryeosa』 「Jiriji」. This paper is a overall organized paper of researches done until now. So on future researches, there may be few changes by peroods, but more in-depth researches will be done whenever chances are available.

# 중국학계의 거란 東쪽 국경인식에 對하어

복기대 (인하대학교 대학원 융합고고학전공 교수)

## 국문초록

중국학계에서 거란 연구는 양적으로나 질적으로나 나날이 증가되고 있다. 과거 중국학계에서 거란사의 연구를 북방민족의 지방사이면서 동시에 '중화'를 괴롭힌 나라 정도로 인식하여 소홀히 하였다. 그런데 최근 중국의 정치이념이 '다민족통일국가'로 바뀌면서 현재 중국 내의 모든 역사를 중국사로 편입시키는 작업의 일환으로 거란사는 주목을 받기 시작하였다. 무엇보다도 거란사는 그 범위가 현재 북으로는 몽골과 시이베리아, 서로는 중앙아시아 지역까지 넓게 분포한다는 것이다. 뿐만 아니라 동으로는 한국의 동해까지 이르는 것으로 인식을 하고 있어 역사의 연고권을 주장하기 위해서는 거란사만큼 효과적인 역사적 증거가 없다. 그러므로 중국학계에서는 거란사의 비중이 점점 더 커지고 있는 것이다.

이런 중국학계의 의도가 현재 한국사의 고려시대사를 그대로 꿰뚫고 있는 것이다. 즉 거란의 동쪽 국경이 오늘날 한국의 동해까지 이른다는 주장이 계속된다면 머지않은 장래에 세계적인 학자들노 그렇게 인식을 하게 될 것이고 그 결과, 한반도 북부지역은 거란의 활동무대가 되는 것이다. 그러므로 이런 점이 크게 염려가 되어 글쓴이는 거란의 동쪽 경계를 확인해보고자 한 것이다. 확인하는 과정에서 문헌자료는 『요사』, 『고려사』, 『세종실록』「지리지」, 『신증동국여지승람』, 『아방강역고』 그리고 『추리도』 등의 자료와 고고학자료의 분포도를 최대한 활용하여 보았다. 그 결과 거란의 동쪽 국경은 오늘날 중국 요녕성 중동부지역으로 확정할 수 있었다. 이런 고증은 분명하게 문헌 자료에서 공통적으로 기록된 것이고, 고고학자료를 볼 때 거란의 유적 분포의 비교, 그리고 당대에 만들어진 송나라의 지도를 근거로 한 것이다. 그러므로 그 신뢰성은 높다고 봐야 할 것이다.

거란의 동쪽 경계가 글쓴이의 고증처럼 인정이 되면 여기에 따르는 많은 부수적인 결과가 나올 것으로 본다. 무엇보다도 그동안 한국학계에서 소극적으로 대응하였던 고려서북방계의 영역문제와 이에 따르는 양국간의 문제도 새롭게 연구되어야 할 것이다. 특히 고려와 거란의 초기에 있었던 몇 차례의 전쟁의 위치에 관한 문제는 반드시 새롭게 접근해봐야 할 것이다.

뿐만 아니라 거란사와 맞물리는 발해와 여진사에 대한 전반적인 재검토가 필요할 것으로 본다. 왜냐하면 그동안 발해와 여진사는 거란사와 맞물려 연구되면서 거란의 위치에 따라 발해와 여진의 위치도 변하였고, 그 성격도 규명된 부분이 있었다. 특히 여진은 고려와 거란이 바로 국경을 맞대고 있다는 것으로 확인된 바에 의하면 분명 여진의 소속문제도 새롭게 제기되어야 하는 것이 순리이기 때문이다.

이러한 많은 문제들이 나타나기 시작하는데 이런 문제들은 중국사가 아니라 한국사와 직접적으로 관련이 있기 때문에 한국학계에서 빨리 해결해야 될 문제라고 생각한다.

■■ 주제어: 거란, 고려, 압록강, 장백산, 요하

# I. 머리말

만주지역 고대사는 연구자들의 입장마다 많은 차이가 있어 몇몇 특정한 사실을 제외하고 나머지 사실들에 대하여 공통된 의견으로 결론을 내리기가 어렵다. 가장 큰 원인은 각 시대마다 지리관계가 규명이 되지 않아 연구자들이 큰 혼란을 겪고 있는 것이다. 물론 이런 혼란의 주된 원인이 문헌기록에 남아 있지 않아 특정지역을 확인하는데 문제가 있다면 그것은 일부 이해가 되는 문제이다. 그러나 문헌에 정확하게 남아 있는 지리 관계는 구체적으로 정확하게 찾지는 못하더라도 그 부근까지는 찾을 수 있을 것으로 본다. 이런 대표적인 것이 거란 동쪽 국경선문제이다. 분명 문헌 기록에 요나라 동쪽 국경선이 어디라고 정확하게 쓰여 있음에도 불구하고 이를 무시하고 거란의 국경선을 오늘날 한국의 동해까지 다다른 것으로 획정하고 있는 것이다. 이런 인식은 과거 거란의 역사를 기록할 때나 그 후 전통시대에 인식된 것이 아니라 현대 중국학계의 인식이다. 현대 중국학계의 거란 시대 지리해석은 전체적인 만주지역 역사 연구를 더욱 혼란스럽게 만들고 있을 뿐만 아니라 이런 연구방식은 역사연구에 있어서 문헌기록이 왜 필요한지조차도 의구심이 들게 하는 것이라 본다. 이는 중국내 뿐만 아니라 상대적으로 한국에도 큰 피해를 주는 것이다. 즉 중국학자들의 그런 방식의 연구는 중국국민들에게 잘못된 역사지식을 알리는 것이기 때문에 직접적인 당사자인 한국과 중국간의 큰 오해를 불러 일으켜 불편한 관계를 유지하게 만들 우려가 있다. 그러므로 글쓴이는 중국학계의 견해를 문헌기록으로 분석해보고 이와 동시에 중국내에서 조사된 고고학적 자료를 통하여 거란의 동쪽 국경선을 여러 사서에 남아 있는 내용대로 규명해보고자 한다. 글쓴이의 견해에 대하여 무엇보다도 중국학계에서 좋은 견해를 제기해주면 앞으로 발전적인 공동연구가 이루어질 것으로 판단된다.

## II. 거란東境에 對한 現在의 見解

최근까지 연구가 된 거란의 동쪽 국경에 대해서는 많은 견해가 있다. 中國은 韓國의 東海까지(그림 1), 日本은 오늘날 압록강까지(그림 2), 한국은 오늘날 청천강이나 압록강까지 등 多樣한 解釋을 내놓고 있다(그림 3).[1] 이런 연구들은 약간의 차이는 있지만 고려의 북쪽 국경이 압록강에서 원산만에 이른다는 전제하에 제기되는 견해들이다.

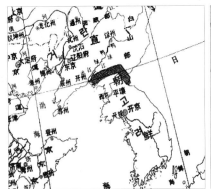

[그림 1] 중국의 거란 영역인식      [그림 2] 일본의 11세기 동아시아 인식      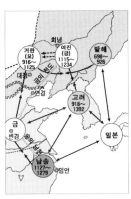 [그림 3] 한국학계의 10~12세기거란 인식

이 견해들은 위에서 본바와 같이 한반도 북부지역을 중국은 거란, 한국과 일본은 여진이나 발해 등으로 보고 있는 것이다. 이런 관점이 어떻게 나오게 되었나 하는 것을 살펴보고자 한다.

먼저 중국학계의 관점이다.[2]

---

1) 韓國과 일본은 거란대신 女眞이 占領한 것으로 되어 있다.

2) 중국학계의 관점은 주로 『遼史』를 참고로 할 것이다. 한국학계에서 이 『遼史』에 대한 평가는 매우 부정적이다. 그 이유는 오류가 많다는 것인데, 물론 일부 문제점이 없는 것은 아니다. 그러나 일부의 문제점을 가지고 전체가 모두 문제가 있다고 보는 것은 많은 문제가 있다. 그런데 한국을 제외한 어느 나라 역사학자들도 한국역사학계의 염려와 같은 것 때문에 『遼史』를 기피하지 않는다. 어느 학자도 요사연구는 요사를 가지고 한다. 그럼에도 불구하고 유일하게 요사 중 특히 요사지리지를 기피하는 연구진은 한국학계가 유일한 것으로 본다. 이는 아마도 일본 학자들이 한국사를 날조할 때 요사를 그대로 활용하면 날조가 불가능하므로 자기들이 필요한 부분은 인용하면서, 나머지 부분에 대해서는 활용하지 못하도록 한국학자들을 교육시킨 탓이 아닌가 한다. 오히려 글쓴이의 입장에서 볼 때 『遼史』는 한국사 연구에 있어서 가장 중요한 자료로 생각한다.
왜냐하면 약간의 문제점은 있지만 만주지역에 고대역사지리에 관한 자료는 이 『遼史』가 가장 오래된 기록이다.

『遼史』卷三十七, 「志」第七, "地理志"一.


"5경·6부·1백 56주군성(州軍城)·2백9현·52개 부족·60개 속국(屬國)이었었다. 동쪽은 바다에 이르고 서쪽은 금산(金山: Altai)과 유사(流沙)29)에 이르며, 북쪽은 여구하(臚朐河)에, 남쪽은 백구(白溝)에 이르니 영역이 1만 리나 되었다."3)


중국학계는 이 기록에서 밑줄친 "東至于海"라는 기록을 근거로 하여 거란의 영토가 오늘날 한국의 동해까지 이르는 것으로 해석을 한 것이다.
한국과 일본학계의 관점이다.


『고려사』 82卷 「志」 36-兵2-城堡


덕종 원년에 삭주에 팔백육십오간의 성을 쌓았는데 문이 여덟, 수구가 둘, 城頭가 十七 遮城이 다섯이었다. 이년에 평장사 류소에게 命하여 북경에 관방을 장치하였는데 서해변의 옛 국내성계의 압록강이 바다로 들어가는 곳에서부터 일으켜 동으로 위원, 홍화, 정주, 녕해 녕덕, 녕삭, 운주, 안수, 청새, 평로, 녕원, 정융, 맹주, 삭주 등의 13성을 걸쳐 요덕, 정변, 화주, 등 삼주에 이르렀으며 동쪽으로 바다에까지 이르니 천여리에 延하여 뻗쳤으며 돌로써 城을 쌓으니 높이와 두께가 각각 25척이었다.4)


그리고 조선시대에 편찬된 많은 사서 가운데 정약용의 『강역고』에 줄기차게 제기된 압록강-원산만이 고려의 국경이었다는 주장은 오늘날 평양이북은 모두 발해, 여진의 땅으로 고증하는데 큰 영향을 주었다.5)

---

더구나 元나라시절 북방민족이 편찬하였기 때문에 오히려 더 정확할 수 있을 것으로 본다.

3) 『遼史』卷三十七, 「志」第七, "地理志"一.
　　總京五, 府六, 州·軍·城百五十有六, 縣二百有九, 部族五十有二, 屬國六十。東至于海, 西至金山, 暨于流沙, 北至臚朐河, 南至白溝, 幅員萬里。

4) 『高麗史』82卷「志」36-兵2-城堡
　　'德宗元年城朔州八百六十五閒門八水口二城頭十七遮城五.
　　二年命平章事柳韶創置北境關防起自西海濱古國內城界鴨綠江入海處東跨威遠興化靜州海寧德州朔雲州安水淸塞平虜寧遠定戎孟州朔州等十三城抵耀德靜邊和州等三城東傅于海延袤千餘里.'

이 두 기록을 중심적인 근거로하여 고려의 북계를 압록강-원산만으로 정하고 그 북변에는 발해나 여진으로 채워 넣은 것이다.

이 기록들을 볼 때 중국학계의 입장은 관련 사료를 전혀 무시하고 요사의 기록만을 참고하여 거란의 국경을 정한 것이고, 한국이나 일본은 『고려사』, 『요사』 그리고 발해사를 비교 분석하여 고려의 국경을 정하다보니 그렇게 된 것이다. 이 세 관점을 보면 중국학계는 논리성이 현저히 떨어졌고, 한국학계나 일본학계의 경우는 논리성은 있다고 봐야 할 것이다.

그런데 위에서 설명된 천 년 전 동북아시아 각 국의 국경선에 대한 전혀 다른 기록이 있다. 그 기록은 고려사에 쓰여져 있다.

『고려사』, 「지리지」 서문에 다음과 같이 쓰여 있다.

'현종초에 절도사를 폐지하고 오도호 칠십오도 안무사를 두었다가 이어 안무사를 파하고 사도호 팔목을 두었다. 이로부터 이후로는 오도양계로 정하니 양도, 경상도, 전라도, 교주도, 서해도와 동계, 북계로 총괄하면 4경 8목 15부 129군 335현, 29진이 되어, 그 사리는 서북은 당이래의 압록강을 한계로 삼고 동북은 선춘령으로 경계를 삼으니 대저 서북의 境界는 고구려에 미치지 못하였으나 동북은 고구려를 넘어섰다. 이제 대략 사책에 보이는 연혁에 의거하여 지리지를 만든다.'[6]

이 기록을 보면 고려의 북쪽 국경선은 선춘령이라고 하였고, 서북쪽은 압록을 경계로 하였는데 고구려시대의 영역은 다다르지 못하였다고 하였다. 이 기록을 다시 풀어 보면

---

5) 정약용: 『강역고』참조.
    정약용은 그의 저서 『강역고』에서 발해시대 지명인 '서경압록부'라는 지명을 오늘날 압록강으로 고증하여 발해사를 오늘날 한반도 북부로 비정하는데 결정적인 역할을 하였다. 이것이 통설이 되면서 고려의 영토는 자연스럽게 압록강하구부터 원산만까지로 한정되는 결과를 가져왔다. 정약용은 강역고를 편찬할 당시 고려사를 보지 못하였거나, 설사 봤다하더라도 전체적인 한국사를 알지 못하여 큰 착오를 일으킨 것으로 보인다.

6) 『高麗史』, 「地理志」 序文
    '顯宗初, 廢節度使, 置五都護·七十五道安撫使, 尋罷安撫使, 置四都護·八牧. 自是以後, 定爲五道·兩界, 曰楊廣, 曰慶尙, 曰全羅, 曰交州, 曰西海, 曰東界, 曰北界. 惣京四, 牧八, 府十五, 郡一百二十九, 縣三百三十五, 鎭二十九. 其四履, 西北, 自唐以來, 以鴨綠爲限, 而東北則以先春嶺爲界. 盖西北所至不及高句麗, 而東北過之. 今略據沿革之見於史策者, 作地理志.'

선춘령은 오늘날 중국 길림성북부지역쯤으로 볼 수 있고, 서북쪽은 압록지역이라고 하면서 고구려의 영역은 모두 포함하지 못하고 일부 지역을 포함한 것으로 쓰여 있는 것이다. 이 기록을 보면 위에서 본 거란의 동쪽 국경이 동해에 이른다거나, 고려의 북쪽 국경이 압록강-원산만이라는 것과는 전혀 다른 것으로 볼 수 있다. 이런 사실들은 분명하게 분석을 해봐야 할 것이다. 기록들을 비교분석하고 관련되는 고고학 자료들을 대입시켜 그 정확성을 더하여 거란의 동쪽 국경을 파악해보고자 한다. 이렇게 되면 더불어 고려의 국경선도 일부 고증이 될 수 있을 것으로 본다.

## III. 거란 東境의 문헌자료의 검토

당시 거란의 동변을 기록한 사서는 『고려사』, 『요사』및 송나라때 만들어졌다고 전해오는 '지리도(墜理圖)' 등에서 확인이 가능할 것이다.

먼저 고려사에 나타난 기록을 토대로 해볼 필요가 있다.

『高麗史』3卷, 「世家」3-成宗-03-05-0984

'刑官御事 李謙宜에게 命하여 鴨綠江岸에 城을 쌓아 關城으로 삼으려 하였는데 女眞이 군사로써 이것을 막고 謙宜를 사로잡아 가매 軍이 흩어져 성을 쌓지 못하고 돌아온 者가 三分의 一이었다.'[7]

고려사에 나타난 고려와 거란과의 관계는 시종일관 좋지 못하다.

먼저 현 압록강이북지역을 차지하고 서진을 하던 고려와 많은 衝突이 있었다. 이 충돌은 高麗 광종이 지금의 요녕성 동부지역에 자리하였던 生女眞지역을 정벌하여 高麗 領土에 編入시키면서 이를 둘러싼 고려와 거란이 993年에 전쟁이 시작된 것이다.[8] 이것이 1

---

7) 『高麗史』3卷, 「世家」3-成宗-
   "命刑官御事李謙宜城鴨綠江岸以爲關城女眞以兵遏之虜謙宜而去軍潰不克城還者三之一"

次 高·遼전쟁이었다.[9] 이 전쟁의 결과는 高麗의 서희가 주도하여 큰 싸움 없이 고려의 일방적인 승리로 거란과의 평화적인 외교관계를 성립하는 條件으로 江을 境界로 동쪽 280리를 高麗에 속하게 하는 협약을 맺었다.[10] 이때 高麗는 江東 6州를 설치하여 원래 거란과 高麗의 국경보다 더 서변으로 영토를 넓히게 되었다. 고려가 거란에 할양을 받은 강동 280리의 땅이 어딘가 하는 것이다. 고려와 거란 간에 협의를 할 때 강을 경계로 한 것은 분명하지만 어느 강을 경계로 한 것이냐 하는 것이다. 대부분이 오늘날 압록강으로 알고 있다. 하지만 당시 기록에는 압록강이라는 강은 나오지 않고 있다. 鴨江으로 기록되어 있다.[11] 이 압강은 얼핏 보기에는 압록강과 같이 볼 수도 있다. 하지만 고려사에는 鴨江과 압록강을 분명하게 다르게 쓰고 있다. 고려사 성종 세가 10년 10월에는 "압록강 밖의 여진을 백두산 밖으로 몰아내어 살게 하였다"고 되어 있다.[12]

그런데 같은 성종 세가 13년에 거란과 경계를 맺은 것은 鴨江으로 되어 있다.[13] 만약같은 강 이름이었다면 분명히 같이 썼을 것이다. 그러나 다르게 쓰고 있다. 더구나 10년조에는 압록강 밖은 고려 땅이라는 것이 명백하다. 고려 땅이기 때문에 여진을 백두산 밖으로 나가라고 한 것이다. 그렇지 않고 어떻게 여진을 내쫓았겠는가? 그렇다면 고려와 거란과의 국경은 압록강을 지나 서로 압강에서 이루어지게 되는 것이다. 이 압강이 어딘가

---

8) 서희가 거란군과 맞딱드리고 전황을 살핀 결과를 고려 성종에게 보고하는 내용에 보면 고려초기 이미 여진의 땅을 정벌한 기록이 나와 있다. 이때 여진은 발해가 무너지면서 거란에 속하지 않고 고려에도 속하지 않은 발해의 후손이었던 것으로 추정된다. 이 여진을 광종이 정벌한 것이다. 이 기록을 살펴보면 왕건이 고려를 건국하였을 때 이미 현재의 압록강을 넘어 고려영토를 만들었을 가능성이 높다. 이 문제는 훗날 기회를 얻어 다시 정리하도록 하겠다.
『高麗史節要』에는 다음과 같이 기록되어 있다.
"熙又奏曰, 自契丹東京, 至我安北府, 數百里之地, 皆爲生女眞所據, 光宗, 取之, 築嘉州, 松城等城, 今丹兵之來, 其志不過取此二城, 其聲言取高句麗舊地者, 實恐我也."

9) 이 전쟁은 한국외교사에서 가장 이름이 나 있는 '高·遼1차 전쟁'이다.

10) 이때 강이 오늘날의 압록강으로 판단하여 모든 고려의 영역을 압록강동쪽으로 판단하는 것이다. 그러나 실상은 그렇지 않다. 당시 기록을 보면 오늘날 압록강이라는 기록은 없다. 강동의 6주라고만 기록이 되어있다.

11) 『高麗史』3卷「世家」3-成宗-13-01-0994
(甲午)十三年春二月蕭遜寧致書曰: "近奉宣命: '但以彼國信好早通境土相接雖以小事大固有規儀而原始要終＊湏(須)存悠久. 若不設於預備慮中阻於使人. 遂與彼國相議便於要衝路陌創築城池者' 尋准宣命自便斟酌擬於鴨江西里創築五城取三月初擬到築城處下手修築伏請大王預先指揮從安北府至鴨江東計二百八十里踏行穩便田地酌量地里遠近幷令築城發遣役夫同時下手其合築城數早與回報. 所貴交通車馬長開貢覩之途永奉朝廷自恊安康之計."

12) 『高麗史』권3「世家」'逐鴨綠江外女眞於白頭山外居之.'

13) 『高麗史』권3「世家」'--擬於鴨江西里 築五城---------至鴨江 計二百八十里.'

하는 것이 관건이 될 것이다.[14]

그 후 고려와 거란은 몇 차례에 걸친 전쟁의 결과로 국경선은 들쑥날쑥하게 되었다. 하지만 큰 틀에서 보면 압강을 경계로 들쑥날쑥 하는 것을 볼 수 있다.

그렇다면 요사에는 어떻게 기록되었는지 확인해봐야 한다.

고려와 거란의 국경을 확인하는 것은 『고려사』보다 『요사』가 더 구체적인 것을 알 수 있다. 먼저 전체 『요사』 「지리지」에 나와 있는 거란 동경의 내력과 동쪽 국경선에 관한 기록을 확인해보면 다음과 같다.

『요사』 卷三十八, 「지」 第八, "지리지" 二

동경도

"동경(東京) 요양부(遼陽府)는 본래 조선(朝鮮) 땅이었다. 주(周)나라 무왕(武王)이 기자(箕子)를 옥중에서 풀어주고 그가 조선으로 가자 그 땅에 책봉하였다. 그가 8조법금(法禁)을 만들어 예의를 숭상하고, 농상(農桑)을 장려하여 생활이 풍족하게 되자, 대문을 닫지 않아도 도적질하는 백성이 없었다. 40여 대를 전해 내려왔다. 연(燕)나라 때 진번(眞番)과 조선(朝鮮)에 속하였으며, 처음으로 관리를 두고 성벽을 쌓았다. 진(秦)나라 때에는 요동의 변방에 속하였다. 한나라 초에 연(燕)나라 사람 위만(衛滿)이 옛 공지(空地)에서 왕이 되었다. 무제(武帝) 원봉(元封) 3년(B.C. 108)에 조선을 평정하고 진번(眞番)·임둔(臨屯)·낙랑(樂浪)·현도(玄菟) 4군으로 삼았다. 후한 때에 청주(靑州)와 유주(幽州)[7] 두 주에 오가며 편입되었으며, 요동(遼東)과 현도는 그 연혁이 일정하지 않았다. 한나라 말년에는 공손도(公孫度: ?-204)가 이곳을 차지하여, 아들 공손강(公孫康)에게 전해지고 손자 공손연(公孫淵)이 연왕(燕王)을 자칭하고 소한(紹漢)이라 연호를 세웠으나, 위(魏)나라에 멸망되었다. 진(晉)나라가 고려(高麗: 고구려임)를 함락시키자 뒤에 모용수(慕容垂: 326-396)에게 귀의하였다가 그 아들 모용보(慕容寶)가 고구려 왕 고안(高安)을 평주목사(平州牧使)으로 삼아 그곳에 살게 하였다. 원위(元魏) 태무제(太武帝)가 그가 살고 있는 평양성(平壤城)으로 사신을 보내니, 요나라 동경(東京)이 본래 이곳이다."[15]

_____

14) 이 두 강에 대하여 동아대학교 고전연구실에서 번역한 『역주고려사』에는 모두 압록강으로 이라고 하였다. 이것은 사서에 기록된 전후관계를 고려치 않은 잘못된 번역이다.

이 기록은 거란 東京에 대한 전체적인 연혁이다.[16]

이 기록을 정리해보면 거란의 동경은 원래 고조선 영역이었는데 역사의 변환을 겪으면서 거란의 땅이 되었다는 얘기이다. 이것은 구체적으로 다 맞고 틀리고의 문제가 아니라 큰 틀에서 거란의 동경지역에 관한 것을 정리한 것이다.

그 다음의 기록은 구체적으로 東京道의 紹介로 볼 수 있다.

『요사』 卷三十八, 「지」 第八, "地理志" 二

"동쪽으로 북오로호극(北烏魯虎克)까지 4백리, 남쪽으로 바닷가의 철산(鐵山)까지 8백60리, 서쪽으로 망평현(望平縣) 바다 입구까지 3백60리, 북쪽으로 읍루현(挹婁縣) 범하(范河: 鐵嶺市를 흐르는강)까지 2백70리이다. 동·서·남 3면이 모두 바다를 안고 있다."[17]

이 기록에서 보면 거란의 동쪽 경계는 북오로호극(北烏魯虎克)까지 400리로 되어 있다. 이것은 현재 요양에서 동쪽으로 400리란 뜻이다. 이 거리를 지금의 km로 환산해보면 요양 동쪽으로 130km 내외로 보는 것이 타당할 것이다.[18] 이 130km 거리는 요양에서 본계시 구역내이다. 이런 경계가 설정되기 까지는 고려와 거란과의 많은 우여 곡절이 있었

---

15) 『遼史』卷三十八, 「志」第八, "地理志" 二
東京道
"東京遼陽府, 本朝鮮之地. 周武王釋箕子囚, 去之朝鮮, 因以封之. 作八條之敎, 尙禮義, 富農桑, 外戶不閉, 人不爲盜. 傳四十餘世. 燕屬眞番, 朝鮮, 始置吏, 築障. 秦屬遼東外徼. 漢初, 燕人滿王故空地. 武帝元封三年, 定朝鮮爲眞番, 臨屯, 樂浪, 玄菟四郡. 後漢出入靑, 幽二州, 遼東, 玄菟二郡, 沿革不常. 漢末爲公孫度所據, 傳子康; 孫淵, 自稱燕王, 建元紹漢, 魏滅之. 晉陷高麗, 後歸慕容垂; 子寶, 以勾麗王安爲平州牧居之. 元魏太武遣使至其所居平壤城, 遼東京本此".

16) 이 기록에는 한국고대사를 연구할 때 활용할 수 있는 중요한 자료들이 있다.

17) 『遼史』卷三十八, 「志」第八, "地理志" 二
東京道
"-東至北烏魯虎克四百里, 南至海邊鐵山八百六十里, 西至望平縣海口三百六十里, 北至挹婁縣, 范河二百七十里. 東, 西, 南三面抱海."

18) 이런 推測이 可能한 것은 遼陽에서 南으로 860里에 철주가 있다는 기록이 있다. 이 지역은 오늘날 대련시 정도를 말하고 있다. 이 기록을 요양에서 요동반도 南端까지로 假定 한다면 현재 요양에서 大連까지 距離를 換算해보면 될 것이다. 현재 거리는 거란陽에서 大連까지는 約 300km이다. 이것은 환산해보면 100km가 300里로 보면 된다. 이를 根據로 400里를 換算해보는 것이다.

다. 무엇보다도 먼저 1차 '여요전쟁'에서 거란은 고려에 강동의 280리를 고려의 영토로 인정하였다. 그 조건은 고려가 거란에 사대를 한다는 조건에서 인정한 것인데 고려는 거란의 요구를 듣지 않았다. 그러므로 거란은 강동 6주를 다시 되돌려 달라고 하였지만 고려는 거절하는 상태였다.

이런 과정에서 고려에서는 정변이 일어났고, 이를 계기로 거란은 고려와 2차 전쟁을 치렀다. 高麗가 불리한 상태에서 전쟁은 종결되었다. 이때 거란은 과거 1次 '여요전쟁' 당시 할양하였던 江東 6州 中 많은 땅을 다시 회복하였다. 즉 高麗는 적지 않은 영토를 잃은 것이다. 그 기록은 다음에서 볼 수 있다.

『遼史』卷三十八,「志」第八, "地理志" 二

"성종이 고려를 정벌하고 돌아 왔다......개태(開泰) 3년(1014)에 쌍주(雙州)와 한주(韓州) 백성 1천여 호를 이주시켜 채우고 개봉부(開封府) 개원군(開遠軍)이라 부르며 절도사를 두었다. 다시 진국군(鎭國軍)으로 이름을 바꾸었다. 행정적으로는 동경유수에 예속되며, 군사적으로는 동경통군사 소속이다. 거느린 고을은 주가 3, 현이 1이었다."[19]

"정주(定州) 보녕군(保寧軍) 고려 때 주를 설치하였다. 옛날에 현이 하나 있었다. 그 이름은 정동현(定東縣)이다. 성종 통화 13년(995)에 군으로 승격시키고, 요서의 백성들을 옮겨 살게 하였다. 동경유수사에 예속되었다. 1개 현을 거느린다."[20]

"정동현(定東縣) 고려가 설치하였으며, 거란이 요서의 백성들을 이곳에 옮겨 살게 하였다. 호수는 8백이다."[21]

---

19) 『遼史』卷三十八,「志」第八, "地理志" 二
　　 "聖宗伐高麗還, --------開泰三年, 遷雙、韓二州千餘戶實之, 號開封府開遠軍, 節度 ; 更名鎭國軍。隸東京留守, 兵事屬東京統軍司。統州三、縣一。

20) 『遼史』卷三十八,「志」第八, "地理志" 二
　　 "定州, 保寧軍。高麗置州, 故縣一, 曰定東。聖宗統和十三年升軍, 遷遼西民實之。隸東京留守司。統縣一"

21) 『遼史』卷三十八,「志」第八, "地理志" 二
　　 "定東縣, 高麗所置, 遼徙遼西民居之。戶八百。"

"선의군(宣義軍) 절도사가 다스린다. 고려가 주를 설치하였으며, 옛날에 현이 하나 있었는데 그 이름은 내원현(來遠縣)이다. 성종이 고려의 왕순(王詢)34)이 제멋대로 왕위에 올랐다하여 그 죄를 물었으나 듣지 않다가, 통화 말년에 항복하자, 개태(開泰) 3년(1014)에 그 나라의 보주(保州: 평안북도 의주)와 정주(定州: 평안북도 龜州)를 차지하고 그곳에 각장(榷場)을 설치하였다. 동경통군사에 예속되었다. 주와 군 2, 현 1을 거느린다."22)

이렇듯 고려와 거란은 3次에 걸친 대전쟁을 치루면서 국경선을 확정지었던 것이다. 그 기록을 위와 같이 『요사』「지리지」에 남겨 놓은 것인데 동경에서 동쪽으로 400리 떨어진 北烏魯虎克까지가 거란의 영토라고 써 놓은 것이다. 그러므로 신빙성이 있다고 봐야 할 것이다.

이와 비슷한 내용으로 거란과 고려가 바로 국경을 맞대고 있었다는 것을 설명하는 또 하나의 다른 기록은 같은 『요사』에 쓰여져 있다.

이 기록 이외에 『요사』에는 분명하게 고려와 국경선을 말하고 있는데 그것은 '信州'에 대한 설명이다.

신주-창성군

"하등의 주로, 절도사가 다스렸다. 본래 월희의 옛 성이었다. 발해가 회원부(懷遠府)를 설치하였으나 지금은 폐지되었다. 성종은 이 땅이 고려와 이웃하고 있다하여 개태 초년(1012)에 주를 설치하고 포로로 잡은 한나라 민호들로 채웠다. 병사에 관한 일은 황룡부도부서사(黃龍府都部署司) 소속이다. 3개 주를 거느렸으나 미상이고 2개의 현이 있다."23)

---

22) 『遼史』卷三十八, 「志」第八, "地理志"二
    "保州, 宣義軍, 節度. 高麗置州, 故縣一, 曰來遠. 聖宗以高麗王詢擅立, 問罪不服, 統和末, 高麗降, 開泰三年取其保, 定二州, 於此置榷場. 隷東京統軍司. 統州, 軍二, 縣一" 보주(保州)

23) 『遼史』卷三十八, 「志」第八, "地理志"二
    信州, 彰義軍, 下, 節度. 〈二五〉本越喜故城. 渤海置懷遠府, 今廢. 聖宗以地鄰高麗, 開泰初置州, 以所俘漢民實之. 兵事屬黃龍府都部署司. 統州三, 未詳 ; 縣二

이 기록은 고려와 거란 간의 그 접경지역에 설치한 거란의 행정구역을 말하고 있는 것이다. 이 기록을 볼 때 원래는 발해 땅이었는데 발해를 정복하고 그 지역에 설치하면서 민호들을 이 지역과 전혀 상관없는 한족들을 데려다가 주민을 삼은 것이다.

거란의 주는 매우 많다. 신주는 그 중 하나일 뿐이다. 그러므로 신주를 정확하게 어디라고 찾는 것은 쉽지 않다.


이런 기록들은 문헌에 나타나는 것들인데 여기에 대한 해석은 연구자들에 따라 다르게 될 수도 있다. 왜냐하면 한국 사서들 가운데 현재 압록강을 고려와 거란의 국경으로 보는 견해들이 많기 때문이다. 그러나 이런 오해를 불식시키기 위해서는 당시 만들어진 지도가 있으면 가장 좋을 것이다. 그러나 지금까지 전해져 내려오는 지도들 중에는 당시 지도는 없다. 다만 그 시기와 가장 근접한 시대에 만들어진 것은 송나라때 만든 『지리도』이다.[24]

이 『지리도』에 요나라 동쪽 국경이 나타나 있다.

이 추리도에는 '信州'가 동북지역으로 추정되는 곳에 표기 되어 있다. 그렇다면 이는 설득력이 있다고 봐야 할 것이다. 왜냐하면 신주의 위치를 볼 때 그 동쪽으로는 특별한 거란의 행정구역이 보이지 않는다.

『지리도』에 그려진 거란의 동쪽 국경은 '州'단위로 남북으로 길게 그려진 것을 볼 수 있다. 이 지도에서 보면 신주에서 북으로 올라가면 상주, 빈주가 북쪽 국경임을 알 수 있고 바로 거의 직선이 그려지는 형태로 이어지는 것을 볼 수 있다. 이것은 곧 거란의 동쪽 국경임을 알 수 있다. 그 국경선은 남동으로 내려오면서 동쪽으로 휘어지는데 지금의 요양 동쪽에서 재주, 생주, 약주, 복주, 량주로 이어지는 것을 볼 수 있다. 그 동쪽은 모두 거란과는 다른 지역임을 표시하고 있다.

---

24) 이 추리도는 이 지도는 송나라때 만들어 졌다고 전해지는데 대략은 이해가 되지만 자세한 부분에서는 많은 문제가 있는 것으로 보인다. 특히 물길에 대해서는 확실한 지식이 없는 것이 나타난다. 다른 역사서에는 분명하게 나타나는 강 이름도 구체적으로 기록하지 못하고 '수(水)'라고 써넣었거나 쎠넣었거나 써넣었거나 대릉하는 오늘날 압록강에 비정한 것 등을 볼 때 적지 않은 문제점이 있음을 알 수 있다. 다만 큰 행정구역은 착오가 크지 않을 수 있다고 본다. 작은 행정조직이나 작은 강들은 오차가 많을 수 있을 것으로 생각한다. 그렇다고 해서 남북이 동서가 바뀌는 현상은 아닐 것이다. 그러므로 이 지도를 이용하는 것은 큰 틀에서 의미를 두고자 활용함을 밝혀둔다.

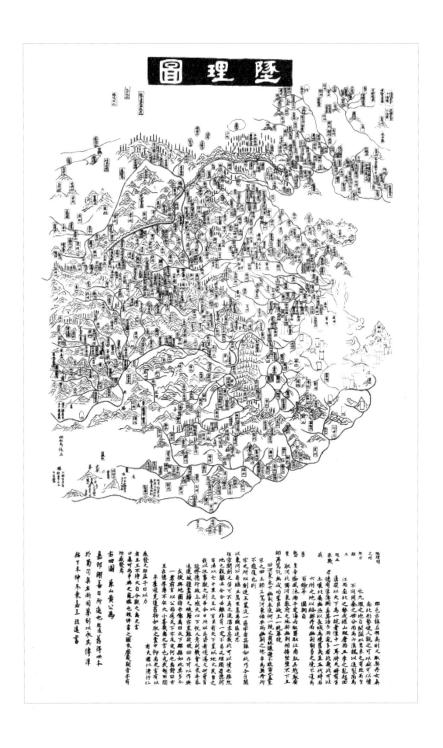

압록과 고려의 북계

지리도의 거란 동쪽 국경

이 기록과 지도는 아마도 거란의 최고 全盛期 국경선을 말하고 있는 것으로 볼 수 있다.
이렇게 『요사』, 『고려사』 그리고 『추리도』를 비교해보면 거의 비슷한 결론이 나오는 것
을 알 수 있다.

즉 고려는 서북으로 진출을 하였지만 고구려시기의 판도까지는 가지 못한 것을 알 수 있고, 요
사에 쓰여진 요동경의 동쪽으로 400리란 기록을 비교 분석해볼 때 거의 맞는 것을 볼 수 있다.


## IV. 고고학 유적 자료의 검토

거란에 대한 고고학유적들은 매우 많이 발견되었다. 그 범위 역시 매우 넓어 東으로는
길림성 梅河口지역부터 서로는 몽고 공화국 서부지역과 중국 산서성 대동에서도 확인되
고 있다. 이렇듯 넓은 지역에서 나타나는 거란의 遺跡들은 城, 墓, 窯址 등 다양한 종류들
이 있다.[25] 이런 자료들을 살펴보면 거란 境內의 문화현상을 알 수 있다.

---

25) 거란의 遺跡들 중 城만 確認된 것이 500백 곳이 넘는다고 한다.
　　참조. 馮恩學, 1994, 『遼墓初探』, 吉林大學校 博士學位 論文.
　　彭善國의 遼代陶瓷 연구에 중요 窯址나 墓葬發掘자료들이 실려 있다.
　　참조. 彭善國, 2003, 『遼代陶瓷的考古學研究』, 吉林大學校出版社.

이왕의 연구결과들을 볼 때 거란의 문화유적의 분포는 대부분 평지에서 나타나고 있는 것을 볼 수 있다.[26] 이런 현상은 거란 사람들의 생활양식과도 밀접한 관계가 있을 것이라 생각한다. 그것은 거란의 건국자들의 전통적인 생활방식과 연관이 있을 것이다. 이들은 초기부터 가축을 기르고 살아왔던 것으로 추측된다.

『요사』卷三十二,「志」第二, "영위지" 中, '행영'
部族上

"거란의 초기에는 초야에서 머물러 살면서 정해진 장소가 없었다. 야율날리(耶律涅里) 때에 이르러 비로소 부족제가 시작되어 각각 땅을 나누어 차지하였다. 태조가 흥기하면서 질랄 부(迭剌部)의 기세가 강성해지자 오원과 육원으로 나누었다."[27]

그러던 사람들이 정주를 했지만, 정주한 지역도 원래 가축을 기르던 지역이거나 그와 유사한 자연환경이 형성된 지역에서 했을 것으로 추정된다. 즉 이들은 산악보다는 평지에 서 살던 사람들이라는 것이다.

이런 자연적인 조건은 거란 사람들이 선호하는 것이므로 국경을 확장할 때도 적용되었 을 가능성이 높다. 그러므로 동경을 중심으로 동으로 국경선을 확대할 때도 이런 전제조 건은 작용되었을 것이다.

이런 전제하의 요양지역 동부를 봐야 한다. 거란의 동경 지역, 즉 오늘날 요녕성 요양일 대는 평평한 지역으로 여러 형태의 산업이 가능하다. 그런데 요양으로부터 東으로 50km 以上가면 산지들이 시작되고 본계시 쯤에 다다르면 가파른 산악지형들이 形成된다. 이런

---

26) 彭善國은 遼陶瓷의 집중 출토지역은 거란 上京道 南部, 西京道 東部, 中京道와 南京道, 東京道 西部에서 대부 분 출토된다고 하였다.
彭善國, 2003,『遼代陶瓷的考古學研究』, 吉林大學校出版社, p1.
이런 見解를 提起하였는데 筆者 亦是 同意하는 바이다.

27)『遼史』卷三十二,「志」第二, "營衛志" 中, '行營'
部族上
"舊志曰:「契丹之初, 草居野次, 靡有定所。至涅里始制部族, 各有分地。太祖之興, 以迭剌部強熾, 析為五院、六院。

28) 筆者는 文物地圖集에서 必要資料를 選擇할 때 根據는 지금까지 많이 研究가 된 地域을 選擇하였다. 예를 들 면, 桓因, 集安 等이다. 그래야 公正性을 維持할 수 있기 때문이다.
국가문물국주편, 2008,『중국문물지도집』,「요녕분책 上」, 서안지도출판사.

山嶽지역은 오늘날 압록강에 이르기까지 계속 이어지고 있다. 이런 현상은 북으로 올라가면서도 계속 이어지는 것을 볼 수 있다. 이런 현상은 현재 지도에서도 알 수 있다. 산악지형이 계속 형성되면 평지생활에 적응한 사람들로는 감당하기 어려운 곳이라 볼 수 있다. 그러므로 굳이 이런 지역에 거주할 필요를 못 느꼈을 것이다.

고고학 자료에서도 이를 보완해주고 있다. 중국학계에서는 최근 거란유적에 대한 많은 조사 연구를 진행하였다. 그 결과물로 문물지도집을 만들었는데, 그 지도집에 나타난 거란 유적들을 확인해보면 앞서 말한 동부지역 산지부터는 거란의 유적이 거의 발견되지 않는 것을 볼 수 있다(그림 4, 5, 6, 7, 8).[28]

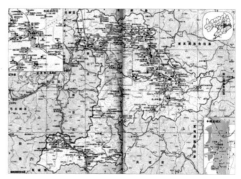

[그림 4] 본계시 일대 문화유적 분포도
10~14세기 유적이 확인되지 않았음

이런 현상은 거란이 이 지역까지 다다르지 않았다는 것을 말해주고 있는 것이다.

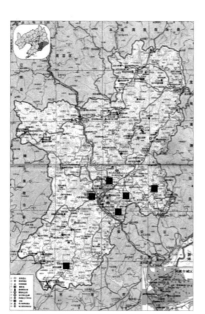

[그림 5] 봉성시 일대 문화유적분포도
■ 10~14세기 유적표시도(아주적음)

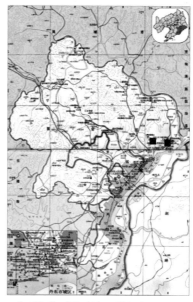

[그림 6] 단동지역 문화유산 분포도
■ 10-14세기 유적표시도(아주적음)

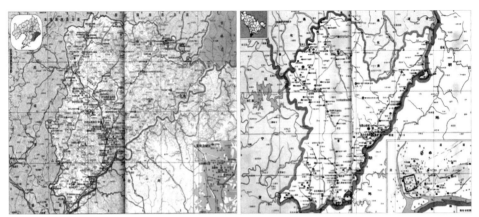

[그림 7] 압록강 중류지역 문화유적 분포도
10~14세기 유적이 확인되지 않았음

[그림 8] 압록강 중류지역 문화유적 분포도
10~14세기 유적이 확인되지 않았음

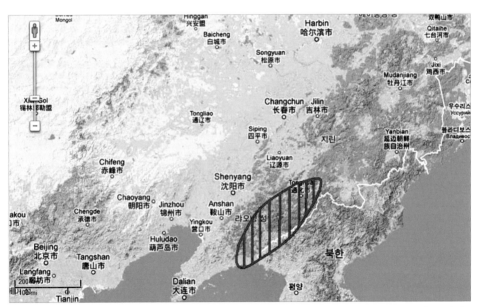

참조: 중국 문물지도집에 표로 정리된 것이기 때문에 거란유적지는 이 지도의 빗금 안의 지역임
을 밝혀둠.

압록과 고려의 북계

**辽宁省文物单位统计总表**

| 类别<br>时代<br>数量<br>市 | 古遗址 | | | | | | | | | | | | 古墓葬 | | | | | | | | | | | 古建筑 | | | | 石窟寺及石剑 | | | | | 近现代重要史迹 | 近现代代表性建筑 | 其他 | 总计 | |
|---|---|---|---|---|---|---|---|---|---|---|---|---|---|---|---|---|---|---|---|---|---|---|---|---|---|---|---|---|---|---|---|---|---|---|---|---|---|
| | 旧石器 | 新石器 | 青铜 | 战国 | 汉代 | 魏晋 | 高句丽 | 隋唐 | 辽金 | 元代 | 明代 | 清代 | 新石器 | 青铜 | 战国 | 汉代 | 魏晋 | 高句丽 | 隋唐 | 辽金 | 元代 | 明代 | 清代 | 隋唐 | 辽金元 | 明代 | 清代 | 魏晋 | 隋唐 | 辽唐 | 明代 | 清代 | 近现代 | 近现代 | | 不含子项目处 | 含子项目处 |
| 沈阳市 | | 4(3(2)) | 306(7) | 4 | 8(9) | | | 2 | 338 | 5(1) | 42(3(5)) | 3(2) | | 17 | 2 | 14 | 1 | | | 46(22) | 6 | 1 | 204(4) | | 4(2) | 5(1(2)) | 16(21) | | | 1 | | | 129(8) | 27(11) | 22 | 1047 | 1167 |
| 大连市 | 1 | 33 | 270 | 5 | 12 | | 8 | 1 | 57 | 16 | 45 | 13 | 4(7) | 4 | 29 | 1 | | | | 1 | | | 1 | 1 | | | 1 | 2 | 5 | 1 | 79(5) | 32(3) | 20 | 696 | 705 |
| 鞍山市 | 1(2) | 3 | 16 | 5 | 15 | | 24 | | 57 | | 99 | 29 | 1 | 3 | 2 | 52 | | | 4 | | 9(3) | 7 | 3 | 4(8) | 25(28) | | | 1 | 4 | | 44 | 6 | 12 | 446 | 486 |
| 抚顺市 | | | 71 | 12 | 38(8) | | 10 | | 11 | 1 | 51(12) | 7 | 34 | | 6 | | 6 | | 2 | 1 | 5 | 5 | | | 4(1) | | | 8 | | 20 | 3(1) | 4 | 295 | 317 |
| 本溪市 | 2 | 7 | 64 | 2 | | | 13 | | 2 | | 190(6) | 4(1) | 24(5) | 2 | | 1 | 26(3) | | 4 | | | 7 | | | 14(2) | | | 2 | 19 | 1 | 40 | 4 | 1 | 430 | 447 |
| 丹东市 | | 37 | 20 | 4 | 3 | | 20 | | 16 | | 142(6) | 4(12) | 8 | | | 4 | | | | | | 8 | | | | | | 6 | 48 | 2 | 105(7) | 26 | 13 | 478 | 519 |
| 锦州市 | 1 | 8 | 111 | 11 | 9 | | | | 172 | 1 | 34(5) | 9 | | 16 | 1 | 4 | | | 22 | | | 7 | 4 | 5(16) | 4(33) | 28(5) | 2 | | 5 | 6 | 1(09) | 51(2) | 18(6) | 6 | 588 | 664 |
| 营口市 | 2 | 9 | 12 | 10 | 23 | | 12 | | 6 | 3 | 42 | 17 | 12(7) | 4 | 48 | | | | 3 | | | 4(1) | 8 | | | 5 | 4 | | | 1 | | 36 | 2 | | 323 | 331 |
| 阜新市 | | 16 | 591 | 12(11) | 3 | | | | 505 | | 16 | 8 | 1 | 9 | | | | | 71(2) | 5 | | 1 | | 3 | | 5 | | | | 4 | | 15 | 6 | 12 | 386 | |
| 辽阳市 | | | 14 | 3 | 6 | | 2 | | 11 | 1 | 22 | 7 | | 2 | 2 | 27(6) | 5 | | | 12 | 2 | 14 | 5(3) | | 2 | 4(6) | 2 | | | 1 | 6 | 30 | 13 | 15 | 215 | 227 |
| 铁岭市 | | 2 | 202 | 2 | 1 | | 14 | | 384 | 1 | 71(3) | 4(1) | 18 | 2 | 1 | | 4 | | 6 | | 5 | 4 | | | 2 | 4(6) | 2 | | 1 | 6 | | 46(3) | 9(1) | 10 | 795 | 809 |
| 朝阳市 | 8 | 7(1(0)) | 1858(5) | 198 | 3(52) | 13 | | | 1217 | | | 2 | 3 | 33 | 17 | 15 | 36(3) | | 24 | 151 | | 4 | 3 | 15 | | | 8(9(9)) | 1 | 6 | 2 | 5 | 7 | 9 | 28 | 3831 | 3936 |
| 盘锦市 | | 7 | 6 | 4 | 2 | | | | | | 53 | 2 | 74(2) | 5 | | | | | | | | | | | | | | | | | | 11 | 1 | | 173 | 175 |
| 葫芦岛市 | | 14 | 117 | 38 | 1(9(4)) | | | | 362 | 3 | 49(3) | 9 | | | | 37 | | | 1 | 1 | | | 1 | 38(1) | 3(3) | 15 | | | | | | 20 | 17 | 7 | 733 | 744 |
| 合计 | 17(3) | 250(6(0)) | 3250(0(5)) | 328(2) | (7(2)) | 13 | 105 | 3 | 3236 | 33(1) | 867(1(9)) | 108(2(6)) | 17 | 729(2) | 4 | 223(3) | 48(3) | | | 360(1(2)) | 20 | 55(2) | 69(7) | 1 | 46(19) | 308(7) | | 3 | 1 | 20 | 23 | 118(9) | 628(21(3)) | 171(12) | 153 | 10596 | 11426 |
| 含子项口 | 19 | 268 | 3362 | 321 | 342 | 13 | 105 | 3 | 3236 | 34 | 984 | 124 | 17 | 232 | 41 | 221 | 51 | 47 | 24 | 384 | 20 | 57 | 76 | 1 | 65 | 97 | 314 | 3 | 1 | 20 | 23 | 127 | 649 | 183 | 153 | 10596(1426) | |

이 표에서 반드시 주의해야 할 것이 있다. 그것은 발해관련 유적들이 모두 빠져있다는 것이다. 주지하다시피 발해는 698년부터 926년까지 약 228년을 존속한 나라이다. 요나라는 916년부터 1125년까지 약 209년, 금나라는 1115년부터 1234년까지 약 119년, 원나라는 1206년부터 1368년까지 약 162년을 존속했다. 이들 나라들이 위치했던 곳은 거의 대동소이하다. 그럼에도 불구하고 이 표에서는 발해에 관련한 유적, 유물관련 기록이 없다. 이것은 심각한 문제이다. 아마도 고구려 후기, 요나라 전기의 것으로 추정되는 유적들 중에는 발해의 것이 매우 많을 것으로 판단된다. 또한 고려의 서쪽 국경선이 현재 차이나 환인, 무순지역까지 이르렀다면 그 동쪽에서 발견되는 적지 않은 유적들이 고려의 것으로 분류되어야 할 가능성도 충분하다고 봐야할 것이다. 이 점들은 앞으로 만주지역을 연구하는데 있어서 세심한 관심이 필요한 상황이라 생각한다.

| 지역＼시기 | 요·금 | 요·금 | 요·금·원 | 요·금·원 |
|---|---|---|---|---|
| 무 순 | 11 | 2 | 1 | - |
| 본 계 | 2 | 4 | - | - |
| 단 동 | 16 (구체적 분석이 필요함) | - | - | - |

위의 표를 참조하여 재구성함.


고고학적 자료에 대해서는 북한의 자료도 활용해봐야 할 것이다. 1945년 이전부터 일본학자들도 많은 연구를 하였고, 그 이후도 북한의 역사학자들이나 고고학자들이 많은 연구를 하였다. 그런데 아직까지 거란, 金의 유적들은 단 한건도 보고된 것이 없다고 한다. 그렇다면 이것은 거란의 세력이 그곳까지 다다르지 않았음을 말해주고 있다.

중국의 문물지도자료나 북한측의 자료들은 문헌기록과 거의 일치하는 것을 볼 수 있었다. 이런 현상들은 그동안 거란의 동쪽 국경에 대한 인식의 문제가 있었음을 말해주고 있는 것이다.


# V. 기존 연구의 문제점 분석

이 장에서는 그렇다면 왜 그런 결과, 즉 한반도북부지역이 왜 거란, 발해, 그리고 여진이 점령한 땅으로 이해되었는가 하는 것이다.

이 부분에 대한 설명이 필요할 것으로 본다.

그것은 중국학계에서 어떻게 한국 동해까지 거란의 경계선을 넓히고 있는 것인가 하는 것이다. 몇 가지가 있다.

첫째는 『요사』에 실려 있는 기록이다.

『요사』 卷三十七, 「지」 第七, "지리지" 一.


압록과 고려의 북계

"거란은 5경과 6부, 주, 군, 156개의 성이 있었고, 209현, 52부족과 60의 속국이 있었다. 동쪽으로는 바다에 이르고, 서쪽으로는 금산에 이르렀다. 북으로는 노구하, 남으로는 백구에 이르렀는데 그 폭이 만리였다."[29]

여기에 기록된 "동지우해(東至于海)"이다. 이를 해석할 때 대부분의 학자들이 현재 한국의 동해로 생각한 것이다. 그런데 이것은 한국의 동해가 아니고 현재 중국 요녕성 요동반도 동쪽의 바다를 말하고 있는 것이다. 이는 『요사』「지리지」의 동쪽 경계선을 확정해보면 바로 알 수 있다. 즉 현재의 요동반도는 거란에 속해 있었다는 것을 알 수 있다.

둘째, 요태조가 압록강에서 고기잡이를 하였다는 기록이다. 이 기록은 요태조가 발해를 공격하여 일부는 빼앗은 뒤 그곳에서 고기잡이를 하였다는 것이다.

『요사』「본기」1 태조 9년

"겨울 10월 무신일에 압록강에서 고기잡이를 하였다. 신라에서 사신을 보내 토산물을 바치고 고려에서 사신을 보내 보검을 바쳤으며, 오월왕 전류가 등언휴를 보내 조공하였다."[30]

이 기록은 거란 태조 9년에 압록강에서 고기를 잡고, 그 달에 신라, 고려, 오, 월 등에서 사신이 온 것을 기록하고 있다.

그런데 거란 太祖 9년(서기 915년)에는 아직 거란의 세력들이 오늘날 요양에 이르지 못하고 있다. 거란 태조가 요양지역으로 들어오는 것은 天顯 元年(서기 926년)이 처음이다. 만약 915년에 요양 땅은 발해의 땅이었는데 적국의 땅을 지나서 고기를 잡으러 다녔다면 논리적으로 맞지 않다.

또한 중요한 것은 요태조가 압록강(鴨淥江)에서 낚시를 하였다고 하였는데 여기서 말하

29) 『遼史』卷三十七,「志」第七, "地理志" 一.
   總京五, 府六, 州, 軍, 城百五十有六, 縣二百有九, 部族五十有二, 屬國六十。東至于海, 西至金山, 暨于流沙, 北至臚朐河, 南至白溝, 幅員萬里。

30) 『遼史』「本紀」1 태조 9년
   "冬十月戊申, 釣魚於鴨淥江。新羅遣使貢方物, 高麗遣使進寶劍, 吳越王錢鏐遣滕彦休來貢。"

는 압록강은 '淥'자로 '綠'자와는 다른 강으로 지금의 요하를 가리키고 있는 것이다.[31] 그렇다면 지금의 요하가 고대의 압록강이었다는 것이다. 이 문제는 최근 몇몇의 논문에서 확인이 되었다.[32]

그러므로 이 기록을 근거로 하여 거란의 영역이 한반도북부지역으로 확대되었다고 해석하는 것은 큰 문제가 있는 것이다.

뿐만 아니라 나머지 기록들은 모두 동쪽에서 고려와 부딪히는 것을 볼 수 있는데 이런 것들을 종합하여 보면 절대로 거란의 동쪽은 오늘날 한반도 동해가 아니라는 것을 알 수 있다.

셋째, 거란은 발해를 정복한 나라이다. 대부분 학자들의 인식에서 발해는 고려의 북쪽에 있는 것으로 생각한다. 그렇기 때문에 거란이 발해를 모두 정복하였기 때문에 바로 한반도북부지역까지도 거란의 영역으로 생각한 것이다.

그러나 발해의 위치는 한반도북부지역이 아니라 대부분이 현 만주지역에 위치하고 있는 것이다. 그런 사실이 바로 『요사』에서 기록되어 있다. 그러나 『고려사』나 『고려사 절요』에는 발해가 한반도 함경도 지역에 있었다는 기록은 없다. 이런 내용은 고려사 지리지를 보면 알 수가 있다.

『고려사』「지리지」서문을 다시 한번 확인해 볼 필요가 있다.

'顯宗 初에 절도사를 폐지하고 오도호 칠십오도 안무사를 두었다가 이어 안무사를 파하고 사도호 팔목을 두었다 이로부터 이후로는 오도양계로 정하니 양도 경상도 전라도 교주도 서해도와 동계, 북계로 총괄하면 사경팔목 십오부 일백이십구군 삼백삼십오현 이십구진이 되어 그 사리는 서북의 당 이래의 압록강을 限界로 삼고 동북은 선춘령으로 경계를 삼으니 대저 西北의 경계는 고구려에 미치지 못하였으나 동북은 이에서 지났다 이제 대략 사책에 보이는 연혁에 의거하여 지리지를 만든다.'[33]

---

31) 윤한택, 2017, 「고려국 북계 封疆에 대하여」, 『고구려의 평양과 그 여운』, 주류성.

32) 이와 관련한 논문은 아래의 논문들을 참고하면 될 것이다.
　　남의현, 2017, 「장수왕의 평양성, 그리고 압록수와 압록강의 위치에 대한 시론적접근」, 『고구려의 평양과 그 여운』, 주류성.
　　윤한택, 2017, 「고려국 북계 封疆에 대하여」, 『고구려의 평양과 그 여운』, 주류성.

여기에는 압록(鴨綠)과 선춘령(先春嶺)이라는 두 지명이 나온다. 그중에 고려의 북쪽 경계선은 선춘령이라고 못박고 있다.[34] 이곳은 오늘날 두만강(頭滿江)을 넘어서는 지역이다. 이 지역 안에 발해가 있었다는 기록은 그 어디에도 없다. 이런 기록들은 조선초기의 기록인『세종실록』「지리지」에도 전혀 쓰여 있지 않다. 그렇다면 발해의 위치가 오늘날 한반도 북부에 위치하였다는 것은 잘못된 것이다.[35] 한반도 북부는 바로 고려의 영토였다. 그 지역까지 고려 영토였다면 거란의 동쪽 국경이 고려의 동해까지 갈 수가 없다는 것을 분명하게 말해주고 있는 것이다.

여기서 하나 확인해 볼 것이 있다.『고려사』「지리지」에 쓰여 있는 '압록'이라는 지명이다. 이 지명이 글자 그대로 지명을 말하는 것인지, 아니면 압록강을 줄여서 '압록'이라고 쓴 것인지는 분명하지 않다. 그런데 글쓴이가 보기에는 이 '압록'은 지명이지 강 이름이 아닐 것으로 본다. 압록이 지명으로 쓰였다는 것을 알 수 있는 것 중에 하나가 발해의 '서경 압록부'이다. 발해는 5경 제도를 운영하는데 그 중 하나가 '서경압록부'가 있다. 여기서 '압록부'는 바로 지명을 말한다. 그렇다면 고려사에 쓰인 '압록'도 지명이라고 봐야 한다. 그렇다면 대부분의 '압록강'이라는 강은 '압록'지역을 흐르는 강 이름일 것이다. 그러면 압록강을 찾기 전에 먼저 '압록'이라는 땅을 찾아보는 것이 순서일 것이다. 이 지명이 어디일까? 하는 것이다. 앞서 말한대로 발해는 서경압록부가 있었다. 즉 압록부에 서경이 있었다는 뜻이다. 그렇다면 혹시 발해의 압록부를 찾으면 고려의 압록부도 발해의 그곳이거나 혹은 그 어디쯤으로 이동한 지역으로 확인이 되지 않을까 하는 것이다. 여기서 먼저 한국학계나 일본학계에서 말하는 발해 서경압록부가 어디인가 하는 것을 확인해 볼 필요가 있다.

한국학계나, 일본학계의 대체적인 흐름은 발해 서경압록부는 현재 압록강 서쪽인 길림성 동북부지역을 말하고 있다. 현재 길림성 집안현, 장백현, 임강시 일대를 말하고 있는

---

33)『高麗史』,「地理志」序文
　'顯宗初, 廢節度使, 置五都護·七十五道安撫使, 尋罷安撫使, 置四都護·八牧. 自是以後, 定爲五道·兩界, 曰楊廣, 曰慶尙, 曰全羅, 曰交州, 曰西海, 曰東界, 曰北界. 惣京四, 牧八, 府十五, 郡一百二十九, 縣三百三十五, 鎭二十九. 其四履, 西北, 自唐以來, 以鴨綠爲限, 而東北則以先春嶺爲界. 盖西北所至不及高句麗, 而東北過之. 今略據沿革之見於史策者, 作地理志.'

34) 이 문제는 앞으로 지속적인 연구가 필요하므로 많은 연구자들이 공동연구가 기다려진다.

35) 발해, 여진이 한반도북부에 있었다는 것은 조선후기에 집중적으로 제기되기 시작한다. 이 문제에 대해서는 다른 기회를 보아서 밝히고자 한다.

것 같다.[36] 그 이유는 압록강은 고대로부터 지금까지 변한 적이 없었다는 강한 신념을 가지고 있기 때문이었다. 그런데 앞서 말한 『고려사』「지리지」나 『세종실록』「지리지」 등의 지리서는 발해의 위치가 한반도나 한반도와 바로 인접한 현재 압록강에 있었던 기록은 없다. 이런 것을 봐서 발해 서경압록부는 현재 우리가 알고 있는 위치가 아니라는 것을 알수 있다. 다른 곳에서 찾아봐야 한다. 최근에 고대 압록강이 몇 번 변했을 것으로 추정하는 연구가 나왔다.[37] 이것은 매우 주의를 해볼 만한 것이다. 이 연구에 의하면 발해 서경압록부는 현재 압록강 서쪽을 말하는 것이 아니고 다른 지역에 있었을 가능성이 높다. 그렇다면 이 압록을 바로 압록강으로 해석을 하여 고려의 국경을 현재 압록강-원산만으로보는 것은 큰 문제가 있는 것이다.

이 압록을 찾아 볼 수 있는 문헌 기록을 확인한바 대표적으로 두 개를 확인할 수 있었다.

첫째, 『신당서』「발해전」에 기록된 내용이다.

"고구려의 옛땅에 서경으로 삼았는데, 압록부라 불렀다. 신주, 환주, 풍주, 정주를 두었다."[38]

발해는 고구려의 옛 땅을 서경으로 삼았는데 그 땅을 압록부라고 불렀다라고 하였다.
둘째, 『요사』「지리지」에 기록된 내용이다.

"녹주(淥州) 압록군(鴨淥軍) 절도사가 다스린다. 본래 고구려의 옛 수도였다. 발해가 서경(西京) 압록부(鴨淥府)라 이름하였다. 성의 높이는 3장이고 너비는 20리이며, 신주(神州)·환주(桓州)·풍주(豊州)·정주(正州)의 군무를 총괄하였다. 옛날 세 개의 현이 있었다. 신록

---

36) 이 설을 강하게 주장하는 학자는 정약용이 대표적이다. 그는 『아방강역고』에서 발해 서경압록부의 위치를 고증하였는데 정약용의 이 주장은 훗날 발해를 연구하는데 엄청난 영향을 주었다. 이 문제에 대해서는 다른 기회에 자세히 말하고자 한다.

37) 윤한택, 2017, 「고려국 북계 封疆에 대하여」, 『고구려의 평양과 그 여운』, 주류성.

38) 『新唐書』「渤海傳」
'高麗故地爲西京, 曰鴨淥府, 領神, 桓, 豊, 正四州...'

현(神鹿縣)·신화현(神化縣)·검문현(劍門縣)인데 모두 폐지되었다. 대연림이 반란을 일으켰을 때 잔당들을 상경에 옮기고 역속현(易俗縣)을 설치하여 그곳에 살게 하였다. 호수는 2천이다. 동경유수사에 예속되었다. 통할하는 주는 4, 현은 2개이다. : 홍문현(弘聞縣)°신향현(神鄕縣)"[39]

이 기록은 '녹주에는 절도사를 두고 압록군을 두었다. 원래 고구려땅이었는데 발해가 서경압록부라고 불렀다. 성의 높이는 3장이고, 둘레는 20리였다'는 내용이다.

위의 두 기록은 하나의 사실을 말하고 있다. 다만 쓴 시대가 다를 뿐이다.

아마도 송나라나 원나라 시기에도 똑같이 이해하고 있었던 것으로 보인다. 그렇다면 같은 지역을 말하고 있는 것이다. 그런데 『요사』에서는 구체적으로 쓰고 있다. 그곳에 성이 있었고 높이가 3장이고, 둘레가 20리라는 것이다. 다만 이 성이 산성인지 평지성인지에 대한 기록이 없어 모호한 부분이 있다.[40]

이 기록에서 고구려의 고지였다는 것, 그리고 압록이라는 지명이 나오는 것을 고려하여 고구려시대 압록강의 위치를 추정해보면 그 위치가 어느 정도 확인될 것으로 본다.

고구려시대 압록강은 현재 요하일 것이라는 연구결과가 나왔다.[41] 이 연구결과는 각 시기의 문헌고증을 통한 것으로 신빙성이 높다고 봐야 할 것이다.

이 연구결과를 참고하여 발해 압록부를 추정해본다면 아마도 지금의 동요하와 서요하가 합쳐지는 지역에서 사방으로 멀지 않은 곳에 위치할 가능성이 높다.[42]

이 자료들을 분석해 볼 때 중국학계에서 주장하는 발해의 땅을 모두 점령하여 한반도 지역까지 거란의 영토였다는 것은 잘못된 것임을 알 수 있다.

전체적으로 정리하여 봤을 때 그동안 중국학계에서 주장한 내용들을 문헌자료를 근거

---

39) 『遼史』卷三十七, 「志」第七, "地理志" 二.
　　淥州, 鴨淥軍, 節度。本高麗故國, 渤海號西京鴨淥府。城高三丈, 廣輪二十里, 都督神, 桓, 豐, 五四州事。故縣三: 神鹿, 神化, 劍門, 皆廢。大延琳叛, 遷餘黨於上京, 置易俗縣居之。在者戶二千。隷東京留守詞。統州四, 縣二: 弘聞縣。神鄕縣。

40) 이 기록에서 산성을 말하고 있다면 이 지역을 찾는 것은 크게 어려울 것은 없을 것으로 본다.

41) 남의현, 2017, 「장수왕의 평양성, 그리고 압록수와 압록강의 위치에 대한 시론적접근」, 『고구려의 평양과 그 여운』, 주류성.

42) 이런 근거는 거란때 압록부 서쪽에 부여부를 두어 거란을 대비하게 하는 기록이 있다. 당시 거란은 오늘날 내몽고 적봉시 임동현일대이다. 그렇다면 임동현 동쪽 지역에 부여부가 있어야 하고, 그 동부에 압록부가 있어야 하는 것이다. 그렇기 때문에 서요하, 동요하가 합쳐지는 그 부근 어딘가로 추측을 해본다.

로 분석해 봤을 때 사실이 아니라는 것을 알 수 있었다.


# VI. 맺음말

글쓴이는 위에서 거란의 동쪽 경계에 대한 새로운 견해를 밝혔다. 새로운 견해는 필자의 추측이 아니고 역사기록에 남아 있는 것을 근거로 하고, 고고학적인 연구통계를 토대로 한 견해였다.

그 결과 거란의 동쪽 국경은 현재 길림성 중동부지역이고 요녕성은 본계시에서 수암지역으로 이어져 요동만으로 이어지는 선일 것으로 추측된다. 이런 추측은 본론에서 말한 바와 같이 문헌 사료와 고고학적 조사 결과를 근거로 한 것이다.

이 글을 쓰는 동안 아쉬웠던 것은 북한지역의 고고학 자료를 활용하지 못한 것이다. 문헌 자료를 충분히 검토하였지만 고고학 자료를 활용할 방법이 없었다.

글을 쓰면서 생각한 다른 것은 고려의 북쪽 경계선에 대한 문제였다. 우리는 흔히 지금의 압록강에서 원산만으로 알고 있었는데 자료를 검토하다 보니 그렇지 않았다. 정작 당대에 쓰여진 발해사에 관한 전문적인 사료가 없어서 연구에 많은 어려운 점이 있다는 것을 다시 한번 느끼게 되었다. 하지만 한국사와 관련한 굵직한 사료들에서는 발해의 영역을 알 수 있는 자료들이 있다는 것을 알게 되었다. 차후에 기회를 얻어 이 문제를 토론해 보고자 한다.

※ 이글은 『선도문화』14집에 발표하였던 글이다. 당시의 글을 이책에 다시 싣는데 글의 내용중 지도를 교체하였고 각주 31, 32, 37를 보완하였다. 이 논문의 저작권은 상기 『선도문화』14집에 있음을 밝혀둔다.

# ❖ 참고문헌

『고려사』

『고려사절요』

『세종실록』

『신증동국여지승람』

『아방강역고』

『요사』

『신당서』

『金史』


한규철, 1994,『발해의 대외관계사』, 신서원.

이원순 외, 1995,『고등학교 역사부도』교학사.

金渭顯, 2004,『契丹社會文化史論』, 서울, 景仁文化史.

李治亭 主編,『東北通史』鄭州, 中州古籍出版社.

趙振績,「女眞族系考」『中國歷史學會史學集刊』7.

張碧波 等 主編, 1993,『中國古代北方民族文化史』, 哈爾濱, 黑龍江人民出版社.

譚其驤編,『中國歷史地圖集』5冊, 地圖出版社.

金渭顯, 1981,『契丹的東北政策』, 臺北, 華世出版社.

愛宕松男 (刑復礼 譯), 1988,『契丹古代史研究』, 呼和浩特, 內蒙古人民出版社.

漆俠 主編, 2010,『遼宋西夏金代通史』1, 北京, 人民出版社.

姚從吾, 1972,『姚從吾全集』2, 遼朝史, 臺北, 正中書局.

傅樂成, 1973,『中國通史』, 臺北, 大中國圖書公司.

李唐 (金渭顯 譯), 1996,『遼太祖』서울, 藝文春秋館.

葉隆禮,『契丹國志』卷20,『澶淵誓書』, 契丹聖宗誓書.

徐夢莘,『三朝北盟會編』卷3.

楊樹森, 1984,『遼史簡編』, 潘陽, 遼寧人民出版社.

王溥,『五代會要』.

馮繼欽 等, 1994,『契丹族文化史』, 哈爾濱, 黑龍江人民出版社.

王民信, 1973,『契丹史論叢』, 臺北, 學海出版社.

압록과 고려의 북계

❖ Abstract

# Study on the China's Historical Studies on the Perception of the Border of Eastern Khitan

Bok, Gi-dae

China's historical studies on the Khitan have been increased. In the past, the china's historical studies on the Khitan history ware neglected because the Khitan history was perceived as the local history of eastern ethnicity and as the history of nation which afflicted 'Sinocentrism.' However, as China brought up the concept of 'Multi-ethinic Unified Nation' as their political ideology, china's historical studies started to pay attention to the Khitan history as the work of incorporating ethnicities into unification. Above all, China regards the border of Khitan as really important. China perceives that the border of the Khitan reaches Molgol and Cyberia to the north, Cenral Asia to the west, and the East Sea of Korea to the east. In this regard, there could be no more effective historical evidence than the Khitan History to argue that they have preemptive right on this region. Therefore, China's historical studies on the Khitan have been increased quantitatively and qualitatively.

In addition, China's historical studies on the Khitan have been processed in the way of distorting Goryeo History of Korea. If they argue that the border of the Khitan reaches the East Sea of Korea to the east, in the near future, worldwide studies will be starting to perceive in that way, as a result of it, they will be starting to perceive the eastern region of Korean peninsula will as the stage of the Khitan. Concerned about this scenario, I checked the eastern border of Khitan. In the process of it, I exploited a variety of archeological materials such as 〈Yosa〉, 〈Koryeosa, Sejongsylok〉, 〈Jiriji〉, 〈Shinjeungdonggu kyeojiseungram〉, 〈Abanggangyeokko〉, 〈Churido〉, etc. A variety of materials shows that the eastern border of the Khitan reaches the mid-eastern part of Liaoning Province. This result could also be supported by comparison between the distributions of the Khitan ruins and the map of Song. Therefore, this result could be regarded as highly credible.

This result could bring about many accompanying results if the eastern border of the Khitan is recognized as above. In addition, this result brings forward some necessity of studies on the problem of border of west northern Goryeo, which Korea's academy has passively responded to. In particular, studies on the position of the several wars between Goryeo and Khitan in the early period have to be done.

It is needed to generally reconsider about the history of Balhae and Jurchen as well. Because the history of Balhae and Jurchen have been studied engaged with the history of Khitan in the meantime, the positions of Balhae and Jurchen have been changed depending on the position of Khitan. Evidently, it is needed to bring about the problem of Jurchen's beloing when considered that Juchen shared the border with Goryeo and the Khitan.

I suggest that the Korean academic world has to deal with these problems brought forward from above which were not only tangled with the China's history but also associated with the Korean history.

■■ Key words: Khitan, Goryeo, Amnokgan, Changbai, the Liao-ho(River)

# 13-14세기 고려(高麗)의 요동(遼東) 인식
## -요(遼)·심(瀋) 지역을 중심으로-

윤은숙 (강원대학교 교양학부 교수)

## 국문초록

요·심 지역은 풍부한 물산을 배경으로 유목민이나 정주민들이 끊임없이 유입되어 다양한 종족들이 혼거하는 일종의 국제도시의 성격을 가지고 있었다. 고구려의 200여 년간의 요양 지배는 이 지역을 요동의 정치·경제·문화의 중심지로 부상시켰다. 고구려와의 전쟁에서 승리한 당은 안동도호부(安東都護府)를 설치하고 고구려 유민을 강제로 요양으로 이주시켰고, 10세기에 이 지역을 차지한 거란은 928년에 동란국(東丹國)을 요양으로 이동시키면서 발해유민들을 대거 요·심 지역으로 이주시켰다.

홍복원(洪福源)은 1233년에 서경, 안주(安州), 귀주(龜州) 등 40여성을 거느리고 가장 먼저 항복하였고, 몽골에서는 그를 고려군민만호(高麗軍民萬戶)에 제수하였다. 몽골은 항복해 온 고려인들을 왜 요양과 심양 일대에 거주하게 했을까? 표면적으로는 홍복원의 요청을 수용한 것이지만 몽골 역시 이 일대가 한반도 역사주체들이 대대로 거주해 온 곳이라는 인식이 있었기에 가능했다고 볼 수 있다. 고려왕인 충선왕이 제왕의 신분으로 심양로를 분봉지로 받아서 지배권을 갖게 되었기에 요동일대에서 큰 영향력을 행사하게 되었다. 다수의 고려인들이 요동일대로 옮겨간 뒤에 고려는 원 정부에 끊임없이 이들에 대한 추쇄(推刷)를 요청하였다. 고려를 이탈해 요양이나 심양 일대로 자발적으로 이동한 민에 대해서 추쇄의 필요성을 제기하고 있는 것은 고려가 이들을 여전히 고려에 예속된 민으로 인식하고 있음을 의미한다. 1370년에 전격적으로 단행된 고려의 요동정벌은 표면적으로는 동녕부의 기사인 테무르의 축출에 있었지만 실제로는 원·명이 교체되는 혼란기에 요·심 지역이 고려의 주권이 미치는 지역임을 강조하기 위한 군사 조치라고 할 수 있다.

■■ 주제어: 요·심, 고구려, 발해, 고려, 홍복원, 심왕, 요양고성, 요동정벌

# I. 머리말

고대로부터 요양과 심양은 중원 진출 혹은 요동 진입의 관문이 되었기에 다양한 민족들이 각축을 벌인 전략적 거점 도시였다. 동시에 이곳은 태자하(太子河), 혼하(渾河)와 요하(遼河) 등에 의해 형성된 넓고 비옥한 충적평야에서 생산되는 농작물은 물론이고 소금, 철 등의 물산이 풍부한 곳이었다. 따라서 요·심 지역은 발달된 수로, 육로와 해로를 통한 교통망을 따라 이동해 온 다양한 민족들이 공존하는 국제도시로서 기능하였다. 이런 이유로 동아시아에서 요·심 지역을 차지한 세력은 요동에서 주도권을 장악해 대제국으로 변모하였고 이 지역을 잃어버리면 군소 세력으로 전락하는 일들이 비일비재하게 발생하였다.

요·심 지역은 한반도의 역사주체들과 불가분의 관계를 가지고 있다. 특히 고구려가 200여 년간 이 일대를 안정적으로 지배하면서 고구려인들의 요양 이주가 크게 증가하였고, 나아가 요양이 요동의 정치·경제·문화의 중심지로 급부상하는 계기가 되었다.[1] 10세기 이후에는 거란제국이 동란국을 요양으로 옮기면서 발해유민들이 요·심 지역으로 대거 유입되었다. 또한 13세기에 이르면 자발적 또는 비자발적으로 고려의 많은 토호, 관리, 일반민이나 공사노비 등이 이주해 오면서 다시 한 번 이 지역은 한반도인들에게 주목의 대상이 되었다. 몽골제국 역시 1233년(고종20, 우구데이5)에 홍복원이 서경, 안주, 귀주 등 40여성을 거느리고 항복하자, 그를 고려군민만호에 제수할 정도로 고려인들의 이주에 비상한 관심을 가지고 있었다.

몽골은 동경(東京, 현 요양)에 거주하기를 희망한 홍복원의 요청을 수용하여 요양고성(遼陽故城)을 치소로 투항해 온 고려인들을 그에게 통합하게 하였다. 이 요양고성은 거란제국 시대의 요양성을 지칭하는 것으로 한반도 선주민들이 거주해 왔던 장소와 대체로 일치하고 있다. 또한 고려왕인 충선왕이 제왕의 신분으로 심양로를 분봉지로 받고 심왕부(瀋王府)를 설치하여 지배권을 행사하고 있었기 때문에 고려는 요·심 지역을 자신들의 주도권이 미치는 지역으로 인식하고 있었다. 이러한 인식의 일환으로 고려는 요동일대로 옮겨간 고려인들을 여전히 예속민으로 간주하고 이들에 대한 추쇄를 원 정부에 요청하였다. 또한 1370년(공민왕19)에 전격적으로 단행된 고려의 요동정벌은 표면적으로는 동녕부(東寧府)의 기(奇)사인 테무르(Gi Sain Temür)에 대한 공민왕의 보복이라지만, 실제로는 원·명이

---

1) 肖忠純, 2011, 「遼陽古城變遷考」, 『中國名城』, p.41.

교체되는 혼란을 틈타 요·심 지역에 대한 고려의 주도권을 분명히 하고자 하는 군사 조치라고 할 수 있다.

13-14세기 요·심 지역에 대한 기존의 연구는 주로 투항한 세력들 간의 권력쟁탈에 주목하였다.[2] 요·심 지역이 지니는 특수성을 고려할 때 고려인의 이주는 앞선 고구려·발해시대와 유기적인 연관성을 지니고 있을 가능성이 있다. 따라서 본 연구는 요·심 지역의 특수성에 중점을 두고, 홍복원이 거주하였던 요양고성 일대가 고대로부터 한반도 역사주체들과 어떻게 연계되었는지를 분석할 것이다. 나아가 이를 기반으로 형성된 요·심 지역에 대한 고려의 인식에 주목해 보고자 한다.


## II. 한반도 역사주체들의 요(遼)·심(瀋) 일대 거주

예로부터 요양과 심양은 중원세력이나 예맥계 또는 퉁구스계 민족들이 각축을 벌인 전략적 거점인 동시에 교통의 요충지이다. 이러한 특징은 이 일대의 지형적 특징에서도 잘 드러나는데 요하 평원의 동쪽에는 장백산맥의 지류인 해발 500-1,000m의 천산산맥(千山山脈)이 위치하고 있고 서쪽에는 해발 300-1,000m에 이르는 요서의 구릉지대가 펼쳐져 있다. 이러한 산림지대에 반해 해발 50미터 정도의 평탄하고 광활한 요하(遼河) 평원의 중심에 위치한 요양과 심양은 요동의 정치·경제·교통의 중심지로 자리 잡고 있었다. 또한 주변에는 요하, 태자하, 혼하, 대릉하(大凌河)와 소릉하(小凌河) 등의 강들이 비교적 완만하게

---

2) 김당택, 1998, 「충숙왕대의 심왕옹립운동」, 『원 간섭하의 고려정치사』

　　김혜원, 1998, 「高麗後期 瀋王 硏究」, 『이화여자대학교대학원』

　　朴玉杰, 2000, 「高麗末 北方 流民과 推刷」, 『백산학보』60

　　梁義淑, 1996, 「元 간섭기 遼瀋地域 高麗人의 동향」, 『東國歷史敎育』4

　　주채혁, 1974, 「洪福源一家와 麗元關係(一)」, 『사학연구』24

　　岡田英弘, 1959, 「元の瀋王と遼陽行省」, 『朝鮮學報』14

　　森平雅彦, 1998, 「高麗王位の基礎的考察-大元ウルスの一分權勢力としの高麗王家」, 『朝鮮史硏究會論文集』36, 朝鮮史硏究會

　　森平雅彦, 1998, 「駙馬高麗王國の成立-元朝における高麗王の地位についての豫備的考察」, 『東洋學報』79-4, 東洋文庫

　　刁書仁·張春, 2000, 「論明初高麗王朝與明朝的關係」, 『北華大學學報』1-1

　　叢佩遠, 「元代遼陽行省境內的 契丹, 高麗, 色目與蒙古」, 『宋·遼·金·元史』, 中國人民大學書報資料中心, 1993 등.

흘러가고 있어서 넓은 충적 평야를 이루고 있다. 넓은 평원과 다양한 수원을 확보한 이 지역은 요동일대에서 농경에 가장 적합한 장소이다. 중국의 전국시대에 해당하는 시기에 이 지역에서 출토된 유물 중에 괭이(钁), 가래(鍤), 삽(鏟)과 도끼(斧) 등의 기토(起土) 및 중경(中耕)이 가능한 농구들이 전체 출토 유물에

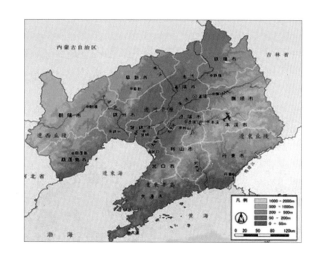

서 66%이상을 차지하고 있는 점은 농경의 비중이 매우 높았음을 보여준다.[3] 이처럼 이 일대는 토지가 비옥하여 농경에 적합했을 뿐만 아니라 예로부터 목재와 철, 소금, 어류 등이 풍부하게 나는 곳으로 유명하였다.[4] 이러한 풍부한 물산을 배경으로 유목민이나 정주민들이 끊임없이 유입되어 다양한 종족들이 혼거하고 있었다.

요택(遼澤)이 기후변동으로 원대에 다소 줄어들기는 했으나 명대 이전까지 요서와 요동 교통의 장애물이 되었기에 요양에서 태자하와 혼하를 따라 심양을 거쳐 만주로 들어가거나 요택을 돌아 중원으로 가는 경우가 많았다. 이러한 교통로를 따라 요양은 중원이나 만주 일대의 물산이 집합하는 장소가 되었다.[5] 고대로부터 북쪽으로는 오환, 부여, 동쪽으로는 동번 등에서 왕래하며 무역하였고 요양에서 주조한 '양평포(襄平布)'라는 금속화폐가 요동일대에서 사용되었음은 이 지역이 상품의 집산지임을 보여준다.[6] 박지원은 『열하일기』에서 요양의 특징을 다음과 같이 묘사했다.

천하의 안위는 늘 이 요양의 넓은 들에 달려 있으니 이곳이 편안하면 천하의 풍진이 잦아들

---

3) 崔德卿, 2007, 「古代 遼東지역의 農具와 農業技術」, 『中國史研究』49, p.16.

4) 『遼史』 권75, 「耶律羽之傳」.

5) 김종완, 2013, 「위진남북조시대의 양평(襄平)」, 『한중관계사상의 교통로와 거점』, 동북아역사재단.
   윤은숙, 2011, 「대원사행을 통해 본 이승휴의 현실인식」, 『이승휴의 사상과 역사의식』, 역사공간.

6) 『漢書·地理志』.

고 이곳이 한 번 시끄러워지면 천하에 전투 북소리가 요란하게 울려 퍼진다. 이는 어인 까닭인가. 대개 들판이 평평하고 넓게 확 트여 천리가 한눈에 들어오는 이곳은 지키자니 힘들고 버리자니 오랑캐가 쳐들어오면 방비할 계교가 전혀 없으니 중국으로서는 반드시 지켜야 할 터전이다. 비록 천하의 병력을 동원해서라도 이를 지켜야만 천하가 편안해질 수 있는 것이다.

위의 박지원의 글을 통해 군사적 거점인 요양의 중요성을 다시금 인식할 수 있다. 이곳을 배경으로 고대로부터 청대에 이르기까지 끊임없는 전투가 벌어졌고 요양과 심양을 차지하는 세력이 동아시아의 중심세력이 되고 있음을 확인할 수 있다. 북상한 원(元)도 요양행성(遼陽行省) 평장(平章) 유익(劉益)이 명조에 투항함으로써 요양을 잃게 되자 만주를 상실하게 되어 몽골리아로 복귀하고 말았다.[7] 고구려나 중원세력이 군대를 이동시킨 루트 역시 이 노선을 따르고 있어서 교통로가 그대로 군사 거점이 되기도 했다. 「광개토왕비」에도 395년(영락5)에 광개토왕이 패려(稗麗)를 정벌하고 양평도(襄平道)를 따라 귀환했음을 기록하고 있어서 요양이 군사 이동의 거점으로 작용했음을 보여준다.[8]

요양과 심양이 요동의 중심지로 한적사료에 처음 등장한 때는 전국시대 연(燕)나라가 요동군(遼東郡)을 설치한 것에서 시작된다. 『사기』「흉노열전」에 따르면 "연(燕) 또한 조양(造陽)에서 양평(襄平)까지 장성을 쌓았다. …… 상곡(上谷)·어양(漁陽)·우북평(右北平)·요서·요동군을 두어 호(胡)를 막았다"[9]라고 하였다. 양평은 요양의 옛 명칭으로 이후 창평(昌平), 요동, 요주(遼州) 등의 다양한 명칭으로 불리다가 거란제국시기에 와서 동경요양부(東京遼陽府)가 설치된 이래 요양으로 불리게 되었다. 심양지역은 당나라 이래로 심주(瀋州)로 불리다가 심양이란 명칭은 1296년(元貞2)에 심양등로안무고려군민부(瀋陽等路安撫高麗軍民府)를 설치하면서 처음 등장한다. 이 때 심양로의 치소는 현재의 심양이 아니라 요양에 있었고, 심양은 심주의 심(瀋)과 요양의 양(陽)이 합해진 글자이다.[10]

---

7) 윤은숙, 2014, 「元末明初 劉益의 明朝 투항과 高麗의 對明 使行의 성격」, 『역사학보』221.

8) 임기환, 2013, 「고구려의 요동 진출과 영역」, 『고구려발해연구』45, p.86)에서 비문에 나오는 양평을 望平으로 해석하는 주장에 대해, 이것이 일개의 지명이 아니라 중요한 거점을 중심으로 하는 교통로이기 때문에 양평으로 해석해야 함을 제기하였다.

9) 『史記』권110, 「匈奴列傳」 燕亦築長城, 自造陽至襄平. …… 置上谷漁陽右北平遼西遼東郡以距胡.

10) 張國慶, 2013, 「遼金元時期瀋陽城建變遷考」, 『遼寧工程技術大學學報』15-2, p.117.

기원전 226년에 진이 연을 공격하자 연왕(燕王) 희(喜)와 태자 단(丹)이 군대를 이끌고 양평성에 주둔하면서 이곳이 연나라의 정치 중심이 되기도 했다. 진과 한도 명목상으로 요동군의 치소를 양평현(襄平縣)으로 하였고, 189년 이후에는 요동태수(遼東太守) 공손도(公孫度)가 요양을 근거지로 세력을 확장하였다. 319년에 선비족의 모용마(慕容廆)가 요동군을 함락하고 양평을 치소로 하여 활동하였다. 광개토왕 시기에 요동군이 고구려의 영역에 포함되면서 중원세력과 대립하는 군사적 교두보의 역할을 하게 되었다. 고구려는 양평 일대를 요동성(遼東城)으로 불렀고 이후 200여 년간 요양과 심양일대는 고구려의 지배하에 안정적으로 번영할 수 있었다.[11]

고구려는 이 일대를 획득한 후에 요동성을 구축하기 시작했는데 이것은 1953년 평안남도 순천군 용봉리의 고구려 고분벽화에 나타난 요동성총(遼東城塚)을 통해 확인할 수 있다. 해서로 쓴 '요동성(遼東城)'이라는 명문과 함께 그려진 성의 구조는 중앙에 내성 외성의 2중 성벽을 가진 주성(主城)이 있고 그에 인접하여 남쪽과 동남쪽에 조그마한 외성의 형태를 볼 수 있게 배치되어 있다. 주성의 동서 양문 위에는 중층 문루가 있고 남문과 성곽 네 모서리에 있는 각루는 단층이며 성벽에는 치첩과 같은 시설이 있다.[12] 서쪽 측면에 성호(城壕) 또는 해자 같은 모양이 있고 성 부근의 산맥 모양은 현재 요양성 부근의 태자하와 수산(首山)의 지형과 일치한다. 특히 내성은 일반인들의 거주 지역으로 추정되는데 고구려가 이 일대를 통치하던 시기에는 당연히 많은 고구려인들이 요동성에 거주하고 있었다.[13]

612년(영양왕23)과 613년에 수의 군대가 요하를 건너 요동성으로 진격하였으나 실패하였다. 그 후 645년(보장왕4)에 당태종이 요서의 영주(營州)에서 요하를 건너 개모성(蓋牟城)과 비사성(卑沙城) 등을 함락시킨 뒤에 이적(李勣)이 군대를 이끌고 요동성을 공격해 왔다. 결국 요동성이 함락되었고 죽은 자가 1만 여명, 포로가 된 병사가 1만 여명, 남녀가 4만 여명 있었다고 한다.[14] 당은 요동성을 요주(遼州)라고 하였고, 고구려가 멸망한 이후에는 안동도호부(安東都護府)를 설치하여 기미 지배하였다. 이 때 강제로 이주된 고구려 유민

---

11) 복기대, 2010, 「고구려 도읍지 천도에 대한 재검토」, 『단군학연구』22, p.227)는 장수왕이 천도한 평양을 요양으로 비정하고 있다.

12) 서길수, 2004, 「高句麗 壁畵에 나타난 高句麗의 城과 築城術」, 『고구려연구』17, p.373.
  余昊奎, 1999, 『高句麗 城Ⅱ -遼河流域篇』, 國防軍史研究所, p.305-314.

13) 王禹浪, 2012, 程功, 「東遼河流域的古代都城-遼陽城」, 『哈爾浜學院學報』33-6, pp.4-5.

14) 『冊府元龜』117, 「親征」.

28,200호가 여러 지역으로 흩어졌고 많은 유민들이 요동성 일대에 거주했을 가능성이 높다.[15] 당은 고구려를 멸망시킨 뒤에 안동도호부를 설치하였으나 기미지배의 특징상 철저한 통제가 불가능하기 때문에 얼마 지나지 않아 유명무실해졌다. 당시에 당은 보장왕을 요동도독조선군왕(遼東都督朝鮮郡王)으로 책봉하고 그 유민을 초무하려 했으나, 고구려 부흥세력의 완강한 저항으로 요동에 대한 통제권을 잃게 되었다. 요양은 발해 성립 이후에 발해의 영역 안에 포함되기도 하였으나 거란세력이 유입될 때까지 이 일대는 일종의 무정부 상태를 유지하며 고구려 유민을 비롯해 북방계와 한족들이 혼거하고 있었다.[16]

916년에 거란제국을 건국한 야율 아보기는 국가체제를 정비하면서 정복활동을 통해 세력을 크게 확장하였다. 918년에 요양을 장악하고 이곳을 전초기지로 삼은 후 919년(神冊 4)에 방치되어 있던 옛 성을 수리한 뒤에 동평군(東平郡)을 세우고 방어사(防禦使)를 설치하면서 발해민과 한인(漢人)들을 이주시키기 시작했다.[17] 이후 928년(天顯3) 동란국(東丹國)이 요양 부근인 양수(梁水, 태자하) 일대로 이동하면서 발해유민들을 대거 요·심 지역으로 이주시키고 남경(南京)으로 승격시켰다. 이 때 야율익지(耶律羽之)는 태종에게 표를 올려 양수의 땅이 발해인의 고향이고 넓고 비옥하며 목철염어(木鐵鹽漁)의 이로운 점이 있으니 그들의 힘이 유약한 틈을 타서 이주시키는 것이 만세장책(萬世長策)이라고 역설하였다.[18] 발해인들이 요양 일대로 이주하면 거처가 안정되고 편안히 생업에 종사하게 되어 거란을 돕는 세력이 될 것이라는 낙관론에 따른 결과라고 할 수 있다. 성 문이 8개인데 남쪽은 용원(龍原), 서남쪽은 현덕(顯德), 북쪽은 회원(懷遠), 동북쪽은 안원(安遠)이라 하여 발해 15부에 등장하는 이름을 그대로 사용하게 하였고, 938년에 남경을 동경으로 개칭하고 요양은 요양부라고 하였다. 거란의 이주정책의 결과 수많은 발해유민들이 요·심 일대로 와서 거주하게 되었다.

동란국의 대다수가 발해인으로 구성되었기에 그 운영에 발해인들이 적극 참여하였고 특히 하급 관리의 대다수는 발해인이 맡게 되었다. 982년에 동란국을 폐지한 거란은 요양일대에 대한 통제를 강화하려 하였으나, 이미 요양일대의 풍요로운 경제를 기반으로 급성장

---

15) 김종복, 2003, 「고구려 멸망 이후 당의 지배 정책-안동도호부를 중심으로-」, 『사림』19, p.10.

16) 河內良弘, 1986, 「明代遼陽の東寧衛について」, 『東洋史研究』44, p.683.

17) 『遼史』권2, 「太祖本紀」권2. 二月丙寅, 修遼陽故城, 以漢民發海戶實之, 改爲東平郡, 置防禦使.

18) 『遼史』75, 「耶律羽之傳」. 恐爲後患. 梁水之地乃其故鄕, 地衍土沃, 有木鐵鹽魚之利. 乘其微弱, 徙還其民, 萬世長策也.

압록과 고려의 북계

한 발해인들은 거란의 지배를 거부하였다. 1029년(태평9)에 요양의 대연림(大延琳)이 흥요국(興遼國)을 건립하거나, 1116년(천경6)에 고영창(高永昌)이 요양성을 점거하며 대발해 황제를 자청할 정도로 요양에서의 발해인의 위상이 크게 신장하였다. 이로써 요양일대에는 고구려의 유민들로부터 발해 유민들에 이르기 까지 많은 한반도의 선주민들이 모여 살면서 집단부락을 형성하고 번성하여 금대에는 5천 여 호에 이르고 승병(勝兵)이 3만이나 되었다.[19] 요양에서 활동했던 발해인들은 여진귀족들과 혼인을 통해 점차 세력을 확장하고 금국 건립에 중추적인 세력이 되었다. 해릉왕과 세종 완안옹(完顔擁)의 모친이 모두 요양 발해인인 대씨(大氏)와 이씨(李氏)였음은 물론이고 요양의 발해귀족들은 금조정의 외척집단으로 대대로 영예를 누리기도 하였다.[20]

# III. 고려인의 요·심 이주와 심왕(瀋王) 책봉

고구려나 발해의 유민들이 요양 일대로 이주한 것이 멸망에 따른 타의에 의한 피동적 이민이라면 13세기 이후에는 몽골과의 전쟁으로 포로가 된 이들 뿐만 아니라 자발적으로 요동으로 이주하는 일들이 자주 일어났다. 당시에는 국경 개념이 존재하지 않았기에 한반도인들이 필요에 의해 언제든지 요동으로 이동하는 일이 발생하기도 했다. 이러한 이동은 필요 여부에 의해 결정되기 때문에 장기적 체류를 목적으로 하고 있지는 않지만 원제국이 요동일대를 차지한 이후에는 많은 수의 무리들이 장기적 체류를 목적으로 요동으로 유입되었다. 원이 요동으로 유입되는 고려인들을 통치하기 위해 심양에 심양로(瀋陽路)를 설치할 정도로 유입 인구가 급격히 증가했다.

특히 고려인들 중에 북계 일대 민들의 요동 유입이 두드러진 현상으로 나타났다. 이것은 기본적으로 고려의 북계 민에 대한 차별을 배경으로 하지만, 여·몽 전쟁기 고려정부의 무책임한 태도와 몽골군의 위력을 실감하는 과정에서 자연스럽게 발생하게 되었다. 특히 고려 정부가 1232년 6월 강화도로 천도를 결정하면서 고려에 주둔하고 있던 다루가치를 제

---

19) 『松漠紀文』上, 「渤海」.
20) 김위현, 2009, 「고대 한민족의 민족이산과 그 역사가 남긴 흔적들: 금대 발해인의 向方」, 『민족학연구』, p.98.

거하는 과정에서 서경인(西京人)들의 심경을 통해 당시의 정황을 엿볼 수 있다.

8월 기유삭에 서경순무사(西京巡撫使) 대장군(大將軍) 민희(閔曦)가 사록(司錄) 최자온(崔滋溫)과 더불어 몰래 장교(將校)들을 시켜 달로화적(達魯花赤)을 살해하려고 모의하였다. 서경인들이 그것을 듣고 "이와 같이 한다면 우리 서경은 반드시 평주(平州)처럼 몽골군에게 도륙을 당할 것이다."라고 하며 반란을 일으켰다.[21]

서경인들이 고려 정부의 명령을 따르지 않고 반란을 선택한 것은 몽골군이 평주의 관리를 죽이고 살아있는 생명체를 모두 제거한 전례를 잘 알고 있었기 때문이다. 즉, 자신들의 정권 유지에만 급급한 나머지 강화도로 퇴각하면서, 내지에 남아 극심한 고난을 당할 백성들을 고려하지 않는 정부의 무책임을 목도한 것이 요동 이주의 한 이유가 될 수 있다. 여·몽 1차 전쟁 개시 직후부터 고려인들의 투항이 속출하기 시작했고, 연이은 패전과 고려 정부의 중앙 통제력 약화는 고려인들의 요동 유입을 더욱 촉발하였다.[22]

고려에서 요동으로 자발적으로 이주한 고려인들은 토호세력, 일반민, 노예 등의 세 부류로 나눌 수 있다. 우선 토호세력으로 가장 먼저 투항한 이는 홍복원(洪福源)이었다. 1233년(고종20)에 인주(麟州) 신기도령(神騎都領) 홍복원이 서경, 안주(安州), 귀주(龜州) 등 40여 성을 거느리고 항복하였고, 몽골에서는 그를 고려군민만호(高麗軍民萬戶)에 제수하고 투항한 고려 민을 요양과 심주 등에 산거시켰다. 이 때 홍복원이 거느리고 온 고려인의 규모가 1,500여 호 정도 된다.[23] 같은 해에 김신효(金信孝)가 소관 10여 개 성을 거느리고 투항하였고 1238년(고종25)에는 조현습(趙玄習), 이원우(李元祐) 등이 무리 2,000여 명을 이끌고 투항했으며, 이군식(李君式) 등의 12인도 투항했다. 1253년에는 양근성(楊根城) 방호별감(防護別監) 윤춘(尹椿), 1254년 쌍성(雙城)의 이안사(李安社)가 1,000호를 거느리고 왔고, 1258년에 광복산성(廣福山城)의 관리 및 용진현(龍津縣) 토호 조휘(趙暉), 정주 토호 탁청(卓青), 삭방도(朔方道), 등주(登州)와 문주(文州) 토호 등이 화주(和州) 북쪽 여러 성의 백성들을 거느리고 투항했다. 1260년에는 백주(白州) 소복별감(蘇復別監) 김수제(金守磾)와 별장(別將)

---

21) 『高麗史』권23, 고종19년 8월조.

22) 이정란, 2015, 「여·몽전쟁기 변경민의 몽골 '체험'과 고려 조정의 대응 -1차 여몽전쟁을 중심으로-」, 『한국사학보』61, pp.263-267. 梁義淑, 1996, 「元 간섭기 遼瀋地域 高麗人의 동향」, 『東國歷史敎育』4, p.5.

23) 『元史』권208, 「外夷高麗傳」.

우정(于珽), 안북도령(安北都領) 원진(元振)과 옹진현령(甕津縣領) 정숭(鄭崇), 1269년에는 서북면병마사(西北面兵馬使) 영리(營吏) 최탄(崔坦)·한신(韓愼), 삼화현(三和縣) 교위(校尉) 이연령(李延齡), 정원도호(定遠都護) 낭장 계문비(桂文庇), 연주(延州) 현효철(玄孝哲) 등이 서경 54성과 서해 6성 군민을 거느리고 귀부하였다. 이처럼 1233년부터 1269년까지 투항한 지배층들은 향리, 장교 등의 토호세력이나 방호별감, 현령 등의 중앙에서 파견 온 관원들이 대다수를 차지하고 있다. 몽골은 이들을 동경(현 요양)에 안치하고 어전은패를 하사해 생활의 기반을 제공했으며, 이군식에게도 조현습의 예를 따르게 했다. 이후 투항하여 온 고려인들은 모두 홍복원의 통솔 하에 들어갔다.[24)]

몽골이 홍복원의 귀부를 융숭히 대접하고 고려인들의 통솔권을 그에게 넘긴 것은 첫 번째로 이루어진 자발적 귀부였기 때문이다. 몽골은 본래 자발적 귀부를 중시하는데 1221년에 칭기스칸이 내린 칙령을 통해서도 확인된다.

누구라도 복속하면 그 자신과 처자식들과 권속들에게 자비가 있을 것이나, 누구라도 복속하지 않고 적대와 저항을 앞세운다면 그는 처자식들과 권속들과 함께 파멸하고 말 것이다.[25)]

만약 고려국왕 왕철과 본래 전쟁을 일으킬 것을 도모한 사람들을 잡아서 내조하는 자는 먼저 항복한 홍복원과 마찬가지로 모두 은휼을 더하여 임용할 것이다.…… 항복한 백성들은 모두 홍복원으로 하여금 통섭하게 하라.[26)]

몽골제국에서 홍복원의 자발적 귀부는 전시 상황에서 고려인들의 이탈을 유도하고 여·몽 전쟁에서 길잡이로 활용해 유리한 고지를 점령할 수 있기에 높이 평가되었다. 홍복원 이후 투항자들에게 대해서는 차등있게 관직과 금은 등을 하사하고 요·심 지역에 안착하게 함으로서 더욱 많은 투항을 유도하고 있다. 또한 항복한 자들을 모두 그에게 통합하게 함으로써 홍복원 가문은 100여 년간 요양 일대에 대한 통할권을 가지고 권세를 누릴 수 있었다.

---

24) 『元史』권154, 「洪福源傳」.

25) 라시드 앗 딘 지음, 김호동 역주, 2003, 『칭기스칸기』, 사계절, p.349.

26) 여원관계사연구팀 편, 2008, 『譯註 元高麗紀事』, 선인, p.72.

고려 무신집권기 이래 불안한 정세로 인해 유망하는 민이 발생하기 시작해서 몽골 침략기에는 그 수가 폭발적으로 증가하였다. 1270년(원종11, 지원7)에 고려가 유민을 쇄환하기 위해 원에 보낸 문서에 보면 '역을 피해 도망친 우민(憂民)', '범죄를 저지른 자', '면천하려는 공사노비'[27] 등으로 되어 있다. 또한 1331년에 원에 보낸 표문에는 "주현에서 역을 감당해야 하는 인민과 관청, 사원노비와 사노비"[28]라고 기술되어 있다. 이들 중의 대다수는 원의 통치지역인 요양과 심양 그리고 동녕부나 개원로 등지로 이주해 갔다. 강화도 정부의 가혹한 수탈, 관리의 횡포와 몽골의 침입으로 피해가 오랫동안 지속되자 민심이 급격히 이완되어 더욱 더 고려 탈출을 부추기게 되었다. 요양이나 심양은 다른 지역에 비해 토지가 비옥하고 원에 내야 하는 조세 부담이 고려에 비해 상대적으로 적었기 때문에 정착하기 유리하였다.[29]

몽골은 항복해 온 고려인들을 왜 요양과 심양 일대에 거주하게 했을까? 표면적으로는 홍복원의 요청을 수용한 것이지만[30] 몽골 역시 이 일대가 한반도 선주민들이 대대로 거주해 온 곳이라는 인식이 있었기에 가능했다고 볼 수 있다. 이러한 배경은 『요사』, 『금사』와 『원사』를 통해서도 확인된다.

> 동경 요양부(東京遼陽府)는 본래 조선의 땅이다. …… 요나라 동경이 본래 이곳이다. 당나라 고종이 고려를 평정하고 이곳에 안동도호부를 두었고, 후에 발해 대씨의 소유가 되었다.[31]
>
> 요양부는 중등의 부이고 동경유수사(東京留守司)를 두었다. 본래 발해 요양의 옛 성이었는데 요나라에서 그곳을 보수하고 군을 동평(東平)이라 명명하였다. 천현3년(天顯三年)에 남경으로 승격되었고, 부를 요양이라 했다. 13년에 동경으로 바꾸었다. 태종 천회10년에 남경로평주군수사(南京路平州軍帥司)를 변경하여 동남로도통사(東南路都統司)로 삼았을 때 이곳에 사(司)를 설치하고 고려를 진압했다.[32]

---

27) 『高麗史』 권26, 원종 11년 11월조.

28) 『高麗史』 권36, 충혜왕 원년 4월조.

29) 김순자, 1992, 「원간섭기 민의 동향」, 『역사와 현실』7, pp.65-66.

30) 『元史』 권208, 「高麗傳」

31) 『遼史』 권38, 「지리지」 東京道. 東京遼陽府, 本朝鮮之地. 遼東京本此. 唐高宗平高麗, 于此治安東都護府, 後爲渤海大氏所有.

32) 『金史』 권24, 「지리지」 遼陽府. 遼陽府中東京留守司. 本渤海遼陽故城, 遼完葺之, 郡名東平. 天顯三年, 升爲南京, 府曰遼陽. 十三年更爲東京. 太宗天會十年, 改南京路平州軍帥司爲東南路都統司之時, 嘗治于此, 以鎮高麗.

요양로는 당 이전에 고구려와 발해 대씨의 땅이다. 양 정명(梁 貞明) 간에 아보기가 요양고
성에 동평군을 설치했다.[33]

심양로는 원래 읍루의 옛 땅으로 발해 대씨가 정리부(定理府)를 건립하고 심주와 정주의
도독으로 심주를 관할하게 했다.[34]

『요사』, 『금사』와 『원사』「지리지」에서는 한결같이 요양이 고조선, 고구려와 발해의 영
역이었음을 기술하고 있다. 앞 장에서 살펴본 바와 같이 요양이 고구려와 발해에 속해 있
었던 시기가 있었고 다수의 한반도 선주민들이 대대로 거주하던 곳이기 때문에 몽골의 이
지역에 대한 인식은 이러한 역
사적 배경을 바탕으로 있다.
여·몽 전쟁기에 처음 투항해 온
홍복원이 동경(요양)에 거주하
기를 요청한 것도 이 지역 사정
을 잘 알고 있었기 때문으로 보
인다. 본래 북계 지역민들은 여
진이나 요·심 일대와 맞닿아 있
기 때문에 서로 교역하기도 하
고 혼인하기도 하는 등 왕래가
많았다.[35] 따라서 홍복원이 요양
을 선택한 것은 요·심 지역의 사

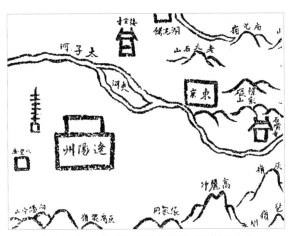

[그림 2] 명·청대의 요양성(출처: 『遼陽州志』)

정에 정통해 있었기에 가능한 일이었다. 『요사』와 『금사』에서도 드러나듯이 요양과 심양
일대가 고려와 밀접히 연결되었다고 본 몽골도 홍복원과 그 무리들이 계속해서 투항해
온다면 한반도의 주민들과 연원이 깊고 익숙한 요양일대가 가장 적합하다는 인식하에 홍
복원의 요구를 수용하였다. 이에 홍복원에게 귀부고려군민장관(歸附高麗軍民長官)의 직을
하사하고 요양고성(遼陽故城)을 치소로 해서 투항해 오는 고려인들을 통솔하게 했다.

---

33) 『元史』권59, 「지리지」遼陽路. 唐以前爲高句麗及渤海大氏所有. 梁貞明中, 阿保機以遼陽故城爲東平郡.

34) 『元史』권59, 「지리지」瀋陽路. 本挹婁故地, 渤海大氏建定理府, 都督瀋定二州, 此爲瀋州地.

35) 『고려사절요』권32, 우왕9년 8월조.

홍복원이 고려인들을 통솔했던 요양고성은 거란제국시대의 요양성을 가리키는 말로 1372년에 명이 요동도사(遼東都司)의 진성(鎭城)으로 축조한 요양구성(遼陽舊城)과 대체로 일치한다.[36] 이 일대에 있던 1281년(지원17)에 건립된 관제묘(關帝廟)를 1993년에 중수하다가 건물터에서 위쪽에 "요궁전(遼宮殿)", 아래쪽에 "성고삼장, 남위삼문, 장이루관. 사우유각루 상거각이리, 궁장북유양국황제어용전(城高三丈, 南爲三門, 壯以樓觀. 四隅有角樓 相去各二里, 宮墻北有襄國皇帝御容殿)"이라는 명문이 새겨진 비를 발견하였다. '양국황제'는 거란 야율 아보기의 장자인 야율배(耶律倍)의 시호이다. 또한 이 일대에 있는 요양백탑(遼陽白塔)이 금 세종 시기에 건립되었으므로 요, 금과 원대의 요양성은 모두 같은 지역을 가리키고 있음을 알 수 있다. 『원사』에서 야율 아보기가 '요양고성'을 '동평군'이라 했다고 한 점으로 보아 요양고성이란 명칭이 거란시기에만 사용된 것은 아니라고 볼 수 있다. 이 성이 고구려의 요동성을 지칭하는 말인지는 사료의 한계로 확인할 수 없다. 다만 요동성총에 묘사된 태자하와 수산의 위치로 보거나 거란, 금, 원, 명대의 요양성 위치가 대동소이한 점으로 볼 때 대대로 유사한 자연지형을 배경으로 성을 건축했을 가능성이 높다.

『요동지(遼東志)』에 따르면 "고려성(高麗城)은 요양성(명대 요양구성)의 동남쪽에 있는데 지금의 정요중위(定遼中衛)가 다스린다"[37]고 하고 "발해성은 요양성의 동북에 있는데 지금의 정요전위(定遼前衛)가 다스린다"[38]라고 한다. 또한 동란왕궁(東丹王宮)은 요양성의 동북에 위치한다고 해서 발해성과 일치되고 있다.[39] 『전요지(全遼志)』에서도 "고려성은 요양성 동남쪽 모서리에 있고 지금은 정요중위가 다스리는데 속칭 고려영(高麗營)이라고 한다"[40]라고 기술되어 있다. 『요동지』와 『전요지』에서 말하는 고려성이 고구려성인지 고려성인지 확실히 알 수는 없으나, 고구려 이래로 한반도 역사주체들이 요양고성 일대에서 대대로 거주해 왔음은 분명하다. 이렇게 보면 홍복원이 고려인들을 다스렸던 지역은 대대로 한반도 선주민들이 거주했던 장소와 밀접히 관련되어 있다고 볼 수 있다.

1241년(고종38)에는 고려 왕족 영녕공(永寧公) 왕준(王綧)이 인질로 오게 되자, 몽골은 그를 안무고려군민총관(安撫高麗軍民總管)에 임명하고 홍복원 휘하의 2,000여 호를 주고 심

---

36) 『遼東志』권1. 遼宮在遼陽城都司治東北.

37) 『요동지』권1. 高麗城 在遼陽城東南隅今定遼中衛治.

38) 『요동지』권1. 渤海城 在遼陽城東北隅今定遼前衛治.

39) 『요동지』권1. 東丹王宮在遼陽城內東北隅.

40) 『全遼志』권4. 高麗城 在遼陽城東南隅今定遼中衛治俗稱高麗營.

주 일대를 다스리게 했다. 이렇게 해서 원에 귀부한 고려인들 중 요양에 거주하는 자는 홍복원 일가에, 심양에 거주하는 자는 왕준 일가의 통제를 받게 되었다. 1296년(충렬22, 원정2)에 요양의 관령귀부고려군민총관부(管領歸附高麗軍民總管府)와 심주의 안무고려군민총관부를 심양등로안무고려군민총관부(瀋陽等路按撫高麗軍民總管府)로 통합하고 총관5, 천호24, 백호125를 두었다. 이 때 치소를 심주가 아니라 요양으로 하였음은 홍복원 일가에게 주도권이 넘어 왔음을 의미한다.[41] 원 지순연간의 통계에 따르면 심양로등로안무고려군민총관부의 전량호구는 총 5,183호로 약 3만 명 정도에 달했다.[42] 홍복원 일가는 고려인을 관령하는 총관직은 물론이고 홍복원 아들 홍다구(洪茶丘), 손자 홍중희(洪重喜)가 중앙관직인 요양행성의 우승(右丞), 홍다구의 사위 홍군상(洪君祥)이 평장정사 직을 맡으면서 원말까지 요양행성에서 막대한 영향력을 발휘하였다.

한편, 몽골 통치 이후 요·심지역의 가장 큰 변화는 충선왕이 1307년(대덕11)에 무종(武宗) 카이샨을 대칸으로 옹립한 공로로 심양왕(瀋陽王)에 책봉되었다는 점이다. 나아가 1310년(지대3)에는 충선왕을 황금씨족에게만 부여되던 일자 왕호인 심왕으로 개봉했다.[43] 고려 왕실 출신 인질인 왕준이 심주를 통합했던 적이 있기는 하지만 충선왕의 경우는 심양왕과 심왕이라는 제왕의 신분으로 심양로를 분봉지로 받아서 지배권을 갖게 되었음을 의미한다. 또한 충선왕은 심양왕이 된 다음 해인 1308년에 고려왕에 복위되었기에 고려왕인 동시에 심왕의 지위를 가지게 되어 고려와 요동 일대의 지배자로 급부상하게 되었다. 비록 충선왕의 심왕 책봉이 옷치긴의 방계인 나이마다이의 수왕(壽王) 책봉처럼 옷치긴계 후왕이나 무칼리 같은 분권적인 제왕 세력을 해소하려는 원정부의 정치적 계산의 산물이기는 하나, 이를 통해 고려는 요·심 지역에서 확고한 지배권을 행사하게 되었다.[44]

이 시기 요·심 지역은 형식적으로는 요양행성(遼陽行省)의 관할 하에 있었지만 대부분 제왕들의 경우처럼 심왕도 행성 민에 상당한 영향력을 미쳤다. 심왕이 심양로 일대에서 행사한 통치력은 다음의 내용을 통해 확인할 수 있다.

---

41) 김혜원, 1998, 「高麗後期 瀋王 研究」, 『이화여자대학교대학원』, p.28.

42) 『元史』권58, 「지리지」.

43) 『원사』 권23, 「무종본기」, 무종3년 4월조.

44) 『원사』 권23, 「무종본기」, 무종1년 6월조. 『고려사』 권33, 「忠宣王世家」, 충선왕1년 5월조. 윤은숙, 2010, 『몽골제국의 만주 지배사』, 소나무, p.237. 김혜원(1998, pp.30-31)은 홍복원 일가가 요·심 지역에서 주도권을 잡는 것을 경계해 홍씨 일가의 독주를 막기 위해 충선왕을 심양왕에 책봉했다고 보았다.

가) 황제가 심양로의 관리들에게 명하여 심양을 건너뛰어 주청을 올리지 말라고 하였으며, 어기는 자는 처벌하도록 하였다.[45]

나) 처음에 상왕이 원에 있을 때 종신인 사복정 백응구가 화식에 능하므로 심왕부(瀋王府)의 일을 주관하게 하였는데, 응구가 본국으로 도망하여 왔다.[46]

다) 심부요좌(瀋府僚佐)가 또 국가의 득실을 소송하여 장차 묘당에 말하려 하는데 공이 홀로 긍정하여 서명하지 않았다.[47]

라) 충숙왕이 입조하니 심부용사자(瀋府用事者)가 담장을 엿보는 화를 불붙이듯 일으켰다.[48]

1310년(충선2, 지대3)에 무종 카이샨이 심양로의 주청은 반드시 심왕을 통해서 이루어져야 함을 강조한 가)의 내용은 심왕 옹립 초기의 무질서한 보고 체계를 바로 잡아서 심왕에게 심양로의 주도권을 넘기려한 조치로 보인다. 쿠빌라이 카안이 제왕 세력을 견제하고 중앙집권화를 강화하기 위해 설치한 행성제도는 행성과 제왕들이 해당 지역민을 이중적으로 지배하는 형태였기에 막대한 혼란이 초래되기도 했다. 1310년은 심왕 책봉 초기였으므로 행성과 심양로 사이에 보고 체계가 정비되지 않은 상태였다. 이에 카이샨은 심양로는 반드시 심왕을 경유해야 함을 강조함으로서 심왕이 심양로에 대한 통치력을 강화할 수 있도록 배려하고 있다고 볼 수 있다. 심왕은 여타의 일자왕호를 가진 제왕들과 마찬가지로 나), 다)와 라)처럼 왕부(王府)를 설치하고 지배하에 있던 민들에 대한 사무를 관장했다. 심왕부와 심부는 모두 심왕의 관부인 왕부를 지칭하는 말로 왕부 내에는 전량총관부(錢糧總管府), 총관부(總管府) 등이 있어서 제왕의 전량과 사송(詞訟) 등을 담당하였다.[49]

심왕의 직은 충선왕이 책봉된 이래 그의 조카 왕고(王暠)와 왕고의 손자인 톡토부카 등으로 계승되었다. 심왕의 권한은 원 통치 권력과의 근원에 따라 일정정도 붙임이 있기는 하

---

45) 『고려사』 권33, 「忠宣王世家」, 충선왕2년 5월조. 辛卯 帝命瀋陽路官吏, 毋得隔越瀋陽奏請, 違者理罪.

46) 『고려사절요』 권24, 충숙왕 9년 3월조. 初, 上王在元, 以從臣司僕正白應丘能貨殖, 命幹瀋王府事. 應丘逃還本國

47) 『益齋亂藁』 권7, 崔誠之墓誌銘. 瀋府僚佐. 又疏國家得失.將言之廟堂. 公獨不肯署.

48) 『益齋亂藁』 권7, 崔誠之墓誌銘. 忠肅王入朝, 瀋府用事者, 煽起鬩墻之禍.

49) 김혜원(1998)은 王府가 제왕의 사설기관이고 王傅를 공식기관이라고 보았지만, 王傅(Atâbeg)는 王府에 속한 제왕들의 정치고문으로 몽골어의 비치게치(Bichigeci)에 해당하는 관직이다. 『몽골비사』에 따르면 칭기스칸이 황금씨족에게 분봉하면서 제왕들에게 임명해 준 사람들로, 왕부가 제왕의 軍需를 정리하고 제왕 소속의 분지 일체에 관한 사무를 관장했다.

였으나 충선왕이 심왕에 책봉되어 심양로 일대를 투하령으로 분봉 받았기 때문에 고려가 요양과 심양 일대를 고려의 통치력이 미치는 범위로 인식하고 있는 것은 당연하다.


## IV. 고려의 요동정벌

다수의 고려인들이 요동일대로 옮겨간 뒤에 고려는 원 정부에 끊임없이 이들에 대한 추쇄(推刷)를 요청하였다. 여몽 전쟁이 일단락되고 양국 사이에 화친이 본격화되자마자 고려는 요동 일대로 이주해 간 고려인들을 추쇄할 수 있도록 원에 요청하고 있다. 우선 1259년(고종46)에 강화를 체결하면서 고려인 포로와 유민들을 돌려 보내달라는 요청을 하였고, 1260년(원종원년)에 강화 이후로 원에 온 이들을 돌려보내 주겠다는 약속을 받아 5월에 440호가 송환되었다. 이로부터 10여년이 지난 1275년부터 원에 고려 유민에 대해 추쇄를 요청하였다. 이러한 고려의 추쇄 요청을 표로 살펴보면 다음과 같다.

[표 1] 고려·원의 추쇄 현황

| 연 도 | 추쇄지 | 연 도 | 추쇄지 |
|---|---|---|---|
| 1275(충렬왕원년). 8 | 동녕부 | 1286(충렬왕12). 3 | 동진 |
| 1278(충렬왕4). 2 | 동녕부 | 1286(충렬왕12). 7 | 동진 |
| 1278. 7 | 동녕부 | 1287(충렬왕13). 2 | 동진 |
| 1278. 9 | 동녕부 | 1291(충렬왕17). 8 | 동경, 심양 |
| 1278. 10 | 동녕부 | 1292(충렬왕18). 1 | 요양로 |
| 1279(충렬왕5). 2 | 동녕부 | 1293(충렬왕20). 5 | 요양 |
| 1280(충렬왕6). 1 | 동녕부 | 1295(충렬왕22). 7 | 쌍성 |
| 1282(충렬왕8). 3 | 요양 | 1296(충렬왕23) | 요양 |
| 1282. 9 | 동녕부 | 1302(충렬왕28). 8 | 요양 |
| 1283(충렬왕9). 3 | 요양, 북경 | 1304(충렬왕30). 8 | 요양 |
| 1283. 9 | 개원로 | 1311(충선왕3). 10 | 북경, 심양 |
| 1284(충렬왕10). 1 | 쌍성 | 1347(충목왕3). 정월 | 쌍성 |
| 1285(충렬왕11). 3 | 동진 | | |

위의 표에 따르면 고려의 추세 요청은 25여 차례 정도 되고 이중 2회를 제외하고 모두 충렬왕 때 이루어졌다. 또한 요청 중에 9회가 요양과 심양을 상대로 했음은 그만큼 많은 고려인들이 이 지역으로 옮겨 갔음을 의미한다. 또한 원이 고려의 추세 요청에 대해 1회를 제외하고 거의 대부분을 승인하고 있는 점에도 주목할 필요가 있다. 특히 1297년(대덕원년) 4월에는 원이 요양로에서 추쇄하고 350호를 돌려보내기도 했는데, 이것은 그 해 2월에 충렬왕이 "기미년 이래 포로가 되어 왔거나 유이민으로 요·심에 있는 자들을 귀국시켜 주십시오"라고 요청하자 성종(成宗) 테무르 카안이 이를 허락했던 결과인데, 이 때 충렬왕이 명분으로 내세운 것이 부마(駙馬)의 자격이다. 실제로 고려의 추쇄 요청은 충렬왕 즉위 이후에 집중적으로 이루어지고 있어서 양국 통혼이 추쇄를 성공시키는데 중요한 작용을 했음을 알 수 있다.

고려가 원에 추쇄를 요청하였던 가장 큰 이유는 오랜 전쟁으로 인구가 감소함에 따른 재정결핍 때문이다.[50] 그런데 고려를 이탈해 요양이나 심양일대로 자발적으로 이동한 민에 대해서 추쇄의 필요성을 제기하고 있는 것은 고려가 이들을 여전히 고려에 예속된 민으로 인식하고 있음을 의미한다. 원 역시 대체로 고려의 추쇄 요청을 받아들이고 있다. 이러한 인식의 배경에는 요양과 심양이 대대로 한반도 선주민이 거주했던 고려 영역이라는 인식이 작용했기에 가능한 조치이다. 특히 가장 많은 추쇄를 단행했던 충렬왕은 1296년에 원의 대도로 행차할 때 심주총관(瀋州摠官) 박인재(朴仁才), 지사(知事) 박순량(朴純亮) 등이 자신을 맞이하지 않았다는 이유로 그들에 목에 칼을 씌우기도 했다.[51] 이것은 심주의 총관과 지사가 비록 고려인이기는 하나 원의 관료임에도 이들에게 죄를 물었다는 것은 당시 요·심에 대한 충렬왕의 인식을 보여준다. 또한 1298년에 충렬왕이 복위할 때 심주의 다루가치 두르다이가 와서 말과 양을 바쳤다는 점은 고려왕의 영향력이 미치고 있었음을 보여준다.[52] 원 역시 요·심 지역을 홍복원에게 통할하게 한 이래 충선왕을 심왕으로 책봉하여 그 지배권을 인정하고 있었기에 가능한 일이었다.[53]

요·심 지역에 대한 고려의 인식은 동아시아의 변동기인 14세기 말 고려의 요동 정벌로

50) 朴玉杰, 2000, p.114.

51) 『고려사』권31, 충렬왕22년 10월조.

52) 『고려사』권31, 충렬왕24년 10월조.

53) 김순자, 2006, 「고려, 원(元)의 영토정책, 인구정책 연구」, 『역사와 현실』60, p.258.

다시 한 번 극명하게 드러난다.

　　마) 요양, 심양인에게 말하기를 "요양, 심양은 아국의 경계이고 백성도 우리백성이므로 이
　　　제 의병을 들어 어루만져 편안하게 한다." …… "원이 천하를 통일한 후에 공주를 출가
　　　시키고 요심을 탕목으로 삼아 분성했다. 말기에 천자가 실덕하여 외지로 망명하자 요
　　　심의 두목들은 따르지도 않고 또 본국에 대한 응당한 의무를 이행하지도 않았다. ……
　　　무릇 요하 이동 본국 경계선 안의 백성과 대소두목들은 속히 스스로 내조하여 함께 작
　　　록을 받을 것이며 만일 귀순하기 싫다면 동경의 전례가 있다."[54]

　　바) 요·심 지역은 원래 우리나라의 옛 경계 지역인데, 사대이래로 인척관계를 맺고 생구 관
　　　계가 되어 행성의 관할 하에 두었다.[55]

　　사) 북원 요양성 평장 유익과 왕우승 등이 귀부하려 하나, 대명(大明)이 거민을 이주할 것
　　　을 염려해, 본래 아국 땅이므로 만약 우리가 청하면 이주를 모면할 수 있지 않을까 하
　　　여 사신을 보내 알려 왔다.[56]


　　고려의 요·심 지역에 대한 연고의식은 마)와 바)를 통해 확인할 수 있다. 위의 마)와 바)
는 1370년(공민왕19)에 고려가 기철(奇轍)의 아들 기사인 테무르를 제거한다는 명분으로
요양을 공격했을 때 요양과 심양이 고려의 주권이 미치는 지역임을 강조하는 내용이다.
1370년에 전격적으로 단행된 고려의 요동정벌은 표면적으로는 동녕부의 기사인 테무르
의 축출에 있었지만 실제로는 원의 북상 이후에 유익, 고가노, 홍보보(洪寶寶), 기사인 테무
르 등이 요·심 지역에서 반(半)독립적으로 할거하는 상황을 잘 알고 있던 고려가 이 지역에
대한 주도권을 장악하기 위해 벌인 대규모 군사 정벌이라고 볼 수 있다. 특히 토곤 테무르
카안이 상도로 북상했다가 1370년 5월에 사망하고 뒤를 이어 즉위한 아유시리다라 카안
이 몽골리아로 복귀한 틈을 타서 이루어진 공격이라는 데에 의미가 있다. 이를 입증하듯이

---

54) 『고려사』권114, 「池龍壽傳」. 遼瀋是吾國界, 民是吾民 今擧義兵撫安之…… 元朝一統, 釐降公主, 遼瀋地面, 以
　　爲湯沐, 因置分省. 叔季失德, 天子蒙塵于外, 遼瀋頭目官等, 罔聞不赴, 又不修禮於本國. ……凡遼河以東, 本國
　　疆內之民, 大小頭目等, 速自來朝, 共享爵祿. 如有不庭, 鑑在東京.

55) 『고려사』권42, 공민왕19년 12월조. 又慮遼·瀋, 元係本國舊界, 事大以來, 結親甥舅, 任爲行省管轄.

56) 『고려사』권43, 공민왕20년3월조. 北元遼陽省平章劉益·王右丞等欲歸附大明, 慮遷居民, 以遼陽本我地, 若我
　　國請命, 可免遷徙, 遣使來告.

13-14세기 고려(高麗)의 요동(遼東) 인식　　　275

마)에 등장하는 '본국'은 고려를 가리키는 것으로, 요·심 지역의 우두머리들이 고려에 대한 의무를 이행하지 않았음을 강조하면서 귀순을 독려하고 있다. 아유시라다라 카안이 몽골리아로 복귀한 이후 고려에 대한 의무를 성실히 이행하지 않는 것에 문제를 제기하고 있는 점으로 볼 때 고려는 요·심 지역을 고려의 통치력이 미치는 범위로 인식하고 있었음을 확인할 수 있다.

이인임(李仁任)이 서북면 도통사(西北面 都統使)를 맡고 지용수(池龍壽)를 서북면 상원수(西北面 上元帥), 이성계를 동북면 원수(東北面 元帥)로 하여 1370년 8월에 실시한 요양성 공격은 성공적이었다. 고려의 공격을 받은 유익, 고가노, 홍보보와 기사인 테무르 등은 도주하였고 고려는 기사인 테무르의 측근인 김바얀을 체포하였다. 요양을 함락한 고려군은 금산에 있던 나가추와 에센부카에게 기사인 테무르를 인도해 줄 것을 요구하는 방문(榜文)을 붙이며 주도권을 잡아 나갔다.[57] 비록 나가추의 반격과 식량 부족 때문에 퇴각하기는 했으나 1370년의 요양 공격은 이후 우왕과 최영의 요동정벌로 연결되고 있다.

사)는 1371년에 요양행성 평장 유익이 명에 투항하기 전에 고려의 도움을 요청하는 내용이다. 유익은 본래 요양행성의 남부지역을 통치하고 있던 평장정사(平章政事)로 원이 북상하자, 군대를 개주(蓋州)의 득리영성(得利嬴城)에 주둔시키고 명군이 해양으로 침투해 올 경우를 대비하는 원의 최남단 방어기지를 맡고 있었다. 그러나 유익은 명이 주민이주정책을 실시하려하자 두려움을 느끼고, 금주(金州)·복주(復州)·개주·해주(海州) 등지 및 요동주군(遼東州郡) 지도, 병마, 돈과 식량 등을 기록한 대장을 가지고 명에 항복해 버렸다. 이 때 유익이 고려에 도움을 요청한 사유를 고려는 '본래 아국의 땅'이라고 인식한 것에서 찾고 있다. 유익 역시 이 지역이 대대로 고려 주권이 미치고 있는 지역이라고 인식하에 있었고, 1370년의 고려의 공격을 목도했기에 고려의 개입을 요청한 것이라 볼 수 있다.[58] 고려의 요양 공격은 이 지역에 대한 고려의 주도권을 확인시키는 결과를 가져왔고 향후 요동일대에 머물고 있던 고려인들의 귀향을 부추기는 원동력으로 작용하였다.

---

57) 『고려사』권114, 「지용수전」.

58) 宋容德(2009, 「高麗後期 邊境地域 변동과 鴨綠江 沿邊認識의 형성」, 『역사학보』201)은 고려의 북방의식이 확장되면서 상당수의 고려인이 압록강 이북의 요동지역에 정착하였고, 이에 대한 고려의 연고의식이 강화되었으며 동녕부, 쌍성총관부와 고려의 연계성은 여전히 남아 있었다고 주장하였다.

압록과 고려의 북계

# V. 결론

요·심 지역은 풍부한 물산을 배경으로 유목민이나 정주민들이 끊임없이 유입되어 혼거하는 일종의 다민족·다문화 도시의 성격을 가지고 있었다. 특히 200여 년간의 고구려의 안정적인 지배는 요양을 요동의 정치·경제·문화의 중심지로 부상시키는데 크게 기여하였다. 고구려와 전쟁에서 승리한 당은 안동도호부를 설치하고 고구려 유민을 강제로 요동 일대로 이주시켰고, 10세기에 이 지역을 차지한 거란도 928년에 동란국을 요양으로 옮기면서 발해유민들을 대거 요·심 지역으로 이주시켰다. 요양이 제공하는 풍요로운 물적 기반을 토대로 급성장한 고구려와 발해 유민들은 거란의 지배를 거부하고, 여진이 금국을 건립하는데 중추적인 역할을 담당하면서 요동 일대에서 세력을 확장시켜 나갔다.

13세기 몽골제국 건립 이후 요동은 몽골의 지배하에 들어갔다. 여·몽전쟁기에 고려정부의 수탈과 전쟁을 피해 대규모의 고려인들이 요·심 일대로 이주하면서 이 지역은 고려의 주목의 대상이 되었다. 특히 몽골은 1233년에 가장 먼저 귀부한 홍복원에게 고려군민만호를 제수하고 더 많은 투항을 유도하였다. 이 때 홍복원이 요양에 거주하기를 청한 것이나 몽골이 이를 수락해 요양고성을 치소로 고려인들을 통할하게 한 것은 양측의 이 지역에 대한 인식을 보여준다. 요양고성 일대는 대대로 한반도 역사주체들이 거주해 온 곳이기 때문에 홍복원이 거주를 희망했고, 몽골도 홍복원이 안정적으로 고려인들을 통솔할 수 있게 배려한 것으로 보인다. 충선왕이 심양로를 분봉지로 받아서 지배권을 갖게 된 것도 고려의 요·심 지역에 대한 인식에 크게 영향을 주었다.

다수의 고려인들이 요동일대로 옮겨간 뒤에 고려는 원 정부에 끊임없이 이들에 대한 추쇄를 요청하였다. 고려를 이탈해 요양이나 심양일대로 자발적으로 이동한 민에 대해서 추쇄의 필요성을 제기하고 있는 것은 고려가 이들을 여전히 고려에 예속된 민으로 인식하고 있음을 의미한다. 또한 1370년에 전격적으로 단행된 고려의 요동정벌은 표면적으로는 동녕부의 기사인 테무르의 축출에 있었지만 실제로는 원·명이 교체기에 고려가 요·심 지역에 대한 고려의 주도권을 분명히 하고자 한 군사조치를 단행하기도 하였다. 1371년에 요양행성 평장 유익이 명에 투항하기 전에 고려에 도움을 요청하고 있는 점에서도 당시 요양의 통치자들도 이 일대가 고려의 영향력이 미치는 지역이라고 인식하고 있음을 시사한다. 비록 나가추의 반격으로 고려군이 퇴각하기는 했지만, 이후 우왕의 요동정벌이나 정도전의 요동 정벌 계획에서도 요·심 지역에 대한 한반도인들의 인식의 일단을 이해할 수 있다.

# ❖ 참고문헌

『史記』,『漢書·地理志』,『冊府元龜』,『遼史』,『金史』,『元史』,『松漠紀文』,『高麗史』,『譯註 元高麗紀事』,『遼東志』,『全遼志』

김순자, 2006,「고려, 원(元)의 영토정책, 인구정책 연구」,『역사와 현실』6.

김순자, 1992,「원간섭기 민의 동향」,『역사와 현실』7.

김위현, 2009,「고대 한민족의 민족이산과 그 역사가 남긴 흔적들: 금대 발해인의 向方」,『민족학연구』.

김종복, 2003,「고구려 멸망 이후 당의 지배 정책-안동도호부를 중심으로-」,『사림』19.

김종완, 2011,「위진남북조시대의 양평(襄平)」,『한중관계사상의 교통로와 거점』, 동북아역사재단.

김혜원, 1998,「高麗後期 瀋王 研究」,『이화여자대학교대학원』.

朴玉杰, 2000,「高麗末 北方 流民과 推刷」,『백산학보』60.

복기대, 2010,「고구려 도읍지 천도에 대한 재검토」,『단군학연구』22.

서길수, 2004,「高句麗 壁畵에 나타난 高句麗의 城과 築城術」,『고구려연구』17.

梁義淑, 1996,「元 간섭기 遼瀋地域 高麗人의 동향」,『東國歷史敎育』4.

윤은숙, 2013,「대원사행을 통해 본 이승휴의 현실인식」,『이승휴의 사상과 역사의식』, 역사공간.

윤은숙, 2014,「元末明初 劉益의 明朝 투항과 高麗의 對明 使行의 성격」,『역사학보』221.

이정란, 2015,「여 몽전쟁기 변경민의 몽골 '체험'과 고려 조정의 대응 -1차 여몽전쟁을 중심으로-」,『한국사학보』61.

임기환, 2013,「고구려의 요동 진출과 영역」,『고구려발해연구』45.

주채혁, 1974,「洪福原一家와 麗元關係(一)」,『사학연구』24.

崔德卿, 2007,「古代 遼東지역의 農具와 農業技術」,『中國史研究』49.

肖忠純, 2011,「遼陽古城變遷考」,『中國名城』.

張國慶, 2013,「遼金元時期瀋陽城建變遷考」,『遼寧工程技術大學學報』15-2.

王禹浪, 程功, 2012,「東遼河流域的古代都城-遼陽城」,『哈爾浜學院學報』33-6.

河內良弘, 1986,「明代遼陽の東寧衛について」,『東洋史研究』44.

❖ Abstract

## Goryeo's Perception of Liaodong in the 13th-14th Century
### - Focused on the Liao and Shen Regions -

Yoon, Eun-sook

The Liao and Shen regions had a character of a kind of cosmopolitan cities where various tribes reside together, as nomads or residents flowed in constantly with rich products as a background. Tang dynasty that won the war against Goguryeo installed Andong Dohobu (Protectorate General to Pacify the East) and forced Goguryeo refugees to move to the Liaoyang region, and Khitan that took these regions in the 10th century had massive Balhae refugees move to the Lian and Shen regions in 928.

Hong Bok-won surrendered first, taking care of about 40 castles in 1233. Why did Mongolia make Goryeo people who surrendered reside in the Liaoyang and Shenyang regions? Apparently, it was its acceptance of Hong Bok-won's request, but it was possible since Mongolia, too, had a perception that these regions were places where the former inhabitants in the Korean Peninsula had resided for generations. Since King of Goryeo, King Chungseon came to have supremacy as a king's status, receiving the Shenyang region as an enfeoffment, he came to exercise a great influence in the Liaodong region. After a large number of the Goryeo people moved to the Liaodong region, Goryeo continued to ask the Yuan government for the collection of taxes from them. Driving the need of charging additional taxes on the people who voluntarily moved to the Liaoyang or Shenyang region out of Goryeo means that Goryeo still perceived them as the people belonging to it. Its conquest of Liaodong suddenly executed in 1370 was the deportation of Qi saiyin Temur of Dongnyeong Prefectures but,

압록과 고려의 북계

actually, it seems that it was a measure to emphasize that these regions were part of the Goryeo's territory, making it clear Goryeo's hegemony in the Liao and Shen regions in the chaotic period when Yuan is replaced by Ming.

■■ Key words: Liao and Shen Regions, Goguryeo, Balhae, Goryeo, Hong Bok-won, King of Shen, castle of the Liaoyang, conquest of Liaodong

# 명대 한·중 국경선은 어디였는가

남의현 (강원대학교 사학과 교수)

국문초록

현재 한국에서 새로운 연구지역으로 떠오르고 있는 곳은 만주이다. 만주는 한국 고대사와도 밀접하게 연관되어 있다. 한국 고대사를 이해하기 위해서는 반드시 만주 의 역사를 연구해야 한다. 하지만 한국에서 만주의 역사와 지리에 대한 연구는 매우 부족하다.

이와 대조적으로 중국의 연구 성과들은 1980년대 이후 중국의 역사적 강역과 관련해 전 만주 지역이 명의 강역이라는 이론을 체계화시켜 나가고 있다. 본 논문에서는 이러한 중국 강역사 연구의 문제점을 몇 가지로 나누어 살펴보았다. 요약하면, 명대 강역은 명의 위소제도의 특수성, 여진위소의 형식적 설치, 명나라의 압록강·두만강·백두산 지역으로의 진출 실패, 노아간도사의 쇠퇴 등이 원인으로 명의 영향력은 요동도사 지역에 한정되었다. 흑룡강, 백두산, 두만강 등의 지역을 그들의 판도로 만들 수는 없었으며 결국 힘이 미치지 않는 '版圖外'의 지역일 수밖에 없었다.

따라서 명대 한국과 중국의 국경선은 압록강이 아니다. 우리는 한국과 중국의 국경선을 새롭게 연구해야 한다. 기존의 압록강 대신, 요양과 압록강 사이의 동팔참지역을 주목해야 한다.

▪▪ 주제어: 동령위, 연산관, 봉황성, 요동변장, 책문

# I. 서론

현재 한국에서 새로운 연구지역으로 떠오르고 있는 곳이 만주라고 할 수 있다. 만주는 한국 고대사와도 매우 밀접한 관련을 가지고 있다. 그럼에도 불구하고 교과서나 역사 개설 서에 만주사에 대한 서술은 매우 부족하다. 특히 조선시대와 일제 강점기를 거치며 만주의 역사는 많이 사라지고 왜곡되었다. 그 이유는 조선시대에 들어와서 명나라와 청나라의 건국으로 만주에 대한 조선의 영향력이 많이 사라졌기 때문이다. 그리고 다시 일제 강점기 일본인들이 한반도로 진출하면서 한국사와 만주사는 다시 한번 단절되는 격변을 거친다. 일제의 식민지 역사정책이 청산되지 않은 상태에서 한국사와 만주사의 관계는 연결될 수 없었다.

그리고 21세기 중국은 만주의 역사를 완벽한 중국사로 만들어가면서 많은 부분을 왜곡하고 있다. 특히 역사를 정치에 이용함으로써 중국 사서에 등장하는 한국사와 관련된 역사 지명을 고증하지 않거나 왜곡하고 있다.

한국에서 만주사를 연구하기 위해 가장 먼저 연구해야할 부분이 만주의 역사지리이다. 역사지명에 대한 고증이 잘못되면 한 국가의 영토 내지 국경선이 잘못 그어질 수 있기 때문이다. 실제로 현재 국경선과 영토의 범위를 놓고 쟁론이 벌어지고 있다.

한국사에서 고조선의 중심지, 한사군의 위치, 고구려의 평양성, 고려 전기의 서경, 동령부의 위치, 원·고려 국경선, 명·조선 국경선 등은 모두 역사지리 연구의 부재에서 오고 있다.

그 결과 언제부터 북한 평양이 평양이라고 불렸는지, 현재의 압록강이 언제부터 압록강이 되었는지도 모른채, 고대 사료의 모든 평양과 압록을 고증도 하지 않고 북한 평양과 현재의 압록강으로 이해하는 말도 안되는 일이 일어나고 있다.

한중수교가 되기 전에는 대만 사료 이외에 중국 대륙의 방대한 사료들을 접하기 쉽지 않았다. 중국 현지답사도 어려워 그 실체를 파악하기 어려웠다.

하지만 90년대 초반 한중수교가 성립되면서 만주에 대한 답사가 가능해졌고 만주관련 자료들이 속속 공개되고 데이타 베이스화되면서 새로운 자료들을 접할 수 있게 되었다. 또한 답사를 통해 기록과 비교해 보면서 요하(遼河) 유역과 만주지역을 답사할 수 있었다. 그 결과 요하가 어느 정도 규모의 강인지, 왜 요하를 중심으로 요동과 요서가 나누어지는지,

요택의 크기가 폭이 200여 리, 남북 길이가 1000여 리라는 것도 알 수 있었다. 만주 벌판이 얼마나 광활한지, 요하의 지류들이 얼마나 많은지, 요하 유역에 어떻게 수많은 도시들이 형성될 수 있었는지 등의 여러 사실을 검증할 수 있었다. 나아가 고대 사료에 나오는 평양성과 압록수나 압록강이 북한 평양이나 현재의 압록강이 아님도 서서히 밝혀지고 있다.

이제 만주의 역사지리와 한중 간의 국경사 연구가 새롭게 연구되어야 하는 시대에 와있다. 한국은 한중간 전통시대 각 왕조들의 국경선을 사료에 기초해서 본격적으로 연구한 적이 없다. 대부분 백두산정계비 이후의 국경선 문제에 집중하여 정계비의 내용에 포함되어 있는 토문강과 두만강의 동일성 여부에 주로 초점이 맞추어져 연구된 경향이 강하다.

본 연구에서는 명대 한중간의 국경선 문제를 간략히 정리해 보고자 한다. 중국은 명대 한중간의 국경선을 현재의 압록강으로 설정하고 있다. 그러나 당시 사료들은 압록강 북쪽 180리 지점인 연산관, 그리고 1480년 이후에는 봉황성에 국경 책문을 설치한 것으로 기록하고 있다. 1480년 이전에는 현재의 압록강~연산관이, 1480년 이후에는 압록강~봉황성 지역이 국경지대가 되어야 한다. 명대 국경사 역시 새로 쓰여져야 한다. 우선 명대 국경선을 이해하기 위해 원말, 명초의 국경선 살펴보고자 한다.


## II. '동령(東寧)'을 통해서 본 원말·명초 국경선

명대 동령위(東寧衛)의 문제는 원말 명초 국경선 문제를 이해하는데 중요하다. 명대 동령위의 기원은 원대 설치된 동령부와 동령로에서 시작되고 있기 때문이다. 현재 동령부의 위치와 관련해서 일반적으로 북한의 평양이라고 이해하고 있다.

그러나 동령부가 설치될 1270년 당시 북한의 평양(平壤)이 서경(西京)이라고 불렀다는 기록이 없다. 북한의 평양이 서경과 평양으로 불린 것은 한참 후대의 일이기 때문에『고려사』등 사료에 나타나는 1270년의 서경을 현재의 북한 평양으로 이해할 수는 없다.

1270년에 최탄 등이 서경 등 60여 개의 성을 들어 몽골에 투항하자, 몽골이 서경에 설치한 것이 동령부인데, 이 동령부의 치소인 서경을 역사지리적인 고증없이 현재의 평양으로 인식하면서 동령부(東寧府)의 설치 지역이 평양이 되었고 이를 1290년에 철폐하면서 동령부가 압록강 북쪽으로 옮겨갔다고 한다. 동령부를 옮겼다는 기록은 한국이나 중국 어떤 1차 사료에서도 찾을 수가 없다. 자의적인 추측에 불과할 뿐이다.

오히려 중국의 기록들은 분명하게 원래 원대의 동령부 설치된 자리가 요양이며 요양의 다름 이름이 서경이라고 기록하고 있다.[1] 그리고 이 요양에 설치된 동령부에 다수의 고려인들이 살고 있고, 전략적으로 중요하기 때문에 동령로로 승격되었다고 기록하고 있다. 명의 건국으로 요동이 명에 의해 점령되었으며 원대 동령로 지역이 다시 명대에는 동령위가 되었다고 기록하고 있다. 『元史』地理志 東寧路 조를 살펴보면 다음과 같다.

동녕로는 원래 고구려 평양성으로 장안성이라도 말한다. 한나라가 조선을 멸하고 낙랑, 현도군을 두었는데 이는 낙랑의 땅이다. 진 의희 후 왕 高璉(역자: 장수왕)이 비로소 처음으로 평양성에 거하였다. 당나라가 고려를 정벌할 때 평양을 공격하자 그 나라가 동쪽으로 옮겨갔는데 압록강 동쪽 1000여 리에 있었는데 이곳은 옛 평양이 아니다.

『원사』는 15세기 명나라 때 기록이다. 원사 동령로 조에는 한반도의 평양이 들어갈 수 없다. 동령로의 행정범위에는 한반도가 들어갈 수 없다. 즉 『원사』권59 「지리」2 '동령로' 조에 나오는 평양성은 만주에 있는 평양성이라는 이야기이다.[2] 명나라 지리지 『대명일통지(大明一統志)』권25, 요동도지휘사사 고적에도 장수왕이 천도한 평양성은 만주 곧 요동에 있으며 현재의 중국 요령성 요양(遼陽)이라고 기록하고 있다.

이러한 원대의 동령부와 동령로에는 명대에 동령위가 설치되었다. 동령위는 다수의 고려인들로 구성되었다. 동령위의 고려인들은 요양을 방어하고 명나라의 조선 외교를 돕는 중요한 역할을 하였던 것이다.

그렇다면 동령위에 관한 기록은 어디에서 찾을 수 있을까. 바로 최부(崔溥)의 『표해록(漂海錄)』이다. 최부(1454~1504)는 1487년 추쇄경차관으로 임명되어 제주에 갔다가 다음해 부친상을 당해 돌아오던 중 풍랑을 만나 14일 동안 바다에 표류하다가 중국 태주부에 표류하였다. 왜구로 오인 받아 죽을 고비를 넘기면서 중국 관청의 도움으로 마침내 표착부터

---

1) 남의현, 2017, 「장수왕의 평양성, 그리고 압록수와 압록강의 위치에 대한 시론적 접근」(『고구려의 평양과 그 여운』 pp.83~98 참조, 주류성.
2) 동령부가 동령위로 승격되고 설치 지역이 북한 평양이 아니라 만주라는 기록은 명청대 사료가 모두 일관되게 서술하고 있다. 청대 출판된 『성경통지』 역시 동령부는 만주에 있는 것으로 기록하고 있다.

조선에 도착하기까지의 전 과정을 『표해록』으로 기록했다.

1488년 최부는 육로를 통해 북경을 지나 산해관을 넘어 요양에 머물렀다. 『표해록』 5월 24일 조 요양에 머무르면서 요양이 곧 평양임을 강조한다.

그 내용을 요약하면 '요양은 원래 고구려의 도읍인데 중국에 빼앗긴지 천여 년이나 되었고, 우리 고구려의 풍속이 아직도 없어지지 않아서 고려사(高麗祠)를 세워 근본으로 삼고 공경하게 제사지내기를 게을리하지 않으니 근본을 잊지 않기 때문'이라고 기록하였다.

또한 5월 28일 조에서도 '요동은 옛날 우리 고구려의 도읍이었는데 당 고종에게 멸망을 당하여 중원에 예속되었다. … 또한 성 동쪽에는 東寧衛城을 별도로 쌓았는데 首山, 千山, 木場山, 駱駝山, 太子山, 杏花山 등 여러 산들이 성 서쪽, 남쪽, 동쪽을 빙 둘러치고 있었으며 그 북쪽은 평평하고 트여서 끝이 없는 벌판이었다고 기록하여 동령이 요양이며 곧 고구려의 옛 수도 평양임'을 명확히 기록하였다.

이러한 기록을 종합해 보면 1270년에 서경에 설치한 동령부는 요양이 중심이고 요양은

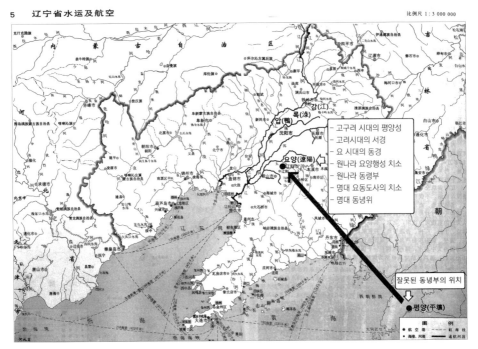

[그림 1] 1270년 설치된 동령부는 북한 평양이 아니라 요양이다.

압록과 고려의 북계

고구려의 평양성 자리였으며 고려초기의 서경이었음을 알 수 있다. 이것은 태조 왕건이 제 2의 수도로 삼은 서경 역시 북한 평양이 아니라 만주의 요양이었음을 의미한다 하겠다. 요 나라와 금나라 등에 병탄되면서 요양에서의 고려세력은 점차 약화되었다. 이것은 차후의 연구주제가 되겠지만 원나라와 고려의 국경선에 해당하는 자비령이 한반도가 아니라 압 록강과 요양 사이에 위치해야 함을 의미한다 하겠다. 이것은 그대로 명나라로 계승되어 명 초의 명으로 들어가는 책문이 압록강 북쪽 180리 지점인 연산관에 설치된 것과 깊은 관련 이 있다.

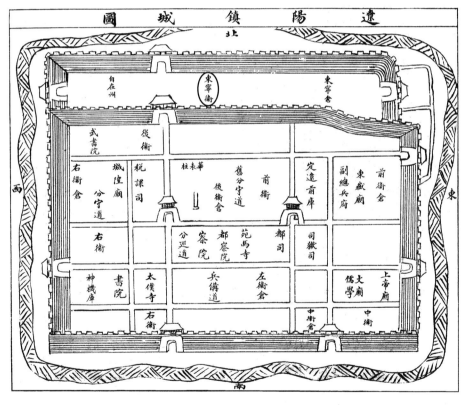

[그림 2] 명대 遼陽鎭城圖(『遼海叢書』「全遼志」참조)
요양진 북쪽에 동녕위가 위치하고 있다.

# Ⅲ. 1480년 이전 조선과 명의 국경선은 압록강 북쪽 180리 연산관 (連山關)

1480년 이전 조선과 명의 국경은 압록강[3]에서 요양 사이 요동팔참(遼東八站) 지대를 국경으로 하고 있었다. 이것은 원나라의 국경선을 이어받은 것이다. 요동팔참은 '팔참(八站)', '동팔참(東八站)', '요동팔참(遼東八站)', '요좌팔참(遼左八站)' 등으로 불렸다.[4] 원말·명초의 요동팔참은 원나라 시기의 요양로(遼陽路)를 그대로 이용하고 있는데, 두관(頭館), 첨수(甛水)[5], 연산(連山)[6], 용봉(龍鳳)[7], 사열(斜列)[8], 개주(開州)[9], 탕참(湯站)[10], 역창(驛昌) 등으로, 제1참 두관(頭館)에서 시작하여 압록강에 이르기까지 5~6일 정도가 소요된다.

연산관~압록강 사이의 참은 명나라의 기록에 명칭이 나타나지 않는 경우도 있다. 이것

---

3) 명 이전의 압록수(鴨淥水), 압록강(鴨淥江)은 지금 중국과 북한의 경계인 압록강(鴨綠江)으로 볼 수 없다. 이에 대한 연구가 학계에서 활발히 진행중이다.
대표적인 연구성과로는 고광진 외, 2012, 「시론 '장백산'과 압록수의 위치검토」, 『선도문화 13』와 복기대 외, 2017, 『고구려의 평양과 그 여운』, 주류성을 언급할 수 있다.

4) 叢佩遠, 1998, 『中國東北史』 第3卷, 吉林文史出版社, p.643. 이 八站지역은 高麗末에는 八站으로, 朝鮮初期에는 東八站으로 그리고 明에서는 遼東八站 또는 遼左八站으로 불렸다. 그리고 다시 遼東都司에서 山海關 사이에 17站이, 山海關에서 北京사이에 10站이 있었다(孫衛國, 1993, 「朝鮮入明貢道考」, 『韓國學論文集』 第2輯, 北京大學韓國學研究中心編, pp.39~42).

5) 甛水는 連山關에서 30里, 遼東都司에서 동남쪽이며, 南北으로 城門이 2개 있는데 주위가 3里 90步이며, 남북 2개의 城門 중 남쪽 성문을 甛水站堡라고 불렀다. 遼陽城 남쪽 약 90里 지점에 있는 浪子山站에서 50里 거리이다(阿桂 等 纂修, 1998, 『盛京通志』 卷29, 遼海出版社, p.555. 卷33, p.623. 叢佩遠, 위의 책 第3卷, 吉林文史出版社, p.643).

6) 連山關은 지금의 本溪市 남쪽에 해당하는데 明代에 關을 설치하고 把截官 1원을 파견하였다. 鎭夷堡 곧 通元堡에서 60里 거리 遼陽城에서 東南 180里 거리이며, 朝鮮의 入貢이 여기에서부터 시작되었다. 그리고 鳳凰城 관할 경계인 甛水站으로부터 40里 거리이다(孫衛國, 위의 논문, p.40. 阿桂 等 纂修, 위의 책 卷33, p.623).

7) 龍鳳은 連山關에서 50里 지점이다. 지금의 鳳城縣 北通遠堡이다(叢佩遠, 1988, 『위의 책』 第3卷, p.643, 吉林文史出版社; 譚其驤 主編, 1988, 『中國歷史地圖集』 釋文匯編, 東北卷, 中央民族學院出版社. 北京; 阿桂 等 纂修, 위의 책, 卷33, p.623).

8) 斜烈은 遼寧省 鳳城縣 雪里站으로, 鳳城의 서북 40里, 通遠堡에서 60里 지점이며, 남쪽에 성문 하나가 있었으며, '鎭東堡' 혹은 '鎭寧堡'라고도 불렸다(譚其驤 主編, 『위의 책』, p.215; 阿桂 等 纂修, 위의 책, 卷29, p.554, 卷33, p.623).

9) 遼寧省 鳳城市를 말하는 것이며, 다시 남으로 40里 가면 湯站에 이른다.

10) 湯站은 義州에서 15里 거리인 鎭江堡 곧 九連城에서 60里 거리에 위치하고 있다. 지금 鳳城市의 동남쪽 湯山城 혹은 南湯站城이라고 불리는 지역이 그 지역인데 鳳凰城에서 동남쪽으로 약 50里의 거리이다(譚其驤 主編, 위의 책, p.215; 阿桂 等 纂修, 위의 책, 卷29, p.554).

압록과 고려의 북계

은 '과차즉위조선계(過此卽爲朝鮮界)'[11] 즉 연산관을 지나면 조선과의 경계가 된다는 기록이 나타나기도 하는데 1480년 이전 연산관에서 압록강 지역에는 명나라의 영향력이 미치지 않는 국경지대였기 때문이다.

그러나 명나라가 여진의 위협으로 1480년대 연산관에서 동남진하여 봉황성을 점거하면서 국경 책문이 연산관에서 봉황산[개주참] 곧 현재의 요령성 봉성시로 옮겨 왔고 그 사이에 진녕보(鎭寧堡), 진이보(鎭夷堡) 등의 성보와 돈대 등을 설치하여 요새화시켰다.

1480년 이전 조선의 사행은 책문이 설치되어있던 연산관에 이르러서야 명나라의 파절군(把截軍)과 인가가 보인다고 기록하고 있는 것으로 보아 명 전기 연산관 동쪽은 명나라의 영향력이 미치지 않았음을 알 수 있다.[12]

『연행록』 등을 참고하여 요동팔참의 전체 노정을 정리해 보면 요양(遼陽)-석하아(石河兒)-고려동(高麗洞)-대석문령(大石門嶺)-소석문령(小石門嶺)-유하아(柳河兒)-탕하아(蕩河兒)-두건참(頭巾站)-낭자산(浪子山)-현득채리(顯得寨里)-현득령(顯得嶺)-청석령(靑石嶺)-청석전령(靑石塡路)-첨수하아(甛水河兒)-연산관(連山關)-백가장(白家莊)-분수령(分水嶺)-통원보(通遠堡)-용봉산(龍鳳山)-용봉하(龍鳳河)-이해둔(李海屯)-사초둔하(斜哨屯河)-이승둔(李勝屯)-사초대령(斜哨大嶺)-팔도하(八道河)-장령아(長嶺兒)-설리참(薛里站)-백언령(白言嶺)-노가독(奴哥禿)-노가하아(奴哥河兒)-노가령(奴哥嶺)-간하아(干河兒)-해청산(海靑山, 송골산)-탕산참(蕩山站)-구련성(九連城, 파사보)-적강(狄江)-난자강(難子江)-압록강(鴨綠江)이 됨을 알 수 있다.

---

11) 阿桂 等 纂修, 『위의 책』, 권33, p.623.
12) 남의현, 2008, 「명대 요동지배 정책연구」, 강원대출판부, p.272.

[그림 3] 1480년대 이전 요동팔참(遼東八站) 지역

1480년대 이전 연산관에서 압록강 지역은 조선과 명의 국경지대였다(지도에서 빗금 친 부분).

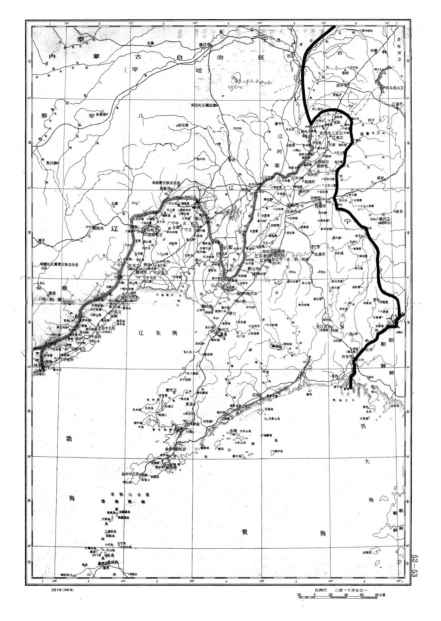

[그림 4] 『中國歷史地圖集』에 나타난 명대 요동도사 관할지역

현재의 압록강이 조선과의 국경선으로 그려져 있다. 그리고 요동팔참 지역이 명의 영토로 편입되어 있다. 사료의 기록을 무시한 명백한 역사왜곡이다. 산해관에서 압록강으로 이어지는 M字형의 굵은 선이 명나라 요동도사 관할지역이다.

명대 한·중 국경선은 어디였는가　　　293

## IV. 1480년 이후 국경 책문의 이동, 연산관에서 봉황성(鳳凰城)으로

천순(1457~1464)·성화연간(1465~1487)은 요동팔참 지역에 대한 여진의 위협이 심화된 시기였다. 성화 3년(1467) 평안도관찰사 오백창(吳伯昌)이 해서위(海西衛)의 1천여 명과 모련위의 1천여 명의 군사가 사행로의 길목인 연산(連山)에 주둔하고 있으며, 또한 건주위 5백여 명이 통원보(通遠堡)에 주둔하고 있다는 정보를 입수하는 등[13] 여진이 요동팔참 지역을 위협한다는 정보가 속속 도착하였다.[14]

여진으로 인한 위기상황은 마침내 명나라가 연산관에서 봉황성으로 내려와 성보와 책문을 설치하는 결정적인 계기가 되었다.

명나라는 성화 13년(1477) 여진과 몽골을 방어한다는 명분으로 금주·의주 등 요서지역에 변장·성보·돈대 등을 쌓는 동시에 봉황산(鳳凰山) 등 요동팔참 지역에도 성보를 증축하고 군대를 주둔시킨다는 결정을 하였다.[15]

명나라가 봉황성에 책문을 설치하고 성보를 쌓아 군사를 주둔시킨다는 소식은 조선을 긴장시켰다. 양성지(梁誠之) 상소문의 내용은 ① 명나라에서 장차 개주(開州) 즉 봉황성 등지에 위소를 세운다면 평안도의 백성들은 변경과 관련된 각 종 부역에 더욱 시달리게 되고, ② 또한 중국으로 들어가는 사신의 영접과 전송에도 더 많이 동원되어 평안도 등의 인구가 동팔참과 해주(海州)·개주(蓋州) 등 여러 주에 몰래 유입하게 되며, ③ 이 때문에 압록강 지역의 인구가 감소될 것이라는 것을 지적하였다. 그리고 ④ 명나라가 조선으로 더 동진해 옴으로써 변경의 허실을 모두 알게 되고 후일 조선에 큰 해가 될 수도 있다고 주장하며 강계(江界)·삭주(朔州)·의주(義州) 3진을 견고하게 만들 방도를 올렸다.[16] ⑤ 더 중요한 것은 요동의 동쪽 1백 80리는 명나라와 연산(連山)을 경계로 하고 있는데, 이제 요동팔참 지역을 점거하여 양국의 강역이 서로 더 가까워진다면 국가 간의 갈등이 일어나기 쉽다고 지적하였다.

---

13) 『朝鮮王朝實錄』世祖 13年 3月 戊子.

14) 『朝鮮王朝實錄』成宗 11年 1月 癸未.

15) 『明憲宗實錄』成化 13年 2月 庚寅.

16) 『朝鮮王朝實錄』世祖 12年 11月 庚午.

봉황성으로 책문을 옮긴 이후 명나라는 압록강에서 가까운 지역에 새로운 강연대보(江沿臺堡, 지금의 호산산성 부근)를 신설하였다. 예조가 보고한 내용에, "지금 중국 조정에서 압록강 변의 탕참(湯站)과 의주(義州) 사이에 새로 강연대보(江沿臺堡)를 설치하였는데, 보관(堡官)이 '이제부터는 조선의 사신들이 오갈 때 湯站에 알리지 말고 本堡로 直通할 것을 본국에 이미 移咨하였다'고 합니다"[17]라고 말하고 있는 것을 보면 새로운 보가 수축되었음을 알 수 있다. 이러한 작은 보의 신설로 양국의 국경지대는 점차 축소되었고 양국의 월경(越境)인구는 국경지대에서 혼재되어 어느 지역 사람인지 구분이 안 되는 상황이 되었다. 의주목사(義州牧使) 유중영(柳仲郢)의 보고는 이러한 상황을 뒷받침하고 있다.

"의주 지역은 중국과 접하여 있어서 건너편에 와서 사는 중국 사람이 날이 갈수록 늘어나 우리나라 사람들과 交通할 뿐만 아니라, 몰래 서로 사고팔기도 하며 간혹 밤을 틈타 무리를 지어 와서 소나 말을 빼앗아 가기도 합니다. 그런데 밤을 틈타 약탈하는 자가 중국 사람인지 오랑캐인지 아니면 우리나라 사람인지 몰라서 부득이 현장에서 사로잡는데, 잡은 뒤에 중국 사람이라는 것을 알았을 경우 결박하여 가두는 것이 편하지 못합니다."[18]

이러한 상황은 결국 조선과 명의 국경선이 획정되지 않는 한 선명하게 해결될 수 없는 문제였다. 그러나 조선과 명은 선명한 국경선을 획정할 수 없었다. 양국은 국경지대를 필요로 하였고, 요동팔참 지역은 산지가 많아 구태여 국경선을 그을 필요가 없었다.

청 건국 이후 여진족은 모두 입관(入關)하여 중원으로 들어갔고 곧이어 요동은 봉금지대가 됨으로써 또 다시 만주의 많은 공간은 무주공산(無主空山) 지대가 되었다. 만주지역이 봉금지대가 되었지만 여전히 요동팔참 지역의 봉황성에 책문이 설치되었다. 청대에도 여전히 요동팔참 지역은 명대와 마찬가지로 청으로 통하는 사행로였으며 명대 봉황성 책문이 청으로 그대로 계승되어 조선의 사신을 맞이하는 청나라의 첫 번째 관문의 역할을 하였다.[19]

이러한 명대의 상황은 1860년대 청나라 후기까지도 반복되고 있었다. 이러한 사실을 뒷

---

17) 『明宗實錄』 明宗 4年 1月 辛卯.

18) 『明宗實錄』 明宗10年 11月 壬午.

19) 『顯宗實錄』 顯宗 3年 9月 乙酉.

받침해 주는 사료는 바로『성경전제비고(盛京典制備考)』의「동변외개간승과설관사의(東邊外開墾升科設官事宜)」이다. 그 주요 내용을 인용해 보면 다음과 같다.

省동쪽에 봉황(鳳凰)·애양(靉陽)·감창(城廠)·왕청(旺淸) 4개의 변문(邊門) 밖은 남북이 천여 리이고 버려진 황무지 땅[間荒之地]으로 유민(遊民)들이 들어와 개간한지 여러 해가 되었습니다. 이들은 점차 촌락을 형성하며 다양한 사람들이 다 모여 살게 되었습니다. 도광 연간(道光年間)에 변경으로 확대해 나가자는 논의가 있었으며, 동치(同治) 6년에도 역시 민간인 하명경(何名慶) 등이 승과(升科)할 것을 상주하여 성경(盛京)의 호부시랑(戶部侍郎) 액륵화포(額勒和布) 등이 그의 의견을 내조하여 보고하였습니다.

위의 내용을 분석해 보면, ①봉황, 애양, 감창, 왕청 4개의 변문 바깥지역은 청 후기까지 방치된 땅임을 알 수 있다.

[그림 5] 1480년대 이후 국경책문은 연산관에서 봉황성으로 이동하였다.
청대에도 계속 봉황성이 청나라로 들어가는 책문을 역할을 하였으며 요동팔참 지역은 양국의 국경 지대로 남아있었다.

압록과 고려의 북계

# V. 명나라의 요동변장(遼東邊墻) 수축과 압록강 변 호산산성 (虎山山城)의 성격

요동변장은 명나라가 요동을 방어하기 위해 설치한 일종의 성벽이다. 설치된 시기가 구간에 따라 각각 다르며 주로 강이나 산 등 자연 지세와 목책 등을 이용했기 때문에 만리장성 지대와 같이 견고한 벽돌 흔적이 없다. 또한 중요한 적의 출몰예상지역에 설치한 보(堡) 중심의 방어선으로 일선의 전 구간이 성벽으로 연결될 수 없었다. 기본적으로 우리가 인정하는 장성의 개념과 다르다. 장성의 개념은 사전적으로, "계속 연결된 담벼락(不絶的城墻)"이다. 요동변장은 일선의 성벽으로 연결된 산해관 지역의 장성과는 전혀 다른 구조를 가지고 있었던 것이다. 따라서 장성이 될 수 없다.

압록강과 그 대안지역은 명과 조선의 국경 중립지대이자 군사 완충지대였다. 이 때문에 이 지역에는 특별한 전란이나 위기가 오지 않는 이상 다수의 명군이 상주하거나 주둔할 수 없었다. 이 지역에 설치된 명의 성보들은 여진의 약탈과 공격이 심해짐에 따라 축조된 작은 전초기지들에 불과하였다. 이 때문에 산해관 서쪽의 장성처럼 견고한 벽돌식 장성은 압록강 변에서 찾아볼 수 없다. 이미 중국의 연구성과인 화하자(華夏子)의 『명장성고실(明長城考實)』(1988, 당안출판사)에서는 호산산성에서 '어떠한 장성의 흔적도 찾아볼 수 없다'고 인정하였다. 나아가 이 지역은 '명대 설치된 강연대보'일 가능성이 있다고 주장하였다.

중국은 현재 요동변장과 더불어 강연대보를 장성의 연장선으로 이해하고 압록강을 조선과 명의 국경선으로 설정하고 있다. 호산산성을 호산장성으로 둔갑시킨 것이다. 요동변장과 호산산성은 산해관과 연결된 장성의 개념으로 볼 수 없다.

따라서 현재 중국이 만리장성의 동쪽 기점으로 알고 있는 단동 부근 호산의 산등성이를 따라 설치한 벽돌식 장성은 아무런 역사적 근거가 없다. 지금 호화롭게 벽돌로 장식한 것은 90년대 이후 근거 없이 신축된 현대판 장성인 것이다.

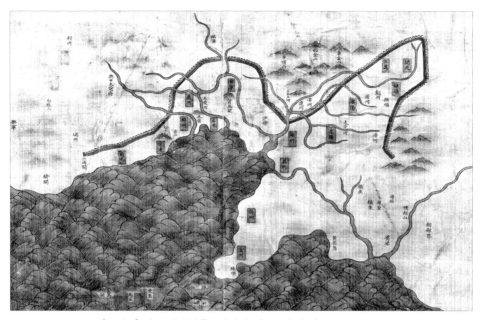

[그림 6] 명대 제작된 「대명여지도(大明輿地圖)」의 요동변장

압록강으로 명나라 변장 방어선이 연결되지 않고 있으며 조선과 명 사이에 국경선 표시가 없다.
명확한 국경선으로 표시할 수 없는 국경지대였기 때문이다.

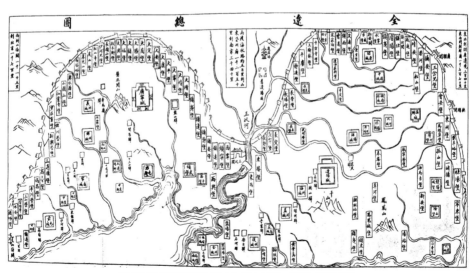

[그림 6] 「전료지(全遼志)」에 나오는 명대 요동변장

요동변장이 성보, 봉화대로 연결된 방어선임을 알 수 있다.

압록과 고려의 북계

# VI. 여진지역[길림과 흑룡강 지역]은 명나라의 영토였는가?

조선과 명의 국경선과 마찬가지로 중요한 것이 명과 여진의 국경선이다. 명대에는 만주에 많은 여진 부족이 산재해서 살고 있었다. 명나라는 영락제 시기(1403~1424)에 여진지역을 초무하기 위해 여진 부락을 명의 위소로 편입하려고 노력하였다. 그러나 너무 지역이 넓고 부족이 산재해 있어서 모든 여진세력을 명의 통제하에 둘 수는 없었다. 그럼에도 현재 중국은 명나라가 노아간도사(奴兒干都司)를 흑룡강 하류에 설치하고 길림과 흑룡강 유역의 여진을 지배하였으며 명대 여진지역이 명나라의 강역이라고 주장한다.

明이 '노아간도사'의 이름으로 黑龍江 하류 지역에 직접 개설하였지만 노아간 지역 자체가 요동도사(遼東都司)와는 동떨어진 여진지역이었기 때문에 당연히 明의 관할범위가 될 수 없었다. 중요한 것은 노아간도사는 이름과는 달리 요동도사와 같은 도사의 구조를 전혀 구비하지 못하였고 임시 군사기구로써의 기능만을 10여 차례 수행하였으며, 결국에는 요

[그림 7] 노아간도사로 가는 역로 분포도(양정태(楊正泰) 찬, 『명대역참고(明代驛站考)』 참조)

명나라가 길림과 흑룡강 지역을 통제하려고 설치한 노아간도사는 명나라 전기에 이미 요동도사에 통합되었다. 노아간도사는 상설기구가 아니라 10여 차례 파견된 임시 초무기구였을 뿐이다. 명대 여진지역은 명의 강역이 될 수 없다. 흑룡강 하류 쪽에 노아간도사가 보인다.

동도사로 흡수되어 여진 지역에 대한 관할권을 확보하는데 실패하였다. 노아간도사는 15세기초에 개설된 이래 50여 년도 유지되지 못하고 요동도사에 통폐합됨으로써 그 역할을 다하지 못한 임시군사기구였을 뿐이다.[20]

# VII. 결론

위에서 살펴 본 것처럼 명청대 압록강은 조선과 명의 국경선이 될 수 없다. 1480년대 이전은 연산관, 이후는 봉황성에 명나라로 가는 책문이 설치되어 있었다. 또한 명대 여진족이 분포하던 길림과 흑룡강 지역 역시 명의 강역이 될 수 없다. 명나라는 여진지역, 지금의 길림과 흑룡강 지역을 직접 지배한 적이 없다.

명초 조선과 명의 국경은 원나라로부터 내려온 것을 이어받은 것이다. 고려와 원나라의 국경은 동령부로 거슬러 올라갈 수 있다. 동령부의 동령은 지금의 북한 평양이 될 수 없다. 동령은 평양이며 서경인 것은 맞으나 북한 평양이 평양과 서경으로 불린 것은 조선시대에 들어와서의 일이고 고려 초기 북한 평양은 서경이나 동령으로 불리지 않았다. 따라서 1270년대의 서경을 요양으로 기록한 중국의 기록이 정확하다고 할 수 있다. 동령부의 초설지는 요양 곧 서경이다. 후대에 다시 동령부에 고려인들이 많이 살고 전략적으로 중요하기 때문에 동령부를 동령로로 승격시켰다. 원나라 행정구역 동령로에는 한반도가 들어갈수 없다. 따라서 동령부의 치소를 북한 평양으로 표시한 지도들은 모두 再考되어야한다.

모든 사서와 지리지는 장수왕이 천도한 평양성을 북한 평양으로 보고 있지 않고 요양으로 보고 있으며, 요동은 장수왕의 판도 안에 있으며 평양성으로 천도한 이후 요하를 건너 요서 지역을 점차 차지한 것으로 나타나고 있다. 중국의 많은 사서들은 만주에 평양성이 있다고 기록하고 있다.

요양은 만주에서 정권이 팽창할 때 어느 지역보다 먼저 차지해야 할 지역이었다. 이것은 요하라는 거대한 강과 방어를 유리하게 해주는 요택을 가지고 있기 때문이다. 요택은 폭이 동·서 2백여 리, 남북 1천여 리로 자연스럽게 요동과 요서를 나누는 자연적인 기준이 되었

---

20) 張士尊, 2002, 『明代遼東邊疆硏究』, 吉林人民, pp.164-200.

으며 요양을 천혜의 도시로 만들어 주었다. 이러한 요양의 자연지리적 조건 때문에 모든 중국사서는 요양을 왕검성, 기자의 묘가 있는 곳, 장수왕의 평양성, 발해·요·금시대 5경 중의 한 곳, 고려의 서경, 동령부와 동령로의 치소, 명나라 동령위의 중심으로 기록하고 있다. 이처럼 요양은 지리적으로 중요한 곳이었기 때문에 항상 역사의 필쟁지역이 되었고 한반도와의 국경은 요양과 압록강 사이 산간지역에 위치하게 되었다. 그리고 힘이 있으면 고려후기의 동령부 정벌과 같은 영토확장의 방향은 요양으로 향했다. 요양은 만주 벌판의 생산력을 기반으로 요하와 그 해상무역을 차지하는 동시에 몽고와 중원 등으로 향할 수 있는 사통팔달 지역이었기 때문이다. 명나라와 조선의 국경이 요양과 압록강 사이 동팔참 지역에 놓인 것도 이러한 역사적 상황을 고려해 보면 쉽게 이해할 수 있다.

19세기에 기록된 조선의 사행록 『연원직지(燕轅直指)』 제1권 출강록(出疆錄) 임진년 (1832, 순조 32) 11월 24일을 인용해보면 다음과 같다. 이 책은 1832년에서 1833년 사이에 동지사(冬至使) 겸 사은사(兼謝恩使) 서경보(徐耕輔)의 서장관(書狀官)으로 중국에 다녀온 김경선(金景善)의 사행기록(使行記錄)을 인용하면서 발표를 마치고자 한다.

"우리나라의 선비들은 단지 지금의 평양만 알아 箕子가 평양에 도읍을 했다, 평양에 정전 (井田)이 있다, 평양에 기자의 묘가 있다고 말하면 믿으나, 만약 다시 봉황성이 평양이라고 하면 크게 놀라며, 요동에 평양이 있었다고 하면 꾸짖으며 괴이하게 생각한다. 이는 단지 요동이 본래 조선의 옛 땅으로서, 숙신(肅愼), 예맥(穢貊), 동이(東夷)의 여러 종족이 모두 위만조선(衛滿朝鮮)에 복속한 것을 알지 못하고, 또한 오랄(烏剌), 영고탑(寧古塔), 후춘(後春) 등의 땅이 본래 고구려의 옛 강토인 줄을 알지 못하기 때문이다.

아! 후세 사람들이 땅의 경계를 자세히 알지 못하여 망녕되이 한4군(漢四郡)의 땅을 모두 압록강 안에 국한하여, 사실에 억지로 합하여 구구하게 나누어 배치하였다. 그리고 다시 패수(浿水)를 그 속에서 찾아 더러는 압록강을 패수라하고 더러는 청천강(淸川江)을 패수라고 하고, 더러는 대동강을 패수라고 하니 이것은 조선의 옛 강토가 싸우지 않고도 저절로 축소되는 것이다.

이러한 까닭은 무엇일까? 평양을 한 곳에다 고정시키고 패수는 앞뒤로 당겼다 물렸다 하여 항상 사적을 붙이는 까닭이다. 한(漢) 나라 이래로 중국에서 말하는 '패수'라는 것이 그 있는 데가 일정하지 않고, 또 우리나라의 선비들은 반드시 지금의 평양으로 표준을 삼아 혼잡

스럽게 패수의 자취를 찾았다. 이는 다름이 아니라 중국 사람들이 무릇 요동 왼쪽 물을 다 패수라고 하기 때문이다. 리수(里數)가 맞지 않고 사실도 틀리는 것이 많음은 이 까닭이다. 그러므로 고조선과 고구려의 옛 강역을 찾으려면 먼저 여진을 국경 안에 합친 다음 패수를 요동에서 찾아야 한다. 패수가 확정된 후에 강역이 밝혀지고, 강역이 밝혀진 후에 고금의 사실이 맞아질 것이다."

조선 후기 한 진보적인 지식인의 절규를 듣는 듯하다. 21세기 우리는 철저한 사료 고증을 통해 다시 한 번 고대부터 현대에 이르는 만주의 역사지리와 국경선을 심도있게 연구해 봐야 할 것이다.

압록과 고려의 북계

# ❖ 참고문헌

『高麗史』

『朝鮮王朝實錄』

『元史』

『明太祖實錄』

『明太宗實錄』

『明仁宗實錄』

『明史』

『奉天通志』

『使朝鮮錄』

『盛京通志』

『元史』

『遼海叢書』1-5

국사편찬위원회, 1995, 『한국사 22-朝鮮왕조의 성립과 대외관계』.

김한규, 2004, 『遼東史』, 문학과 지성사.

김한규, 1999, 『한중관계사 1, 2』, 아르케.

盧啓鉉, 1994, 『高麗外交史』甲寅出版社.

朴元熇, 2002, 『明初朝鮮關係史研究』, 一潮閣.

복기대 외, 2017, 『고구려의 평양과 그 여운』, 쥬류성.

서인범·주성지 옮김, 2004, 『표해록』, 한길사.

張士尊, 2002, 『明代遼東邊疆研究』, 吉林人民出版社.

❖ Abstract

# Where was the border between Korea and China during the Ming Period

Nam, Eui-hyeon

Manchuria is emerging as a new research area in Korea. Manchuria is closely related to ancient Korean history. In order to understand Korean ancient history, we must study the history of Manchuria. However, research on the history and geography of Manchuria is very scarce in Korea.

In contrast, researches conducted in China are making it sound as if the entire Manju region was the territory that belonged to the Ming Dynasty through the research conducted on the historical territories of China after the 1980s. This thesis examined the problems pertaining to this type of research on territory conducted in China. In sum, influence on the Ming dynasty's Manju region should be considered as the region out of the range that certain power does not reach' where the power of the Ming dynasty did not reach when it comes to most of the Manju regions due to the special nature of the Liaodong Wei-suo System, formative installation of the Jurchen Wei-suo, Ming dynasty's the Amnok River and Dooman River, failure to enter into the Mt. Baekdu region, and failure to enter into the Huilong River drainage area.

Therefore, the border between Korea and China during the Ming Dynasty is not the Amnok River. We should newly study the border line between Korean and China. We should pay attention to 'Dongpalcham' between Liaoyang and Amnok River instead of Amnok River.

압록과 고려의 북계

# 『압록(鴨淥)과 고려의 북계』를 마치며

복기대 (인하대학교 대학원 융합고고학전공 교수)

필자는 몇 년전부터 여러 분야의 선생님들을 모시고 고구려 장수왕이 천도한 평양의 위치가 어딘가 하는 주제를 가지고 연구를 진행하였다. 그 결과 장수왕이 천도한 평양은 지금 북한의 평양이 아니라 현재 중국 요녕성 요양(요양)일대라는 것을 알게 되었다. 물론 이런 결과는 이런저런 자료들을 상호 교차 검증하여 얻은 결론이다. 그렇기 때문에 신빙성이 매우 높다. 이 연구를 끝나는 시점에서 일본의 조선총독부가 편찬한 "『조선사』의 번역, 정밀해제 및 연구"라는 주제에 집중을 할 수 있게 되었다.

이 과제중 시간적으로 가장 일찍 기초적인 정리가 된 고려시대관련을 연구단 선생님들과 집중 토론을 해본 결과 고려의 북계는 현재 우리가 아는 것과는 많이 다르다는 것을 알게 되었다. 이 사실은 몇 번의 자체 검증을 거친 결과 현재 우리가 알고 있는 고려의 북계 국경선과는 상당한 차이가 있다는 확신을 갖게 되었다. 그러면서 동시에 고려의 북계는 고구려의 평양성 및 북계와 연동되어 이해를 하고 있는 것도 알게 되었다. 그런 흔적은 『고려사』의 곳곳에서 확인 할 수 있었다. 그렇다 보니 고려의 북계에 대한 전면적인 재검토는 불가피해진 셈이다. 그 결과가 어떻게 나오든 말이다. 그 이유는 조선시대 후기까지만 해도 고려의 국경선은 북계는 두만강 너머 선춘령이라는 상식이 지배적이었는데 일본학자들에 의하여 어느날 갑자기 현재 함경도 원산만으로 변해 버렸고, 그 후 이 연구는 한국학계에서 거의 중단되다시피 되었다.

  물론 간혹 이 연구를 진행하여 적어도 동북계는 두만강 너머가 맞는 것이 아닌가 하는 의견은 제시가 되었다. 그러나 문제는 이 견해를 충족시키려면 서북계도 같이 움직여야 하는데 이 서북계는 현재 압록강에서 벗어날 가망성이 거의 없어 보였다. 그 이유는 모든 고려시대 관련 자료에서 고려의 서북계는 현재의 압록강으로 되어 있었고 이 상식은 절대 불변일 것이라 생각을 했다. 그러나 이 절대 불변일 것이라는 상식이 깨진 것은 고구려시대의 압록강은 현재 압록강이 아니고, 현재 중국 만주벌판을 남북으로 가로질러 흐르는 요하였다는 연구결과가 나오면서 압록강위치 불변론은 자연히 흔들리기 시작하였다. 그러나 여기서 문제는 끝나지 않았다. 그것은 비록 고구려의 압록강이 현재의 요하였다 하더라도 고려의 압록강과 같을 수 있느냐 하는 것이었다.

  이 문제는 '압록'이라는 글자를 쓰는 과정에서 착오가 있었음이 밝혀졌는데 압록강(鴨淥江)과 압록강(鴨綠江)의 차이였다. 아 두 압록강은 한국 사람의 입장에서 읽을 때 같은 발음이기 때문에 큰 차이가 없는 것으로 생각할 수 있다. 그러나 이것을 한자로 표기할 때는 전혀 다르다. 이 '록'자가 하나는 삼수변 록(淥)으로 쓰고 있고, 다른 하나는 실사변 록(綠)으로 쓰고 있는 것이다. 이런 차이는 중국어 읽을 때는 발음도 차이가 나면서 뜻도 차이가 나는 것이다. 그런데 관련자들은 매번 이 차이를 간과했던 것이다. 우리 연구단은 이 차이를 근거로 하여 압록강에 관한 기록을 확인하여 비교해본 결과 삼수변의 맑을 록(淥)자의 압록강은 지금의 요하를 말하고 있었고, 살사변의 푸를록(綠)자는 지금의 압록강을 말하고 있었다. 참 큰 차이였다. 이것을 기준으로 삼아 사서들을 확인해본 결과 14세기 이전의 문헌에서는 대부분의 문헌에서 압록강은 이 맑다는 록(淥)자를 쓰고 있었고, 그 이후에는 푸르다는 록(淥)자를 쓰고 있었다. 물론 100% 다 그런 것은 아니지만 대부분이 그렇고, 차이나의 문헌 들은 거의 그렇다. 이로써 두 개의 압록강에 대한 구분이 풀리면서 자연스럽게 고려의 서북계도 풀리게 되었다. 물론 앞으로도 보완 연구는 계속 진행될 것이다.

  이 압록강문제를 풀고 나서 그간의 고려북계를 연구를 돌아보니 그간의 연구에 많은 의구심이 들었다. 고구려의 살수대첩도, 고려의 귀주대첩도 많은 의문이 들었다. 조선시대 정조가 신하에게 묻기를 지금의 청천강이 살수(薩水)였다는데 그게 사실이냐 하면서 묻는다. 그때 신하가 답하기를 참 궁색한 답변을 한다. 청천강이 옛날에는 지금보다 넓지 않았을까요? 하면서 확실히 모르겠노라는 답을 한다. 필자가 궁금했던 것이 정조도 어지간히도 궁금했던 모양이다.

전사(戰史)에 관심이 많은 어느 분에게 전투의 입지조건을 물어 봤다. 그분이 하는 말이 전투는 일어난 곳에서 계속 일어난다는 것이다. 그 이유는 대부분이 전투를 해야하는 기본조건을 갖추고 있기 때문이란다. 일리가 있는 말이었다. 평양성의 위치를 연구하면서 고민거리가 바로 살수 였던 것이다. 살수가 어디에 있을까 하는 고민이었다. 『삼국사기』에도 살수는 나오는데 그 살수를 모르고 있었던 것이었다. 그런데 그 살수의 위치가 실려 있는 책을 찾았다, 그것은 바로 『대명일통지』에서 실려 있었다. 이 『대명일통지』의 기록을 전후좌우로 살펴보면서 그 신빙성이 높다는 것을 알게 되었고, 이것을 근거로 전사를 연구한 그분을 찾아가서 이런 저런 얘기를 나눴다. 그분의 말씀이 자기도 그렇게 본다는 것이었다. 많은 기록들을 찾아봤고 위성지도를 면밀히 검토한 결과 현재 청천강은 살수가 될 수 없다는 것이 확실하고, 오히려 『대명일통지』의 기록이 맞을 수 있다는 가능성과 귀주대첩도 그곳에서 일어났을 가능성이 높다는 것이다. 연구단은 한겨울 그 지역을 답사하여 보았다. 그곳에는 물을 가두어 댐을 만들었다. 참 신기했다. 살수대첩도, 귀주대첩도 댐을 막아 전투를 하였는데 혹시나 하고 찾아온 그곳에 댐이 있었던 것이다.

한국에 돌아와 연구단 선생님들과 상의하여 고려국경선 문제를 공식적으로 제기하기로 하였다. 그렇게 몇 번의 학술회의를 거쳤다. 그리고 그 결과들을 모았다. 쓰다 소우키치가 임의로 그린 고려의 북계가 아니었다. 서쪽도 동쪽도 모두 자연스럽게 넓어졌다. 그 서계, 북계, 동계의 점들을 하나로 연결했더니 서쪽의 요하에서부터 북쪽으로 길림성연결 북부지역, 동으로는 윤관이 9성을 쌓았다는 두만강 너머 수빈강 유역을 통과하여 동해안까지 이어졌다. 그래서 이 결과들을 책으로 묶어 보았다. 윤한택교수님, 남의현교수님, 윤은숙교수님, 박시현교수님의 글들을 골격으로 묶었다. 그리고 이 묶는 과정에서 이미 고려의 국경선을 다뤄 발표한 논문들도 다시 모아 보았다. 이인철교수와 필자의 논문이 그렇다. 그러면서 고려 국경사 연구의 활성화를 위하여 현재 대학이나 연구소에 적이 없더라도 열심히 한 분야에서 연구한 분의 업적도 실었다.

이렇게 해서 이 모든 분들의 노력의 결과들을 하나로 연결시켜 새로운 고려의 국경선을 제시할 수 있었다. 물론 이 과정에서 전체 연구단의 종합된 의견과는 약간의 차이가 있더라도 그것은 개인의 의견이기 때문에 개의치 않았다.

역사지리를 연구하다보면 간혹 이런 비판이 있다. 희미한 근거로 무조건 영역만 넓히는 것이 무슨 의미가 있다는 것인가 하는 것이다. 그 말에 절대적으로 동의를 한다. 그러나 있는 자료도 무시하면서 연구하지 않는 것은 더 문제가 있다고 본다. 우리 연구단은 희미한 근거로 넓히는 것이 아니라 역사연구의 기본 원전이 되는 사료들을 모아 비교분석하여 국경선을 추정해보는 것이다. 그것을 희미한 근거를 들었다고 비판하면 안되는 것이다. 원사료를 무시하고 축소하는 것이 더 비판의 대상이 되어야 하는데 그 반대의 현상이 일어나는 것을 이해할 수 없었다. 항간에 이런 얘기가 돌아다닌다. 고려시대 지리연구는 이미 100년 전에 잘 해놔서 더 이상 할 것이 없다는 말이 나돈다. 이런 소문에 대하여 필자는 전혀 그렇지 않다는 것을 거듭 강조한다.

철저하게 한국사 왜곡에 선봉에 섰던 쓰다 소우키치는 고려사람들은 거짓말을 잘하는데 그 대표적인 사람이 서희라고 하였다. 그 거짓말쟁이가 확장한 고려의 지리는 믿을 수가 없어서 본인이 다시 한다는 것이다. 우리는 쓰다의 말을 따랐다. 쓰다는 대일항쟁기 때 우리 역사를 어떻게 왜곡하였는지 알만한 사람은 다 안다. 모르는 사람은 이제 알아야 한다. 그로부터 100년이 흐른 지금 우리 인하대 연구단은 새로운 국경선을 제시한다. 우리는 쓰다가 서희에게 씌운 억울한 누명을 벗겨주기 위해 이 책을 서희에게 바친다.